JN445444

제 2 판

물류관리론

송 계 의

탑 북 스

머 리 말

'물류'의 개념이 기업경영에 적용되어 그 효율화를 추구하는 형태인 '물류관리'라는 개념은 미국, 일본 등 물류선진국에서는 일찍이 1920년대부터 도입되어 기업경영에 적용되어 왔지만, 우리나라에서는 1980년대 초에 비로소 물류관리라는 개념을 인식하게 되었고, 1990년대에 들어 본격적으로 그 연구 · 개발이 왕성하게 전개되기 시작하였다.

우리나라도 물류관리를 본격적으로 연구 · 개발하여 적용한지 25년이 지난 현 시점에서는 선진 물류관리를 통한 국가경쟁력 강화 차원에 이르고 있다. 즉, 정부는 2020 글로벌 물류강국 실현을 위해 "물류를 통한 국부창출", "국가물류체계의 효율성 강화" 라는 두 가지 기본목표를 설정하고, 신속 · 저렴 · 안전 · 편리한 물류서비스를 제공하여 국가경쟁력을 강화하는데 물류정책의 기본 방향을 두고 있으며, 더욱 제4차 산업혁명 시대에 부응하는 물류정책을 구사하고 있다. 이에 급변하는 물류관리 환경을 반영하여 개정판을 출간한다.

그런데 물류환경의 변화에 대응하여 기업이 고도 물류서비스를 제공하는 것은 물류관리의 첫 번째 목표이다. 즉, 물류관리는 고도 물류서비스를 고객에게 제공함으로써 가치창조를 통한 기업경쟁력 강화를 도모한다.

또한 물류관리의 효율화를 통한 물류비 절감은 물류관리의 또 하나의 목표라고 할 수 있다. 즉, 물류관리의 비효율성으로 인한 물류비 상승은 제품의 원가를 상승시키고, 결국 기업 경쟁력을 상실시키기 때문이다.

흔히들 서비스의 질을 향상시키는 것과 비용을 절감하는 일은 상충관계(Trade-Off)에 있는 것으로 알려져 있다. 기업이 서비스의 질 향상과 비용절감이라는 두 마리 토끼를 한꺼번에 잡을 수는 없으며, 소비자 역시 품질이 우수하고 동시에 가격이 저렴한 물품을 구입하기란 거의 불가능한 것으로 인식하고 있기 때문이다.

이제 기업이 경쟁에서 살아남기 위해서는 서비스우위(가치우위) 혹은 비용우위 하나만의 확보로는 불가능하며, 서비스우위와 비용우위를 동시에 확보할 수 있는 기업만이 장기적인 경쟁력 및 수익성 확보로 시장에서 살아남을 수 있다. 그런데 이와 같이 서비스우위와 비용우위 확보를 동시에 충족시켜 줄 수 있는 원천이 바로 물류관리에 있다.

요컨대, 기업이 경쟁우위를 확보하는데 물류관리가 가장 중요하다는 것은 더 이상 의심의 여지가 없는 것 같다. 더구나 물류관리의 효율화는 개개의 기업은 물론이고 국가 경제사회의 발전을 위해서도 이제 더 이상 간과할 수 없는 중요한 과제가 되고 있다. 그러므로 물류의 기초개념에서부터 물류요소의 시스템적 접근을 통한 물류관리시스템화 및 물류의사결정에 이르기까지 전반적으로 다루고 있는 본서가 우리나라의 물류 효율화에 조금이나마 기여할 수 있다면 저자로서는 더없는 영광이 아닐 수 없다. 아울러 본서를 저술하는데 물심양면으로 도와주신 물류전문가 모두에게 감사드리며, 특히 본서가 출간될 수 있도록 배려하여 주신 탑북스 김광식 사장님께도 감사드리는 바이다.

2019년 1월
저자 드림

차 례

제1편 물류관리 일반

제1장 물류관리의 이해

제2장 기업경영과 물류관리

제2편 물류관리시스템과 의사결정

제4장 수배송물류시스템

제5장 하역물류시스템

제7장 포장물류시스템

제8장 유통가공물류시스템

제9장 물류정보시스템

제3편 국제물류

제10장 국제물류의 이해

제11장 국제물류와 무역조건

제1편
물류관리 일반

제 1 장 물류관리의 이해

제1절 물류관리의 개념

현재 "물류"라는 용어로 통용되고 있는 "Logistics"의 기원은 프랑스 나폴레옹(1769~1821)이 군인과 말에게 음식 및 사료 등의 군수품을 공급하는 부대이름을 Logistique라고 명한 데로부터 연유한다.

이후 1922년에 F. E. Clark가 "Physical Distribution"라는 용어를 처음 사용하기 시작하였으며, 점차 적용범위의 확대와 더불어 현재의 "Logistics" 개념이 정립되기에 이르렀다. 즉, "Logistics"의 개념은 다음과 같은 변천과정을 거치면서 다양하게 정의되면서 발전과정을 거쳐 왔다.

① **미국** AMA(American Marketing Association)**의 정의**(1948) : 물류란 생산의 단계에서 소비 또는 사용의 단계에 이르기까지의 재화의 이동 및 취급을 관리하는 일이다.

② **미국** NCPDM(National Council of Physical Distribution Management)**의 정의**(1960) : 물류란 완제품을 생산라인의 종점으로부터 소비자에게까지 유효하게 이동시키는 것과 관련된 폭넓은 뜻이며, 원재료 및 부품의 공급으로부터 생산라인의 투입시점까지를 포함하는 경우도 있다.

③ R. H. Ballou**의 정의**(1973) : 물류란 재화와 용역의 이동과 관련하여 주로 시간과 공간을 극복하여 고객서비스를 제공하기 위해 원자재의 조달에서부터 생산과정을 거쳐 완제품이 최종 소비지점에 이르는, 제품의 흐름을 용이하게 하는

이동 및 보관활동의 전부와 이에 수반하는 정보를 계획, 조직, 통제하는 모든 활동이다.

④ **미국 NCLM(National Council of Logistics Management)의 정의**(1985) : 물류란 원자재의 조달에서부터 생산과정을 거쳐 완제품이 최종 소비지점에 이르기까지의 원자재와 중간제품 및 완제품의 효율적인 물자흐름을 계획하고, 이행하고, 관리하기 위해 하나 또는 두 가지 이상의 활동의 통합이다. 그리고 여기에 포함된 모든 활동은 고객서비스, 수요예측, 물류과정에서의 정보통신, 재고관리, 하역, 수주처리, 부품과 서비스의 지원, 공장과 창고의 입지선정, 원자재의 조달, 포장, 폐기물처리, 수배송, 창고와 보관, 반품처리, 회수처리 등을 포함하지만, 이것에 한정된 것은 아니다.

이러한 물류의 개념이 기업경영에 적용되어 그 합리화를 추구하는 형태인 "물류관리"라는 개념이 처음 도입되었을 때에는 주로 마케팅 관점에서 교환기능에 상대되는 개념, 즉 제품이 생산된 후부터 시작하여 소비·사용에 이르기까지 재화의 이동 및 취급을 관리하는 것인 협의의 개념으로 이해되고 있었다(Physical Distribution).

그 후 미국에서 제2차 세계대전 중 군사적인 필요에 의해 Logistics라는 개념이 도입되어 물류관리를 기존보다 광의로 해석한 개념, 즉 원자재를 생산라인에 투입하기까지의 과정인 조달영역도 포함하게 되었으며, 최근에는 로지스틱스 개념을 기업에 응용하면서 원자재의 조달에서부터 생산·상품화되어 고객에게 인도될 때까지는 물론이고, 고객에게의 상품인도 후에도 고객클레임의 처리를 위한 상품 반품과정, 포장재의 폐기를 위한 처리과정 및 빈병이나 공컨테이너·공파렛트를 회수하기 위한 처리과정까지도 포함하여 생산 이전단계에서부터 판매 이후 단계에까지 전체 물자의 흐름을 관리하는 영역으로 확대된 개념으로 이해되고 있다(Business Logistics). 즉 Total 물류활동으로서 그 시너지효과까지 기대하는 것으로, 종전의 매매 개념하의 협의의 물류관리에서 총체적인 로지스틱스 물류관리 개념으로 승화하여 이해되고 있는 것이다.

그러므로 물류관리의 개념을 이해하는 데에는 두 가지의 개념, 즉 Physical

Distribution와 Business Logistics 개념의 정리가 필요하다. 이 두 개념을 M. E. Porter 교수의 Value Chain이론에 적용시키면, [그림 1-1]에서 볼 수 있는 바와 같이, Physical Distribution의 개념은 주로 외적유통 및 마케팅·판매의 개념으로 이해되며, Business Logistics의 개념은 내적유통, 생산활동, 외적유통 및 마케팅·판매의 개념을 포함한 Physical Distribution개념 보다 한층 확장된 개념임을 알 수 있다.

[그림 1-1] Value Chain 개념

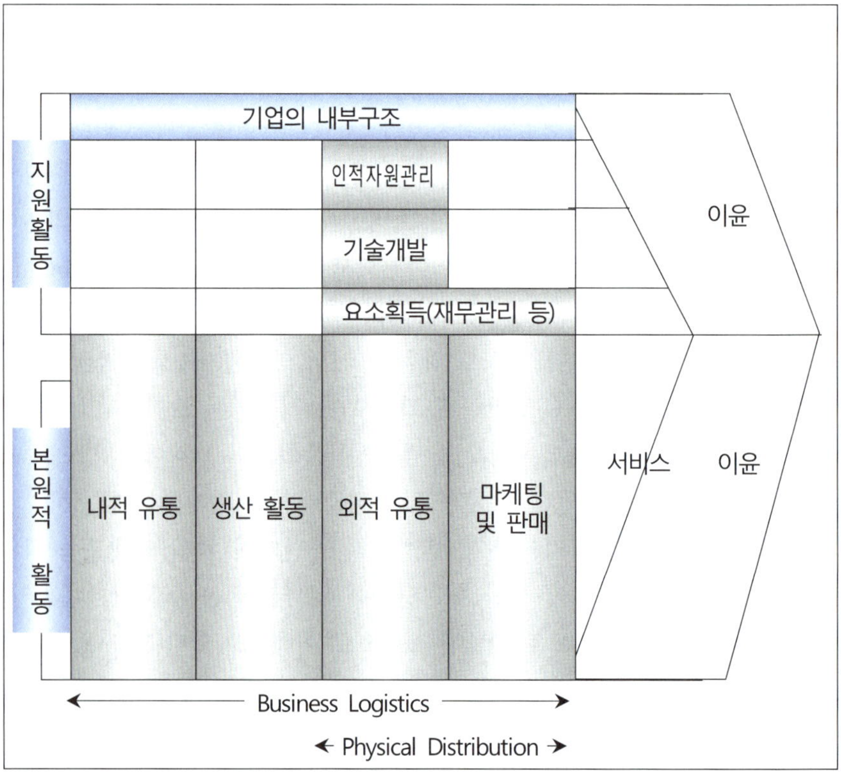

[그림 1-2] 물류관리 개념의 변천과정

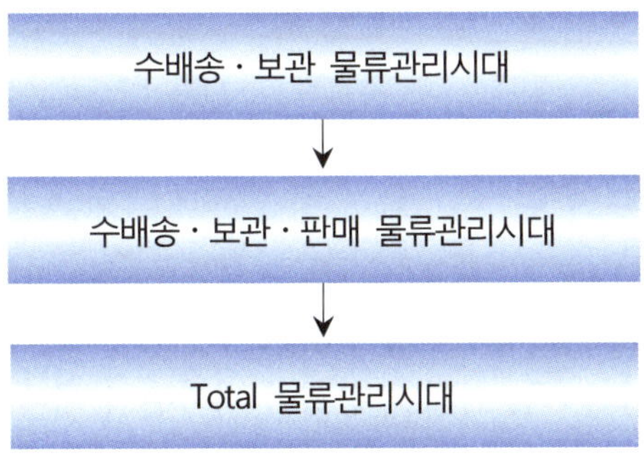

이와 같이 물류관리라는 개념은 시대적인 요구 · 변화에 따라 점차 그 영역을 확대한 개념으로 변천되어 왔다. 즉, 전반적인 시장환경이 수요가 공급을 초과하던 시대에 있어서는 물류관점에서 보면 제품을 소비지까지 수배송하여 판매하는 것이 제일 중요하였으므로, 물류관리에 있어서도 수배송수단, 수배송방법 등을 포함한 수배송의 문제와 소비지에 근접하여 제품을 보관하는 것이 중요한 문제였다. 그러나 현대와 같이 공급이 수요를 초과하고, 소비자의 기호가 다양하게 변화하는 시대, 즉 로지스틱스 시대에 있어서는 조달활동 · 사내활동 · 생산활동 · 판매활동과 관련된 부문뿐만 아니라 수요예측, 구매계획, 재고관리, 물류비 관리, 반품, 회수 및 폐기 등을 포함하여 종합적으로 관리함으로써, 기업경영에 있어서 최저비용으로 최대의 효과를 추구하는 종합적인 로지스틱스 개념하의 물류관리가 중요하게 된 것이다.

제2절 물류관리의 의의

1. 물류관리의 환경변화

물류관리의 중요성이 인식되어 기업경영에 적용되게 된 계기는 직접적으로는 물류환경의 변화에 기인한다. 즉, 기업간 경쟁이 격화된 상태에서 저성장 상태가 지속되고, 소비자의 기호가 다양화되면서 생산체제도 다품종 소량생산, 납품다빈도화 체제로의 전환이 불가피하게 되었으며, 또한 판매전략에 있어서도 종전의 가격경쟁

[그림 1-3] 물류관리의 환경변화

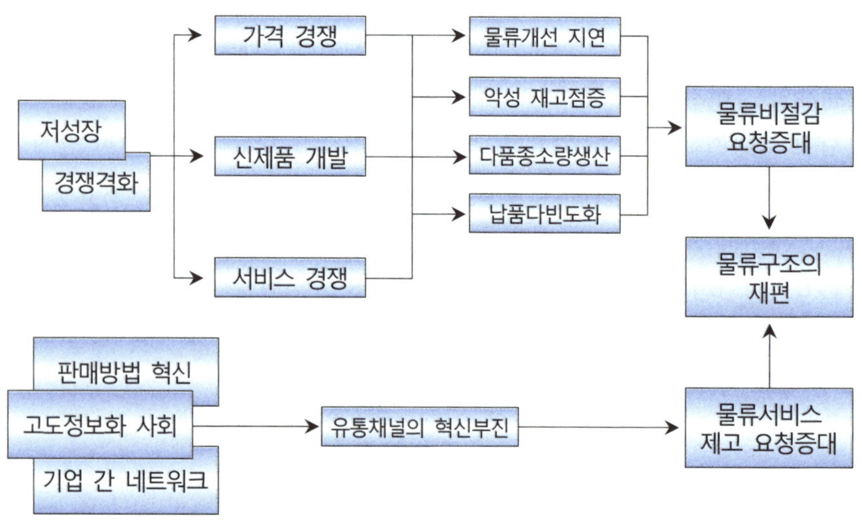

위주에서 탈피하여 신제품 개발과 고객서비스 경쟁이 가장 중요하게 되었다. 한편 판매방법에 있어서도 기업간 네트워크화나 고도정보통신체제의 구축을 통하여 고도의 판매물류서비스를 제공하여야만 되었는데, 이 모든 물류환경의 변화가 기업경영에 있어서 자연적으로 물류관리의 중요성이 대두되게 된 가장 큰 요인이다.

2. 물류관리의 목표

1) 고객 물류서비스 제고

물류관리 효율화의 의의로서 가장 중요한 것은 고도의 물류서비스를 소비자에게 제공함으로써 판매활동을 지원하고, 궁극적으로는 기업경영의 경쟁력을 강화시킨다는 점이다. 당연히 물류관리 효율화의 목표는 보다 양질의 서비스를 제공하여 고객욕구를 충족시킴으로써 기업경영의 경쟁력을 제고시키는 것이다. 그러므로 고객욕구를 충족시킬 수 있는 고도의 물류서비스의 제공 여부가 물류관리 효율화의 가장 중요한 문제로 대두된다.

즉, 오늘날 물류환경은 고객 욕구의 변화와 더불어 양적 · 질적으로 많은 변화를 초래하고 있으며, 이에 따라 물류전략의 구사도 특히 질적으로 다양하게 변하고 있다. 그러므로 앞으로의 물류의 세계는 고객욕구를 완전하게 충족시켜 주는 고도의 물류서비스 시대, 즉 물류의 고도효율화 시대가 전개될 것이 명백하며, 이는 구체적으로 말하면, 물류의 신속 · 안전 · 정확 · 정시 · 편리 · 경제성을 고려한 고객지향적인 물류서비스를 제공하는 것을 의미한다.

물류서비스의 제고와 관련한 한 분석자료를 보면, 고객은 과거 가격(요금)요소에 집착하던 습성에서 탈피하여, 물류서비스의 안전성(전체의 25%), 신속성(전체의 20%), 정확성(전체의 15%), 편리성(전체의 15%), 정시성(전체의 15%) 등을 더욱 고려하고 있는 것으로 나타났다. 즉, 과거에는 물류서비스를 전개하는데 있어서 가격요소를 소비자가 가장 고려하였기 때문에 가격할인 등의 마케팅 정책이 주를 이루고 있었

[그림 1-4] 고객 물류서비스 요소

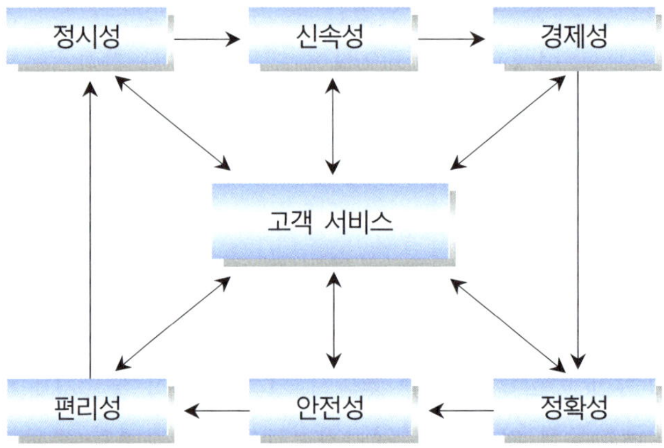

지만, 앞으로는 가격 이외의 요소, 즉 물류서비스를 제공하는데 있어서 안정성, 신속성, 정확성, 편리성, 정시성이 있는 서비스를 제공하지 않는 한 물류전략의 성공은 기대하기 힘들다는 결론이다. 그리고 이와 같은 고도의 물류서비스를 제공하기 위해서는 물류관리의 효율화를 통한 Total물류서비스 체제를 구축하는 것이 절대적으로 필요하다.

즉, 물류환경의 변화에 대처하여 고도의 물류서비스를 고객에게 제공하는 것이 바로 물류관리의 최대의 목표이다. 이러한 물류관리의 목표를 달성하기 위해서는 필요한 물품을, 필요한 장소에, 필요한 시기에, 적정한 가격으로 공급하여야 한다는 3S 1L(Speedy, Surely, Safely, Low) 고객 물류서비스 요소를 중심으로 물류전략을 구사하여야 하며, 이 요소에는 고객지향적인 고도의 물류서비스를 제공하기 위한 요소인 물류서비스의 신속・안전・정확・정시・편리・경제성이 모두 고려되어야 한다.

[그림 1-5] 3S 1L 고객 물류서비스 요소

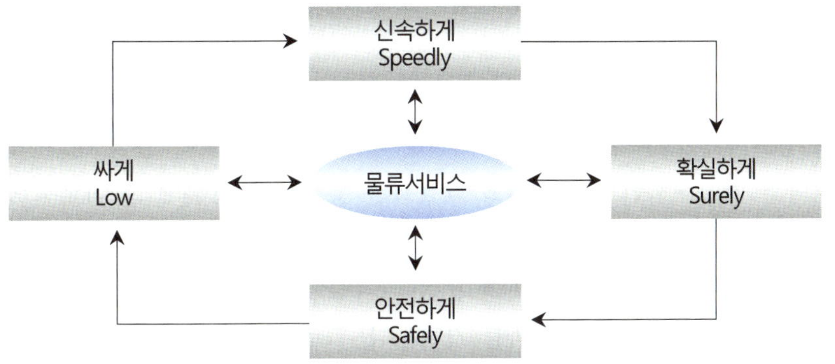

2) 물류비 관리

표 1-1. A기업의 물류비 절감효과

(단위 : 억원)

구분	2017		물류비 절감효과		매출증대효과	
매출액	20,800	물류비 10% 절감 →	20,800	동일한 경상이익 수준 →	26,705	매출액 28.4% 증대효과
물류비	1,040		936		1,335	
기타비용	19,394		19,394		24,900	
경상이익	366		470		470	

1) 매출액 대비 물류비 5% 가정
2) 경상이익률 1.76%

기업내적인 물류관리의 효율화를 통한 물류비 절감은 물류관리의 큰 의의라고 할 수 있다. 물류관리의 비효율화로 인한 결과는 물류비의 상승효과로 나타나 결국 제품원가를 상승시키고, 기업의 경쟁력을 상실시키기 때문이다. 즉, 기업내적으로 원자재와 제품의 재고를 과다하게 보유하고 있음으로써 발생할 수 있는 재고비용의 증가, 수배송체제의 비효율성으로 인한 수배송비의 증가, 또는 물류작업의 수작업 과다의존, 물류업무의 비효율화로 인한 노동생산성의 저하와 인건비의 상승 등은 이 모두가 제품의 원가상승 요인으로 작용하여 기업 경쟁력에 막대한 영향을 미치는 것은 자명한 사실이다. 특히 이러한 사실은 저성장이 지속화되고 있는 오늘날에는 더욱 중요하게 대두되고 있는데, 이것은 판매활동의 강화를 통한 매출액의 증대효과 보다는 기업내적인 물류관리의 효율화를 통한 물류비 절감과 이로 인한 이익증대 효과가 훨씬 높게 나타나기 때문이다.

즉, 〈표 1-1〉에서 알 수 있는 바와 같이, A기업이 물류비를 10%만 절감한다 하여도 그 매출액은 28.4%의 증가효과를 가져온다. 그러므로 저성장이 지속화되고 있는 현실에서는 물류비를 10% 절감하는 것은 그리 어려운 문제가 아니지만, 기존의 방법인 판매활동의 강화 등을 통하여 매출액을 28.4% 증대시키는 것은 거의 불가능한 일이며, 오히려 많은 비용발생을 초래하여 매출증대는 이룩하였지만 실제 이익의 실현은 없게 될지도 모른다.

한편 상품의 판매가격은 "제조원가 + 물류비 + 희망이익"으로 나타낼 수 있는데, 최근 전 세계 기업에서 제조원가는 국제적인 자원이동과 더불어 평균화되어 가고 있으므로 특별히 어떤 기업만이 물품의 제조원가를 낮추는 것이 매우 어려우며, 희망이익도 차이가 크게 날 수 있는 부문이 아니다. 따라서 모든 기업이 운송비, 보관・재고관리비 등의 물류비를 낮추어 판매가격에서 비교우위를 가짐으로써 경쟁력을 확보하려고 하고 있다.

요컨대 물류관리 효율화를 통한 물류서비스 제고와 물류비 절감은 물류관리의 최대 목표이자 기업 경쟁력을 제고하기 위해 반드시 달성하여야 하는 과제이기도 하다. 이러한 물류관리의 목표는 미시간 대학의 E. W. Smykey 교수가 제창한 7R의 원칙에서도 잘 나타나고 있는데, 고객서비스 제고와 물류비 절감을 동시에 달성하기 위한 기업경영 물류전략을 구사하기 위해서는 Total 물류관리 체제로서 고객이 원하는 적절한 품질의 상품 적량을, 적시에, 적절한 장소에, 그리고 좋은 인상과 적절한 가격으로 공급하여 주어야 한다는 것이다.

[그림 1-6] 7R의 원칙

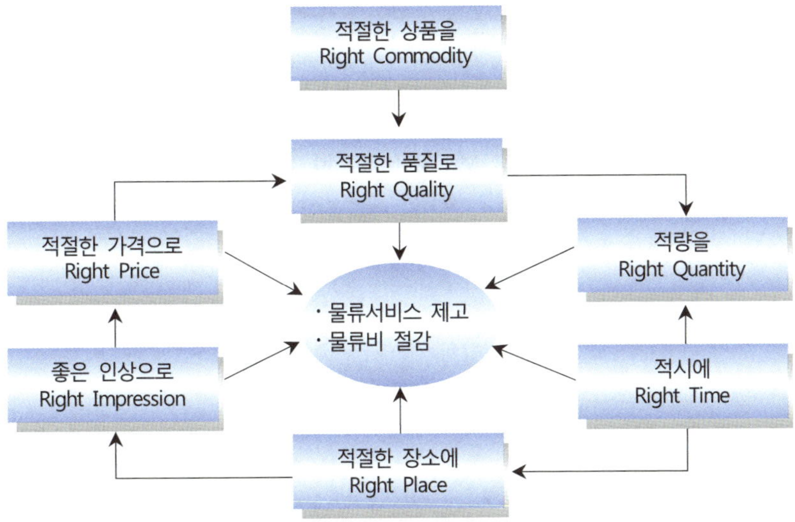

3. 무역과 국제물류

무역 및 국제물류 환경에 대처하는 것도 물류관리의 큰 의의라고 할 수 있다. 즉, 오늘날 세계경제의 신조류가 다자주의와 지역주의의 분극화 현상을 보이면서 다자주의 현상과 더불어 상호주의에 입각한 시장개방, 자유무역주의에 힘입어 범세계적인 무역량의 증대와 더불어 전반적인 물동량이 크게 증가하고 있으며, 또한 자원의 세계화와 더불어 자원의 이동이 많아지면서 수배송, 하역, 보관 등 물류관리의 기능이 한층 중요하게 되었다.

[그림 1-7] 무역, 물류 및 국제해상운송의 관계

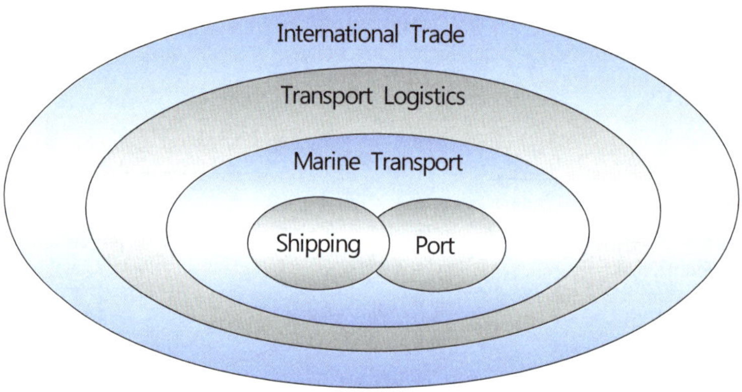

오늘날 세계경제의 신조류가 다자주의와 지역주의의 분극화 현상을 보이면서 다자주의 현상과 더불어 상호주의에 입각한 시장개방 및 자유무역주의에 힘입어 범세계적인 무역량의 증대와 더불어 전반적인 물동량이 크게 증가하고 있으며, 또한 자원의 세계화와 더불어 자원의 이동이 많아지면서 수배송, 하역, 보관 등 물류관리의 기능이 한층 중요하게 되었다.

또한 EU, FTA 등 지역주의 현상에 의하여 수평적인 분업화 현상이 많이 나타나고 있으며, 이러한 수평적인 분업화로 인하여 기업은 물류분야에 있어서 JIT개념 등으로 시간적 · 공간적인 차이를 극복하여 경쟁적인 우위를 확보하는 것이 중요하게 되었으며, 따라서 물류관리는 이러한 문제를 해결하여 주기 때문에 기업 경쟁력 제고의 중요한 수단으로서 부각되고 있는 것이다.

제3절 물류관리의 활동영역

1. 물류활동

물류관리란 고객에게 고도의 물류서비스를 제공하기 위해 원자재의 조달에서부터 생산과정을 거쳐 제품이 최종 고객에 이르는 제품의 흐름을 용이하게 하는 물자의 이동 및 보관활동의 전부와 이에 수반하는 정보를 계획, 조직, 통제하는 모든 활동이므로, 물류관리의 영역도 이 물류의 흐름 전과정을 포함한다. 그러므로 물류 흐름의 전과정인 원자재의 공급처로부터 생산라인에 공급되고, 생산된 제품이 거래처에서 소비될 때까지에는 물류의 6대 기능인 수배송, 하역, 보관, 포장, 유통가공, 물류정보가 유기적으로 통합 · 조정되면서 발생하게 되며, 이 중에서는 물자의 직접적인 이동과 관련된 수배송, 하역, 보관물류 등이 물류관리 영역의 중요한 지위를 차지하고 있다.

[그림 1-8] 물류활동의 흐름도

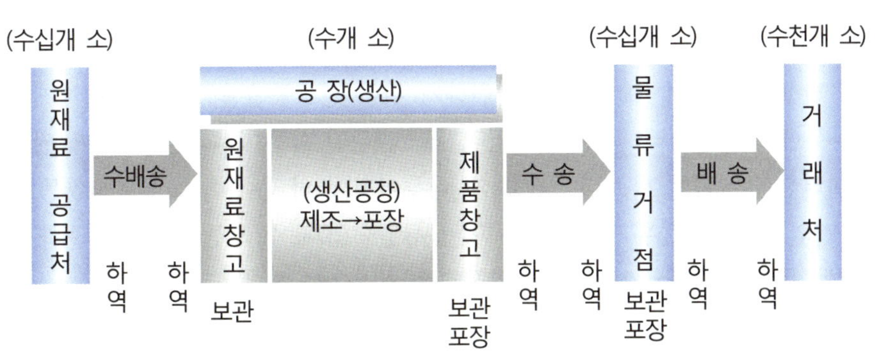

[그림 1-9] 물류관리의 주요한 활동

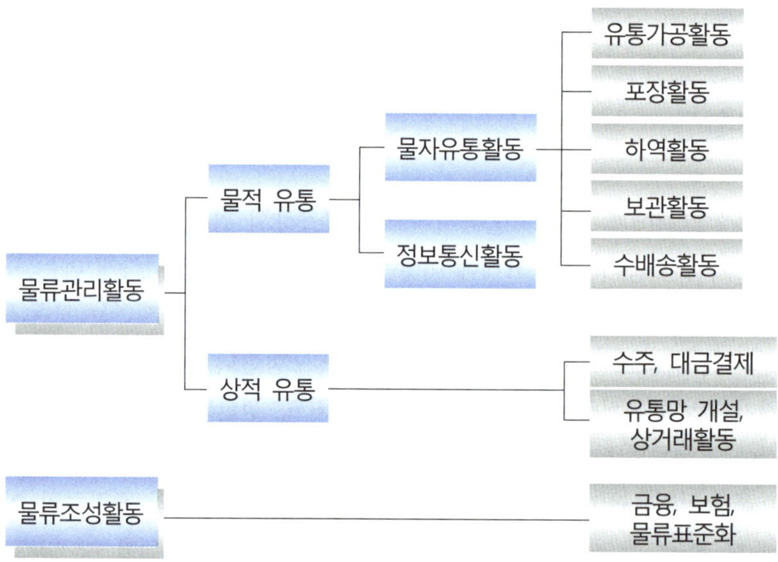

즉, 물류관리의 주요한 활동은 크게 물적 유통과 상적 유통으로 분류할 수 있는데, 물적 유통에서는 물자의 이동관리와 관련한 수배송, 하역, 보관, 포장, 유통가공활동이 발생하게 되고, 또한 이를 지원하기 위한 정보통신활동이 이루어지게 되며, 상적 유통에서는 상거래 활동 및 대금결제와 관련된 활동이 주로 일어나게 된다. 그리고 이러한 물류활동이 보다 원활하게 이루어지게 하기 위한 물류조성활동으로서 물류용기의 표준화, 물류기기의 표준화, 물류양식의 표준화 등의 물류표준화, 금융, 보험활동 등도 물류관리의 주요한 활동임은 물론이다.

[그림 1-10] 상류와 물류의 흐름 관계

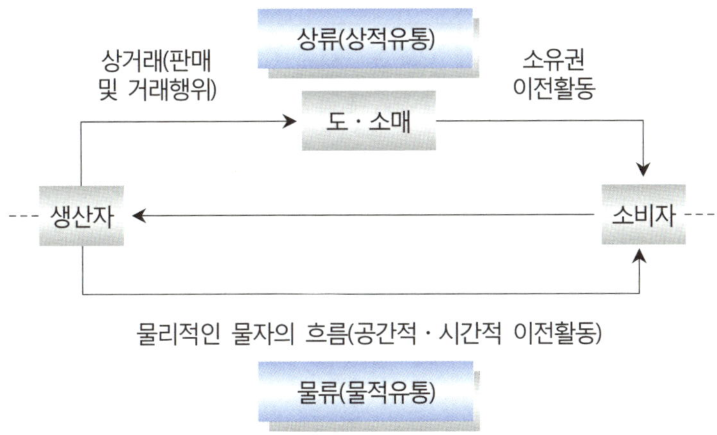

2. 영역적 물류활동

물류관리의 영역은 원자재, 제품, 반품, 폐기물 등의 물리적인 이동단계에 따라 조달물류, 생산물류, 사내물류, 판매물류, 반품물류, 회수물류, 폐기물류 등으로 구분할 수 있다. 즉,

① **조달물류** : 조달물류는 원자재, 부품, 중간가공품, 빈포장용기, 포장재료 등을 조달처에서부터 구매자인 생산업자에게 납입되어, 기업 내 자재창고에 입하된 후 생산공정에 투입되기 전까지의 물류활동을 말한다. 그러므로 이 조달물류에서는 원자재나 부품 등의 조달활동과 자재창고에서의 보관 및 재고관리의 효율성 제고에 중점을 두게 된다.

② **생산물류** : 원자재, 부품, 중간가공품 등이 생산공정에 투입될 때부터 제품의 생산 · 포장에 이르기까지의 물류활동을 말한다. 이 생산물류에서는 생산리드

[그림 1-11] 물류관리의 영역

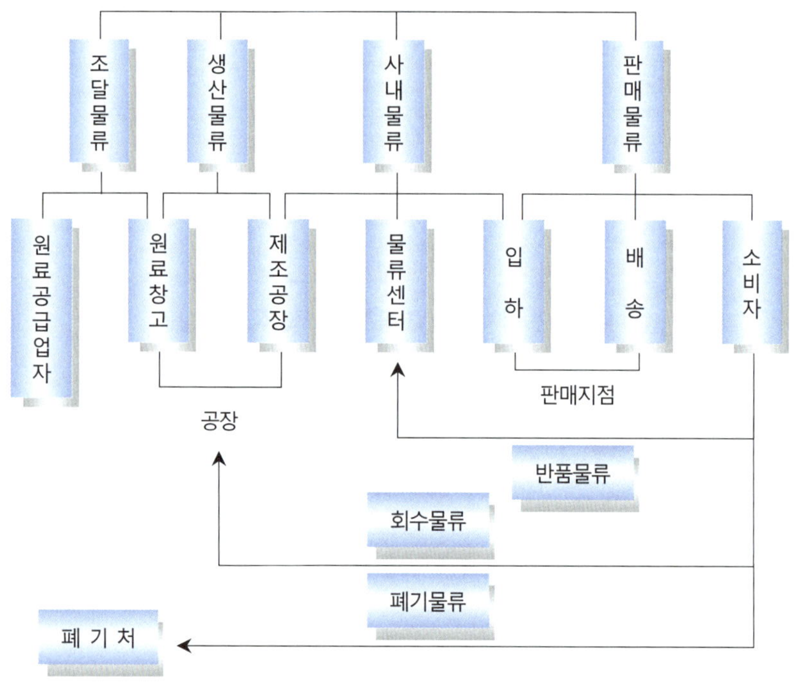

타임의 단축, 재고량 감축 등이 주요한 핵심사항이 되며, 이를 위한 생산물류 효율화 전략이 전개된다.

③ **사내물류** : 생산업자의 완제품 출하시부터 고객에로의 판매가 최종적으로 확정되어 출고되기 전까지의 물류활동을 말하며, 주로 공장의 저장창고나 물류센터에서의 완제품의 재고관리가 주요 핵심사항이 된다. 그런데 이 사내물류는 보통 생산물류나 판매물류에 포함시키어 설명되는 경우도 있다.

④ **판매물류** : 제품의 판매가 확정된 후 출고되어 고객에게 인도될 때까지의 물류활동이다. 이 판매물류는 최종 고객과 직접적으로 접하는 부문으로서 물류활

동 중에서 가장 중요한 활동이며, 이는 물류센터나 창고에서의 제품의 출고, 중간 물류거점인 배송센터까지의 운송, 배송센터 내에서의 보관·분류·출고 작업 및 대리점이나 고객에의 최종 배송단계로 크게 분류할 수 있다.

⑤ **반품물류** : 고객클레임 제기 등으로 인해 판매된 제품의 반품에 따르는 물류활동이다. 이러한 반품물류는 판매물류에서의 고객으로의 상품인도과정에서 발생하는 물류활동과 비용측면에서 동일한 결과를 초래할 수 있으므로 오늘날 매우 중요하게 간주되는 물류활동의 하나이다.

⑥ **회수물류** : 물류활동에 있어서 계속적으로 사용되는 컨테이너, 파렛트, 빈용기 등의 사용을 위한 회수활동과 관련된 물류활동이다. 이러한 회수물류는 판매물류에서의 물류활동과는 반대방향으로 이동이 이루어지게 되므로, 기존의 판매물류망을 이용할 것인지, 아니면 회수물류 자체의 물류망을 구축할 것인지를 검토할 필요가 있다.

⑦ **폐기물류** : 원자재와 제품의 포장재 및 수배송용기 등의 폐기물을 처분하기 위한 물류활동이다. 오늘날 환경문제가 심화되면서 생산업자는 이제 제품을 생산할 때에 재생이 가능한 포장재의 사용이나 용이하게 처리가 가능한 소재 및 포장재의 사용을 통하여 폐기물류 비용의 절감을 고려하여야 하는데, 이러한 Reverse Logistics는 GR(Green Round) 협상과 때를 맞추어 물류활동에서 매우 중요한 위치를 차지하고 있다.

기업물류활동에서 환경문제의 심각성이 부각되고, 국제적으로도 GR 등에 의해 환경물류문제가 강화되면서 물류활동 영역 중 역물류(Reverse Logistics)에 대한 관심이 높아지고 있다. 역물류는 물품회수, 리사이클링, 폐기물 처리, 재활용 등 회수과정 전반에 걸친 물류관리 활동을 말하며, 조달물류, 판매물류 등과 함께 물류활동의 중요한 영역을 차지하고 있다.

독일에서 지난 1991년에 이미 상품포장을 리사이클링 하도록 법제화한 것처럼 앞으로는 제품수명이 끝나면 제조업체가 이를 의무적으로 회수해야 하는 시대가 도래할 것으로 전망된다. 역물류를 외면할 수 없는 거대한 흐름이 진전되고 있는 것이다.

친환경 물류시스템(ECLS: Environmentally Conscious Logistics System)이란 [그림 1-12]와 같이 다양한 포워드 물류시스템 활동(Forward Channel)을 통하여 불가피하게 발생하는 폐기물의 양을 최소화할 수 있도록 제품 및 포장재의 감량화(減量化), 폐기물의 발생을 최소화하는 생산 및 소비방법, 물류시스템으로의 대체화(代替化) 방안을 실시하고, 소비자가 사용했거나 사용 중에 고장난 제품, 혹은 신제품과 대체하면서 발생되는 유해하거나 유해하지 않은 제품 및 관련 포장재 등의

[그림 1-12] 역물류시스템(Reverse Logistics)

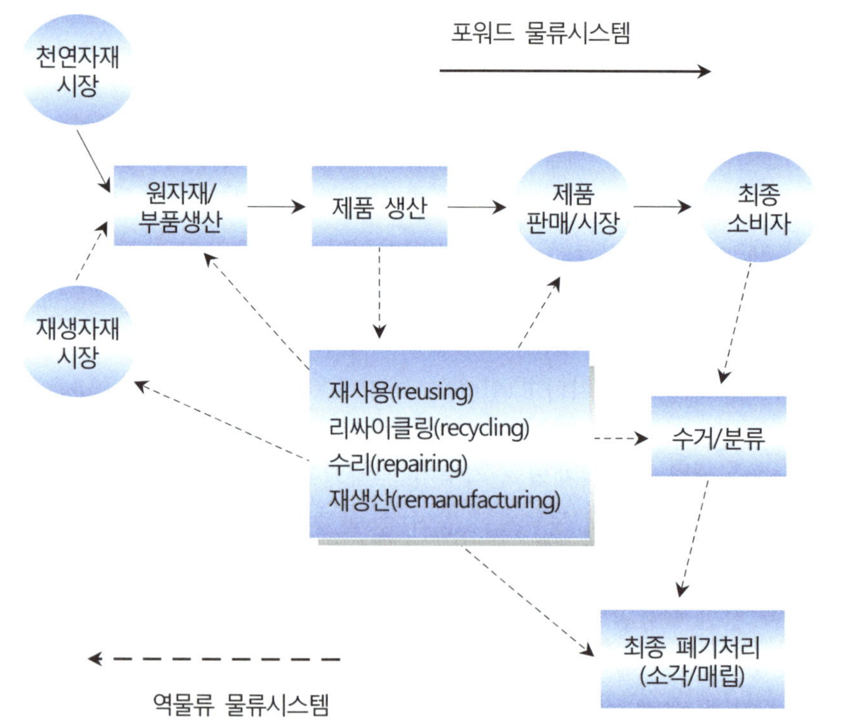

폐기물 모두를 역물류 활동(Reverse channel)을 통하여 다시 회수하고 분류한 후 자원의 재사용·재활용을 위해 필요한 적정 프로세스를 실시할 수 있는 곳으로 전달하여 부가가치를 재창출하는 활동과 관련된 모든 물류관리 기술 및 활동 전체를 의미한다.

이미 발생된 포장재 및 제품 등의 폐기물이 곧 바로 매립 또는 소각과 같이 최종 폐기처리 되지 못하도록 최대한 수거한 후 적절히 분류하고, 필요한 2차 프로세스를 실시하여 지속적으로 가치있게 재이용(Reuse)될 수 있도록 순환하여 유한한 지구의 자원 및 에너지의 낭비를 최대한 억제시키고자 하는 역물류시스템은 그 자체가 이미 환경친화적 물류시스템이라고 할 수 있다. 다만 역물류시스템이 좀더 환경친화적이 될 수 있도록 하기 위해서는 다음과 같은 요소들이 더욱 신중히 고려되어야 할 것이다.

① 폐기물의 수거방법 및 위치, 그리고 적절한 분류를 위한 거점의 위치
② 수거된 폐기물의 적절한 처리를 위한 일정 및 이동 프로세스
③ 폐기물의 수거와 분류, 적절한 처리를 위한 충분한 정보체계의 구축 및 활용

3. 기능적 물류활동

물류관리가 효율적으로 이루어지기 위해서는 물류관리의 6대 기능, 즉 수배송, 하역, 보관, 포장, 유통가공, 물류정보가 유기적으로 통합·조정되면서 그 기능이 수행되어야만 한다. 그런데 이러한 물류기능은 물류활동이 이루어지면서 주로 물류센터 등 물류거점을 중심으로 계속적으로 반복하여 발생하는 특징이 있으며, 독립적 보다는 상호 유기적 결합을 통하여 본래의 기능을 발휘할 수 있다.

① **수배송물류** : 재화와 용역을 그 효용가치가 낮은 장소로부터 높은 장소로 이동시키어 장소적 이동과 시간적인 극복을 통하여 재화와 용역의 효용가치를 증대시키기 위한 물류를 말하며, 도시간 및 물류거점간의 간선수송과 도시 내 및

일정지역 내의 배송부문으로 분류할 수 있다.

② **하역물류** : 물자를 취급하고 이동하며, 상·하차하는 행위 등의 주로 물자의 상하 이동행위를 총칭하는 물류활동이며, 수배송·보관·포장물류 등 다른 물류활동을 연결하는 기능이 강하다.

③ **보관물류** : 보관이라는 행위 자체는 물품을 소중하게 관리·유지하기 위한 활동이지만, 물류활동 기능에서의 보관물류는 재화와 용역의 시간적인 간격을 해소하여 주어 생산과 소비를 결합시키는 물류활동이다.

④ **포장물류** : 포장물류란 물자의 수배송, 보관, 거래, 사용 등에 있어서 그 가치 및 상태를 유지하기 위해 적절한 재료, 용기 등을 이용해 보호하는 기술 및 보호하는 상태를 말한다.

⑤ **유통가공물류** : 유통가공활동은 주로 물류센터에서 발생하고 있으며, 물자의 유통과정에 있어서 행하여지는 제품의 단순한 가공, 재포장, 조립, 절단 등의 물류활동을 말한다.

⑥ **물류정보** : 물류정보는 물류활동과 관련된 정보내용을 제공하여 물류관리 제 기능을 연결시켜 줌으로써 종합적인 물류관리의 효율화를 기할 수 있도록 하여 주는 물류활동이다.

제4절 물류관리의 발전과정 및 동향

물류관리라는 개념은 미국에서는 일찍이 1920년대부터 도입되어 기업경영에 적용되어 왔으며, 일본에서는 1950년대부터 도입되었지만, 물류관리라는 개념이 기업경영에 가장 활발하게 적용되고 있는 나라는 일본이다. 이는 물류관리가 물류환경 및 그 요구에 의해 발달을 달리하여 온 결과이며, 우리나라에서는 1980년대 초에 비로소 물류관리라는 개념을 인식하게 되었고, 1990년대부터는 그 연구·개발이 왕성하게 이루어지고 있다. 즉, 1980년대 초에 오늘날의 로지스틱스 개념은 아니지만, 유통산업의 합리화를 추구하기 위한 차원에서 "유통산업 근대화촉진법"이 제정되어 물류부문에 대한 관심이 고조되기 시작하였으며, 1991년에는 그 당시로서는 물류부문에 가장 근접한 법률인 "화물유통촉진법"이 제정되기에 이르렀고, 물류가 우리나라에서 한층 연구 · 개발이 왕성하게 이루어지고 있었던 1995년 말에는 "유통단지개발촉진법"이, 또한 1997년 중반에는 그 동안 자동차운수사업법 속에서 여객부문과 함께 포함되어 있던 화물부문 운수사업법을 별도로 독립시키어 "화물자동차운수사업법"이, 그리고 2007년도에는 물류관련 종합기본법이라고 할 수 있는 "물류정책기본법"을 제정함으로써 물류발전의 획기적인 전기를 마련하게 되었다.

즉, 물류관리가 우리나라에서 그 중요성이 인식되고, 물류활동이 활발하게 전개되게 된 직접적인 계기는 기업경영환경의 변화, 교통혼잡 등 물류환경의 변화에 기인하며, 최근에는 물류 중요성이 인식되어 물류Infra 확충, 복합화물터미널 건설, 물류 · 유통단지 건설, 물류공동화 추진, 물류표준화 추진, 보관 · 하역시설 근대화, 육 · 해 · 공 수배송연계체제 구축, 종합물류정보망 구축, 제4차 산업혁명 기술 적용 등 물류관리의 합리화를 위한 활동이 활발하게 전개되고 있다.

물류관리를 산업차원에서 볼 때에, 물류정책기본법에 따른 물류산업의 범위는 크게 화물운송업, 물류시설운영업, 물류서비스업으로 분류할 수 있다. 화물운송업은 크게 육상화물운송업, 해상화물운송업, 항공화물운송업 및 파이프라인운송업으로 분류할 수 있으며, 물류시설운영업은 크게 창고업과 물류터미널운영업으로 분류할 수 있고, 물류서비스업은 화물취급업, 화물주선업, 물류장비임대업, 물류정보처리업, 물류컨설팅업, 해운부대사업, 항만운송관련업, 항만운송사업 등으로 분류할 수 있다.

우리나라 국가 물류비는 2015년 기준 GDP의 약 12%를 차지하고 있고, 기업물류비는 매출액 대비 약 10% 정도를 차지하고 있어 아직도 선진국에 비해 매우 높은 수준이다. 이와 같은 물류비의 발생은 제품의 원가상승 요인으로 직접 작용하여 제품의 경쟁력을 상실시키는 직접적인 요인이 되고 있다.

또한 우리나라 기업의 경영관리는 이제까지는 주로 제품개발과 가격정책을 통한 기업경쟁력 강화에 초점을 맞추어 왔으므로, 제조원가의 절감노력과 마케팅에서의 가격정책 등이 기업경영의 주를 이루어 왔다. 그러나 앞으로는 경영관리에 있어서 가격요소 이외에도 물류서비스의 신속성, 안전성, 정확성, 정시성, 편리성 등이 요구되므로, 물류관리의 중요성, 즉 물류서비스의 차별화 등의 중요성이 한층 대두될 것이며, 또한 우리나라 기업의 물류비가 매출액의 약 10% 정도를 차지하고 있으므로, 물류비의 절감은 우리나라 기업의 경쟁력 강화를 위하여 중요한 요인으로 대두되고 있다.

표 1-2. 물류산업의 범위

<table>
<tr><th>대분류</th><th>세분류</th><th>세세분류</th></tr>
<tr><td rowspan="4">화물
운송업</td><td>육상화물운송업</td><td>화물자동차운송사업, 화물자동차운송가맹사업, 철도사업</td></tr>
<tr><td>해상화물운송업</td><td>외항정기화물운송사업, 외항부정기화물운송사업, 내항화물운송사업</td></tr>
<tr><td>항공화물운송업</td><td>정기항공운송사업, 부정기항공운송사업, 상업서류송달업</td></tr>
<tr><td>파이프라인운송업</td><td>파이프라인운송업</td></tr>
<tr><td rowspan="2">물류시설
운영업</td><td>창고업
(공동집배송센터운영업 포함)</td><td>일반창고업, 냉장/냉동 창고업, 농・수산물 창고업, 위험물품보관업, 그 밖의 창고업</td></tr>
<tr><td>물류터미널운영업</td><td>복합물류터미널, 일반물류터미널, 해상터미널, 공항화물터미널, 화물차전용터미널, 컨테이너화물조작장(CFS), 컨테이너장치장(CY), 물류단지, 집배송단지 등 물류시설의 운영업</td></tr>
<tr><td rowspan="8">물류
서비스업</td><td>화물취급업
(하역업 포함)</td><td>화물의 하역, 포장, 가공, 조립, 상표부착, 프로그램 설치, 품질 검사 등 부가적인 물류업</td></tr>
<tr><td>화물주선업</td><td>국제물류주선업, 화물자동차운송주선사업</td></tr>
<tr><td>물류장비임대업</td><td>운송장비임대업, 산업용 기계・장비 임대업, 운반용기 임대업, 화물자동차임대업, 화물선박임대업, 화물항공기임대업, 운반・적치・하역장비 임대업, 컨테이너・파렛트 등 포장용기 임대업, 선박대여업</td></tr>
<tr><td>물류정보처리업</td><td>물류정보 데이터베이스 구축, 물류지원 소프트웨어 개발・운영, 물류 관련 전자문서 처리업</td></tr>
<tr><td>물류컨설팅업</td><td>물류 관련 업무프로세스 개선 관련 컨설팅, 자동창고, 물류자동화 설비 등 도입 관련 컨설팅, 물류 관련 정보시스템 도입 관련 컨설팅</td></tr>
<tr><td>해운부대사업</td><td>해운대리점업, 해운중개업, 선박관리업</td></tr>
<tr><td>항만운송관련업</td><td>항만용역업, 물품공급업, 선박급유업, 컨테이너 수리업, 예선업</td></tr>
<tr><td>항만운송사업</td><td>항만하역사업, 검수사업, 감정사업, 검량사업</td></tr>
</table>

우리나라의 기업은 현재 급변하는 물류환경의 변화 속에서 기업의 국제경쟁력 강화, 이에 따른 국제화 전략 등 산적한 문제를 안고 있다. 다른 모든 분야에서 나름대로의 노력이 있겠지만, 무엇보다도 물류관리의 효율화는 우선적으로 해결해야 하는 문제이다. 이미 물류 선진국은 무국경 · 범세계적인 물류전략을 구사하고 있으며, 규제완화된 물류환경 속에서 조달 · 생산 · 판매물류전략의 국제적인 전개를 활발하게 진행하고 있고, 더 나아가 물류사업의 제휴와 시장통합을 통하여 물류통합의 시대를 열고 있다.

이러한 기업경영 환경의 변화와 더불어 우리나라 기업들도 물류관리에 대한 중요성을 인식하여 물류효율화를 위한 총체적인 노력을 경주하고 있으나, 아직은 미흡한 상태에 머물러 있다. 즉, 대한상공회의소가 조사한 설문조사 결과에 의하면, 우리나라 기업도 물류관리의 중요성을 인식하고 경영전략을 세우는데 있어서 물류전략을 우선적으로 고려하고 있는 경우가 전체의 50%로서 경영자들이 물류관리의 중요성을 비교적 높게 인식하고 있는 것으로 나타났지만, 실제로 물류 효율화를 추진하는데 있어서는 물류관리의 전담부서 없이 물류 효율화를 추진하는 기업이 전체의 50%를 훨씬 상회하고 있어 물류관리의 체계가 아직 종합적으로 정립되어 있지 않은 상태임을 보여 주고 있다. 특히 물류 효율화를 위한 이론적인 전문지식과 관리기법을 갖추고 물류활동에 대한 전반적인 계획, 이행, 통제, 평가를 하는 물류전문가는 상당히 부족한 상태를 보여, 이 부문에 대한 대책을 강구하는 것도 중요한 과제가 되고 있다.

제 2 장 기업경영과 물류관리

제1절 기업 물류관리의 의의

1. 고객서비스와 물류관리

국경을 초월한 무한경쟁시대 속에서 고객들의 욕구는 갈수록 다양화, 감성화, 개성화되어 가고 있다. 고객들의 욕구가 갈수록 급변하고, 또한 고도화됨에 따라 제품의 라이프사이클도 예전과는 비교가 안될 정도로 단축되어 가고 있다.

그러므로 이젠 어제의 '최신'이 오늘의 '보편'으로 바뀌고 내일이면 '낡은 것'으로 전락할 것이 분명하다. 때문에 기업도 경쟁력 유지를 위해서는 경영 각 부문에 걸쳐 고객서비스 제고를 중점으로 하는 물류혁신을 통한 끊임없는 재창조 노력을 하지 않으면 안되는 시대를 맞고 있는 것이다.

따라서 물류관리의 전략적 방향은 고객서비스 제고를 최우선적으로 고려하여 물류영역을 통합적으로 관리하는 방향으로 이루어져야 하며, 기능 중심이 아니라 프로세스 중심으로 전환되어야 하고, 시간가치를 중시하면서 개별화된 고객에 대응할 수 있는 전략방향이 중요하다.

[그림 2-1] 기업물류관리의 패러다임 변화

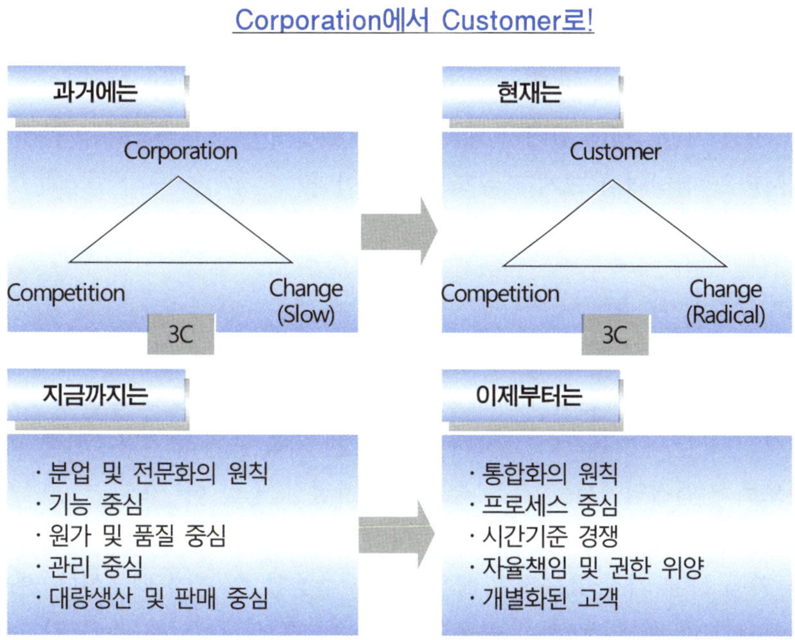

또한 물류관리의 전략적인 방향은 효율적인 물류관리를 통하여 고객서비스의 제고와 비용절감을 동시에 추구할 수 있어야 한다. 이것은 오늘날과 같이 경쟁이 격화되고, 고객의 욕구가 다양화·고도화된 시장환경 속에서 가치우위와 비용우위를 동시에 추구하지 않으면 경쟁력을 확보할 수 없기 때문이다. 이러한 환경변화 속에서 무엇보다도 중요한 것은 고객서비스를 중시하는 고객만족 경영이다.

즉, 물류관리의 최대의 목표가 고객만족이다. 다양화·고도화된 고객을 만족시키지 못하고서는 물류관리의 목표를 달성할 수 없기 때문이다. 더욱 제품품질 등이 세계적으로 평준화되어 가고 있는 추세 속에서 고객에게 차별화된 서비스를 제공할 수 있는 분야가 바로 물류서비스이다. 따라서 고객만족을 위한 물류서비스의 제고가 기업 물류관리에 있어서 중요한 위치를 차지하는 것이다.

물류관리는 오늘날 기업경영에 있어서 매우 중요한 영역을 차지하고 있다. 왜냐하면 물류관리는 제품의 생산활동 및 판매활동 등과 분리하여 생각할 수 없는 분야로서 제품원가, 서비스의 차별화 등의 내용이 바로 물류관리와 직접적으로 연관되어 있고, 또한 기업경영에 있어서 체계적이고, 지속적인 물류관리의 유무에 따라 특히 고객서비스 경쟁력이 크게 좌우되기 때문이다.

2. 수요예측과 물류관리

물류활동을 계획하고 관리하기 위해서는 물류관리에서 취급될 물품 및 서비스 수량에 대한 정확한 수요예측이 필요하다. 이러한 예측은 장래 물품수요를 예측하는 것이 되므로 기업경영에서는 가장 중요한 의사결정 중의 하나이다.

즉, 언제 얼마만큼의 물동량을 운송하여야 한다고 정확하게 알고 있다면 정확한 계획물류활동 하에 가장 효율적인 물류관리를 수행할 수 있기 때문이다. 또한 이러한 수요예측이 가능하다는 것은 물품의 장래 수요를 알 수 있는 것을 의미하며, 따라서 생산 및 판매부문과 연계하여 물류관리를 수행할 때에 경영 효율화를 기대할 수 있는 것은 자명하다.

그런데 경영전략의 주요한 부문으로서 물류관리가 인식되고 있는 오늘날에 이르기까지 경영관리의 다른 부문이 그러했듯이 물류관리를 경영전략의 실천수단으로서 기업경영실무에 본격적으로 적용하기 까지는 몇 단계의 변화과정을 거쳐야 했다. 이런 점에서 오늘날의 물류관리의 수요예측방법 역시 매우 진화적인 속성을 가진다고 할 수 있을 것이다. 이러한 기업 물류관리에서의 수요예측의 변화과정을 단계적으로 살펴보면 다음과 같다.

▣ 1단계 : 물품이동을 중심으로 한 수배송 조직

종래 물류를 Physical Distribution을 의미하는 협의의 개념으로 사용하던 시대에 있어서는 물류관리는 "주문을 받은 물품을 배송하는 것", 즉 기업에 있어서의 전략적인 사고없이 단순히 물품을 배송하는 기능으로서의 물류관리시스템을 가지고 있었으며, 지금도 당시의 센터라는 명칭을 사용하여 '배송센터'라는 용어가 그대로 사용되는 경우가 있다.

이 시대에 있어서 물동량의 수요예측은 거의 없었으므로 계획적인 물류활동이 전혀 이루어지지 않았으며, 주문에 대해 단순 이행하는 형태의 물류관리가 이루어졌다.

▣ 2단계 : 수요예측과 연동시킨 조직

물품의 배송기능만을 가지고 있었던 배송센터에 대하여, 결품없이 물품공급을 하는 것은 물론이고, 재고회전율의 향상에 의한 재고비용의 절감도 절대적으로 중요하게 되었다. 그러므로 이러한 기능을 만족시키기 위해 수요예측이 필요하게 되었으며, 수요예측은 물류센터로 부터의 출하실적을 기준으로 하여 계절품・긴급품・일시보관품 등으로 구분하여 결품없이 물품공급이 이루어지도록 하는 것이 주목적이었다.

▣ 3단계 : 거래처 발상을 중심으로 한 조직

물류관리에서 이제는 고객인 소비자와 거래처의 니즈(Needs)에 대응하기 위해 소비자와 거래처의 동향을 확실하게 파악하여 수요예측의 정확도를 향상시키며, 판매촉진을 위한 광고와 홍보까지도 고려하게 되었다. 또한 수발주에 있어서는 판매원들 주도로 네트워크를 구축하여 수주에 따른 입력작업의 생력화와 정확성을 향상시키는 기능을 하게 되었다.

이러한 네트워트를 통해 거래처에 대한 수주로부터 발주 및 물품 수배송에 이르기까지의 리드타임을 단축하여 경쟁우위를 확보할 수 있는 차별화 경영전략을 구사하는 기업들이 최근들어 눈에 띄게 늘어나고 있다. 즉, 물류정보시스템이 물류관리시스템 중 가장 중요한 역할을 담당하게 되었으며, 판매물류시스템의 기본이 되는 시대를 맞이하고 있는 것이다.

이와 같은 기업 물류관리에 있어서의 변화를 요약해 보면, 시장의 기본구조가 Product-out으로부터 Market-in으로, 그리고 푸시형에서 소비자 · 소매업 풀형으로 변하고 있다고 할 수 있으며, 물류관리 역시 물품중심에서 정보중심으로 기본적인 발상이 변화하고 있다는 것을 나타내고 있다.

[그림 2-2] 기업물류관리의 변천

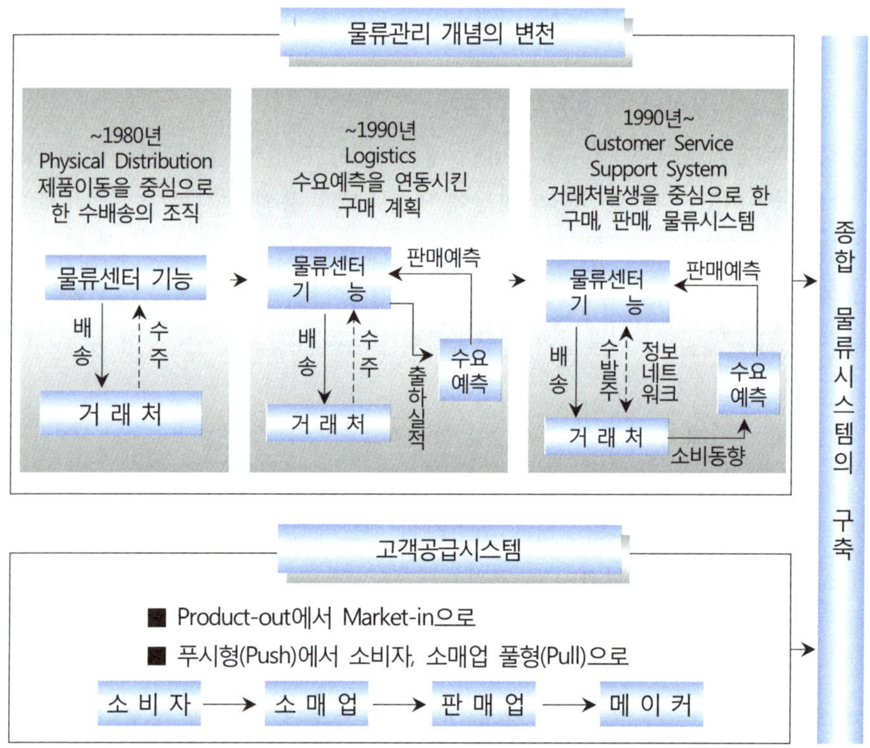

3. 기업 물류관리의 변화

M. E. Porter 교수의 Value Chain개념에서 알 수 있듯이, 실제로 경영전략의 일환으로서 기업이 물류전략을 수립하는 경우 물류문제를 거래처 구성, 상품정책, 경쟁구조에 대한 인식, 조직대응, 전략적인 투자발상, 인재투입 등 경영의 제반원칙과 구조에 기인하는 것으로 보고 기업 전체의 입장에서 포괄적으로 고려하는 것이 가장 중요하다.

또한 물류서비스 수준의 질적 향상, 능력있고 신념있는 인재의 투입, 물류코스트의 파악과 고생산성의 추구, 물류 현장작업자의 작업숙련도 향상, 정보시스템과의 연계 등을 염두에 두고 상권과 거래업태를 명확히 하여 물류전략을 구상하고, 이를 기초로 물류관리시스템을 구축할 필요가 있다. 더욱 물류작업환경이 열악한 만큼 사람이 근무하기에 좋은 환경인지, 작업자 중심으로 시스템이 만들어져 있는지, 설비환경은 작업자의 근무조건을 고려하여 구성되어 있는지, 물류작업은 작업자와 기계의 역할구분이 적절하게 조화를 이루고 있는지 등에 대한 세심한 배려도 중요하다.

그리고 성숙화된 경제시대에 있어서는 종합적이고도 혁신적인 경영시스템을 구축하여 경영기능을 효율화하는 것이 절대적으로 필요하며, 물류관리라는 경영기능도 예외가 될 수는 없다. 즉, 매출증대와 비용절감을 통한 이익실현이라는 경영목적에 부합하는 보다 고도의 효율적인 물류활동을 전개하기 위해서는 물류관리체제를 혁신하여 종합적으로 물류관리를 시스템화하여야 한다.

이와 같이 물류관리를 시스템화한다는 것은 물류활동을 혁신한다는 관점에서 보면 종전의 "하드웨어 물류개선"에서 "소프트웨어 물류혁신"으로 그 관점이 변천된 것을 의미한다. 즉, 과거 물류개선의 수단이라고 여겨지던 하드웨어 부문에 대한 투자는 그 의미를 점차 상실하고 있고, 물류제도 및 절차의 개선, 과학적 물류기법의 개발과 같은 소프트웨어 측면에 중점을 두어 물류활동의 성과를 높이고 효율성을 추구하는 방향으로 변화가 일어나고 있다. 예컨대 물류센터를 집약화한다든지, 수배송을 전문 운송회사에 위탁한다든지, 물류네트워크를 재구축하는 등의 개선활동이 바로 소프트웨어 중심의 물류혁신을 추구하는 것이다.

물류관리시스템이 변천을 거듭하여 간다면 아마도 물류관리시대, 물류관리시스템 시대 다음에 오는 것은 물류활동의 영역이 보다 광범위한 물류사회시스템 시대일 것이다. 현재는 물류관리시스템 시대가 계속되고 있다고 밖에 볼 수 없지만 물류부문에 대하여 새로운 관리영역 및 기법이 필요하게 되어 물류활동의 영역을 보다 광범위하게 설정하고 계획하게 되면, 물류부문의 사회적인 기능 및 역할까지를 포함한 물류사회시스템 시대가 본격적으로 전개될 것임은 명백하다.

표 2-1. 물류관리시스템의 내용

	하드웨어(Hardware)시대	소프트웨어(Software)시대
물류개선의 필요성	· 능력의 확대 (판매를 쫓아가는 물류)	· 효율의 실현 (효율 경영을 위한 물류)
물류개선의 포인트	· 물류활동의 능력 향상 · 기계화의 진전 · 생력화(省力化) · 물류조건을 그대로 한 물류고도화	· 물류채널의 재편성 · 기존능력의 유효 활용 · 생뇌화(省腦化) · 물류조건을 변경하는데 따른 물류효율화
물류개선의 사례	· 유통센터 설치 · 컴퓨터의 도입 · 물류기기 도입 · 운송수단의 적절한 활용 · 물류부서의 독립적 설치 · 물류자회사의 운영	· 물류센터의 집약 · 정보의 유효 이용 · 입체자동창고 등 자동화 도입 · 공동수배송 · 물류네트워크의 재구축 · 제3자물류 활용

이와 같은 물류관리시스템 및 물류사회시스템 시대에 있어서의 물류관리의 특징은 다음과 같다. 즉

① 기술혁신 보다는 물류제도나 절차를 개선하려는 방향으로 나아가게 되며, 기업내 물류체계의 개선관점에서 기업간 등 보다 넓은 세계로 물류를 보는 시야를 넓혀 나아가게 된다.

[그림 2-3] 물류관리의 시대적 변천

물류관리 시대 (~1965)		물류관리시스템 시대 (1965~현재)		물류사회시스템 시대 (? ~)
· 물류라는 포괄개념의 발생 · 물류의 경영기능에서의 위치 미약 · 개개 활동 차원의 파악 · 관리 · 물류관리의 효율성 추구	→	· 물류시스템화 추구 · 물류활동의 위치 향상 · 물류관리의 고도화 추구 · 물류 공동배송체제 등의 효율성 추구 · 물류정보의 효과적 이용 · 소프트웨어적 물류관리	→	· 물류의 사회적 역할 중시 · 소프트웨어에 의한 물류관리 · 사회이익 실현을 위한 물류관리 · 삶의 질 중심의 물류관리

② 기업의 경영전략의 재구축과정에서 물류관리의 역할이 명확하게 설정되게 되고, 따라서 물류관리는 기업의 효율적 경영전략이나 예산관리 등에 기여할 수 있는 효과를 고려하면서 물류관리의 목표가 설정되게 된다.

③ 물류기능의 개별적인 관점이 아니라 원자재의 조달에서 제품의 판매 이후의 단계에까지 각 기능의 상관관계를 고려하여 종합적인 관점에서 물류관리가 이루어지게 된다.

④ 물류관리회계시스템 등을 구축하여 물류예산관리를 하게 되며, 따라서 물류활동의 생산성 등 물류활동에 대한 평가가 이루어지게 된다.

⑤ 물류관리를 합리화하는 목적이 물류서비스의 제고와 물류비의 절감 등을 통한 이익실현임을 인식하고, 물류경로의 재구축, 리드타임의 단축, 표준화 및 공동화 등을 추구하게 된다.

⑥ 물류관리를 효율적으로 하기 위한 수단으로서 각종 물류활동분야의 관리지표를 설정하게 되고, 종합적인 효과를 고려하면서 지속적으로 점검하고 관리하게 된다.

⑦ 물류관리의 효율화를 추구하는데 있어서 기업간, 산업간이라는 거시적인 관점에서 표준화, 공동화, 통합화 등이 이루어져 보다 많은 이익을 실현하게 되고, 더욱 물류사회시스템화를 추구하여 물류관리가 사회이익 실현에 공헌할 수 있도록 하게 된다.

⑧ 물류관리를 하는데 있어서 기업간 경쟁을 피하고, 협조관계에서 공동 노력하여야 한다는 인식을 갖게 되며, 따라서 전략적 제휴가 완성하게 이루어진다.

제2절 기업경영과 물류전략

1. 기업 물류전략의 의의

오늘날과 같이 급변하는 경영환경의 변화 속에서 기업이 살아남기 위해서는 경쟁우위를 확보하는 길 뿐이다. 그리고 이를 위해서는 지속적인 충성고객을 창조하는 경영전략에 기업경영의 초점을 맞추어야 한다.

기업경영에 있어서 고객관계가 기업에 장기적인 이익을 낳아 준다는 것을 인식하는 것이 고객서비스의 절대적인 중요성을 알게 되는 시발점이다. 오늘날 시장은 고객이 제품의 기능이나 기술적인 특성의 차이를 인지하기 어려운 상품시장의 특성을 보이고 있으며, 단지 고객서비스를 통해서만 그 차이를 알 수 있는 시장환경으로 변하고 있다. 또한 진정한 고객서비스는 명백히 필수적인 것일지라도 동기부여되고, 고객지향화된 종업원을 통해서만 얻을 수는 없는 것이며, 서비스의 지속적인 전달을 가능하게 하는 물류시스템을 통해서 가능한 것이다.

흔히들 비용을 절감하는 것과 서비스의 질을 향상시키는 일은 상충관계(Trade-Off)에 있는 것으로 알려져 있다. 기업이 비용절감과 서비스의 질 향상이라는 두

마리 토끼를 한꺼번에 잡을 수는 없으며, 소비자 역시 가격이 저렴하면서도 품질이 우수한 제품을 구입하기란 거의 불가능한 것으로 인식되고 있기 때문이다. 그러나 기업은 경쟁력을 강화하기 위해서는 앞으로 비용을 절감하면서 동시에 서비스의 질을 개선시킬 수 있는 전략을 구사하지 않으면 안된다. 과연 기업이 비용을 절감하면서 동시에 서비스의 질을 향상시킬 수 있는 것인가?

기업 경쟁력의 원천에는 두 가지가 있다. 그 중에 하나의 원천은 서비스차별화에 원천을 둔 가치우위 확보방안으로서 이는 시장을 동질적인 욕구를 가진 차별적인 여러 개의 시장으로 세분화하고 각각의 세분시장에 맞는 서비스를 제공함으로써 경쟁사와 차별적인 경쟁우위를 확보하고자 하는 것이다. 고객과의 관계가 기업의 장기적인 수익성 달성에 매우 중요하다는 인식은 특히 시장에서의 제품차별성이 약화되면서 더욱 중요시 되었으며, 서비스차별화를 통한 고객욕구의 충족은 고객과의 관계구축에 핵심이 되고 있다. 그런데 오늘날 많은 기업들은 기업경영에 있어서 이 서비스차별화를 통한 고객욕구충족의 전제조건으로 서비스제품의 일관된 수배송을 가능하게 하는 물류시스템 구축을 들고 있다. 그러므로 기업은 물류를 전체적인 판매전략의 일부로 인식하여야 하며, "the right product, in the right place, at the right time"의 관점에서 판매와 물류의 집중화를 도모하는 물류전략을 구사하여야만 한다.

다른 하나는 대량생산을 통한 규모의 경제(Economies of Scale)나 경험곡선(학습곡선)에 원천을 둔 전통적인 비용우위(Cost Advantage) 경쟁확보 방안으로서, 최근 들어 소비자들의 욕구가 다양해지고 다품종 소량생산이 확산되면서 규모의 경제나 경험곡선을 이용한 비용절감에 한계를 느끼면서 비용절감의 새로운 분야로 각광을 받기 시작한 분야가 바로 물류관리 분야이다.

이제 기업이 경쟁에서 살아남기 위해서는 비용우위나 혹은 서비스우위 확보만으로는 불가능하며 비용우위와 서비스우위를 동시에 확보할 수 있는 기업만이 장기적인 경쟁력 및 수익성 확보로 시장에서 살아남을 수 있는 것이다. 그런데 이와 같이 비용우위와 서비스우위 확보를 동시에 만족시켜 줄 수 있는 것의 원천이 바로 물류관리에 있다. 그러므로 궁극적으로 기업이 시장에서 장기적으로 성공하기 위해서는 비용우위와 가치(서비스)우위를 모두 달성하여야 하며, 이는 생산·판매활동에 대한 물류활동의 통합화 역할을 통해 가능하다고 보고 있다. 또한 생산·판매·물류활동의 통합화개념을 Value Chain개념의 기업내부 영역을 벗어나 기업외부의 공급업체와 고객을 포함시키는 개념으로 확대하고 있으며, 이에 등장한 개념이 바로 공급체인관리(SCM : Supply Chain Management) 전략이다.

2. 트레이드-오프

트레이드-오프(Trade-Off)는 상충관계로서 두 요소간의 이율배반적인 관계가 작용하는 것으로, 예를 들면 한 요인을 개선시키기 위해 또 다른 한 요소를 희생시켜야 하는 경우를 의미한다. 예컨대 물류센터의 수를 증가시키면 물류센터 관리비용은 증가하지만, 각 물류센터에서 소비자까지의 배송거리가 짧아져 결국 배송비용은 감소하게 되는 현상과 같은 것이다.

기업의 물류 효율화를 추구하는데 있어서 트레이드-오프의 사고방식은 하나의 기본이 되고 있다. 이는 물류활동의 효율화 과정에서 트레이드-오프 현상이 많이 나타나기 때문이다.

즉, 물류서비스 수준을 높이기 위해서는 비용의 추가적인 부담이 필수적이다. 이러한 트레이드-오프 관계는 사실상 기업활동의 전반에 나타나는 중요한 문제로서 물류활동의 구성요소, 각 기능간, 기업 내 물류기능과 타 기능간, 기업조직과 기업외부 조직간에 존재하게 된다.

물류활동의 효율화 과정에서 나타나는 트레이드-오프 관계는 다음과 같다.

[그림 2-4] 물류센터코스트와 배송코스트의 트레이드-오프 관계

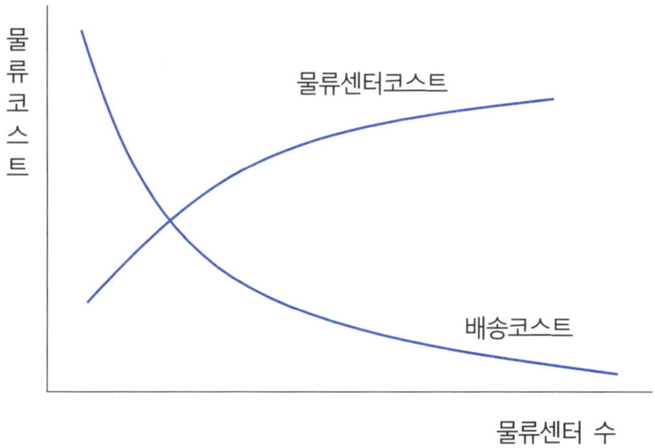

① **운송비와 재고관리비의 상관관계에 관한 트레이드-오프**

운송비와 재고관리비는 총 물류비용의 60% 이상을 차지할 정도로 그 중요성이 크며, 이들 두 요소는 상호 정밀하게 관련되어 있으면서 비용 트레이드-오프 관계에 있다. 즉, 운송비는 '물동량 × 거리' 개념으로 비용이 발생한다. 그러므로 물류센터의 수가 많으면 물류센터의 재고관리비는 증가하지만, 운송거리가 짧아져 결국 운송비는 줄어들게 된다. 따라서 물류 효율화를 추구할 때에는 이 양자의 관계를 고려하여 적절한 물류센터의 수 및 운송관리를 하여야 한다.

② **품질과 비용, 서비스에 관한 트레이드-오프**

고객에 대해 지속적인 맞춤서비스를 제공함으로써 기업과 고객 사이에 상호작용이 일어나고 관계가 정립될 수 있다. 이러한 관계는 곧 고객충성도로 이어진다. 고객충성도는 곧 기존의 고객들이 우리 제품을 반복 구매하는 것을 의미하므로 적은

마케팅비용으로 보다 높은 수익을 올릴 수 있을 것이다. 하지만 서비스가 높아질수록 비용이 많아짐으로 여기에도 트레이드-오프가 발생한다.

③ 기업 내에서 물류기능과 타 기능 간에 트레이드-오프

고객서비스 수준을 향상시키기 위해 배송센터에서 수배송차량을 늘릴 경우 고객에게 도착하는 배송시간은 짧아져 서비스 수준이 높아지지만, 차량증가를 통한 차량구입자금과 관리비 등 물류비용은 증가하게 된다. 또한 판매촉진을 위한 고객의 관심을 끌기 위해 화려한 포장을 할 경우 운송수단이나 창고의 공간의 유효한 이용에 저해되므로 서비스 제공과 트레이드-오프가 존재하게 된다.

3. 공급체인관리(SCM)

1) 생성 배경

SCM(Supply Chain Management)의 생성배경과 원인은 다음과 같은 기업경영의 비효율성에서 찾을 수 있다.

첫째, 과거 기업은 경영환경의 불확실성, 변동성, 부정확성 등에 대하여 소극적으로 대처해 오곤 하였다. 기업경영의 생산성을 높이기 위해 지나치게 생산과정을 중심으로 계획 및 관리한다든가, 부품 및 원자재의 조달과정과 판매 및 유통과정이 별개로 운용된다든가, 또는 정보전달의 부정확 및 지연, 부품 및 원자재 조달과정과 제품공급과정의 불확실성으로 인한 리드타임 과다 및 조달기간의 변동, 수요 및 판매정보의 부정확, 주문의 양과 시점, 납기 등의 변동성으로 인해 경영 효율화를 기하는데 많은 한계를 느끼곤 하였다.

둘째, 기업 부가가치의 60-70%가 제조과정 외부의 공급사슬 상에서 발생한다. 기업은 제품생산주기 단축과 품질개선을 통한 기업부가가치 향상을 위해 FA나 CIM 구축에 많은 투자를 실시해 왔다. 하지만 이러한 기업 내부적인 개선으로 인한 부가

[그림 2-5] 기업외적 통합을 통한 부가가치 향상

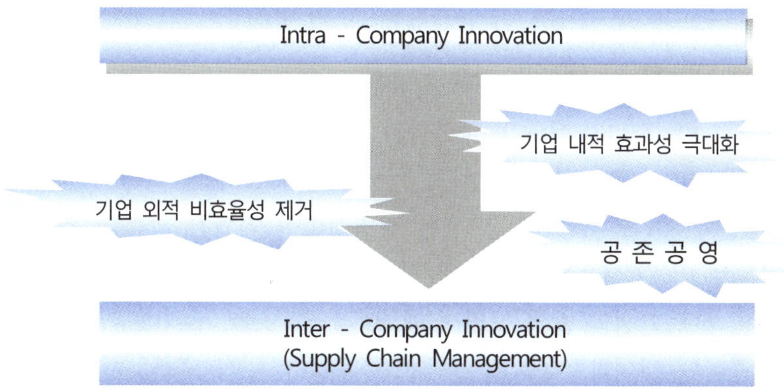

가치의 향상은 한계에 다다르고 있는 실정이다. 따라서 제조기업 내부가 아닌 제조기업 외부와 연관되는 부품 및 원자재 관리, 수송 및 배송관리, 재고관리 등을 통하여 부가가치 향상을 추구해야 하는 현실이다.

셋째, 일반적으로 Bullwhip효과라고 알려져 있는 정보전달의 지연 및 왜곡 확대현상에 의해 공급사슬의 가장 마지막 단계인 소매단계의 고객으로부터의 주문 및 수요 형태의 변동에 관한 정보가 도매상, 지역 유통센터 등의 공급사슬을 거슬러 전달되는 과정에서 지연 및 왜곡이 누적되어 납기지연, 과잉재고 등의 문제가 발생하고 있는 실정이다.

넷째, 생산, 부품조달 및 구매, 보관 및 운송, 판매 및 유통 등의 기업활동이 세계화되어 가기 때문에 공급사슬상의 리드타임이 길어지고 불확실해지고 있다. 뿐만 아니라 부품조달비용, 인건비, 금융비용, 생산성, 운송 및 물류비용 등의 국가별 지역별 편차, 관세 및 환율과 수출입관련 법규의 차이 등을 감안해야 하기에 이러한 공급사슬의 합리적인 계획 및 관리와 통제가 필요하게 되었다.

다섯째, 기업간의 경쟁이 치열해짐에 따라 고객지향, 고객만족, 시장요구에 대한 효과적인 대응을 위한 공급사슬의 혁신적인 개선이 요구되고 있다.

이전에는 기업경영에 있어서 이러한 급변하는 경영환경에 소극적으로 대처함으로써 기업Chain 간에 충분한 재고를 보유하고, 각 Chain의 프로세스의 리드타임을 충분히 길게 설정하여 놓았다. 이 결과 기업은 과다한 재고부담, 결품발생, 조달비용의 과다, 납기지연, 소비자 욕구의 불만족과 같은 경영 비효율성을 경험하게 되었다.

이에 기업은 경영환경의 불확실성, 변동성, 부정확성 등에 대하여 적극적으로 대처하게 되었는데, 이를 배경으로 탄생한 경영기법이 기업간 제휴를 통한 SCM전략이다. 그러므로 이 SCM은 부품 및 원자재의 조달과정과 판매 및 유통과정의 불확실성, 변동성, 부정확성의 발생 근원에 대해 '적극적'으로, 그리고 '급격하게' 혁신하기 위한 접근법인 것이다.

2) 개념

공급사슬관리(SCM)란 부품·원료 또는 기자재 공급업체, 제조 및 조립 업체, 운송 및 보관 업체, 유통 및 판매 업체, 소비자간의 물류, 정보, 자금의 흐름과 상호작용 프로세스를 통합 관리하여 그 효율화를 극대화하는 전략이다. 따라서 SCM은 원자재를 공급받아 이를 완제품으로 만들고, 최종소비자에게 판매하는 일련의 사업단위를 관리하는 기법이므로 원자재의 공급자에서부터 최종소비자까지 연결하는 생산·물류의 흐름을 최적으로 운영하고 조율하는 것이라고 할 수 있다.

즉, SCM은 최종 고객의 욕구를 충족시키기 위하여 공급업자(Supplier)로부터 최종고객에 이르기까지의 공급사슬 내의 각 기업간에 긴밀한 협조를 통해 공급사슬 전체의 물류의 흐름을 최적화 시키는 것으로 기업의 전략적 경영방식을 의미한다. 그러므로 기업들이 그들의 Supply Chain을 어떻게 통합 관리하는가 하는 것이 21세기의 기업경영의 성공/실패를 좌우하게 될 것이다. Supply Chain통합의 의미는 정보기술, 보관/재고 등과 같은 좁은 의미를 넘어, 시장에서의 기업의 위치, 파트너십 형성능력 등에 영향을 미칠 것이기 때문이다.

[그림 2-6] SCM의 개념

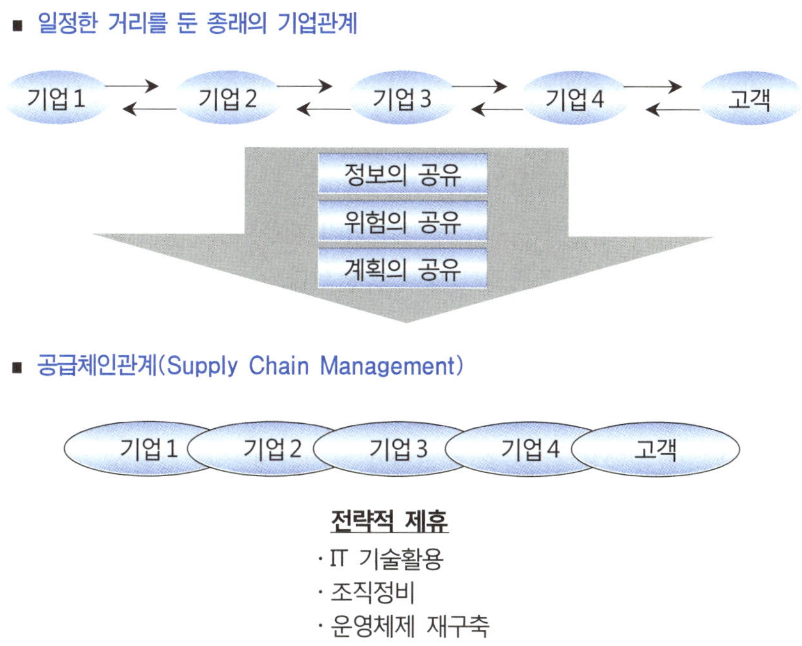

종래 기업경영의 근간을 이루는 패러다임은 모든 조직은 다른 조직과는 관계없이 독립적으로 존재하며, 생존하기 위해서는 다른 조직과 경쟁해야만 한다는 것이었다. '적자생존'이라는 다윈적인 윤리가 많은 기업전략의 바탕이 되어 왔다. 그러나 공급사슬관리는 이러한 패러다임을 근본적으로 부정한다. 기업이 생존하기 위해서는 Win-Lose 게임철학이 아닌 Win-Win 게임철학을 가져야 한다는 것이다.

공급사슬은 상류와 하류를 연결시키는, 즉 최종 소비자의 손에 상품과 서비스 형태의 가치를 가져다주는 여러 가지 다른 과정과 활동을 포함하는 조직의 네트워크를 말한다. 예를 들면, 셔츠를 만드는 제조업체는 상류로는 천을 짜는 방직업자를 거쳐 실을 만드는 방적업체에 이르고, 하류로는 도매업자를 거쳐 최종 소비자에 이르는 공급사슬의 일부이다. 그런데 이 체인 내의 각 조직은 상호 의존적이지만, 종래 서로 긴밀히 협조하는 관계를 유지해 온 것은 아니었다. 예컨대 과거 공급업자와 하류의 고객(도매상, 소매상)들과의 관계는 협조적이었다기보다는 적대적이었다. 오늘날에도 원가절감이나 이익실현을 위해 공급사슬내의 파트너를 희생시키는 경우가 많다. 이러한 기업은 단순히 상류나 하류로 비용을 이전시킨다고 경쟁력이 향상되는 것은 아니라는 사실을 인식하지 못하고 있다. 모든 비용은 결국 최종시장으로 이전되어 최종 소비자가 부담하는 가격에 반영되기 때문이다. 그러나 공급사슬관리에 있어서 각 조직은 긴밀한 협조관계를 형성하게 된다. 즉, 공급사슬관리는 기업간 협력을 기본 배경으로 하는 것이다.

또한 공급사슬관리는 '수직 계열화'와는 다르다. 수직계열화는 보통 상류의 공급자와 하류의 고객을 소유하는 것을 의미한다. 이것은 한때 바람직한 전략으로 여겨졌으나 최근에 이르러 각 조직들은 점차적으로 그들의 '핵심사업'에 집중화하여 그들이 정말로 잘하는 분야, 또는 그들이 차별적 우위를 가지고 있는 분야에 집중하고 그 밖의 것은 외부에서 획득(외부조달, Outsourcing)하려고 한다.

최근 선진기업들은 이러한 재래적인 접근방법의 오류를 인식하고, 대신에 가치의 부가와 비용의 감축을 전체적인 공급사슬 관점에서 추구하여 자신들의 공급사슬을 더욱 경쟁적으로 만들고 있다. 그러한 기업들은 진정한 의미에서의 경쟁은 개별기업 대 개별기업간의 경쟁이 아니라 공급사슬 대 공급사슬 간의 경쟁이라는 사실을 알고 있다.

그러므로 공급사슬관리는 물류관리의 논리를 기업 내로부터 기업 간으로 확장한 것이다. 종래의 물류관리가 주로 조직 내의 물자의 흐름을 최적화시키는데 있었다면, 공급사슬관리는 내부통합 그 자체로는 충분치 않으며 외부통합까지를 포함해야 진정한 물류 효율화를 기할 수 있다는 것이다.

한편 이 공급사슬관리는 다음의 4가지 측면에서 전통적인 자재관리나 생산관리와 크게 다르다.

첫째, 공급사슬을 하나의 실체로서 간주하고 공급사슬상의 여러 세그먼트에 대한 단편적인 책임을 구매, 생산, 판매, 배송 등과 같은 기능부문에 귀속시키지 않는다.

둘째, 공급사슬관리는 전략적 의사결정을 요구하며, 또한 거기에 의존한다. '공급'이라고 하는 것은 실질적으로 체인상의 모든 기능의 공유된 목표이고, 전체 원가와 시장점유율에 미치는 영향 때문에 특히 전략적 중요성을 가진다.

셋째, 공급사슬관리는 균형을 잡기 위한 메카니즘의 마지막 보루로 이용되는 재고에 대한 새로운 접근방법을 요구한다.

넷째, 공급사슬관리는 정보시스템에 대한 새로운 접근방법을 요구한다. 즉 인터페이스가 아닌 통합이 그 초점이 된다.

이러한 SCM의 핵심은 기업간의 제휴(Cooperation)이다. SCM은 한 개 기업의 최적화만을 생각하는 것이 아니기 때문에 공급업자에서 고객에 이르기까지의 Cooperation이나 Partnership은 SCM의 필수적인 요소가 된다. 기업간 Cooperation이나 Partnership의 실천핵심요소는 다음과 같다.

① 협동상품 개발

특정산업에서 소매상, 도매상, 제조업자, 부품공급업자 등과 같이 각각의 주체가 독립적으로 상품개발을 진행하기 때문에 상품 품목수가 필요 이상으로 증가되어 SCM을 어렵게 하는 요인의 하나가 되고 있다.

이를 해소하기 위해 Supply Chain을 동일하게 가지고 가고 있는 기업이 협동으로 상품개발을 하여 판매기회의 상실을 최소화하는 전략이다. 식품과 잡화 등에서 행해지고 있는 이른바 Catagory Management(소비자의 관점에서 보아 해당상품의 개발이 정말로 필요한가를 소매상과 제조업자가 매장의 상품 테스트 등을 통해 협동으로 검토)도 전형적인 협력상품 개발유형이다.

② 협동수요 예측

Supply Chain을 동일시하는 기업이 협동으로 예측활동을 하여 Supply Chain 전체로서의 예측오차의 축소를 꾀하는 전략이다. 소매점은 제조업자가 보유하지 않은 판매촉진계획의 정보를 보유하고 있고, 제조업자는 소매점이 보유하지 않은 광역적인 정보(다른 소매점에 대한 판매동향 등)를 보유하고 있기 때문에 양자가 정보를 공유하여 검토함으로서 수요예측 정밀도의 향상이 기대된다는 것이다. 월마트와 워너 란바트의 CPFR(Collaborative Planning Forecasting & Replenishment)의 사례가 유명하다. 이것은 상세한 수요예측정보를 공유하여 격차가 일정 이상이 되면 그 이유를 전자메일을 통해 정보를 상호 교환하는 체제이다.

③ **협동공급능력계획**

공급사슬상에서 하류기업인 소매점은 불량재고 리스크를 최소화하기 위해 어느 정도의 예측이 가능해도 수요동향을 정확히 파악하기 위해 가능하면 늦게 확정발주를 한다. 한편 상류기업은 그 확정발주를 받았을 때는 납기를 맞출 수 없기 때문에 정보가 빈약한 가운데 예측생산을 실시하는 것이 필요하게 된다. 그 결과 커다란 재고낭비가 발생할 수 있기 때문에 이를 해소하기 위해 상류기업에 대한 발주를 다단계 방식으로 하여 각각의 단계에서 생산수량 또는 상류기업의 생산능력의 확보에 대하여 어느 정도의 범위 내에서 변동을 인정하는 대신에 조기발주를 촉진하는 계약형태이다.

3) SCM의 효과

(1) Speed와 응답률의 향상

수요의 가시성과 동기화를 통해 잘 짜여진 Supply Chain의 유지가 가능하며, 시장과 고객변화에 대한 대응능력이 증가하고, 더욱 경험에 근거한 사전 Warning이 가능하여 시장에 근접한 수요예측의 정확도가 향상되고, 궁극적으로 Customer Service와 Market Share의 확대가 가능하게 된다.

(2) 재고감소

SCM의 기본사상은 공급사슬 전체를 보고 계획하고 실천하는 것이다. 따라서 재고관리 측면에서 생산, 유통, 판매를 위한 정보가 적시에 제공되기 때문에 공급사슬 내에 원자재 및 제품의 흐름이 적정수준으로 원활하게 운영될 수 있다. 이는 각 업체들이 공급사슬 내의 자사에 해당하는 부분을 단절되고 독립적인 것으로 생각하여 각각 자기의 계획에 따라 상품의 흐름을 파악하면서 그에 필요한 안전재고를 확보하던 것을, 자사의 부분을 연결된 공급사슬의 일부분으로 고려함으로써 재고수준을 현저하게 줄일 수 있게 됨을 의미한다.

사례에 의하면, Supply Chain Cycle Time을 25-50% 정도 감소시키는 것이 가능하며, Response Time이 25-50% 감소하고, 수요의 불확실성이 개선되어 그 만큼 재고금액도 감소하게 된다.

(3) 업무절차의 간소화로 인한 업무처리 시간단축

SCM은 공급사슬 내 모든 프로세스들의 유기적인 통합을 기반으로 수행된다. 그렇기 때문에 효과적인 SCM운영을 할 경우의 업무절차 및 처리시간은 공급사슬 내 각각의 프로세스들이 개별적으로 업무절차를 수립하여 수행하는 것에 비해 상당히 간결하며 짧게 된다.

(4) 안정된 공급

제휴관계를 구축해 안정적인 거래를 확보함으로써 구매자는 호혜적인 좋은 구매가격으로 더욱 좋은 품질의 필요한 상품을 공급받을 수 있다. 또한 공급자는 장기적인 구매자를 확보하는 것으로 안정적인 생산활동을 벌일 수 있어 생산원가를 절감하면서 공급상품의 수급조절 개선, 더 좋은 가격으로 공급하면서도 사업수익성을 개선할 수 있게 된다.

(5) 참여기업간 상호이익

SCM의 기본 목적이 전체 공급망의 효율을 극대화하여 공급사슬 내의 모든 기업들의 경쟁력은 물론 전 공급망의 경쟁력을 강화하는 것이므로 SCM의 모든 활동에 참여하는 업체 모두에게 그 혜택과 이익은 분배되며 그 혜택과 이익의 크기는 그들이 참여하는 정도와 노력에 비례해 돌아가게 된다.

(6) 자금흐름개선

자사가 보유하는 재고수준이 현저하게 감소하게 되며, 그 재고를 유지하기 위한 공간, 관리인력 등이 동시에 감소하게 된다. 따라서 재고상품을 구매하기 위한 자금과 재고유지 비용이 대폭 줄어들게 되어 상당한 자금여유가 생기게 된다. 이러한 자금은 일회성이 아니고 계속적인 것이므로 결과적으로 기업의 이익에 크게 기여하게 된다.

(7) 이익증가

SCM의 전략적 제휴에 의한 상품 및 서비스의 호혜적인 가격적용은 직접적으로 원가에 반영되어 가격경쟁력과 이익에 직접 기여하게 된다. 또 재고자산의 감소로 인해 그 재고의 구매 및 관리유지에 소요되는 비용이 절감되어 자금흐름과 이익에 크게 공헌하게 된다. 아울러 사무절차의 간소화 및 정보공유에 의한 사무혁신을 통해 얻어지는 사무비 절감은 회사이익에 크게 공헌할 뿐만 아니라 회사의 글로벌 경쟁시대의 경쟁력 강화에도 큰 기여를 하게 된다.

4. 물류Outsourcing

1) 물류아웃소싱의 개념

아웃소싱(Outsourcing)이란 핵심역량에 경영자원을 집중하고, 전문성을 확보하며, 비용을 절감하는 등의 전략적 목적을 갖고, 설계부터 운용과 의사결정까지를 외부에 맡기는 외부위탁행위를 의미한다. 즉, 일반적인 의미의 아웃소싱의 개념은 경영혁신기법중의 하나로서 조직의 특정기능을 외부사업자(서비스 제공자)로 하여금 수행케 하고, 이 업체와 효과적인 관계를 구축함으로써 조직간소화, 조직적응력 및 유연성 강화를 도모하는 혁신기법으로 정의된다.

예컨대 정보화에 있어서 아웃소싱의 개념은 정보화와 관련된 조직의 기능 및 활동의 전부 또는 일부를 제3자에게 이전시키는 것을 말한다. 오늘날 공공과 민간을 막론하고 아웃소싱에 대해 상당한 관심을 갖고 이를 추진하고 있는 실정이며, 작은 정부를 추구하면서 전자정부의 효율적 구현을 위한 중요한 수단이 된다.

그러므로 물류아웃소싱은 물류활동의 일부 또는 전부를 외부 물류전문업자에 위탁하여 수행하도록 하는 물류전략, 즉 수배송, 하역, 보관 등의 물류활동의 일부 또는 전부를 물류전문업자에게 위탁하는 것으로 말한다.

2) 물류아웃소싱의 필요성

기업이 물류아웃소싱전략을 포함한 아웃소싱전략을 강력하게 추진하여야 할 필요성은 어디에 있는가? 이것은 M. E. Porter의 '가치사슬'(Value Chain) 개념에서 설명될 수 있다. 즉, 경쟁적 우위를 확보하기 위해 필요한 개별 경영활동들을 한 기업이 모두 최적으로 수행하기에는 해당기업이 처해있는 자원의 제약으로 인해 어렵기 때문에 각 경영활동 중 외부전문사업자에 의해 보다 잘 수행될 수 있는 부문은 외부전문가에게 위탁할 경우 효과의 극대화가 가능하다. 따라서 기업의 핵심사업이 아니며 기업이 최적으로 수행할 수 없는 활동들은 과감히 외부 전문사업자에게로 이전시키고 이들과의 효과적인 관계를 구축할 경우 기업의 경쟁력은 보다 강화될 수 있다는 것이다. 이 경우 제조업체들은 주로 생산과 판매에 핵심역량을 가지고 있는 경우가 많으므로 물류활동은 아웃소싱전략을 활용하게 된다.

또한 우리나라 기업들은 고성장시기 동안 사업규모 확대만을 지속적으로 추진하여 왔다. 따라서 시설투자에 따른 고정비가 엄청나게 증대하였으며, 이에 따라 관리부문 또한 대폭적으로 비대해지게 되었다. 이러한 상태에서 IMF체제를 맞게 되었고, 그 후 매출이 급속히 감소하기 시작했다. 더욱 1998년부터 정부의 규제완화와 구조조정의 강력한 의지 속에서 기업들은 단기적인 비용절감, 인원감소 등의 용도로만 아웃소싱을 추진한 결과 기업의 부도, 도산, 퇴출 등 이제는 기업들이 더욱 생존하기 어렵게 되었다. 따라서 효과적인 아웃소싱전략을 추진할 필요성이 강조되었다.

한편 디지털 환경시대가 도래하면서 벤처기업육성이라는 명목으로 무수한 자금을 지원함으로써 일시적인 거품경제의 혼란을 야기하였다. 그 후 다시 우리 국내시장은 경기침체, 저성장 경제하에 글로벌 경쟁이 심각히 대두되었다. 이러한 상황에서 정부 부처의 여러 기능을 민간기업으로 아웃소싱하기로 결정하는 등 정부차원에서도 국내기업의 경쟁력 강화를 위해 아웃소싱관련법 등을 개정하기에 이르렀다.

그러므로 이미 아웃소싱 네트워크를 형성하여 강한 경쟁력을 갖춘 글로벌 기업과의 경쟁에 대응키 위해 우리 기업들도 전략적 아웃소싱을 고려하지 않을 수 없게 되었다. 기업경영의 고도화, 업무의 복잡화 등에 따라 한 기업이 복잡하고 고도화되는 모든 기능과 프로세스를 독자적으로 효율적으로 수행할 수가 없게 되었기 때문이다.

3) 물류아웃소싱의 접근방법

물류아웃소싱은 어떻게 접근되어야 하는가? 기존에는 제조업체나 유통업체가 물류업체에게 그들의 활동을 위탁할 때 장기적인 관점에서보다는 단기적・거래적 관계형태로 추진이 되어 왔다. 즉, 물류업체와 화주기업들의 상호 관계는 제한된 서비스 범위 내에서 비용위주의 비교적 단기적인 거래관계로 이루어졌기 때문에 아웃소싱의 효과 역시 매우 미약하였다. 그러나 SCM, JIT, JIT-II, 정보통신기술의 발달 등과 같은 최근의 물류환경 변화는 물류기능의 아웃소싱을 위한 접근방법을 파트너십에 입각한 전략적 차원으로 전환시키고 있다. 그러므로 물류환경의 변화가 물류아웃소싱을 적극적으로 활성화시킬 수 있는 환경을 조성하고 있는 것이다. 그러한 물류환경의 변화내용은 다음과 같다.

(1) SCM 개념의 확산

SCM의 도입은 경쟁의 개념을 개별기업간의 경쟁에서 Supply Chain간의 경쟁으로 변화시켰다. 이러한 SCM의 효과적 실행을 위한 가장 중요한 요소는 공급사슬 내 기업들 간의 정보공유 및 커뮤니케이션의 원활화이다. 즉, 최종소비자에 관한 정보가 공급사슬 내 모든 서플라이어들 간에 신속히 공유되어야하고 서플라이어들 간의 니즈 역시 상호간에 신속히 파악되어야 한다. 이러한 SCM 추세로 인해 이제 화주기업은 물류업체를 단순히 물류활동의 위탁업체로서가 아니라 화주기업의 파트너로서의 역할 및 자사 기업의 확대개념으로 간주하고 있다.

(2) JIT체제에의 대응

최근의 JIT시스템 체제는 아웃소서와 서비스 제공자간의 관계를 새롭게 변화시키고 있다. 예컨대, JIT체제하에서 납품을 받는 업체는 그들의 납품업체로부터 제품이나 반제품이 무결점상태(Zero Defect)로 적시배송 받음으로써 낮은 수준의 안전재고를 유지하려 한다. 따라서 물류기능을 물류업체에 아웃소싱하고 있는 납품업체는 그들 제품이 무결점상태에서 적시배송 되기를 물류업체에 기대하게 된다. 이처럼 JIT체제는 제품과 서비스 제공자 모두에게 높은 수준의 질적 서비스를 충족시켜 주도록 요구하고 있기 때문에 서비스 제공자와 아웃소서의 관계는 상호 협력의 안정된 관계로 변화되어야 한다.

(3) 환경여건의 조성

기존에 기업이 아웃소싱을 쉽게 결정할 수 없었던 주된 이유 중의 하나는 통제의 상실이라는 점이었다. 즉, 물류기능을 외부 서비스 제공자에게 위탁할 경우 물류의 통제가 쉽지 않게 되며, 이러한 통제의 결핍으로 인한 잠재적인 손실은 서비스 제공자가 보통 기업의 고객과 직접적인 접촉을 하게 되는 경우 더욱 악화되기 때문에 서비스 제공자에 의해 제공되는 물류 서비스수준이 기업의 기대수준을 충족시켜 주지 못하는 경우가 많았다.

그러나 이제는 정보기술의 급속한 발달로 인해 물류 아웃소싱의 여건이 충분히 갖추어져 가고 있다. 아웃소싱을 위해서는 아웃소서와 서비스 제공자간의 업무통합을 위해 개방적이고 신속한 정보교환이 필요한데, 최근의 CALS, EDI, Bar Coding, RFID, 통신기술의 발달 등과 같은 정보기술의 급격한 발달은 양자간의 신속한 정보교환을 가능하게 하고 있다. 따라서 화주는 서비스 제공자에 의해 제공되는 물류활동을 마치 그들 자신이 수행하는 것처럼 관리할 수 있게 되었다. 과거 자신의 물품이 서비스 제공자의 창고 내에 어떻게 관리되는지를 몰라 불안했던 상황들이 정보기술의 발달로 화주들이 마치 그들 자신의 물류활동을 통제하듯이 모니터링할 수 있는 상황으로 변화하고 있는 것이다. 실제로 미국의 경우 물류서비스 업체는 EDI를 통해 물품의 처리상태에 관해 화주기업과 신속한 커뮤니케이션을 하고 있다. 또한 운송업체의 경우도 운송장, 대금청구서, 주문의뢰서, 화물추적정도, 운임 등이 EDI로 처리되고 있으며, 보관업체의 경우는 보관증서, 대금청구서, 주문, 재고관리 등을 EDI로 처리하고 있다.

이러한 정보기술의 급격한 발달로 인해 아웃소싱의 대상활동의 범위도 늘어날 뿐만 아니라 단기적 거래지향적 관계에서 전략적 파트너십 관계로의 전환이 가속화될 수 있다. 따라서 최근의 정보기술의 급속한 발달추세에 비추어 볼 때 전략적 물류 아웃소싱을 실행할 수 있는 환경적 여건은 점차적으로 조성되어 가고 있는 것으로 보인다.

즉, 기업은 자사의 핵심역량부문에 경영자원을 집중화시키고, 비 역량부문은 외부의 전문분야를 활용하여 경영의 효율성과 전문성확보, 경쟁력 제고, 부가가치 창출 등을 도모할 수 있는 수평적인 전략적 아웃소싱을 해야만 한다. 이에 전략적 아웃소싱의 필요성이 강조되게 되었고, 가장 활발하게 적용되고 있는 분야가 바로 물류아웃소싱인 것이다.

4) 물류아웃소싱의 장 · 단점

(1) 물류아웃소싱의 장점

물류아웃소싱을 활용하면 관련 기업들은 많은 혜택을 볼 수 있다. 그 중 가장 전략적인 효익은 무엇보다도 먼저 핵심역량에의 집중화이다. 즉, 제조업이 물류아웃소싱을 활용하면 그 기업은 핵심역량에의 집중화를 통하여 비용우위와 서비스 우위를 확보할 수 있으며, 궁극적으로 경쟁력을 한층 제고할 수 있다.

표 2-2. 물류아웃소싱 활용의 전략적 효익

핵 심 역 량	비용우위 및 서비스 우위 확보
R&D에 주력	높은 물류 생산성
마케팅과 영업에 주력	물류코스트 절감
생산에 주력	공동수배송 효과
자원의 집중	계획발주 및 계획 수배송체제 유지
자본 투자리스크 감소	전략적 고객서비스 유지

이 밖에도 물류아웃소싱을 활용하면 많은 전략적인 효익을 얻을 수 있는데, 그 대표적인 것은 다음과 같다.

① **경제적 이익**

물류기능의 아웃소싱을 통해 경제적인 잇점을 얻을 수 있다. 서비스 제공자는 그들 사업에 필요한 장비와 축적된 경험(경험효과)으로 인해 보다 낮은 비용으로 활동을 수행할 수 있으며, 보다 큰 규모로 운영시에는 '규모의 경제' 효과도 가능하게 된다. 예컨대 물류전문업체는 하역장비나 수송차량을 구입 또는 리스함에 있어 제조업체가 직접 이러한 자원을 구매하는 것보다 더 낮은 가격으로 구매할 수 있기 때문에 기업이 자체적으로 물류기능을 수행할 때 보다 더 경제적일 수 있다.

② **전문화의 잇점 활용**

물류기능의 아웃소싱을 통해 전문화의 잇점을 얻을 수 있다. 서비스 제공자는 그들이 제공하는 서비스 분야에서 전문성을 가진다. 예컨대 그들이 제공하는 활동의 반복학습을 통해 학습효과와 경험효과를 얻게 되기 때문에 물류기능을 훨씬 더 효율적으로 수행할 수 있게 된다. 따라서 특정활동에 대한 노하우가 없을 때에 아웃소싱은 이를 보상할 수 있는 한 가지 방법이 될 수 있다.

③ **리스크 감소**

아웃소싱을 통해 아웃소서는 그들이 물류기능을 자체적으로 수직통합할 경우 발생할 수 있는 위험을 서비스 제공자에게 이전시킬 수 있다. 즉, 어떤 제조업체가 그들의 서비스 제공자로서 창고업체의 네트워크를 독점적으로 이용하는 경우 그 회사는 자가창고 구축시 발생될 수 있는 부동산과 관련된 위험, 재무적 위험, 그리고 기술적인 위험까지도 회피할 수가 있다.

④ **사회 경제적 비효율성 제거**

물류부문은 기업이 자체적으로 최적화를 도모하는데 한계성을 지닌다는 점에서 연구개발, 판매 및 생산부문 등과 같은 여타부문과 다른 특성을 갖는다. 즉, 개별기업차원에서 진행되는 물류활동이 사회나 국가 전체적인 관점에서 볼 때 교통체증, 환경오염, 에너지 낭비 등 사회경제적으로 비효율성을 심화시킬 수 있고, 결과적으로 국가경쟁력을 약화시킬 수가 있기 때문에 거시적 관점에서도 물류아웃소싱의 필요성은 매우 크다고 할 수 있다.

(2) 물류아웃소싱의 단점

아웃소싱의 단점으로는 다음과 같은 것들이 많이 제기되고 있다.

① **통제의 문제**

아웃소싱에 대하여 비판적인 사람들은 외부 공급자를 지접 통제 및 관리하는 것이 어렵기 때문에 자체적으로 수행하는 것보다 서비스 수준과 반응성의 측면에서 문제가 있다고 주장하고 있다.

② **보안상의 문제**

보통 기업은 자료 및 정보에 대한 보안과 기밀을 매우 중요하게 생각한다. 따라서 아웃소싱을 보안유지라는 측면에서 기피되는 경향이 있다.

③ **비용점증 현상의 문제**

점증적으로 아웃소싱 계약 당시의 서비스보다 더 많은 것을 요구하게 되고, 아웃소서들은 이러한 추가 서비스에 대한 비용을 더 요구하게 되는 순환을 겪게 마련이다.

④ **계약종결 문제**

일부의 아웃소싱 계약은 재판과정을 통해서 종결되는 경우가 있으며, 이 경우 값비싼 대가를 치러야 하는 경우가 있다.

⑤ **내부전문가의 상실**

아웃소싱을 하고 있는 대부분의 조직들은 이전의 해당 직원들을 해고하게 되고 이는 지식과 숙련된 기술을 보유하고 있는 고용인들의 상실을 의미한다.

5. 제3자물류

1) 제3자물류의 개념

선진기업들은 물류관리의 중요성을 인식하고 공급사슬관리(SCM)와 같은 다양한 물류혁신전략을 추진하고 있다. 그런데 공급사슬관리를 효율적으로 추진하는 방안 중의 하나가 물류아웃소싱전략을 적절하게 가미하는 것이며, 이 공급사슬 상의 물류아웃소싱전략 중 최근 가장 각광을 받고 있는 것이 제3자물류이다.

즉, 물류효율화를 더욱 추구하기 위해서는 단순히 물류아웃소싱 위탁업무를 수행하는 사업자만으로는 부족하며, 화주기업에게 물류개선계획을 제안하고 일괄적인 물류업무를 수행하여 주는 물류전문그룹의 출현과 역할이 있어야 한다.

이에 선진국에서는 제3자로 하여금 기업 물류활동의 일부 또는 전부를 수행하게 하는 물류아웃소싱이 이제는 최고경영자가 관심을 갖는 전략적 이슈가 되고 있으며, 고객의 물류활동 외주에 대하여 이를 일괄적으로 업무수행을 하여 주는 물류전문그룹이 물류공급사슬에 있어서 상당한 역할을 수행하고 있다.

이와 같이 물류활동의 일부 또는 전부를 외주 혹은 계약을 통해 조달하는 것을 제3자물류(Third Party Logistics, 3PL, TPL)[1]전략이라고 한다. 제3자물류라는 용어가 널리 사용되기 시작한 시기는 1980년대 중반부터이며, 여기에서 제3자(Third-Party)란 물류채널 내의 다른 주체와 일시적 혹은 장기적인 관계를 가지고 있는 물류채널 내의 물류대행자 또는 매개자 역할을 수행하는 물류전문그룹을 의미한다.

그러므로 물류기능간 통합관리를 강조한 공급사슬관리의 개념이 발전되어, 기업간 물류기능의 외연적 통합을 통해 물류효율성을 제고하기 위해 제조업체와 유통업체간의 전략적 제휴라는 형태로 나타난 것이 QR 전략 또는 ECR 전략이라면, 화주기업과 물류서비스 제공업체간의 전략적 제휴라는 형태로 나타난 것이 제3자물류 전략이라고 할 수 있다.

즉, 제3자물류(3rd Party Logistics)는 화주기업이 고객물류서비스의 향상, 물류비절감, 물류활동의 운용효율 증대, 판매지원을 통한 매출증대, 경쟁우위 확보 등의 목적으로 공급사슬 상의 물류부문을 물류전문그룹에 위탁하는 것을 의미한다. 그러므로 단순한 물류아웃소싱과는 다음과 같이 상당한 차이점이 있다.

표 2-3. 제3자물류와 단순 물류아웃소싱의 차이점

구 분	제3자물류	단순 물류아웃소싱
목 표	경쟁우위 획득(서비스/비용우위)	원가절감
운영기간	중장기 위주	단기, 일시적
정보공유여부	반드시 필요	불필요
서비스제공	능동적(제안형)	수동적(수주형)
서비스 분야	운영, 관리, 전략	주로 운영
계약방식	경쟁계약	수의계약
의사결정	최고경영층	중간 관리층
자산특성	무경영자산형가능(가상물류 등)	경영자산 소유필수
관리형태	통합관리형	분산관리형
고객화주와의 관계	협력관계	상하관계
서비스 범위	종합물류지향	기능별서비스(수송, 보관 등)

1) 일반적으로 1PL은 자사물류, 2PL은 물류자회사, 3PL은 제3자 물류를 의미하는 용어로 사용되고 있다.

제3자물류가 단순 물류아웃소싱 물류업체와 다른 점은 제3자물류업은 화주업체와 1년 이상 장기간의 계약에 의해 제휴관계를 맺고 복수의 물류기능을 하나로 묶어 통합 물류서비스를 제공한다는 데 있다. 여기서 제3자란 상품거래의 당사자나 상품의 소유자가 아닌 제3자의 입장에 있는 기업을 뜻하며, 제3자물류는 계약에 기반을 두기 때문에 계약물류라고도 한다.

화주기업이 제3자물류를 도입할 때는 통상 수 개의 물류업체로부터 제안서를 받아 경쟁입찰 방식으로 최종 물류업체를 선정하며 최종 결정권자는 최고경영층이다. 또한 화주기업과 물류업체간의 전략적 제휴의 개념인 제3자물류는 공동의 목표를 가지는 윈윈(win-win)전략을 구사하기 때문에 정보의 교류 및 공유는 필수적이다. 정보공유는 계약관계와 함께 제3자 물류를 이루는 가장 중요한 요소로 받아들여지고 있다. 따라서 제3자물류는 물류전문업체와 화주기업이 물류비 절감과 물류서비스 향상을 공동의 목표로 설정하고 이를 달성하기 위해 양자가 계약을 맺고 정보를 공유하면서 전략적 제휴를 맺는 관계라고도 말할 수 있다.

2) 제3자물류의 발전 가능성

우리나라에서는 전략적 제휴의 의미인 제3자물류가 아직 본격적인 발달단계는 아니지만, 잠재 시장규모는 기업대상 물류서비스 산업규모 50조원의 30%인 15조원으로 추정된다. 현재 공동물류 대행업체, 기업택배업체, 도매배송업체들이 제3자물류의 형태로 운영하고 있는 시장규모는 약 1.5천억~1.7천억원 정도로 추산된다. 따라서 성장잠재력은 매우 크며, 향후 물류서비스산업의 시장규모는 연간 15% 정도씩 계속 증가할 것이고, 제3자물류업의 규모는 20% 이상 급증할 것으로 예상된다.

제3자물류업으로 발전 가능성이 가장 높은 물류기능은 현재 위탁률이 가장 높은 운송부문으로 파악된다. 그러나 우리나라의 운송산업은 업체규모가 영세하고 지입제가 만연하여 단순 위탁서비스를 벗어나 제3자 물류서비스를 제공할 만한 업체들이 극히 적은 실정이다. 향후 운송업체 중 대형 특송업체(택배업체) 및 포워딩업체를 중심으로 제3자물류업이 활성화될 가능성이 있다.

보관 및 재고관리 부문의 경우 선진 외국에서는 제3자물류업의 주요 사업대상이 되나 우리나라의 기업들은 단순 임대나 자사 관리체제를 고집하고 있는 실정이다. 기업들이 자사 관리를 선호하는 가장 큰 이유는 아직 믿을 만한 창고업체들이 없기 때문이므로 향후 대형 창고업체들이 제3자 물류서비스 상품을 개발하여 적극적으로 시장에 참여한다면 성장잠재력은 어느 부문보다 크다고 할 수 있다.

물류정보시스템, 포장, 유통가공, 하역부문도 제3자 물류서비스의 주요 대상이 될 수 있으며, 서비스 분야는 선진국 사례에서 볼 수 있듯이 더욱 세분화 및 통합화가 될 것이다.

제3자물류 서비스의 발전 가능성 요인은 다음과 같다.

첫째, 물류전문그룹에 의한 종합적인 일관물류서비스를 제공함으로써 화주기업에게 서비스와 비용우위를 확보하여 준다. 이러한 서비스 제공은 종합물류업 인증제의 실시에 따라 더욱 종합적인 물류서비스를 제공할 수 있는 제3자물류업체의 등장으로 가속화될 것으로 보인다.

둘째, 제3자물류는 화주기업과 물류기업간에 제로섬 게임이나 Win-Lose게임이 아니라 Win-Win게임으로 공급사슬 상의 각 주체 모두에게 전략적인 경쟁우위를 확보하여 준다. 이와 같이 제3자물류는 화주기업과 상호 동반자적인 파트너십 관계에서 출발하기 때문에 장기계약을 하게 되고, 따라서 단순 물류아웃소싱에서 보다 부가적인 시너지 효과를 많이 볼 수 있어 경쟁우위를 확실하게 확보하여 준다.

셋째, 제3자물류 서비스 제공자는 물류전문그룹으로서 IT기능 및 물류컨설팅 기능 등 복합적인 기능을 기반으로 하여 서비스를 제공한다. 또한 제3자물류는 물류 각 분야의 최적화를 도모할 수 있으며, 전체 공급사슬 상 다양한 물류서비스를 통합할 수 있는 최적의 위치에 있다. 그러므로 제3자물류는 전체적인 이익을 가져오는 SCM의 솔루션을 제시하고, 아울러 전체적인 공급사슬에 영향을 미침으로서 가치를 창출할 수 있다.

넷째, 제3자물류는 e-Business 환경에 적응하여 인터넷 등의 최신 정보기술 기반에서 e-SCM, e-CRM, QR, ECR 등의 물류전략과 조화를 이루면서 서비스를 제공하기 때문에 e-Business 사업모델의 구축을 통하여 보다 부가적인 가치창출이 가능하다.

다섯째, 제3자물류는 아웃소싱의 장점, 즉 고객서비스 제고, 자본투자 감소 효과, 비용절감 효과, 노동문제의 유연성 확보 등을 기대할 수 있으며, 제3자물류 기업 자체도 물류업무를 자사 내에서 수행하기 때문에 물류기술을 축적·육성할 수 있고, 고객서비스 수준 및 물류비를 직접 관리할 수 있으며, 고객과의 직접적인 접촉을 통하여 고객서비스 수준 및 애로사항의 실체를 직접 파악하여 개선할 수 있다는 장점이 있다.

3) 제3자물류의 발전 한계성

제3자물류 서비스의 제공이 고객인 화주기업에게 완전한 만족을 주지 못하는 경우가 많다. 즉, 제3자물류의 성공적인 수행을 위해서는 서비스 제공자의 물류전문지식의 소유와 정보공유가 필수적인 사항이다. 그러므로 제3자물류 서비스 제공자는 물류에 대한 전문적인 통합지식과 정보공유를 위한 통합정보시스템 구축에 필요한 정보기술을 동시에 가지고 있어야 성공적으로 서비스를 제공할 수 있다.

그러나 물류전문지식을 가지고 있는 자, 즉 물류전문그룹은 어느 정도 쉽게 발견할 수 있지만 물류전문그룹이 동시에 탁월한 정보기술을 소유하고 있는 경우는 그리 흔하지 않다. 따라서 물류전문지식 서비스와 정보기술 서비스가 분리됨으로써 야기되는 불편성과 비효율성에 대해 제3자물류 서비스를 제공받는 측에서는 항상 서비스 질에 대하여 불만을 표시하곤 한다.

또한 제3자 물류서비스가 성공적으로 수행되려면 물류활동의 전 분야에 대하여 종합적인 서비스가 턴-키 베이스로 제공될 수 있어야 한다. 그러나 지금까지의 제3자 물류서비스는 수배송 및 보관분야 서비스 제공에 국한하였다. 이 결과 수동적인 단순 서비스의 제공으로 인해 고객측면에서는 종전의 물류아웃소싱과의 차별성을 인식하지 못하였다. 이에 보다 종합적인 물류전문그룹에 의한 종합적인 물류서비스와 프로세스 혁신 컨설팅까지 턴-키 베이스로 서비스를 제공받는 것을 고객인 화주기업은 갈망하고 있다.

한편 제3자 물류서비스를 제공받는 큰 목적은 서비스 제고와 비용절감을 통하여 경쟁력을 확보하는 것이다. 그러나 화주기업들은 종종 자사에서 직접 운영하는 경우나, 제3자 물류 서비스를 활용하는 경우나 서비스와 비용 측면에서 큰 차이를 보이지 않는다고 말한다. 이것은 제3자 물류서비스가 단기적으로 서비스를 제공하는 것에 그쳤고, 프로세스의 개선 없이 단순히 서비스 제고를 추구하였기 때문이며, 특히 제대로 된 컨설팅에서부터 일관서비스를 제공할 만한 시스템 구축 없이 구태의연한 서비스만을 제공하여 화주기업과의 신뢰를 더욱 추락시켰기 때문이다.

그리고 제3자 물류서비스는 e-Business 환경에 적응하지 못한 채 서비스를 제공하다 보니, 최근의 인터넷 환경, 혁신 정보기술의 수용환경, e-SCM, e-CRM 등과 같은 최근의 물류전략과 조화를 이루지 못하였다. 이에 제3자물류 서비스의 한계성에 불만을 표시하는 고객이 많아지고 있다.

요컨대 제조업체(화주기업)에 대한 최근 설문조사 결과도 제3자 물류서비스의 한계성을 그대로 입증하고 있다. 즉, 비용절감(83%), 전문성(56%), 핵심사업에의 집중

[그림 2-7] 제3자물류 서비스에 대한 만족도 수준(단위 : %)

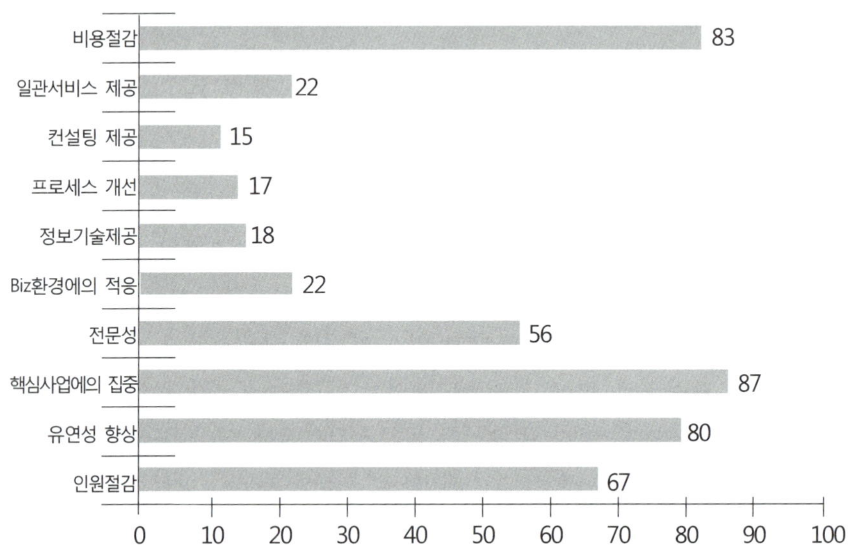

(87%), 유연성 향상(80%), 인원절감(67%) 등의 제3자물류 서비스에 대하여는 상당히 만족하고 있는 반면에, 일관서비스 제공(22%), 컨설팅 제공(15%), 프로세스 개선(17%), 정보기술 제공(18%), e-Business 환경에의 적응(22%) 등에서는 매우 만족하지 못하고 있다.

4) 제3자물류의 활용

제3자물류로의 방향전환은 화주와 물류서비스 제공업체의 관계가 기존의 거래기반(Transaction-Based) 관계에서 파트너십(Partnership)관계로 전환된 것을 의미한다. 이러한 계약물류로의 방향전환은 화물자동차운송산업에 대한 규제완화가 그 중요한 배경으로 지적되고 있으며, 서비스 제공자와 이용자간의 정보교환을 신속하게 하는 정보통신기술의 발전도 중요한 역할을 하였다.

이러한 TPL전략의 이용실태는 현재도 유사할 것으로 보이는데, 미국의 경우 Lieb and Randall의 1995년도 조사결과에 의하면 TPL 물류서비스를 이용하고 있다고 응답한 업체가 60%로, 1991년의 37%, 1994년의 38%에 비해 크게 증가한 것으로 나타났으며, 현재 TPL 물류서비스를 이용하지 않는다고 응답한 업체의 15% 정도가 향후 이러한 서비스의 이용을 고려하고 있는 것으로 나타났다.

또한 TPL 물류서비스의 활용이 점차 국제화되는 경향을 보여주고 있는데, 응답업체의 46%가 국제 및 국내물류에 TPL 물류서비스를 이용하고 있으며, 6%는 국제물류에만, 그리고 49%는 국내물류에만 제3자 물류서비스를 이용하고 있는 것으로 나타났으나 현재는 거의 모든 기업이 TPL 국내외 물류서비스를 이용하고 있다.

한편 기업이 TPL 물류서비스를 이용하는 주된 분야는 창고관리(36%), 혼재(33%), 운송업체 선정(33%), 물류정보시스템(29%), 차량 관리 및 운영(22%), 요율협상(22%)의 순으로 나타났다.

유럽기업들도 TPL전략을 많이 활용하고 있는데, 미국 CLM의 "Reconfiguring European Logistics Systems" 연구결과에 의하면, 유럽기업들은 TPL 전략에 점차 높은 관심을 두고 있다. 즉, 유럽통합에 따른 시장규모의 증가와 수배송네트워크의 개선을 바탕으로 기업들의 유럽지역 물류센터의 설치가 증가하고 있는데, 이 중 25% 정도가 TPL 전략으로 추진되고 있다. 또한 Peters, Lieb and Randall은 1996년 미국에서 실시한 동일한 조사를 영국과 유럽의 기업을 대상으로 실시하였는데, 1996년의 조사결과에 의하면 유럽국가의 경우 TPL 물류서비스를 이용하고 있다고 응답한 업체가 76%로, 미국의 60%에 비해 상대적으로 높게 나타났으며, 현재 TPL 물류서비스를 이용하고 있지 않다고 응답한 업체의 24% 정도가 향후 이러한 서비스의 이용을 고려하고 있는 것으로 나타났다.

한편 유럽기업들도 TPL 물류서비스의 활용이 점차 국제화 되는 경향을 보여주고 있는 것으로 나타났는데, 응답업체의 57%가 국제 및 국내물류에 제3자 물류서비스를 이용하고 있으며, 이에 더해 9%는 국내 자사물류의 연장선상에서 유럽지역의 물류에 제3자 물류서비스를 이용하고 있는 것으로 나타났다. 그리고 기업이 TPL 물류서비스를 이용하는 주된 분야는 혼재(60%), 창고관리(52%), 차량 관리/운영(52%),

표 2-4. TPL 물류서비스 활용분야

구 분	미국 (1995)	유럽 (1996)
창고관리	36%	52%
혼재 (Shipment Consolidation)	33%	60%
운송업체 선정	33%	43%
물류정보시스템	29%	30%
차량 관리/운영	22%	52%
요율협상 (Rate Negotiation)	22%	19%
반품관리	11%	44%
제품 조립/설치	11%	23%
주문충족(Order Fulfillment)	9%	24%
부품관리(Customer Spare Parts)	7%	12%
주문처리	6%	13%
재고보충(Inventory Replenishment)	6%	15%
재라벨링/재포장		39%
제품테스트		9%
기 타		9%

자료: Lieb and Randall (1996); Peters, Lieb and Randall (1998)

반품관리(44%), 운송업체 선정(43%), 재라벨링 및 재포장(39%), 물류정보시스템(30%)의 순으로 나타나, 미국과는 다소 차별화된 이용패턴을 보여주고 있다.

이와 같은 TPL 전략을 적극 도입하면 그 이용자는 많은 편익을 볼 수 있다. Lieb and Randall의 조사결과에 의하면, 미국기업들은 TPL전략을 도입하여 물류비 절감(38%), 인력전문성 및 시장지식의 향상(24%), 운영효율성의 개선(11%), 고객서비스의 개선(9%) 등의 편익을 본 것으로 나타났으며, 또한 조사업체의 48%가 TPL 도입을 통해 자사물류인력을 절감시킨 것으로 응답하였고, 이 중 33%는 20% 이상의 자사물류인력을 절감시킨 것으로 응답하고 있다.

한편 유럽기업들은 물류비 절감(56%), 유연성의 향상(55%), 운영효율성의 개선(53%), 핵심사업에 대한 집중력 강화(51%), 고객서비스의 개선(49%) 등의 순으로 TPL 도입의 편익을 누린 것으로 나타났으며, 또한 제3자 물류서비스의 이용을 통해 기업들이 자사물류인력을 크게 절감시킨 것으로 나타났는데, 조사업체의 66%가 이러한 서비스의 이용을 통해 자사물류인력을 절감시킨 것으로 응답하였고, 이 중 53%는 20% 이상의 자사물류인력을 절감시킨 것으로 응답하고 있다.

표 2-5. TPL 물류서비스 활용으로 인한 편익

구 분	미국 (1995)	유럽 (1996)
비용절감	38%	56%
인력전문성/시장지식의 향상	24%	29%
운영효율성의 개선	11%	53%
고객서비스의 개선	9%	49%
핵심사업에 대한 집중력 강화	7%	51%
유연성(flexibility)의 향상	5%	55%
기 타		8%

자료: Lieb and Randall (1996); Peters, Lieb and Randall (1998)

또한 Sink and Langley(1997)는 TPL 물류서비스 활용의 편익과 문제점을 좀더 구체적으로 조사하였는데, 물류기능 외주의 편익으로는 물류 외주비용의 절감, 유연성의 향상, 외주물류 서비스 수준의 향상, 인력절감, 핵심부문에 대한 집중력 강화 등을 들고 있으며, 물류기능 외주의 문제점으로는 외주물류기능에 대한 통제력의 저하를 가장 많이 지적하고 있다.

표 2-6. TPL 물류서비스 외주의 편익과 문제점

구 분	물류기능 외주의 효과	응답비율(%)
편 익	물류외주비용의 절감	57.7
	유연성의 향상	56.3
	외주물류 서비스수준의 향상	52.1
	인력절감	50.7
	핵심부문에 대한 집중력 강화	38.0
	물류활동을 위한 자본비용의 절감	31.0
	물류전문인력 활용능력의 강화	26.8
	정보통신기술 활용의 개선	19.7
문제점	외주물류기능에 대한 통제력 저하	35.2
	물류활동을 위한 시간과 노력이 감소되지 않음	33.8
	실질적인 비용절감이 이루어지지 않음	25.4
	제3자 물류업체 인력의 질에 문제가 있음	22.5
	서비스 수준이 기대에 미치지 못함	21.1
	적용단계에서 전환과정이 만족스럽지 못함	18.3
	고객 불만이 높아짐	12.7

자료: Sink and Langley(1997)

6. 제4자물류

1) 제4자물류의 탄생 배경

최근 물류효율화를 위한 많은 물류전략이 활용되고 있지만, 가장 큰 변화는 크게 두 가지, 즉 정보기술의 발달과 맥을 같이하는 e-Business 경영환경의 조성과 단순한 업무개선이 아니라 프로세스 개선을 통한 궁극적인 물류혁신이다.

그런데 제3자물류서비스를 제공하는 물류전문그룹의 대부분이 e-Business 경영환경에 대응할 수 있는 자체 정보기술을 가지고 있지 못하다. 이에 따라 제3자물류서비스를 제공받는 고객이 서비스 자체에 대한 불만을 많이 가지게 되었고, 특히 통합정보시스템의 구축 등에서 문제점이 발생하여 서비스 자체를 거부하는 사태에 이르는 경우도 발생하였다. 이러한 정보기술의 미비로 인해 e-Business 경영환경에 충분히 적응하지 못한 것, 즉 제3자물류서비스의 정보기술 제공의 한계성이 바로 제4자물류를 탄생시킨 배경이다.

한편 제3자물류서비스가 그 동안의 다른 물류서비스 보다 한층 고도화된 서비스를 제공하는 것은 당연하지만, 프로세스의 개선없이 단순히 위탁받은 물류활동만을 수행하는 것은 장기적으로 볼 때에 궁극적인 물류혁신과 물류서비스의 제고로 볼 수 없다.

따라서 많은 고객화주들은 제3자물류서비스의 제공과 더불어 물류프로세스의 개선을 갈망하고 있다. 그러나 제3자물류서비스 제공자는 물류혁신 프로세스의 개선을 자신있게 수행할 만큼 전문성이 떨어지고 있으며, 주어진 과제만을 해결하는데 급급하고 있다. 이에 고객화주들은 보다 전문성을 가지고 프로세스의 개선을 하여줄 수 있는 제3자물류서비스 제공자를 갈망하게 되었는데, 이에 제4자물류서비스와 같은 형태의 새로운 물류전략이 탄생하게 된 것이다.

요컨대 제3자물류서비스의 한계성이 바로 제4자물류서비스를 탄생시킨 결정적인 요인이다. 즉, 제3자물류서비스가 e-Business 경영환경에 적극적으로 대응하지 못하였고, 또한 물류컨설팅에 이르기까지 서비스를 제공하지 못하여 고객화주의 물류혁신 기대를 충족시켜 주지 못한 것이 제4자물류서비스를 탄생시킨 것이다.

2) 제4자물류의 개념

최근 기존 전문물류업체(3PL)의 한계를 극복하고 SCM에 대하여 탁월하고 지속적인 개선효과를 가져오는 새로운 조직형태가 등장하고 있다. 제4자물류(4PL : Fourth Party Logistics)의 등장이 바로 그것이다.

[그림 2-8]에서 알 수 있듯이, 제4자물류는 단순 물류아웃소싱 및 제3자물류 전개과정을 거쳐, 이에 IT부문과 컨설팅부문이 추가되어 발전된 형태이다. 그러므로 이 제4자물류란 종합물류서비스를 제공할 수 있는 물류전문지식과 정보기술을 가지고 물류컨설팅 서비스까지 동시에 제공할 수 있는 물류전문그룹이, 또는 물류전문업체, IT업체, 물류컨설팅업체가 상호 긍정적이며, 장기적인 차원에서 창의적인 관계를

[그림 2-8] 제4자물류의 개념 발전과정

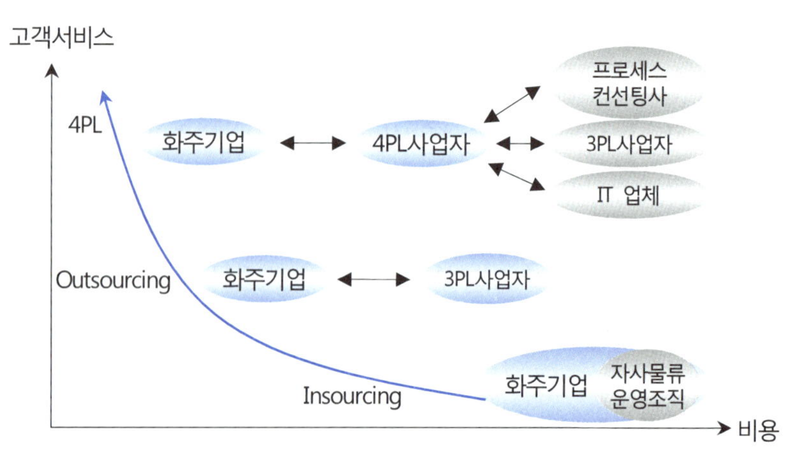

가진 파트너십 형성으로 가상조직을 구성하여 공급망상의 모든 물류기능에 대하여 종합일관서비스를 제공하는 것을 말한다. 따라서 제4자물류서비스 제공자는 종전의 제3자물류서비스 기능에 더하여 통합정보시스템 구축을 위한 정보기술 및 물류컨설팅 기법을 가지고 있어야 한다.

Distribution Magazine의 편집장인 Foster씨는 제4자물류를 물류컨설팅업체로 파악하였다. 기본적으로 화주나 그들이 아웃소싱한 제3자물류는 스스로 SCM을 구축할 능력이 부족하다고 컨설팅업체는 지적하였다. 컨설팅업체만이 제4자물류로서 경영자원, 기술, 그리고 프로세스를 종합적으로 관리하는 역할을 수행할 수 있는 전문가로 파악하였다. 제3자물류가 최적의 기술, 창고관리, 운송서비스 조합을 만들 수 없기 때문에 지속적인 SCM상 비용절감이나 효율성을 추구하는데 한계가 있다고 지적하였다. 반면에 제4자물류는 물류 각 분야의 최적화를 도모할 수 있기 때문에 전체 SCM상 다양한 물류서비스를 통합할 수 있는 최적의 위치에 있다고 볼 수 있다.

또한 제3자물류는 아웃소싱 업무수행에서 비즈니스 실무로 인식되고 있으나 제4자물류는 전체적인 이익을 가져오는 SCM의 솔루션으로서 부상하고 있다고 가트너는 지적하였다. 제3자물류와의 근본적인 차이점은 제4자물류는 완전한 공급사슬 솔루션을 제시하고 아울러 전체적인 공급사슬에 영향을 미침으로서 가치를 창출한다는 점에서 차이가 있다.

한편 제4자물류는 아웃소싱과 인소싱의 이점을 통합한 형태의 전문물류업체로서 최대한의 경영성과를 얻기 위한 조직으로 인식되고 있다. 물류서비스를 아웃소싱할 때 핵심역량에 집중, 고객서비스의 개선, 재무적 효과, 노동문제의 간소화 등의 이점이 있다. 또한 기업 내부적으로 물류서비스를 수행할 때 내부적으로 물류에 관한 기술의 축적과 육성 가능, 고객서비스수준과 물류비의 관리가능, 고객과의 지속적인 접촉가능 등의 이점도 있다. 제4자물류는 곧 이러한 이점을 살릴 수 있는 중간적인 형태를 나타낸다.

예를 들면 대형화주들은 제3자물류 업체로부터 받은 제안서나 입찰서류를 검토하고 때로는 제3자물류업체의 선정작업시 컨설팅업체를 참여시킨다. 컨설턴트는 공급사슬계획에 따른 비즈니스 프로세스를 구축하는데 참여하고, 경우에 따라서는 SCM

을 시행하고 공급사슬기술을 선정하는 역할을 담당한다. 컨설턴트는 실제로 물류서비스 제공자를 관리하고 공급사슬 자체를 운영하는 역할을 수행하는 제4자물류로서 역할을 담당한다.

제4자물류는 공급사슬 아웃소싱의 발전된 형태이다. 급속한 기술발전 및 e-Business의 확산에 따라 공급사슬관리 통합자의 필요성이 증대되고, 그에 따라 제4자물류가 등장하게 된 것이다. 즉, 제4자물류는 제4자물류 통합자의 지시에 따라 고객 및 팀을 구성하는 파트너와 함께 아웃소싱 및 인소싱을 통한 공급사슬활동을 수행하는 것이다. 그러므로 제4자물류는 자체 조직이 가진 경영자원, 능력, 기술과 물류서비스 공급자가 가진 경영자원, 기술 등을 결합하고 관리하여 전체적인 공급사슬 솔루션을 제시하는 공급사슬통합자이다. 가트너는 공급사슬발전이 이루어질수록 화주기업은 인소싱으로부터 아웃소싱으로 전환하게 마련이며 궁극적으로 제4자물류를 필요로 하게 된다고 지적하였다.

이러한 제4자물류의 도입 필요성에 대하여는 의문의 여지가 없다. 고도화되고 종합적인 물류서비스를 턴-키 베이스로 제공받고자 하는 고객(화주)의 욕구는 당연한 것이고, 이를 충족시켜 줄 수 있는 물류전략기법의 출현을 필요로 하고 있는 것이다.

이와 같은 필요성에 의해 탄생한 제4자물류는 나름대로 독자적인 특성 및 개념을 가지고 있다. 제4자물류와 제3자물류의 차이점은 첫째, 제4자물류서비스 제공자는 제3자물류에서 보다 광범위하게, 그리고 종합적이고 전문적인 물류서비스를 제공하여 비용절감 뿐만 아니라 서비스 제고에 주안점을 두고 있으므로 보다 확고하게 경쟁력 강화를 기할 수 있다는 점이다.

둘째, 제4자물류는 물류 각 분야의 최적화를 도모할 수 있기 때문에 전체 SCM상 다양한 물류서비스를 통합할 수 있는 최적의 위치에 있다. 그러므로 제4자물류는 제3자물류에 비해 전체적인 이익을 가져오는 SCM의 솔루션을 제시하고, 아울러 전체적인 공급사슬에 영향을 미침으로서 가치를 창출한다는 점에서 차이가 있다.

셋째, 제4자물류서비스 제공자는 제3자물류와는 달리 물류전문업체, IT업체 및 물류컨설팅업체가 일련의 컨소시엄을 구성하여 가상물류 형태로서 서비스를 제공한다.

넷째, 제4자물류서비스는 물류활동의 단순한 수행이 아니라 물류활동 업무프로세스의 혁신을 우선적으로 기하고, 그 다음 단계로서 물류활동을 수행한다는 점이다. 따라서 실질적인 물류효율화를 기할 수 있다.

다섯째, e-Business 환경에 적응하여 인터넷 등의 최신 정보기술 기반에서 e-SCM, e-CRM, QR, ECR 등의 물류전략과 조화를 이루면서 서비스를 제공한다는 점이다.

3) 제4자물류의 도입효과

제4자물류에서 아웃소싱시 장점으로는 고객서비스 제고, 자본투자 감소 효과, 비용절감 효과, 노동문제의 유연성 확보 등을 들 수 있으며, 인소싱시에는 물류업무를 자사 내에서 수행하기 때문에 물류기술을 축적·육성할 수 있고, 고객서비스 수준 및 물류비를 직접 관리할 수 있으며, 고객과의 직접적인 접촉을 통하여 고객서비스 수준 및 애로사항의 실체를 직접 파악하여 개선할 수 있다는 장점이 있다.

제4자물류 이용시 얻을 수 있는 네 가지 이점은 수입증대, 운영비용 감소, 운전자본 감소, 고정자본 감소 등이다.

첫째, 수입증대는 상품의 품질향상, 상품의 판매기회 확대, 고객서비스 향상을 통하여 가능하다. 제4자물류는 전체적인 공급망을 관리하기 때문에 재고부족 및 품절현상을 100% 회피할 수 있으며, 고객서비스 향상을 도모할 수 있어 매출증대 및 수입증대를 기할 수 있다.

둘째, 운영비용 절감은 운영효율, 프로세스향상, 구매비용절감을 통하여 가능하다. 운영비 절감은 완전한 아웃소싱과 규모의 경제를 통하여 가능하며, 모든 공급망관리 참여자의 공급망활동을 동조화시켜 효율적인 공급망활동의 과정, 계획, 집행을 통하여 운영비를 절감하고 판매비를 절감할 수 있다.

셋째, 운전자본 감소는 재고감소 및 사이클 타임의 단축을 통하여 실현할 수 있다. 다수의 공급망은 하나의 파이프라인을 형성하여 상호 협력을 통해 사이클 타임의 단축은 물론 재고량을 최소화할 수 있으며, 원가를 절감하고, 시장대응시간을 단축할 수 있기 때문이다.

넷째, 고정자본 감소는 자산이전과 자산이용율의 극대화를 통하여 가능하다. 제4

자물류는 물리적 자산의 소유권을 가지며, 고객은 실질 자산은 보유하지 않아도 되기 때문에 고객기업은 연구개발, 디자인, 상품개발, 판매, 마케팅 등 핵심역량에 집중할 수 있다.

제3절 기업경영과 물류조직

1. 물류조직의 의의

기업조직에 있어서 물류조직은 여러 관련부서에 포함되어 있는 경우가 많아 종합적인 차원에서의 효율적인 물류관리가 어려웠던 것이 사실이며, 각 부서간의 이해상충과 갈등은 더욱 물류관리를 비효율적으로 이루어지도록 하였다. 이에 따라 이러한 문제점을 개선하고 물류활동을 효율적으로 관리하기 위해 물류활동을 전문적으로 관리・담당하는 조직이 필요하게 되었는데, 이와 같이 기업 내 물류활동을 전문적으로 관리하고, 그 물류활동에 대한 책임과 권한을 가지는 체계화된 조직이 바로 물류조직이다.

즉, 종래 대부분의 기업조직에서는 물류조직이 별도로 없었으며, 존재하여도 판매조직이나 생산조직 등 다른 경영활동에 가려져 있어, 다른 조직의 의뢰에 대해 단순히 물류활동을 수행하는 수동적인 물류관리가 이루어져 왔다. 그러므로 동등한 입장의 수평적이고 통합적인 조직형태로서 능동적으로 물류계획을 입안하고 수행하지 못하였던 것이다. 그러나 기업조직에 있어서 물류활동에 대한 책임과 권한을 가지는 전문적인 물류조직이 있으면, 다른 조직과 협조체제하에서 물류활동을 보다 효율화・체계화・통합화하여 물류활동을 계획적으로 수행함으로써 물류서비스 제고는 물론 물류관리의 고도화가 가능하게 될 것이다.

오늘날 많은 선진기업들이 기업경영활동에 있어서 가장 중요한 활동이라고 할 수 있는 생산시기와 생산량결정을 물류조직의 주도하에 다른 조직과 협조하여 하도록 하고 있는 것도 전체 기업경영활동에서 물류활동이 얼마나 중요한 것인가를 보여주는 것이며, 또한 물류조직의 기능 및 역할이 얼마나 중요한가를 반증하는 것이기도 하다. 즉, 이렇게 함으로써 기업경영활동 전반을 물류통제하에 생산 및 판매활동까지도 효율적으로 이루어지도록 할 수 있기 때문이다.

2. 기업조직과 물류조직

1) 일반적인 물류조직

일반적으로 기업조직은 라인(Line)과 스탭(Staff)으로 분류된다. 라인활동은 제품 또는 서비스의 생산 및 판매에 직결되는 것으로 업무수행기능 위주로 되어 있으며, 조직목적 달성에 직접 기여하는 부문이다. 반면에 스탭활동은 기본적인 분석, 기획 등을 하는 조직으로 생산 및 판매 등 라인활동을 지원하는 기능위주로 되어 있으며, 조직목적 달성에 간접적으로 기여하게 된다.

그런데 물류조직을 라인조직으로 할 것인지 아니면 스탭조직으로 할 것인지, 또는 혼합조직으로 할 것인지는 그 기업의 경영방침 및 물류환경에 따라 결정되어야 할 사항이다. 즉, 물류조직은 모든 기업에 공통되는 절대적인 형태가 존재하는 것은 아니며, 각사의 물류특성에 맞게 최적의 물류조직 형태를 가지는 것이 중요하다. 물류조직을 일반적인 형태에 따라 분류하면 크게 4가지, 즉 직능형 물류조직, 라인 · 스탭형 물류조직, 사업부제형 물류조직 및 그리드형 물류조직으로 분류할 수 있다.

(1) 직능형 물류조직

직능형 물류조직은 라인과 스탭부문이 미분화된 형태이며, 종래의 전통적인 조직형태라고 할 수 있다. 그러므로 이 직능형 물류조직은 물류부문이 다른 관련 조직 속에 포함되어 있는 형태이며, 오늘날 이 조직형태는 전사적인 물류계획 · 물류전략을 수립하기 어렵고, 물류활동이 다른 부문활동 속에 숨어버리며, 물류전문화·효율화의 추진이 어려워 잘 사용되지 않는 조직형태이다.

(2) 라인·스탭형 물류조직

라인·스탭형 물류조직은 라인부문의 물류업무수행기능과 스탭부문의 물류지원기능을 분리하여 조직한 형태로서, 오늘날 현대 기업 물류조직의 중심을 이루고 있다. 보통 이 조직형태의 스탭부문에서는 물류계획 및 물류전략을 입안하고, 라인부문은 이를 직접 수행하는 역할분담이 이루어진다.

이 조직형태에서는 라인과 스탭을 분리함으로써 업무수행기능과 지원기능을 명확히 구분하여 각자의 업무에 전념할 수 있는 장점이 있지만, 스탭부문이 물류현장을 이해함이 없이 물류계획 등을 입안하여 수행하도록 하는 경우 효율성이 떨어질 수 있는 점도 있다. 일반적으로 물류활동에 있어서 라인활동과 스탭활동은 다음과 같다.

표 2-7. 물류활동에서의 라인활동과 스탭활동

구 분	라인활동	스탭활동
내 용	·주문처리 ·커뮤니케이션 ·재고관리 ·창고보관 ·하역 ·포장 ·수배송 ·차량관리	·시스템화 절차개선 ·재고분석 ·자재관리공학 ·창고배치 ·지역화 계획 ·물류예산관리 ·물류전략화

[그림 2-9] 라인 · 스탭형 물류조직

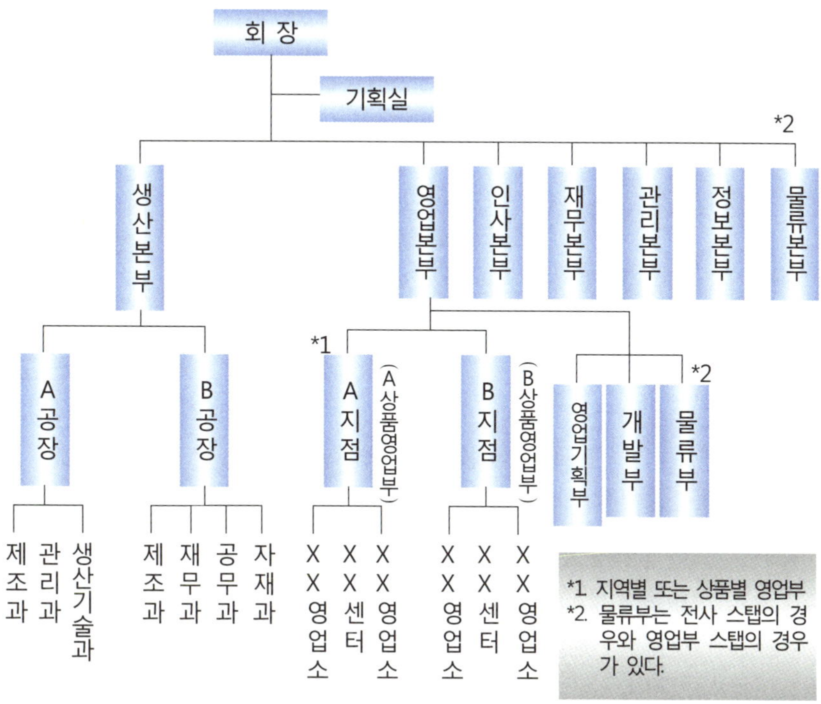

(3) 사업부제 물류조직

기업경영의 규모가 커져 최고경영자가 기업의 모든 업무를 직접 관리하기가 어려워진 경우, 각 사업단위의 업무 효율성을 제고하고 사업성을 극대화하기 위해 사업부제 물류조직과 같은 조직형태를 취하게 된다. 이 사업부제 물류조직은 보통 상품별 사업부제와 지역별 사업부제 두 가지가 있는데, 이 조직형태의 특징은 다음과 같다. 즉,

① 각 사업부가 독립된 이익책임부서로서 분권조직형태를 취하여, 마치 하나의 독립된 기업과 같이 운영된다.

② 각 사업부 내에 라인과 스탭부문이 존재한다.

③ 각 사업부가 모든 물류활동이행을 책임을 지고 직접 관장하므로 물류관리 효율화를 기할 수 있으며, 인재육성이 용이한 장점도 가지고 있다.

④ 사업부의 이익실현이 가장 우선하므로 전사적인 관점에서 추진되어야 할 물류활동이 효율적으로 이루어지지 않을 수도 있다.

[그림 2-10] 사업부제 물류조직

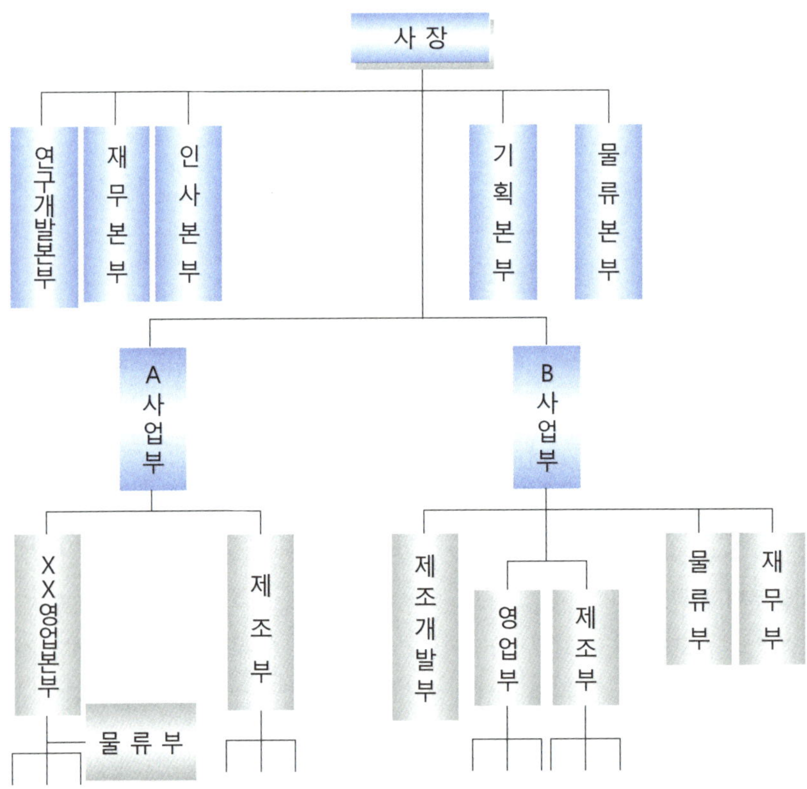

(4) 그리드 물류조직

그리드 물류조직은 다국적기업에서 많이 볼 수 있는 조직형태로서 기본적으로는 모회사와 자회사간의 권한위양이라는 형태를 지님과 동시에 모회사부문의 스탭부문이 복수의 자회사의 해당부문을 관리하고 지원하는 형태로 이루어진다.

[그림 2-11] 그리드 물류조직

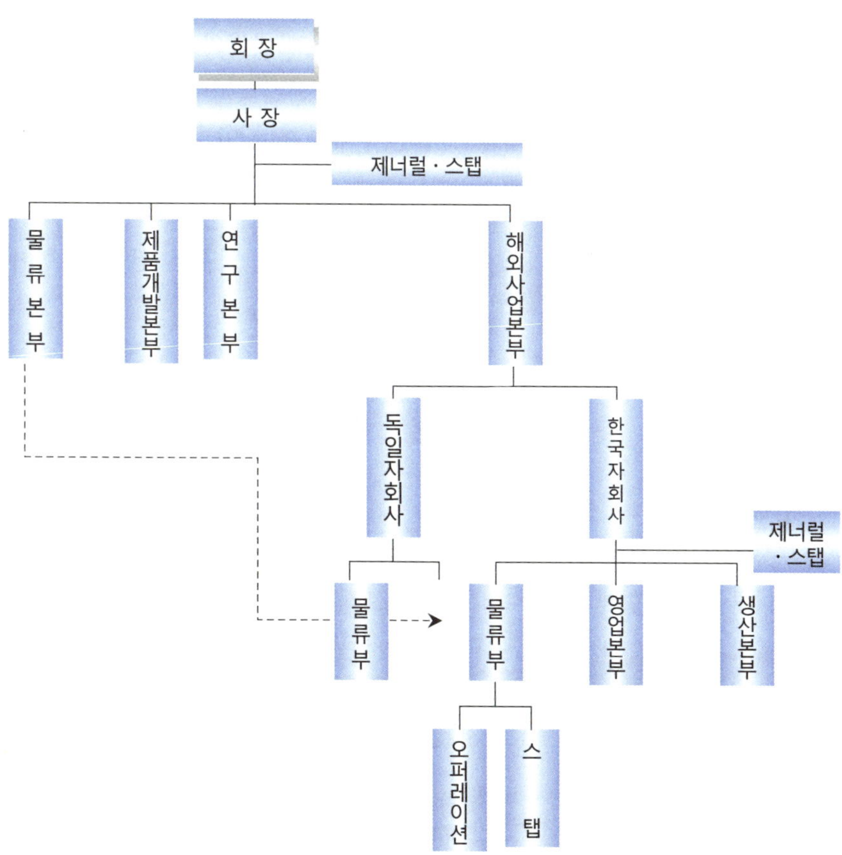

그러므로 자회사의 물류부문은 자사의 최고경영자 뿐만 아니라 모회사 물류본부의 지시를 받게 되는데, 전자는 단일 기업 내에서의 지시·명령이고 후자는 해외 자회사를 다른 해외 자회사와 보조를 맞추어 물류관리의 일원화 또는 효율화를 도모할 목적으로 한 것이다.

2) 기업형 물류조직

일반적인 물류조직형태는 하나의 전형적인 모델에 불과하며, 실제로 기업경영에 있어서의 물류조직은 이들 기본적인 모델을 바탕으로 기업의 특수성을 감안하여 매우 다양하고 혼합된 물류조직 형태를 취하는 것이 일반적이다. 이에는 크게 전형적인 물류조직인 영업부형 물류조직과 독립형 물류조직이 있다.

(1) 영업부형 물류조직

이 영업부형 물류조직에는 크게 3가지, 즉 상물혼재형, 스탭형 및 상물분리형이 있다.

① 상물혼재형

물류전략이 영업전략의 일환으로 수립되고 수행되는 형태이며, 물류전략을 현장에 반영하기도 어렵고, 물류조직이 독립된 조직으로 정립되어 있지 않은 형태이다.

② 스탭형

영업부문의 스탭조직으로서 물류조직이 존재하나 물류활동의 수행은 영업부문의 관장하에 이루어지는 형태이다. 그러므로 이 조직형태에서는 영업전략을 물류부문에 신속히 반영할 수 있고, 또한 물류전략도 영업부문에 적절히 반영할 수 있는 등 물류전략과 영업전략의 일체화를 도모할 수 있는 장점이 있으나, 물류업무가 영업부문에 속해 있으므로 물류활동을 물류부문이 직접 관장하고 관리할 수 없는 단점이 있다.

③ 상물분리형

영업기능과 물류기능을 분리하여 각자의 책임소재를 명확히 한 조직형태이다. 이 조직형태는 물류부문과 영업부문을 분리시켜 놓았으므로 각 부문은 각자의 업무를 관장하면서 효율적으로 전념할 수 있으며, 물류부문의 예산 및 관리책임이 명확하게 되고, 물류부문의 평가도 용이하게 되는 장점이 있다.

[그림 2-12] 영업부형 물류조직

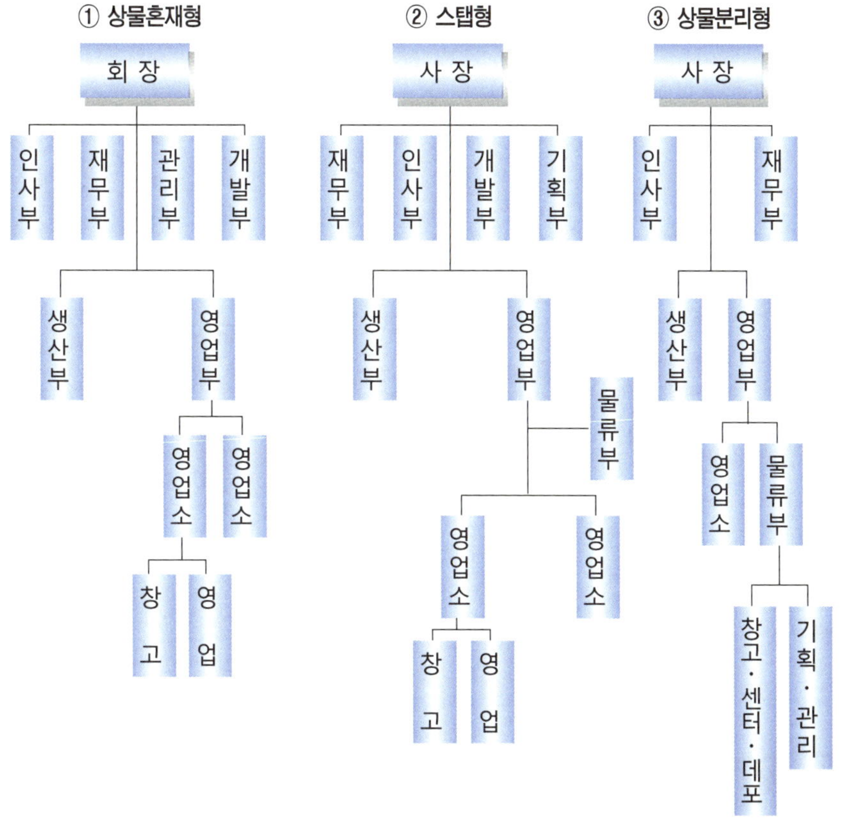

(2) 독립형 물류조직

독립형 물류조직이란 물류부문이 영업부문이나 기타 부문에 속하지 아니하고 독립적으로 존재하는 형태이다. 여기에는 스탭형과 종합형이 있다.

[그림 2-13] 독립형 물류조직

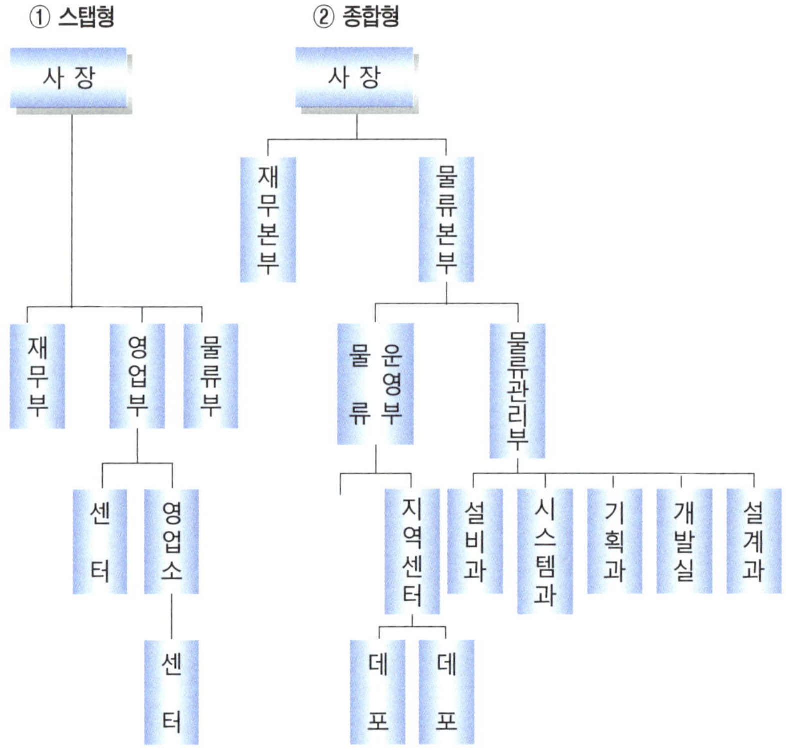

① **스탭형**

라인부문은 분산시켜 놓고, 스탭부문은 집중시켜 놓은 형태로서 스탭부문이 영업소 등에 분산되어 있는 라인 물류활동을 지원하게 된다. 이 조직의 장점으로는 라인과 스탭 물류활동이 분리되어 있어 각자의 업무에 충실할 수 있으며, 특히 스탭부문은 전사적인 관점에서 물류전략을 추진할 수 있는 점 등을 들 수 있다. 그러나 영업부 등에 소속되어 있는 물류현장업무를 물류스탭이 직접 통제하는 것이 어려운 점도 있다.

② 종합형

물류부문이 독립된 단독조직 형태로 존재하며, 그 조직 속에 물류부문의 라인과 스탭이 동시에 존재하는 형태를 말한다. 그러므로 이 종합형에서는 스탭형의 단점을 보완할 수 있으나 영업, 생산 등 다른 부문과의 조정 및 조화가 큰 과제로 대두된다.

오늘날 기업경영에서 물류관리의 중요성이 강조되면서 기업조직 내에서의 물류조직도 많은 변화를 보이고 있다. 이러한 물류조직의 변천과정은 [그림 2-14]와 같다.

즉, 종래 우리나라 기업들의 물류조직형태와 유사한 분산형 및 집중형 물류조직 형태에서 변천하여 물류관리의 효율화와 사업성 강화의 목적으로 독립채산형 물류조직으로 발전되고 있으며, 더욱 최근에는 물류자회사 형태로 발전하여 물류활동을 전문적으로 수행하면서 이윤추구를 기하는 기업형태로 변천되고 있다.

[그림 2-14] 물류조직의 변천

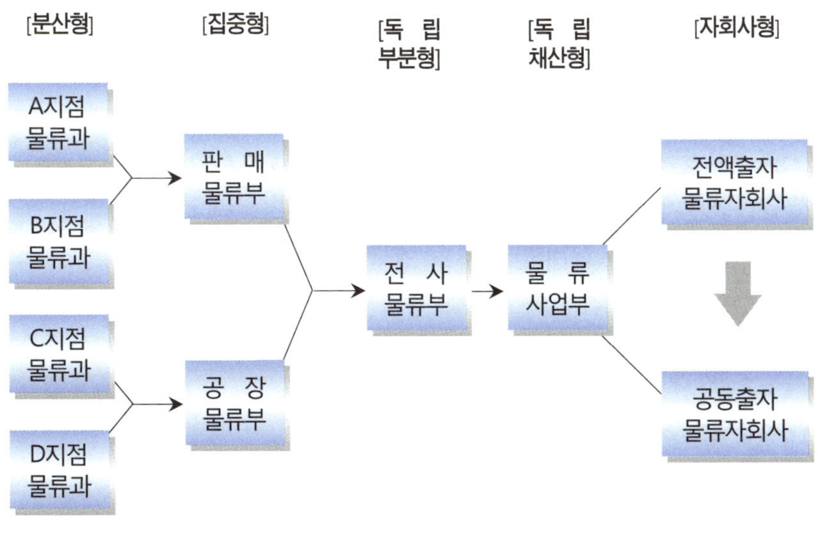

그러나 물류조직을 구성하는데 있어서 그 무엇보다도 중요한 것은 다른 부문과의 협력 및 조화이다. 그러므로 효율적인 물류조직을 구성하기 위해서는 다른 부문과의 긴밀한 협조체제하에 구매, 생산, 판매부문과의 통합물류형 물류조직을 구성하는 것이 바람직하다.

3. 물류자회사

물류자회사의 생성은 물류조직이 독립화되면서 자연적으로 이루어졌다. 이러한 물류자회사는 초기에는 물류조직의 라인과 스탭을 종합한 형태로 출발하여, 점차 경영의 안정을 찾으면서 비용중심적 물류조직 및 이익중심적 물류조직형태로 발전하게 된다. 여기에는 물류종합 자회사, 물류활동 위탁회사, 물류활동 중계회사 등의 기본 형태가 있으며, 업종별로 보면 창고회사, 포장회사, 하역회사, 운송회사 등이 핵심이다.

물류자회사는 보통 3단계의 발전과정을 거치는데, 제1단계인 모회사전속형에서는 모회사의 물류업무만을 100% 수행하는 형태이며, 제2단계인 그룹형에서는 물류업무의 대상영역을 모회사 뿐만 아니라 모회사를 포함하는 그룹 관련회사의 물류분야까지 확대하는 형태이다. 그리고 제3단계인 물류전업형은 운송회사, 창고회사, 하역회사 등을 근간으로 물류영업의 범주가 무한대이며, 물류전업 기업으로서 수익성 창조를 기하는 조직형태이다.

그런데 이 물류자회사 형태를 취하는 경우의 장점은 다음과 같다.

· 물류관리 책임의 명확화
· 물류비용 관리의 명확화
· 물류전문인력 육성 가능
· 물류담당자의 사기 앙양
· 독립적 물류전략 추진 및 설비투자 가능
· 물류정보 수집의 신속 · 정확성
· 물류활동 영역의 확대

· 물류임금의 탄력적 운용
· 물류요율의 명확화와 객관화
· 물류조업도의 안정 및 향상으로 규모의 이익 실현 가능

그러나 물류자회사의 단점도 있다. 즉,

· 모회사의 물류전략과 자회사의 물류전략의 충돌 가능성
· 모회사와 자회사간 의사소통의 저해 가능성
· 모회사의 물류효율화로 수입 감소
· 모회사의 간섭증가로 독립성 결여 및 업무의욕저하 가능성
· 모회사의 하청기업으로의 전락 가능성
· 모회사와 자회사간 정보시스템 호환성 결여 가능성
· 모회사 주도의 인사정책
· 직원의 고령화, 고임금화, 저생산성 야기 가능성

이와 같은 물류자회사 형태의 장·단점으로 인해 물류자회사가 성공하려면 단점에 해당되는 사항들을 극복하면서 가치창조형 물류자회사로 발전시켜 나아가야 할 것이다. 일반적으로 물류자회사로서 성공하고 있는 기업형태는 ① 모회사의 전속 물류회사로서 모회사의 내부조직과 동일하게 기능하고 있는 경우, ② 물류자회사가 물류전업형으로 특화되어 있는 경우, ③ 물류전업자로서 독립한 경우 등이다. 그러므로 물류자회사는 기업경영전략 차원에서 목적을 명확히 하여 창조적인 영업전략을 전개하여야만 성공적인 기업으로 거듭날 수 있을 것이다.

제4절 기업경영과 물류통제

1. 통제의 의의

통제활동이란 경영자가 계획했던 목표가 바람직한 방향으로 진전되고 있는지를 검토하고, 계획(목표)과 실제 사이에 차이가 있을 경우 이에 대한 시정조치 또는 수정하는 활동을 말한다.

기업조직에 있어서 경영통제의 기능이 필요한 것은 직무환경의 특성과 밀접한 관계가 있기 때문이다. 경영통제는 조직환경의 불확실성, 조직의 복잡성, 구성원 능력의 한계, 권한위양과 분권화 등의 요인들 때문에 통제의 수단으로 더욱 중요하게 된 것이다.

이러한 통제의 유형에는, 첫째 사전통제로, 이는 실제로 경영활동이 이루어지기 전에 실행되는 통제를 말하고, 둘째 동시통제로, 이는 업무수행 도중에 이루어지는 통제를 말하며, 셋째 사후통제, 산출물통제 또는 피드백통제로, 이는 성과로 나타난 결과에 대하여 통제하는 것을 말한다.

2. 통제의 기법

통제수단으로 가장 많이 이용되고 있는 것은 예산이다. 예산은 계획을 숫자로 나타낸 것이면 전체 통일을 유지하면서 권한위양의 정도를 가늠할 수 있으며, 하나의 전체적인 기준이 되기 때문에 통제수단으로 많이 이용되는 것이다. 이러한 통제시스템으로는 재무통제, 운영통제, 경영정보시스템 등으로 구분하여 볼 수 있다.

1) 재무통제

재무통제는 재무제표, 즉 대차대조표, 손익계산서, 이익잉여금처분계산서, 현금흐름표 등을 이용해서 재화의 흐름을 분석하여, 부채를 고려한 자산을 현금화시킬 수 있는 능력을 보는 유동성분석, 부채와 자본간의 장기적인 균형상태를 보는 일반적인 재무상태분석, 안전하게 이익을 추구할 수 있는 수익성분석 등이 있다.

2) 운영통제

운영통제란 주로 중간관리자나 일선감독자에 의하여 이루어지는 통제로 예산의 관리, 손익분기점분석, 네트워크분석 등이 있다.

예산통제란 기업이 일정기간에 필요한 예산을 편성하고 실제 활동에서 일어나는 차이를 파악하여 이를 수정하기 위한 통제를 말한다.

손익분기점분석은 총비용과 총수익의 균형점을 찾고 이것을 분석하여 통제의 수단으로 활용하는 것을 말한다.

네트워크분석에는 과학적 관리법에서 활용되었던 간트도표(Gantt chart)나 1950년대 이후 공정관리에서 많이 활용된 PERT/CPM(program evaluation and review techniques/critical path method) 등의 기법을 활용하는 것이다.

3) 경영정보시스템

경영정보시스템은 사용자들이 여러 가지의 자료를 이용하여 이를 분석함으로써 경영자에게 필요한 정보를 제공 · 지원해 주는 시스템이라 할 수 있다. 오늘날 획기적인 경영혁신이나 시뮬레이션을 위해서는 조직의 계획이나 통제에 있어서 불가분의 관계에 있게 되었다.

3. 물류통제

물류관리를 수행함에 있어서도 적절한 물류통제가 필요하다. 즉, 물류활동을 효율적으로 계획하고, 그 계획을 적절하게 수행한다고 해서 의도하는 목표달성을 확신할 수는 없을 것이다. 그러므로 적절한 물류통제를 통하여 계획한 물류활동의 수행과 실제수행을 비교하고 그 차이를 줄이려고 노력하여야 한다.

물류통제기능이 필요한 이유는 불가피한 경영환경의 변화에 의해 물류활동의 계획수행을 변경해야 하는 미래의 불확실성 때문이다. 미래의 불확실성 외에 물류환경에서 발생하는 기본적인 변화, 그리고 소비성향의 변화는 계획한 시점에서는 예측할 수 없지만 계획에 영향을 미칠 수 있다. 그러므로 적절한 물류통제를 통하여 물류활동의 계획수행을 변경하여 주어야 한다.

또한 물류통제기능은 물류활동을 계획한 수행성과와 실제적으로 일어나는 수행성과를 비교하여 서로 근접할 수 있도록 수정작업을 하는 감시기능도 있다. 완벽한 계획과 실행은 통제기능이 필요하지 않지만 물류활동의 계획수행은 중간과정에서 예기치 못한 물류환경의 변화에 직면할 수 있으므로 물류관리자는 계획한 목적을 달성하기 위해 적절한 물류통제기능을 수행해야 한다. 보통 물류관리시스템 관리자는 물류고객서비스 수준과 비용을 감안하여 계획된 물류활동, 즉 수배송, 재고관리, 자재취급, 수발주과정 등을 관리하고 통제한다.

제 3 장 물류관리의 접근방법

제1절 학문적인 접근방법

[그림 3-1] 경영학의 학문체계

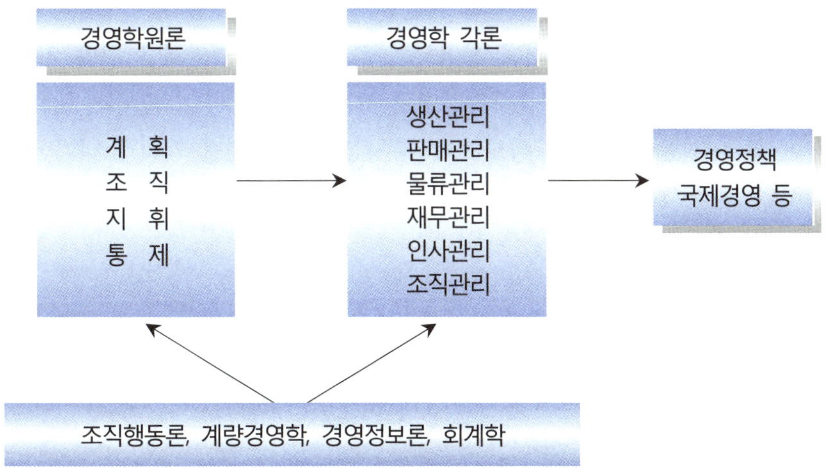

모든 학문은 학문탐구와 과학성을 나타내기 위해 학문적 체계를 명확히 세워야 한다. 물류학문도 예외는 아니다. 그런데 물류학문은 독자적인 학문체계를 가지고 있다기 보다는 경영학의 한 분야이다.

경영학은 이론적인 과학과 실천적인 관리기술의 성격을 동시에 가지고 있기 때문에 학문적 분야도 여러 가지이고 체계도 복잡하다. 경영학의 학문적 체계에 대해서는 보는 학자들의 견해에 따라 매우 다양한 견해가 제시될 수 있으나 본서에서는 총론과 각론으로 나누어 분류하는 방법을 따른다. [그림 3-1]에서 보는 바와 같이 경영학의 체계는 경영총론과 각론으로 나누어지며, 경영학 총론의 경우 계획론, 조직론, 지휘론, 통제론으로 나뉘어 지고, 경영학 각론은 생산관리, 판매관리, 물류관리, 재무관리, 인사관리, 조직관리 등으로 나뉘어 진다. 그리고 조직행동론, 계량경영학, 경영정보론, 회계학 등은 원론과 각론의 밑바탕이 되는 하부구조로서의 역할을 하게 되며, 경영학이 영역을 확대하여 경영정책 및 국제경영 등으로 발달되어 가고 있다.

물류관리는 학문적으로 볼 때에 경영학의 하나의 각론으로서 역할을 하며, 특히 생산관리 및 판매관리와 더불어 기업경영의 3대요소라고 할 수 있다. 즉, 기업경영의 핵심은 좋은 제품을 적기에 생산하여 유통 및 물류과정을 거쳐 소비자에게 판매하는 것이다. 따라서 물류관리를 학문적으로 이해하기 위해서는 생산관리와 판매관리(마케팅)를 연계하여 이해하도록 하여야 한다.

제2절 시스템적 접근방법

기업경영활동은 하나의 큰 프로세스 시스템 하에서 움직인다고 볼 수 있다. 즉, 기업별로 약간의 차이는 있지만 "구매활동 → 생산활동 → 물류활동 → 판매활동 → 고객서비스"로 이어지는 프로세스는 어느 기업이건 유사하다. 각 단계의 과정 중

[그림 3-2] 기업경영활동의 프로세스 시스템

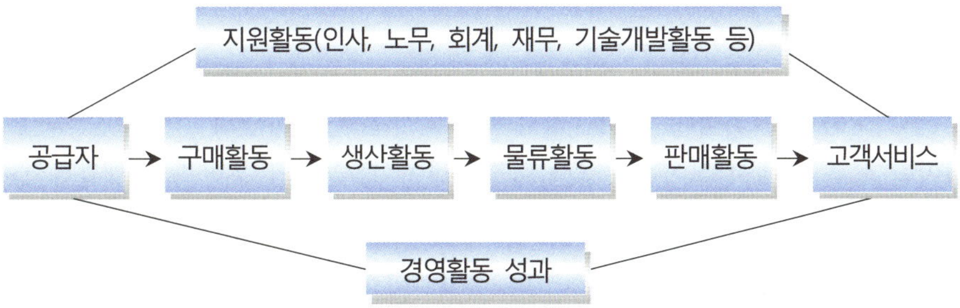

하나의 과정만이라도 비효율적으로 작용한다면 기업 전체의 경영성과를 높이는 것은 상상도 할 수 없다. 따라서 물류의 기업경영적인 측면을 시스템적인 방법으로 접근하는 것도 매우 큰 의미를 가진다.

물류를 시스템적으로 관리하여야만 그 성과를 기대할 수 있는 것은 ① 물류활동이 다른 부문과 광범위하고도 복잡한 상호 연관성을 가지고 작용하고 있으며, ② 일반적으로 물류분야 자체가 다종다양한 서브시스템으로 구성되어 있기 때문에 시스템적인 어프로치 방법을 채택하는 것이 유효하기 때문이다.

또한 물류활동을 기능적인 측면에서 보면 수배송, 하역, 보관, 포장, 유통가공 및 정보활동 등의 물류 각 기능이 유기적으로 결합하여 물류성과를 높이는 과정이라고 말할 수 있다. 수배송이 효율적으로 이루어지기 위해서는 적절한 포장, 적절한 하역 및 보관활동이 연계되어야 하고, 계획적인 수배송활동을 위한 수배송 물동량 정보기능이 반드시 있어야 한다. 그러므로 이 모든 물류기능은 시스템적으로 결합될 수 있을 때에만 물류 효율화를 기할 수 있으며, 하나의 기능이라도 비효율적으로 이루어질 때에 전체 물류활동의 성과는 기대할 수 없다.

제3절 의사결정적 접근방법

인간의 행동은 합리적이든 비합리적이든 의사결정을 하면서 살아가는 동물이다. 인생이란 선택 속에서 살아가는 의사결정과정이며, 인간의 운명도 의사결정의 결과에 의하여 결정된다. 그리고 조직의 모든 관리활동도 의사결정을 통하여 이루어진다고 할 수 있으며, 물류활동도 예외가 아니다.

조직에 있어서 의사결정이란 조직목표를 합리적으로 달성하기 위해 판단의 대상이 되는 여러 가지의 대안을 마련하고, 그 중에서 특정상황에 가장 적합한 하나의 행동방안을 선택하는 합리적인 과정이라고 정의할 수 있다.

의사결정은 미래에 나타날 행동결과를 예측하는 행위로서 사실적 판단에 입각한 예측행위의 특징을 갖는다. 우리 인간은 과거의 역사를 살펴봄으로써 현재를 직시할 수 있고, 현재를 정확히 판단해야 미래를 예측할 수 있다. 따라서 의사결정도 예측행동이기 때문에 과거의 자료를 기초로 해야 하며, 현재 환경여건에 의한 정확한 좌표를 찾아야 합리적인 의사결정을 할 수 있다고 본다.

이러한 의사결정은 조직에서는 계층이 있고 하위자는 상위자의 지휘·감독을 받게 되고 리더십 스타일의 영향을 받기 때문에 조직계층의 상급자의 의사결정은 따라서 더 큰 영향력을 행사할 수 있다고 할 수 있다.

즉, 의사결정과정이란 특정의 상황 속에 존재하는 불확실성을 제거해 나가는 합리적인 선택과정을 말한다. 일반적으로 일정한 목표를 설정하여 그 목표를 달성하기 위한 대안을 작성하고 비교·평가하여 유효한 대안을 선택하는 것이라고 할 수 있다.

의사결정은 문제인식으로부터 시작되는데, 문제란 현재의 상태와 바람직한 상태 사이에 차이가 있을 때 발생한다. 즉, 경영자가 해결하지 않으면 안 되는 문제의 성격을 명확히 파악하여 달성하고자 하는 해결목표를 설정하는 것이다. 이때 경영자는 기업의 내·외적 환경요인의 잠재적 변화와 그러한 변화가 해결목표달성에 미칠 수 있는 영향을 고려하여야 한다. 이러한 관점에서 경영자는 기업에 심각한 영향을 줄 수 있는 중요한 문제점을 포착하여 문제를 정의해야 한다. 해결목표는 여러 대안 가운데서 가장 경제적 가치가 높은 대안을 선택하는 데 있어 중요한 판단척도가 된다.

문제가 인식되면 정보를 수집하여, 그 문제를 해결할 수 있는 대안을 탐색하고 개발한다. 이때 중요한 것은 정보수집이다. 정보수집에 따라 수집된 사실 자료와 분석을 통하여 선택된 지식에 따라 문제해결에 적합한 대안을 작성·검토한다. 여기에서 여러 대안에 대한 일차적인 분석을 하는 데, 그 이유는 평가할만한 주요 대안만을 선정하기 위해서이다. 따라서 이 과정에서는 기획활동이 중심이 된다.

대안평가단계는 몇 가지 대안이 실시된 후의 결과를 예측하고 이 예측에 따른 성과의 이해득실을 비교·검토한다. 즉, 각 대안의 장·단점과 비용 및 효익을 분석하여 타당성이 상대적으로 작은 대안은 우선적으로 폐기된다. 이 과정에서 중요한 것은 각 대안의 결과를 예측해야 한다는 점인데, 그 예측기법으로는 의사결정트리(Decision Tree)기법이 상용된다.

네 번째 단계는 여러 가지 기준에 의하여 대안을 평가하는 단계를 거쳐 최종 대안을 선택하는 단계이다. 대안선택과정은 몇 가지 대안 중에서 최적안을 선택하는 것으로서 이른바, 합리적인 선택활동과정이다. 이때에는 이를 선정하는 기준이 마련되어야 하는데, 그 선택기준으로는 각 대안의 이득과 위험의 비교, 노력의 경제적 비용

[그림 3-3] 의사결정과정

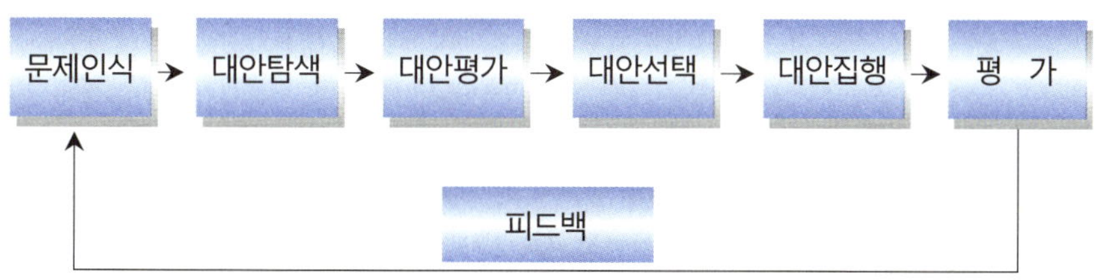

의 최소화, 적시의 선택, 인적·물적 자원의 절약 등이 있다. 아울러 경영자의 가치관이나 성격에 따라서도 이 선택기준은 달라진다. 이를테면 소극적인 경영자는 투기적이기보다는 보수적인 태도를 취하게 되며, 반대로 적극적이고 진취적인 경영자는 비록 위험이 크더라도 목표달성 정도가 큰 대안을 선택하게 된다.

그 다음 단계는 선택된 대안은 실행에 옮기는 단계이며 최종 단계에서는 집행결과를 평가하여 피드백시키게 된다. 의사결정은 이러한 일련의 과정으로 이어지는데, 이것을 의사결정과정이라고 한다.

물류활동을 효율적으로 수행하기 위해서 물류관리자는 수많은 의사결정을 하여야 한다. 보통 물류관리자는 입지, 재고 및 수배송에 관한 세 가지의 주요한 의사결정에 관한 계획 기능과 이러한 기능의 결과로 나타나는 고객 서비스 수준을 계획한다.

이에 부수하여 물류활동의 보조적인 기능이라고 할 수 있는 하역, 포장, 유통가공 및 정보활동에 관하여도 적절한 의사결정을 통해 효율적인 물류관리를 계획한다.

[그림 3-4] 물류의사결정

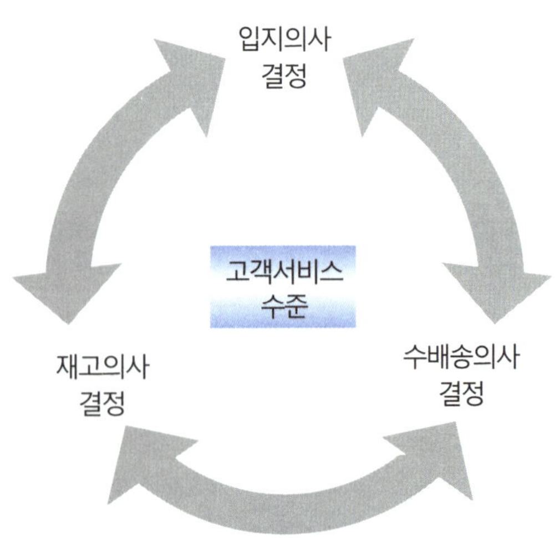

제2편
물류관리시스템과 의사결정

제4장 수배송물류시스템

제1절 수배송물류의 의의

1. 수배송물류의 개념

수배송물류란 재화와 용역을 그 효용가치가 낮은 장소로부터 효용가치가 높은 장소로 이동시키는 행위, 즉 재화와 용역의 장소적 효용의 창출활동을 말한다. 그러므로 수배송물류는 장소적인 이동과 시간적인 극복을 통하여 재화와 용역의 효용가치를 증대시키는 행위를 의미하며, 그 행위가 경제적인 의미를 갖는 것, 즉 재화와 용역의 이동에 대한 대가가 발생하여야 하고, 또한 수배송 중에 재화와 용역의 성질이 물리적 또는 화학적으로 변형되지 않는 것을 기초로 하는 개념이다.

재화와 용역의 장소적 이동을 일컫는 수배송물류의 원래의 어원은 수배송, 즉 Transport = trans(넘어, 가로질러) + port(나르다)의 의미이며, 의사 및 정보의 전달을 의미하는 통신(Communication)이라는 용어와 결합하여 교통(Transportation and Communication)이라는 용어가 생기게 된 것이다. 그런데 수배송이라는 이러한 용어의 의미가 오늘날에는 단순히 재화와 용역의 장소적인 이동이라는 개념에서 탈피하여 물류측면에서의 다른 기능, 즉 하역, 보관, 포장, 유통가공 및 물류정보와 연계한 물류관리의 효율화를 위한 물류관리시스템의 한 요소로서 수배송물류의 중요성이 인식되고 있다.

[그림 4-1] 수송과 배송의 영역

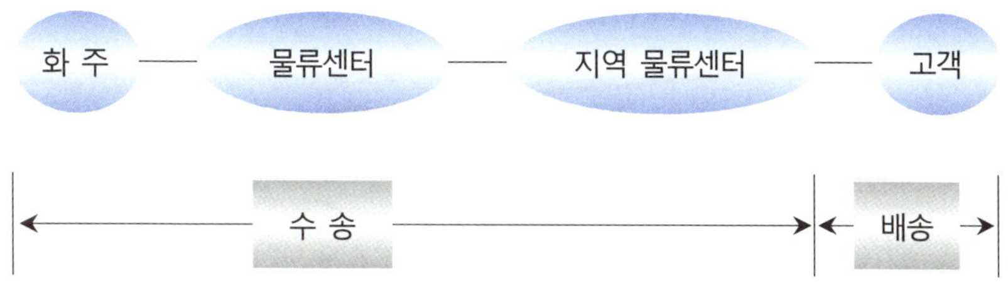

이러한 수배송물류에 대한 수요는 의·식·주에 대한 것과 같은 인간의 기본적인 욕망이 아닌 다른 것에 대한 수요로부터 파생될 수 있다. 예컨대 수배송물류의 형태는 휴일여행과 같은 소비행위와 관련될 수도 있다. 그러나 본질적으로 경제적·사회적·군사적인 수배송물류에 대한 수요는 재화와 용역의 장소적인 이동에 의한 효용의 창출에서 파생되어 수요가 발생한다.

수배송물류의 수단은 산업사회의 다양화에 따라 각종 수단이 출현하고 있는데, 크게는 자동차, 철도, 선박, 항공기 등으로 분류할 수 있으며, 그 형태는 수송과 배송으로 나눌 수 있는데, 수송은 재화와 용역을 물류거점간에 이동시키는 행위를 말하고, 배송행위는 재화와 용역을 물류거점에서 고객 또는 폐기장소로 이동시키는 것을 말한다.

일반적으로 물류관리를 수배송 그 자체로 생각하거나, 물류비용의 구성 면에서 가장 높은 비중을 차지하고 있는 부분이 수배송 부문이라는 점을 고려한다면 물류활동에서 수배송이 차지하는 비중이 가장 크다고 할 것이다. 특히 최근 들어서는 극심한 교통정체로 각 기업들의 수배송효율이 크게 떨어지고 있고, 수요의 패턴변화에 따른 기업에의 소량·다빈도·긴급 수배송 요구가 점차 증가하고 있어, 물류비용의 절감차원 뿐만 아니라 고객들에 대한 물류서비스의 향상이라는 측면에서도 수배송의 효율화가 차지하는 비중은 실로 막중하다.

아울러 기업경영의 국제화에 따라 국제물류의 효율화도 커다란 과제로 대두되고 있으며, 이에 따라 항만이나 공항, 화물터미널, 유통단지 등과 같은 물류거점들을 유기적으로 연결하여 전체 수배송물류의 효율성을 향상시킬 필요성도 커지고 있다.

2. 수배송물류의 기능

인간은 보다 나은 생활을 영위하기 위해 재화와 용역의 시간적・공간적인 이동을 통한 효용창출을 하지 않으면 안된다. 이와 같이 재화와 용역을 그 효용가치가 낮은 장소로부터 높은 장소로 이동시키는 행위, 즉 재화와 용역의 효용창출활동이 수배송서비스의 기능이다. 물론 자연재도 원형 그대로 효용성과 유용성을 갖지 않는 것은 아니지만, 그 대부분은 자연 그대로는 인간의 욕구에 적합치 못한 것이 많아서 곧바로 이용되지 못하며, 그 사이에 공간적인 격리가 존재하기 마련이다. 그러므로 인간은 윤택한 생활을 영위하기 위한 자신의 욕구충족을 위해 자연재를 장소적 이동을 통해 경제재로 변형시키지 않으면 안된다.

이러한 수배송물류의 기능은 물질적・형태적 변형을 통한 새로운 효용을 창출하는 생산과정에서 뿐만 아니라 유통과정에서도 나타난다. 따라서 수배송물류의 발달은 국민경제의 발달에 지대한 영향을 미치며, 한 나라의 경제적・사회적・문화적 발전의 기본조건이다.

수배송물류의 주요한 기능은 다음과 같다.

첫째, 재화와 용역의 교환기능의 촉진이다. 오늘날 우리가 영위하는 경제는 분업과 교환이 고도로 발달한 유통경제적 국민경제이다. 원자재의 생산과 가공 및 그 소비가 한 지역 내에서 이루어지는 경우는 거의 없으며, 부단한 교환과 분배과정을 통하여 자원의 활용을 극대화하고 있다. 그러므로 수배송물류의 발달이 없으면 재화와 용역의 원활한 유통을 기대할 수 없으므로 효율적인 자원활용을 기대할 수 없으며, 이와 같은 장애를 극복하여 주는 것이 수배송물류이다.

둘째, 분업화의 촉진이다. A. Smith는 일찍이 분업이야 말로 경제활동의 생산력의 기초를 이룬다고 강조한 바 있다. 이러한 분업을 가능하게 하고 또한 촉진하는 것이 수배송물류의 기능이다. 이것은 수배송물류의 발달이 없이는 생산요소인 자원의 효율적인 분배가 불가능하기 때문이다.

셋째, 수배송물류는 재화의 생산, 분배 및 소비를 원활하게 하여 공급조절을 통해 재화와 용역의 가격을 안정시켜 주는 기능이 있다. 예컨대 어떤 재화와 용역의 수요와 공급이 불균형을 이루는 지역을 재화와 용역의 지역간 이동을 통해 조절하여 줌으로써 가격을 안정시킨다.

넷째, 대량생산과 대량소비를 가능하게 하여 규모의 경제를 실현시킨다. 즉, 수배송물류의 발달은 수배송비의 감소를 낳고 이에 따른 생산비의 감소는 대량생산을 가능하게 한다. 또한 수배송비의 감소에 따른 대량생산과 제품가격의 인하는 소비자에게 저렴한 가격에 제품을 소비할 수 있도록 함으로써 대량소비를 낳는다.

다섯째, 수배송물류는 문명발달의 전제조건이다. 즉, 수배송물류는 비사회적인 개인을 사회적 접촉을 가능하게 하여 사회관계를 긴밀화 · 고도화함으로써 지역간 · 국가간의 유대를 강화하는 기능이 있다. 역사적으로 보아도 고대문명은 하천을 중심으로 번성하였고, 편리한 교통을 통하여 상호교류를 함으로써 사회적 · 문화적 측면에서 상호 영향을 미치고, 또한 발전하여 왔다.

3. 수배송물류의 현황

경제사회의 원동력이며, 물류 효율화의 가장 중요한 기능을 담당하고 있는 수배송물류는 그 동안 지속적인 경제성장과 이로 인한 경제규모의 확대에 따라 물동량은 지난 10년간 약 3배 이상 증가하였다.

그리고 이러한 물동량의 증가추세라면, 국내화물의 경우 총 물동량은 1997년 2,532,762천톤에서 2020년 6,220,459천톤으로 2배 이상 증가할 것으로 전망된다. 또한 국제화물의 총 물동량은 1997년 486,663천톤에서 2020년 1,265,563천톤으로 증가할 것으로 예상되며, 이를 운송수단별로 보면, 항공화물은 1997년 1,631천톤에서

2020년에는 4.0배 증가한 6,657천톤으로 증가할 것이며, 해운화물은 1997년 485,032천톤에서 2020년에는 2.6배 증가한 1,258,906천톤으로 증가할 것으로 예상된다.

표 4-1. 국내화물 수송수요 전망

구	분		1997년	2001년	2006년	2011년	2020년
국내화물	천톤	계	2,532,762	2,648,454	3,379,901	4,282,704	6,220,459
		공로	2,333,974	2,436,427	3,107,506	3,923,337	5,735,277
		철도	53,828	58,026	66,425	88,169	117,187
		항공	387	812	1,079	1,415	2,631
		해운	144,573	153,189	204,891	269,783	365,364
	백만톤·km	계	132,662	149,621	194,134	248,646	369,588
		공로	74,504	74,360	99,068	130,708	206,152
		철도	12,710	20,190	27,566	37,432	56,582
		항공	149	374	559	661	1,150
		해운	45,299	54,697	66,941	79,844	105,704

표 4-2. 국제화물 수송수요 전망

구	분		1997년	2001년	2006년	2011년	2020년
국제화물	천톤	계	486,663	570,593	724,319	896,195	1,265,563
		항공	1,631	1,996	2,884	3,901	6,657
		해운	485,032	568,597	721,435	892,294	1,258,906
	백만톤·km	계	4,180,272	4,747,774	5,651,098	6,841,984	9,706,701
		항공	10,512	12,160	15,863	22,470	47,414
		해운	4,169,760	4,735,614	5,635,235	6,819,514	9,659,287

그런데 수배송수단별 분담률은 2011년 기준으로 볼 때에 공로화물운송부문이 절대적이어서 91.6%에 이르고 있으며, 이 중 85% 이상이 자가용화물자동차에 의해 수배송되고 있음은 물류 효율화에 큰 장애요인으로 작용하고 있다. 한편 철도, 항공화물, 연안해운의 분담률은 각각 2.1%, 0.1% 및 6.2%에 불과한 실정이어서 수배송 분담률의 역할분담이 물류발전에 중요한 문제로 대두되고 있다. 더구나 이러한 추세는 향후 개선되기 힘들 것 같다.

표 4-3. 물동량 증가 추이 및 분담률

구		분	2001년		2011년		2020년	
			물동량	분담률(%)	물동량	분담률(%)	물동량	분담률(%)
국내화물	천톤	계	2,648,454	100	4,282,704	100	6,220,459	100
		공로	2,436,427	91.9	3,923,337	91.6	5,735,277	92.2
		철도	58,026	2.2	88,169	2.1	117,187	1.9
		항공	812	0.1	1,415	0.1	2,631	0.1
		해운	153,189	5.8	269,783	6.2	365,364	5.8
국제화물		계	4,747,774	100	6,841,984	100	9,706,701	100
		항공	12,160	0.3	22,470	0.3	47,414	0.5
		해운	4,735,614	99.7	6,819,514	99.7	9,659,287	99.5

이 중 공로화물운송분야는 운송사업의 고질적인 영세성과 낙후성으로 말미암아 원가상승과 수익성 저하에 따른 전반적인 투자분위기의 위축으로 직접투자의 유인성과 매력이 급격하게 감소되고 있다. 특히 공로화물운송에의 집중화 현상이 두드러져 교통혼잡 등에 의해 수배송의 어려움을 겪고 있으며, 공로화물운송업체들의 난립으로 말미암아 업체간 물량확보전이 과열상태를 보이고 있어 운임덤핑이나 과적차량 운행 및 유휴차량발생으로 가동률이 저하되는 등 사업 수익성 제고에 어려움을 겪고 있다.

또한 연안운송분야는 집중화되어 있는 공로운송분야의 부담을 완화시켜 주는데 기여할 수 있는 수배송수단이지만, 우리나라에서 컨테이너 연안운송은 취약성을 보이고 있으며, 유류, 시멘트, 비료, 철강 등 특정물자의 벌크 수배송분야에만 활성화되어 있는 실정이다.

한편 국내 수배송물류의 효율성이 저하되고 있는 가장 큰 요인은 철도운송분야가 취약성을 보여, 그 기능을 제대로 발휘하지 못하고 있다는 점이다. 즉, 대량화물을 신속하게 수배송할 수 있는 장점을 가지고 있는 철도운송이 그 기능을 제대로 발휘하여 준다면 공로운송의 과중한 부담도 덜어 주고, 전반적인 수배송 효율화를 기할 수 있는데도 불구하고 철도운송의 경영 및 관리 효율화가 이루어지고 있지 않아 다른 운송수단과의 연계운송을 비롯한 전반적인 효율화가 이루어지지 않고 있다. 그러므로 이를 해결하기 위해서는 철도관련 설비의 확충과 합리적인 관리 및 업무생산성의 제고를 통하여 철도운송의 효율화를 기하거나 또는 철도운송사업의 민영화 등 적극적인 방책을 마련하여야 할 것이며, 고속철도운송의 활성화로 기존 철도의 화물운송 분담능력을 배양하는 것도 철도화물운송 효율화에 크게 기여할 것이다.

그리고 우리나라의 국제운송물류는 해상운송과 항공운송에 의하여 이루어지고 있는데, 현재 물량기준으로 볼 때에는 전체의 99.7%에 이를 정도로 거의 모든 화물이 해상운송에 의해 이루어지고 있다. 이러한 결과는 해상운송이 대량의 화물을 저렴한 비용으로 운송할 수 있다는 장점을 가지고 있고, 이와 더불어 우리나라의 해상운송분야가 국제경쟁력을 갖추고 있기 때문이다. 그러나 향후 국제항공운송의 중요성에 비추어 볼 때에 항공화물운송 비중이 점차 증가할 것으로 보인다.

제2절 수배송물류의 효율화

1. 공로수배송

1) 공로수배송의 의의

공로수배송은 고속도로, 산업도로, 고속화도로, 각종의 간선·지선도로 등 공로망의 확충 및 수배송차량의 발달과 더불어 지속적으로 발전하여, 현재는 국가산업의 동맥으로서 일익을 담당하고 있다. 뿐만 아니라 운수산업분야 중 화물자동차에 의한 공로수배송은 기동성, 대중성, 편의성, 문전수배송 등의 특성에 따라 최근 가장 급성장하여 수배송분야의 대종을 차지하고 있다. 즉, 공로수배송분야는 국가발전을 지원하는 사회간접산업으로서의 공로운송 자체의 역할을 수행하고 있을 뿐만 아니라 철도운송, 해상운송이나 항공운송과 연계하는 종합수배송체계에서도 지대한 역할을 수행하고 있다.

이와 같은 공로수배송이 급속하게 발달하는 이유는, ① 공로수배송이 대규모 고정자본을 투입하지 않고도 도심지, 공업단지 및 상업단지에까지 문전수배송을 용이하게 할 수 있다는 융통성을 가지고 있고, ② 단거리 수배송에서의 높은 경제성과, ③ 단거리 문전 일관수배송으로 화물파손의 극소화 가능 등의 장점을 가지고 있기 때문이다.

표 4-4. 공로수배송의 장·단점

장점	단점
· 대규모 고정자본 투입없이 운송서비스 가능 · 문전수배송 가능 · 배차탄력성 높음 · 일관 운송서비스 가능 · 소량화물의 단거리운송의 높은 경제성 · 포장간소화 및 화물파손 극소화 가능	· 운송단위가 작음 · 연료비, 인건비가 상대적으로 높음 · 교통사고 가능성 높음 · 공해, 에너지 절감문제 발생 · 대량운송에 부적합 · 자동화, 무인화의 한계성

이 화물자동차운송사업은 도로망의 확충과 급진적인 전문수배송의 특수성 및 신속성에 따라 발전을 거듭하고 있으며, 장거리 수배송에 있어서도 철도와 역할분담을 하면서 육상운송분야에서 핵심적인 기능을 수행하고 있다.

2) 공로수배송의 형태

(1) 화물자동차운송업의 종류

화물자동차운송업은 크게 취급화물과 화물자동차의 운행형태에 따라 분류할 수 있다.

첫째, 취급화물에 따른 분류로서는 일반화물운송과 특수화물운송으로 나눌 수 있다. 즉, 특수화물운송은 곡물, 철광석, 석탄 등의 분말류와 액체류, 유화류, 고압가스 등의 위험물 운송, 그리고 운송 중에 온도관리가 필요한 냉동화물운송 및 대·중량화물 운송이 있고, 일반화물운송은 이 이외의 일반화물을 수배송하는 것을 말한다.

둘째, 화물자동차의 운행형태에 따른 분류는 크게 화물자동차만의 단독운행과 다른 수배송수단과의 결합에 의한 복합운송이 있다. 화물자동차의 단독운행에는 생산지(공장, 창고)로부터 소비지(배송센터, 소비자)에까지 화물을 Door to Door로 일관운송하거나, 또는 소량화물을 집화하여 배송하는 집배송 및 터미널간의 간선운송과 수배송차량간의 중계운송 등이 있다.

또한 복합운송은 화물자동차와 다른 운송수단을 결합하여 수배송을 행하는 방식으로, 전운송구간의 발착 말단부분을 화물자동차운송이 담당하여 집배송하는 형태를 취하는 것이 일반적이다.

(2) 화물자동차 운행방식

화물자동차의 운행방식에 의한 분류로는 Hub & Spokes와 Point to Point 방식이 있으며, 이 밖에도 운행거리 및 문전 집배송 여부에 따라 근·중거리운송 및 장거리운송, 집배, 배송 등이 있다. 이 중 고속도로를 이용하여 수배송하는 것이 일반적인 중·장거리운송은 운전자의 과로운전방지를 위하여 근무시간의 규제가 엄격하다.

표 4-5. 화물자동차의 이용방식별 장·단점

구분	화물자동차 운송업체 이용(영업용)	자사이용차량(자가용)
장점	·운송비가 싸다 ·물동량의 변동에 대응한 안정 수송이 가능하다 ·운송능률이 높다 ·운송능력이 높다 ·설비투자가 필요 없다 ·인적투자가 필요 없다 ·변동비 처리가 가능하다	·높은 신뢰성이 확보된다 ·상거래에 기여한다 ·작업의 기동성이 높다 ·안전공급이 가능하다 ·시스템의 일관성이 유지된다 ·위험이 낮다 ·인적 교육이 가능하다
단점	·운임의 안정화가 어렵다 ·관리기능이 발휘되기 어렵다 ·기동성이 부족하다 ·시스템의 일관성이 없다 ·인터페이스(interface)가 약하다 ·마케팅 사고가 희박하다	·운송량의 변동에 대응하기가 어렵다 ·고정비의 비중이 크다 ·설비투자가 필요하다 ·인적투자가 필요하다 ·운송능력에 한계가 있다 ·사용하는 차종·차량에 한계가 있다

또한 집배는 집화배달의 약칭으로서, 자동차, 철도, 항공기에 의한 간선수송에 직결되는 말단집화 및 말단배송 기능을 말하며, 각 운송수단의 발착 말단터미널과 송화인·수화인간에 이루어지는 운송을 의미한다.

한편 배송은 유통창고, 배송센터 등에 일시보관되어 있던 물품을 판매점 및 소매점 등으로부터의 발주에 응하여 운송하는 형태를 말하며, 배송방식에는 정량배송방식과 정시·정루트배송방식이 있다.

(3) 화물자동차의 이용방식

화물자동차를 이용하여 화물을 운송하는 방식에는 운송업체의 화물자동차를 이용하는 방식과 자가이용차량을 이용하는 방식이 있다.

(4) 컨테이너자동차운송

컨테이너자동차운송은 주로 수출입 물동량을 고속도로 등을 통하여 수배송하는 것으로 공장, 내륙컨테이너기지(ICD) 등과 CY, CFS 등을 연결 운송하는 형태를 취한다. 우리나라 수출입 컨테이너화물의 약 82%가 컨테이너자동차운송에 의존하고 있으며, 약 75% 정도를 부산항에서 취급하고 있다.

컨테이너를 운송하기 위해서는 기본적으로 구동장치인 트랙터(Tractor)와 컨테이너를 적재하는 부분으로 차축, 차륜, 제동장치가 있는 트레일러(Trailer)가 필요하다.

표 4-6. 컨테이너 및 트레일러의 사양

규격	길이	폭	높이(a)	트레일러높이(b)	계(a+b)
20footer(20')	6.1	2.4	2.6	1.35-1.45	3.95-4.05
40footer(40')	12.2	"	"	"	"
20'/40'HC*	6.1/12.2	"	2.9	"	4.25-4.35
점보(45')	13.7	"	"	"	"

* HC = High Cubic Container

3) 공로수배송의 문제점

우리나라 공로수배송의 첫번째 문제점은 국내운송분야를 담당하고 있는 철도, 연안운송 및 항공운송과 비교하여 볼 때에 공로수배송 분야에 너무 집중되어 있어 국내운송의 전반적인 비효율성을 드러내고 있다는 점이다. 즉, 국내운송에 있어서 육·해·공 운송체계의 역할분담이 제대로 이루어지고 있지 않아 공로수배송에 부하가 너무 많이 가중됨으로 인하여 공로혼잡구간이 급격하게 증가하고 있다.

둘째, 공동수배송체제의 미구축으로 인한 공로수배송의 비효율성이다. 현재 우리나라는 공동수배송체제를 위한 물류단지 및 복합화물터미널 등의 기반시설이 극히 부족한데다가 물류정보시스템의 지원체제도 미약하여 공동수배송체제를 구축하는데 어려움을 겪고 있다.

셋째, 화물자동차운송사업 자체의 영세성과 낙후성을 들 수 있다. 이로 인하여 수배송기업의 생산원가가 상승하여 수익성이 극히 저조하며, 지입제, 다단계알선 등 업체운영의 불합리한 사업관행으로 사주와 차주 사이에 알력이 증폭되는 등 경영효율화에 곤란한 시장여건을 가지고 있다. 더구나 수배송 형태 상의 구조적인 문제로 현재 기준 자가용운송부분이 공로화물운송 전체의 85%라는 절대적인 비중을 차지하고 있음은 공로수배송 효율화의 큰 장애요인이다.

넷째, 비현실적인 규제로 인하여 공로수배송의 효율성이 저하되고 있다. 즉, 시장참여 및 증차 등이 경직되어 있어 자율적이고 능률적인 사업확대가 불가능하며, 잠재적인 운송업체들의 효율적인 시장참여 기회가 억제되고 있어 시장경제원리에 입각한 자율경쟁체제의 실현이 불가능한 실정이다.

다섯째, 도로에의 투자부족으로 인한 시설미비는 공로수배송 효율화를 위한 또 하나의 걸림돌이다.

4) 공로수배송의 효율화

우리나라 공로수배송의 효율성을 제고하기 위해서는 무엇보다도 먼저 육·해·공을 연계한 공로수배송시스템를 구축하여야 한다. 그런데 이를 위해서는 항만, 도로 등의 사회간접자본시설의 확충은 물론이고, 복합화물터미널과 물류센터 등 물류거점의 정비가 필요하며, 이를 통하여 물류거점을 효율적으로 연결한 물류네트워크의 정비가 이루어져야 공로수배송시스템 구축이 가능하다.

둘째, 공로수배송시스템을 구축하기 위해서는 물류정보시스템에 대한 투자가 선행되어야 한다. 이제 물류 효율화를 기하는데 정보시스템의 지원없이 가능한 것은 거의 없다. 그러므로 종합물류정보시스템을 구축하여 공로수배송의 시스템화를 기할 수 있도록 지원하여 주어야 하며, 이를 통하여 복합화물터미널이나 물류센터 등을 중심으로 일정 내의 화물은 총괄적으로 집화, 분류 및 공동수배송이 이루어질 수 있도록 하여야 한다.

셋째, 국내운송분야를 담당하고 있는 공로, 철도, 연안운송과 항공운송 등이 적절한 역할분담을 할 수 있도록 하여야 한다. 즉, 철도운송과 연안운송 등의 공로운송 이외의 수단을 활성화하여 역할분담을 하도록 한 다음 공로수배송의 시스템화를 기하여만 전반적인 수배송 효율화가 이루어질 수 있다.

넷째, 화물자동차운송사업 자체의 영세성과 낙후성으로 인하여 공로수배송의 효율성이 떨어지고 있으므로, 운송업체의 대형화 · 전문화 등 규모의 경제를 시현할 수 있는 기반을 조성하여 주어야 한다. 또한 정책적으로 화물자동차운송업의 영업용 비율을 높이어 공로수배송형태 상의 구조적인 문제를 해결함으로써 화물자동차운송업체의 경영기반 조성을 기하여야 한다.

다섯째, 비현실적인 규제로 인하여 공로수배송의 효율성이 저하되고 있는 점을 고려하여, 시장참여규제, 업무영역 조정 및 요금책정의 자율화 등을 시행하여 시장경제원리에 입각한 자율경영 기반을 조성하여 주어야 한다.

여섯째, 공로혼잡구간이 확산되면서 수배송속도가 급격하게 저하되어 공로수배송의 시스템화는 물론이고 수배송의 효율성이 극히 저하되고 있으므로, 이의 해결책으로서 도로시설의 확충 및 산업도로와 같은 화물자동차전용 도로의 확충이 필요하다.

이 밖에도 공로수배송 차량의 구조를 개선하여 공로수배송시스템화를 기하도록 하여야 한다. 즉, 현재 우리나라 화물자동차는 특수자동차와 컨테이너 화물자동차를 제외하고는 차량구조가 거의 Open식으로 되어 있는데, 이는 Top차에 비하여 비효율적인 요소를 많이 내포하고 있으므로 Top시스템 자동차의 개발 및 사용을 하여 공로수배송의 효율성을 제고하여야 한다. 이 Top시스템 화물자동차는 화물의 과다적재를 방지하여 도로훼손 등을 방지할 수 있고, 불안전한 운임구조를 현실화할 수 있으며, 화물의 훼손방지는 물론이고 화물의 하역을 원활하게 하여 인력절감과 시간절약을 기할 수 있는 공로수배송시스템화에 절대적으로 필요한 요소이다.

2. 철도운송

1) 철도운송의 의의

우리나라의 철도운송은 1899년 9월 18일 경인선의 노량진에서 제물포간 32.2km가 개통되어 영업을 개시한 이래 비약적인 발전을 거듭하여 현재는 국내 화물운송의 주축을 이루고 있다. 또한 철도의 시설 및 장비도 발전을 거듭하여 증기기관차로부터 디젤기관차를 거쳐 전기기관차, 고속전철 전동차에 이르기까지 동력차의 발전을 이룩하였을 뿐만 아니라 자동폐쇄장치(ABS), 열차자동정지장치(ATS), 열차집중제어장치(CTC), 열차무선전화설비 등 안전시설과 기타 서비스 시설의 현대화를 이룩하였다. 이 밖에도 물류 효율화를 기하기 위해 내륙컨테이너기지(ICD) 등과 연계하여 국내 컨테이너운송을 하고 있고, 그 형태도 무개화차로 운송하거나 피기 백(Piggy-Back) 방식으로 운송하고 있다.

[그림 4-2] 철도운송의 형태

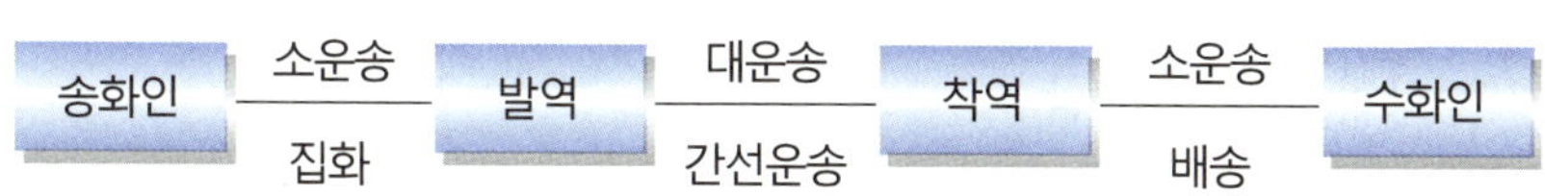

한편 1970년대 중반 연속적으로 개통시킨 중앙 · 태백선의 전철화 사업은 철도운송의 또 하나의 전환점을 이룩하였으며, 1974년에 개통한 수도권 전철은 도시교통수단으로서의 철도의 중요성을 다시 한번 인식시키는데 결정적인 역할을 하였고, 특히 2004년에 개통한 경부고속철도는 우리나라 철도운송사에 새로운 전기를 마련할 것이다.

[그림 4-3] ICD와 연계한 철도운송

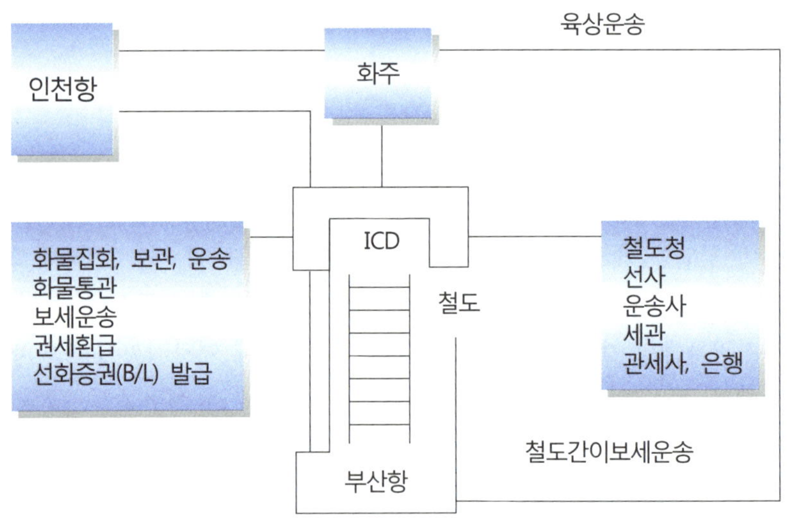

이와 같은 철도운송은 컨테이너 화물운송 부문에서 지속적인 증가세를 보이고 있는데, 철도에 의한 컨테이너운송은 1972년 9월 서울과 부산간에 컨테이너 전용열차가 운행된 이래 현재는 부곡 - 부산, 부곡 - 동산(북전주) 구간 등 컨테이너 화물운송체계가 상당히 정비되어 활성화되고 있다.

2) 철도운송의 문제점

철도운송의 효율성을 높이기 위해 세계 여러 나라는 철도운송의 화물부문을 민영화하여 경영 효율화를 추진하였거나, 현재 추진 중에 있다. 그러므로 우리나라에서도 철도 화물부문만이라도 민영화를 추진하여, 철도운송의 경영 효율화를 기하여야 한다.

둘째, 공로운송에 과도하게 집중되어 있는 우리나라의 수배송물류를 효율화하기 위해서는 무엇보다도 철도운송의 역할이 중요하다. 즉, 현재 국내화물운송 분담률이 2% 정도에 머물고 있는 철도운송의 효율성이 제고되어 화물운송을 좀더 분담하여 준다면 공로운송의 효율화도 가능하고, 더 나아가 수배송물류의 효율화가 가능할 것으로 보인다.

셋째, 철도운송도 공로, 해상, 항공운송 등과 연계운송체제가 구축되어 있지 않아 종합물류 차원에서의 기능을 제대로 발휘하지 못하고 있다. 또한 앞으로의 수배송물류는 철저한 Door to Door 서비스를 제공하여야 하는 등 수배송서비스의 질이 중요한 사항인데, 철도운송은 아직도 터미널과 터미널 간의 운송체제로 되어 있어 시대의 요청에 부응하지 못하고 있다.

넷째, 철도운송이 제대로 기능을 발휘하려면 철도운송과 관련된 기반시설의 확충이 중요하다. 그런데 철도 컨테이너 화물운송과 직접적으로 관련되는 CY가 부족하고, 또한 업체의 요구에 따라 CY를 임시 조성함으로써 작업선이 분산되어 있어 화물의 적기 하역작업이 이루어지지 않고 있다. 한편 부산항의 경우는 부두별(허치슨, 신선대, 감만부두 등)로 열차조성이 이루어져 있지 않고, 부산진역에서 여러 번의 조성작업이 이루어짐으로써 하역작업이 장시간 소요되고 있는 등 철도물류의 효율화가 저해되고 있다.

3) 철도운송의 효율화

철도운송의 효율성을 높이어 경쟁력을 제고하고, 더 나아가 우리나라 국내 수배송물류의 효율화를 기하기 위해서는 무엇보다도 먼저 철도운송의 화물부문 만이라도 민영화하는 등의 방식을 통하여 경영의 효율화를 추진하는 것이 중요하다.

둘째, 철도운송부문을 공로, 해상, 항공운송 등과 종합적인 연계운송체제를 구축하고, 또한 철도관련 설비의 대폭적인 확충과 설비기술의 개발을 통해 현대화를 추진하며, 더욱 철도운송의 정시성, 대량성, 신속성, 저공해, 에너지절감 우위 등의 장점을 고려하여 중・장거리 간선수송 중심으로 철도운송의 특성에 부합하는 기능분담체계를 확립하는 것이 중요하다.

이를 위해 장기적으로는 주요간선에 고속전철망을 형성하여 여객운송에 주력하고, 기존 철도는 중・장거리 화물운송기능을 보강하여 분담하는 것이 필요하며, 기존 철도의 복선화・직선화・전철화를 통하여 운송용량 및 서비스 수준 향상도 도모하여야 한다.

셋째, 앞으로의 수배송물류는 철저한 Door to Door 서비스를 제공하여야 하는 등 수배송서비스의 질이 중요한 사항이므로, 화물의 집화와 배송부문을 공로운송과 연계하는 등 기존의 터미널 간 운송 위주에서 철저한 Door to Door 수배송체제로 전환하는 것이 필수적이다.

넷째, 철도운송이 제대로 기능을 발휘하려면 철도운송과 관련된 기반시설의 확충이 중요하다. 즉, 철도운송과 관련된 유휴부지를 사용하여 대규모의 물류센터, 컨테이너기지 등을 건설함으로써 육・해・공 연계운송체제를 확립하기 위한 전국적인 물류거점망을 구축하여야 한다.

다섯째, 철도운송의 운영효율을 증대하는 것이 중요하다. 즉, 이를 위해서는 철도운영기법의 과학화를 위해 종합전산망을 구축하여야 하고, 철도경영 효율화를 위해 수요가 적은 역은 단계적으로 축소하여야 한다. 또한 열차의 장대화・신속화를 기하여 수송능력을 제고하여야 하고, 철도운송서비스의 현대화를 위해 민자역사의 건설 확대로 역사기능을 강화하여야 하며, 아울러 부대사업의 적극적인 개발로 재무구조의 건실화를 꾀하는 것도 중요하다.

3. 연안운송

1) 연안운송의 의의

최근 수도권과 부산간의 철도운송 및 공로화물자동차운송이 포화상태를 보이고 있을 뿐만 아니라 서울 - 부산 간 컨테이너 화물자동차운송의 회전율이 급격히 둔화되고 있고, 철도운송의 확대도 수송용량의 부족으로 한계상황에 직면하고 있어, 선박을 이용한 연안운송의 중요성이 급격히 부상하고 있다.

정부도 물류비 절감을 위해 연안선박 운항정보센터를 설치하고, 연안 해운업체에 대해 세액감면을 확대하는 등 연안운송 활성화를 위한 대책 마련에 나섰다. 이에 따라 연안운송 분담률을 장기적으로 EU(40.6%)와 일본(41%) 등의 수준까지 끌어올리기로 하는 한편 단기적으로는 연안운송 분담률이 가장 높았던 1996년의 22.7% 수준까지 높여 나갈 계획이다. 또한 유류, 철강화물 등 중소 화주단체와 연안운송활성화협의회를 구성, 항만 전용시설 확충에 나설 방침이다.

연안운송 활성화가 필요한 이유는 ① 한계에 도달한 공로운송의 대체운송수단으로서의 활용, ② 중량화물운송으로 인한 도로파손방지에 이바지, ③ 장거리 대량화물운송에 있어서 철도운송능력의 한계에 따른 대체운송수단으로서의 활용, ④ 일시대량운송으로 에너지 절감형 운송형태이고, 대기오염을 최소화하는 운송수단 등의 장점이 있기 때문이다.

2) 연안운송의 문제점 및 효율화

연안운송은 현재 컨테이너화물운송 보다는 유류, 무연탄, 철강제품, 시멘트 등의 벌크화물을 주로 운송하고 있다. 그러므로 향후 컨테이너화물운송에 보다 투자를 하여 활성화하여야 할 것이다.

물론 유류, 무연탄, 철강제품, 시멘트와 같은 물자는 국민생활에 직결되는 물자이므로 그 중요성이 크다. 그럼에도 불구하고 연안운송 전용의 화물선박 부족, 운송단계의 복잡성으로 인한 이용자의 기피현상, 연안운송용 항만시설의 미비, 항만 배후도로의 부족 등으로 인하여 연안운송의 역할은 상대적으로 침체되어 있다.

그러므로 연안운송 전용부두의 건설, 배후도로망의 확충, 운영의 효율화 등을 통하여 연안운송을 활성화할 수 있는 기반을 조성하여야 한다.

4. 해상운송

1) 해상운송의 의의

해상운송은 수출입화물을 원양항로에 따라 운송하는 외항해운과 국내 소비재를 연안운송경로를 따라 운송하는 내항해운으로 크게 나눌 수 있다. 이 중 국제운송의 99% 이상을 차지하고 있는 것이 외항해운이므로, 국제운송에서 외항해운이 차지하는 비중은 거의 절대적이라고 하겠다.

이와 같은 해상운송의 급속한 발전은 제1차 세계대전 후 디젤기관의 발명, 조선기술의 발전 및 운항기술의 발전 등에 기인하며, 현재는 정기선 분야에서의 컨테이너선 운항이 발전하면서 물류 효율화의 기본이 되는 국제복합운송시대를 맞이하고 있고, 부정기선 분야에서도 탱커와 벌크수송 등에 있어서의 용선운송제도의 발달 등 해상운송의 급격한 발전이 거듭되고 있다.

표 4-7. 해상운송의 장 · 단점

장 점	단 점
· 대량수송이 가능하다. · 거대수송이 가능하다. · 장거리수송에 적합하다. · 원거리수송에서 가격이 저렴하다. · 단위당 비용이 저렴하다 · 에너지 절감형이다. · 국제성, 개방성을 가지고 있다.	· 항만시설에 하역기기가 필요하다. · 기후에 좌우된다. · 운송시간이 상대적으로 오래 걸린다. · 속도가 느리다. · 화물을 집화하는데 비용이 많이 든다. · 지름길을 택할 수가 없다. · 화물 손상 사고가 비교적 많다.

즉, 해상운송은 다른 운송수단에 비해 대량운송성, 저렴성, 국제성, 운송로의 무한정성, 원거리 운송의 편리성 및 자유성 등의 특수성이 있어, 국제운송에 있어서 주도적인 지위를 차지하고 있다. 오늘날 해운시장의 구조를 살펴보면 다음과 같다.

① 조선기술이 급격하게 발전하고 있다. 제2차 세계대전을 전후하여 전기용접기술, 블럭 건조, 디젤 엔진, 해양 계기류의 급속한 발전 및 컴퓨터 조선설계, 에너지와 인력 절감형 선박 건조 등이 활성화되고 있다.

② 선박의 대형화·고속화가 급격하게 진행되고 있다. 즉, 오일탱커를 중심으로 선박이 대형화되는 동시에 컨테이너선을 중심으로 대형화(18,000TEU급) 및 고속화(25노트 전후)되고 있다.

③ 제2차 세계대전을 전후하여 부정기선 시장에서도 정기선에서와 마찬가지로 전용선화가 급격히 발전하고 있다.

④ 컨테이너화가 급격히 진전되면서 정기노선 투입에 있어서 그 항로의 선사들이 공동으로 스페이스 차터(Space Charter) 컨소시엄 및 컨글로머레이트(Conglomerate)의 형태로 운항을 그룹화하고 있으며, 그동안 정기선 시장에서 활발하게 전개되어 오던 해운동맹(Shipping Conference)이 정기선 시장의 경쟁을 위해 각국이 규제함으로써 2008년 해운동맹이 폐지되고 현재는 선사간 전략적 제휴(Alliance)가 활발하게 전개되고 있다.

⑤ 이 밖에도 자국선 우선주의가 팽배해 있으며, 편의치적제도가 활성화되어 있어 파나마, 온두라스, 리베리아 등의 조세 도피지로 선박을 이적하는 행위가 계속되고 있다.

한편 우리나라 선사들의 해상운송 실적을 보면, 무역규모의 계속적인 증대에 따라 늘어나는 수출입화물을 적기에 운송하고, 주요 원자재의 안정적인 운송을 위해 필요한 선박의 확보와 해운 합리화 정책을 추진해 온 결과 현재 해운 선진국으로 발전하였다. 따라서 컨테이너 운송실적도 2011년도에 19,224천TEU에 달하는 등 지속적인 성장을 보이고 있으며, 이러한 추세라면 우리나라 컨테이너화물 물동량은 2020년에는 30,057천TEU에 달할 것으로 보인다.

표 4-8. 컨테이너화물 물동량 추이

(단위 : 천TEU)

구 분		1996년	2001년	2006년	2011년	2020년
수출입량	수 출	2,280	3,381	4,588	5,941	8,808
	수 입	2,177	3,325	4,556	5,927	8,793
	소계	4,457	6,706	9,144	11,868	17,601
환 적		808	1,740	2,663	4,076	7,364
연 안		218	1,408	2,148	3,280	5,092
총 물동량		5,483	9,854	13,955	19,224	30,057

자료 : 국토해양부 통계자료

2) 해상운송의 문제점

해상운송과 관련한 해운정책의 불합리는 해상운송의 발전에 큰 저해요인으로 작용하고 있다. 즉, 해상운송사업에의 신규참여와 사업별, 항로별 확장제한 및 항로별 사업면허 제한, 항만노무공급 제한 등은 해상운송의 발달에 장해 요인이 되고 있다.

둘째, 항만시설의 부족으로 인한 체선・체화로 인하여 사회・경제적인 비용이 증가하고 있다. 그러나 우리나라 수출입 컨테이너 물동량의 75% 이상이 집중되어 있는 부산항의 경우 부산신항 등 컨테이너 전용부두시설의 증가로 인해 컨테이너 선박의 체선현상이 상당히 개선되고 있음은 다행스러운 일이다.

셋째, 항만시설의 불합리한 운영으로 인한 생산성 저하도 큰 문제점으로 지적되고 있다. 항만의 모든 설비가 기능적으로 충분히 발휘되도록 입체적・효율적으로 고안하는 것도 중요하지만 그 운용을 경제적・효율적으로 하는 것이 어떤 의미에서는 보다 중요하다.

더구나 부산항 북항의 경우 부두 내 컨테이너화물 장치장의 절대부족으로 인해 컨테이너화물의 약 70% 이상은 부두 밖 시내에 산재해 있는 ODCY 및 양산ICD를 경유하여 처리되는 비정상적인 유통구조가 형성되어 있었는데, 이 문제는 부산신항의 개장으로 어느 정도 해소되었지만, 컨테이너 차량의 불필요한 시내통과와 교통체증 유발 등으로 인한 사회적 비용 증가는 물론 년간 5,000억원 이상의 물류비가 낭비되고 있다.

3) 해상운송의 효율화

해상운송의 효율화를 기하여 경쟁력을 제고시켜 주기 위해서는 해운정책의 불합리성을 제거하고 자율적인 경영체제를 유지하기 위해 현재의 비효율적인 제반 규제사항을 완화 또는 철폐하여 주어야 하며, 더욱이 우리나라 해운산업에 있어서 세제 및 금융・재정상의 현안 문제들을 해결하고, 정책적으로 체계적인 지원이 이루어질 수 있도록 하여 주어야 한다.

둘째, 해상운송의 발달을 도모하려면 무엇보다도 우선 항만시설의 확충과 운영의 효율화가 시급하다. 즉, 항만시설의 절대적인 부족현상을 해소하는 것이 기본적인 과제이므로 민자유치 등 용이한 방법을 적용하여 항만시설을 확충하여야 하며, 이와 더불어 부두별 기능 전문화를 실시하여 컨테이너 부두, 양곡부두, 철광석 전용부두 등으로 운영함으로써 항만운영의 생산성을 제고하여야 한다. 더욱 항만하역 형태를 종래 인력의존 위주에서 제4차 산업혁명 기술도입으로 자동화・기계화함으로써 항만운영 인원의 절감은 물론 항만운영의 효율성 제고에 노력하여야 한다.

셋째, 항만시설의 운영을 효율화하기 위해서는 항만의 전용부두화를 실시하여 선사가 자신의 운항스케쥴에 맞게 항만운영을 탄력적으로 할 수 있도록 하여 주어야 하며, 항만설비를 입체적으로 고안하여 그 공간 효율성을 제고하여야 함은 물론이고, 항만시설 관리의 민영화를 유도함과 더불어 종합적인 항만정보시스템을 구축하여 게이트 관리에서부터 보관, 적재에 이르기까지 시스템화 하여야만 항만운영의 효율성이 제고될 수 있다.

넷째, 해상운송이 원활하게 이루어지려면 육・해・공 연계운송체제가 잘 구축되어 있어야 한다. 이를 위해서는 내륙 컨테이너기지(ICD) 및 복합화물터미널 등을 건설하는 것은 물론이고, 이들과 해상운송과를 잘 연계시키어 물동량의 이동을 최대한 조절할 수 있어야 하며, 항만에서의 물류이동의 원활화를 위해 부두직통관제도의 활성화와 보세운송체제의 활성화도 도모하여야 한다.

다섯째, 해상운송과 관련되어 내륙 및 부두 등에서 실질적인 작업을 수행하는 항만 부대사업자, 즉 하역업자, 창고업자, 운송주선업자 등의 경쟁력 제고도 해상운송의 발전을 위해 긴요한 과제로 대두되고 있다. 이를 위해 항만부대사업 업제의 단순화와 국제화를 유도하고, 이를 통한 업제의 조정 및 대형화·전문화를 기하여야 한다.

5. 항공운송

1) 항공운송의 의의

항공운송은 공로, 철도, 해운 등의 다른 운송수단 보다 역사는 짧지만 제2차 세계대전 이후 현대 과학기술의 발전과 함께 급속히 발전하였다. 특히 대형 제트기의 취항이 본격화됨에 따라 고속화와 장거리 운송을 장점으로 하여 오늘날 운송부문에서 중요한 위치를 차지하게 되었으며, 앞으로도 활발한 국제교류와 무역활동, 그리고 고부가가치 산업의 발전으로 항공운송의 중요성은 더욱 증대될 전망이다.

즉, 항공화물운송은 화물을 신속·정확·안전하게 운송할 수 있다는 장점을 가지고 있다. 따라서 운임이 비교적 비싸다는 단점에도 불구하고 輕薄短小化되고 있는 생산 및 소비패턴의 변화에 적응할 수 있는 운송수단으로 각광 받고 있다. 또한 포장비, 보관비(재고유지비) 등 물류비 절감은 물론 재고량 감소에 따른 투자자본의 조기회전이 가능하다는 요인과 손상, 분실, 도난 등의 사고위험을 줄일 수 있으며, 유행상품 및 계절상품 등 급격한 시장변화와 고객욕구에 적응하여 적기수배송이 가능하다는 장점이 있어 항공화물수요는 급증하고 있다.

한편 우리나라의 Sea & Air화물 수요는 중국과의 국제환적화물, 국내항만으로부터의 내환적화물, 남북관계 개선에 따른 남북환적화물로 구분하여 예측하면 〈표 4-9〉와 같다. 즉, 우리나라 총 Sea & Air화물은 2000년 38천톤, 2005년 66천톤, 2010년 113천톤, 2020년에 222천톤에 이를 것으로 추정된다. 따라서 우리나라 항공화물운송에서는 급증하는 Sea & Air화물을 취급하기 위한 영업전략도 간과하여서는 안될 것으로 생각된다.

표 4-9. 우리나라 Sea & Air화물 수요전망

(단위 : 천톤)

구 분	2000년	2005년	2010년	2020년
국제환적	37	65	111	219
국내환적	0.5	0.9	1.5	2.8
남북환적	0.0	0.1	0.1	0.5
합계	37.5	66.0	112.6	222.3

또한 최근 항공화물운송시장의 가장 큰 특징으로는 국제항공택배서비스인 국제익스프레스(Integrator) 시장의 괄목할만한 성장과 역할을 들 수 있다. 미국 국내시장에서의 국제익스프레스 사업은 년 25% 이상의 성장을 기록하여 현재는 수입측면에서 60%나 점유하고 있을 정도이며, 고객의 욕구를 충족시킨 부가가치 높은 항공화물서비스 상품으로서 항공화물운송시장을 개척해 나아가고 있다.

즉, 국제시장에서의 익스프레스 사업은 현재 15% 정도의 시장점유를 하고 있지만, 2020년까지는 년 20%의 고도성장을 기록하여 30% 이상의 시장점유를 할 것으로 예측된다. 현재 이 시장에서 두각을 나타내고 있는 DHL, FedEx, UPS, TNT 등은 국제항공화물시장에서 현재 15%의 취급물량으로 20%의 항공화물 운임수입을 올리고 있으나, 이 국제익스프레스 업체들이 자체 운송시스템을 확충하고, 항공사 및 포워딩업체들과 제휴하여 영업력을 강화해 나아갈 경우 상당한 시장점유 및 운임수입을 높일 수 있을 것으로 예상된다.

2) 항공운송의 문제점

항공운송사업의 기본 시설인 공항시설이 부족하여 항공운송물류의 효율화를 어렵게 하고 있다. 즉, 항공운송은 그 신속성 및 정확성 등의 장점을 지니고 있을 뿐만 아니라 국제교류 및 세계 교역량의 증가, 세계 경제성장 등에 힘입어 그 수요는 큰 폭으로 증가하고 있는데 비하여 공항시설이 미비하여 이를 소화해 내지 못하고 있다.

둘째, 항공운송업계는 현재 과당경쟁 및 대외경쟁을 위한 신형항공기의 도입부담 등으로 인하여 경영이 어려운 처지에 놓여 있다. 이러한 사정을 감안하여 국내 항공산업의 경쟁력을 강화시키고, 대외 개방압력에 대한 대비책을 세워야 하는 등의 항공운송산업이 직면한 과제를 해결하지 못하고 있다.

셋째, 항공화물운송의 연평균 증가율이 10% 정도로 높은 성장률을 보이고 있으나 화물전용기의 등장 및 부대사업의 참여규제완화에 따른 경쟁상태의 심화로 실질운임이 저하되어 수익성이 낮아지고 있다. 더욱 우리나라 항공운송 부대사업은 신규참여의 제한으로 다른 운송수단과의 일관운송체제를 구축하지 못하고 있고, 이로 인해 Sub-Agent 형태의 기형적인 대리점업이 자연적으로 발생하여 대내외적으로 많은 문제점을 야기하고 있다.

특히 항공화물운송에 있어서 가장 큰 관문인 통관은 관세법의 규제위주의 제한으로 인하여 통관의 Open Door정책이 실현되지 않고 있으며, 이로 인하여 전체 항공운송에 있어서 순수 항공수송기간은 9%에 지나지 않고, 대부분의 시간인 91% 정도를 지상조업시간으로 허비하는 고질적인 문제를 낳고 있다. 이 모든 것은 항공화물운송이 범세계적인 네트워크를 갖추고 다른 운송수단과 연계운송체계를 구축하는데 가장 큰 장애요인으로 작용하고 있어, 항공운송 효율화를 위해 해결하여야 할 시급한 과제로 대두되고 있다.

3) 항공운송의 효율화

항공운송에 있어서 범세계적인 네트워크를 구축하여 다른 운송수단과 연계한 종합물류를 구현하기 위해서는 우선 항공운송과 관련된 규제를 완화하여 Open Door 정책을 구사할 수 있는 환경이 조성되어야 한다. 즉, 통관EDI 이용의 활성화로 서류처리에 따르는 시간을 절약하여 주는 동시에 통관의 신속・정확성을 제고시켜 주어야 하며, 이와 부수하는 제도인 서면분류, 장치확인 제도 및 직반출제도의 적극적인 활용 등을 통하여 화물터미널에서의 통관절차를 포함한 물류과정이 원활하게 이루어질 수 있도록 하여야 한다.

둘째, 우리나라를 기점으로 한 항공화물 운송형태가 순수 수출입화물 보다는 통과화물(T/S Cargo)이 절대적인 비중을 차지하고 있다. 그러므로 우리나라 현행 관세법상 구체적인 규정 부재로 인해 항공운송업자의 단순한 이적만이 허용되고 있는 것은 항공화물운송의 효율화에 역행하는 것이므로 관세법을 개정하여 통과화물 제도를 뒷받침하여 줄 수 있도록 하여야 한다.

셋째, 항공운송을 효율화하기 위해서는 항공운송과 관련된 기반시설을 확충하고 이를 효율적으로 운영하는 것이 중요하다. 이를 위해 공항시설을 확충하여 절대적인 수용능력을 제고시켜 주어야 하며, 또한 화물터미널 등은 자동창고화와 정보시스템에 의한 효율적인 관리를 통하여 물류효율화를 기하여야 한다.

넷째, 항공화물 부대사업 업제의 조정 및 대형화를 유도하고, 경영 효율화를 통한 경쟁력 제고와 국제화를 도모하여야만 이와 연계되어 있는 항공운송물류가 효율화될 수 있다. 즉, 항공화물 Forwarder 등은 업체간 지나친 운임경쟁에 의한 수익성 악화를 지양하고, 새로운 서비스의 개발과 업체간 제휴체제를 통하여 경쟁력을 제고할 수 있는 방안을 수립하여야 하며, 국제택배업과 Sea & Air 운송업체제 등 다양한 수요창출에 노력하여야 한다.

다섯째, 항공화물운송체제가 기본적으로 TML에서 TML까지의 운송을 주축으로 하여 항공사와 포워딩업체가 그 기능을 전담하여 왔으나, 국제익스프레스업체의 등장 이후 Door to Door로 일괄운송하는 서비스체제가 고객들의 호응을 얻으면서 항공화물운송체제도 급격하게 Door to Door 운송체제로 전환되고 있다. 그러므로 항공사와 포워딩업체, 그리고 국제익스프레스업체들은 공동 상품개발, 공동 장비・시설 활용방안, 물류정보시스템 연계방안, 상호 합작투자 방안 등 제휴관계 구축 방안을 강구하여야 할 것이다.

6. 택배운송

1) 택배운송의 의의

수배송서비스에 대한 소비자의 욕구는 크게 변화하고 있다. 즉, 수배송서비스에 대하여 양보다 질을 추구하고 있고, 개성화된 생활패턴의 변화에 따라 수배송수요가 다양화·복잡화되어 가고 있으며, 일상생활에서의 여가선용, Volunteer활동, Culture School에의 참여, 여성의 사회진출 증대, 시간개념의 고부가가치화 등으로 인하여 소비자의 수배송서비스에 대한 욕구에 상당한 변화가 일어나고 있다.

이와 같은 수배송서비스에 대한 소비자 욕구의 변화와 더불어 소비자는 신속·정확·안전·편리·경제성을 충족시켜 주는 수배송서비스를 더욱 요구하게 되었고, 따라서 이러한 시대적인 요청에 부응할 수 있는 수배송서비스의 도입이 절실히 요망되었는데, 이것이 택배운송이 출현하게 된 배경이다.

보통 택배운송은 개인화물 또는 기업화물의 송화인인 화주로부터 보통 포장 단위당 30kg 이하, 1.5cbm(가로+세로+높이의 합이 160cm이내, 단 최장변이 100cm 이내) 이내의 소형·소량화물의 운송을 의뢰받아 화물의 접수(집화)로부터 포장, 수송, 배달에 이르기까지 일체의 수배송서비스를 운송인의 일관책임 아래 Door to Door Service로 운송하는 수배송체제이다.

이 택배운송은 미국, 일본 등 선진국에서는 이미 보편화된 수배송서비스로, 우리나라에서는 자기앞배달업(가정앞배달업), 회사앞배달업, 특송업(Small Package Express Service), 오토바이택배업, 퀵서비스업, 항공택배서비스업, 쿨(Cool)택급편 등 다양한 형태로 영업이 이루어지고 있으며, 특히 택배운송은 도시 내 및 도시간 소화물 수배송에 적합한 것이고, 다른 수배송체제와 비교하여 볼 때에 전화 한 통화면 소화물의 집화에서 최종 배달·확인에 이르기까지 신속하고도 안전하게 수배송하는 최첨단 수배송서비스로서, 신속·정확·안전·편리·경제성을 근본적인 특징으로 하고 있다.

한편 택배운송은 도시 내 및 도시간 소화물 수배송에 적합한 운송체제로서, 그 본질적인 특징은 제공하는 수배송서비스가 다른 수배송체제에 비하여 현저하게 고도화되어 있고, 또한 혁신성을 지니고 있다는 점이다. 즉,

첫째, 소형·소량화물의 수배송을 위한 운송체제이다. 여기에서 소형·소량화물의 범위가 일정하게 규정되어 있지는 않지만, 보통 100kg 이하의 소형·소량화물을 주 대상으로 하며, 서류운송에 이르기까지 다양하다.

둘째, "Door to Door" 단계를 지나 "Room to Room", "Desk to Desk" 단계에 이르기까지 점점 확대된 포괄적인 일관서비스를 제공한다. 이것은 기존의 철도소화물·우편·노선화물 수배송서비스가 집·배송, 화물취급 서비스에 있어서 제한적이라는 점에서 본질적으로 차이가 있으며, 운송중의 환적, 기타의 원인에 의한 손해발생 등 화물운송 전 과정에 걸쳐 원칙적으로 운송인이 일관적으로 책임을 부담한다.

셋째, 수배송서비스에 있어서 혁신성을 가지고 있다. 즉, 택배운송은 소화물의 집화에서 배달·확인에 이르기까지 운송인이 편의를 제공하는 고도의 편리성이 있으며, 야간 간선운송과 더불어 당일 또는 익일배달 체제로서 그 신속성이 있고, 화물추적시스템에 의하여 소화물의 배달 및 현재의 위치를 확인하여 주므로, 그 안전·정확성이 있다.

넷째, 도시간 간선수송과 도시 내 집·배송 지선배송을 연계시키는 택배운송은 오늘날 복잡한 도시 내 집·배송에 적합한 형태의 운송체계이다. 즉, 소형차량을 이용하여 도시 내 권역별로 공동집·배송체제를 유지함으로써 도시 내 교통혼잡, 환경오염, 교통사고 등의 부작용을 최소화할 수 있는 운송체제이다.

이 밖에도 택배운송은 단일운임·요금체제를 확립하여 경제성 있는 수배송서비스를 제공하고 있고, 규격화된 포장서비스를 제공하고 있으며, 공식적인 운송장(택배운송약관)을 작성하여 보증하는 것에 의해 소화물의 분실·파손 등에 대한 손해배상제도를 확립하고 있다.

2) 택배운송의 전망

택배운송은 시대적인 수배송물류환경의 변화에 부응하여 탄생한 것이므로, 이러

한 수배송물류환경의 변화에 더욱 적응하고, 택배운송 환경이 더욱 성숙될 때에 그 발전가능성은 매우 높다고 할 수 있다. 즉,

첫째, 택배운송이 시대적인 수배송물류환경, 즉 사회·경제적인 환경변화, 소비자의 수배송서비스에 대한 욕구의 변화와 이에 따른 기업의 제품생산형태의 변화 등에 의해 점차 수용될 경우 필연적으로 그 성장은 급격하게 진전될 것으로 생각된다.

둘째, 택배운송이 고도화·혁신성을 지닌 수배송서비스를 제공하고 있기 때문에 그 발전 가능성은 매우 높다. 즉, 택배운송은 Door to Door Service의 포괄적인 일관서비스를 제공하고 있고, 화물의 집배송 및 화물취급 서비스에 있어서 완전한 서비스를 제공하고 있다. 그리고 직접 방문집화 등 고도의 편리성과 당일 또는 익일배달체제의 신속성 및 안전·정확성 있는 수배송서비스를 제공하고 있으며, 또한 다품종 소량화물의 신속한 운송에 적합한 운송체계이므로 그 발전가능성이 매우 높다고 할 수 있다.

셋째, 택배운송의 수요 증가에 따라 택배운송의 성장은 급격하게 진전될 가능성이 있다.

넷째, 제도확립에 따른 발전가능성이다. 즉, 택배운송업의 제도확립에 따라 비영업용에 의해 운송되던 부분의 소화물이 택배운송으로 전환되는 것이 기대되고, 또한 그 동안 음성적이고 제한적이던 영업형태가 많아 제도확립에 따른 이들 부분의 택배운송업에로의 전환이 기대된다.

3) 택배운송의 효율화

(1) 정책적인 지원

우리나라는 수배송물류의 구조적인 문제로 인해, 벌크화물은 운송량과 물류비가 모두 높게 나타나지만, 소화물의 경우는 운송량은 전체 물량의 17%에 불과한 반면에 전체 물류비에 대한 비중은 49%를 차지하여 벌크화물의 약 5배에 이르고 있다. 그러므로 사회간접자본시설의 확충, 정부규제의 완화 및 지원책 등 정책적인 지원을 하여 택배운송의 경쟁력 강화와 발전을 이루고, 궁극적으로 소화물운송의 물류

비를 낮출 수 있도록 하여야 한다.

현재 정부도 화물자동차운수사업법의 제정을 통하여 택배운송업을 별도의 업종으로 구분하지 않고 일정한 요건을 갖춘 화물자동차운송업자는 누구나 전국을 대상으로 택배운송업을 할 수 있도록 신규시장진입을 대폭 완화하였으며, 운임・요금의 경우도 완전 자율화하였고, 상품개발도 100kg 정도까지 취급할 수 있도록 대폭적으로 완화하여 택배운송업의 경쟁력 제고를 위한 정책적인 지원을 하고 있다.

그런데 택배운송업의 경쟁력을 강화하기 위해서는 다음과 같은 보다 적극적인 정책적인 지원이 있어야 한다.

첫째, 택배운송업의 집배송차량이 도시 내에서 화물을 집화하고 배송하기 위해서는 도심 내 권역별 화물터미널의 확보를 통한 서비스네트워크의 구축이 필요하다. 현재 택배운송업체들은 이러한 작업공간(터미널)을 확보하지 못해 서비스제고에 어려움을 겪고 있으므로, 이를 지원하기 위한 정책적인 배려 및 업체간 공동으로 터미널을 운영토록 유도하는 지원 정책 등이 절실한 시점이다.

둘째, 도심통행제한으로 인하여 3.5톤 이상의 대형 화물자동차는 야간을 제외하고는 사실상 도심 진입이 불가능한데, 이로 인하여 소형차량 여러 대가 반복 운항함으로써 많은 물류비 발생을 초래하고 있다. 그러므로 택배운송업의 경쟁력 강화를 위해서는 이러한 통행제한 정책은 완화되어야 한다.

셋째, 택배운송업 차량들이 소화물을 집배송하기 위해서는 주・정차공간이 없으므로 현실적으로 불법 주・정차를 할 수밖에 없는 형편이다. 그러므로 정책적인 배려로서 건축법, 도시계획법의 개정을 통하여 화물통행로를 일부 밀집지역이라도 확보하여 주어야 하며, 상가주변지역 등에도 택배운송업 차량의 합법적인 주・정차공간(Loading Bay)을 마련하여 주어야 한다.

(2) 高품질서비스의 제공

택배운송은 일반적으로 1박스당 중량이 100kg 이하의 소화물, 기업간 상업서류, 선물류 등의 개인화물의 배송 및 이사화물 등을 운송하고자 하는 경우에 적합한 수송서비스를 제공한다.

또한 서비스 지역은 전국을 대상으로 하여 전국 어디에나 당일 또는 익일배송체제를 갖추는 것이 원칙이며, 소화물 집화의 경우 고객의 요구에 잘 응하였는가, 소화물이 고객이 원하는 시간에 정확하게 배달이 되었는가, 손상없이 안전하게 배달되었는가, 친절하게 배달되었는가, 소화물의 도착시간과 배달 여부를 확인하여 주었는가, 더 나아가서는 완벽한 결제서비스를 제공하였는가 등은 택배운송업체들이 지속적으로 제고시켜 나가야 할 서비스 요소이다.

예컨대 개인화물의 경우 소화물을 배달하기 위해 방문하였는데 수화인이 부재중인 경우 문밖의 소화물 배달 전용배낭에 소화물을 넣고 오는 서비스를 제공하면, 택배운송업체는 반복하여 배달방문을 할 필요가 없고, 수화인은 자신이 소지하고 있는 열쇠로 소화물을 수령하면 되므로, 화물수령을 위한 대기 및 분실 등 기타 불편을 해소할 수 있는 서비스가 될 것이다.

(3) 서비스 상품의 다양화

택배운송은 "Anything, Anytime, Anywhere"를 기본 서비스전략으로 하여 서비스 상품의 유형을 다양하게 제공하여야 한다. 일반적으로 제공하는 전형적인 서비스상품은 기업화물과 가정화물의 일반물품(Dry Cargo) 및 기업의 상업서류를 수배송하는 것으로, 보통 이 상품은 택배운송업체들이 자신의 고유한 상품명 아래 제공하고 있다.

또한 쿨(Cool)택배에서는 생선식품, 가공식품, 야채류 등을 신선도를 유지하면서 가정까지 신속하게 배달하여 주고 있다. 이것은 쿨택배의 운송수단으로서 적합한 전용차나 집배차를 이용하기도 하고, 코울드-팩(Cold-Pack) 등의 특수 포장용기를 사용하여 배송하기도 한다. 이러한 쿨택배 서비스는 고부가가치를 창조하는 상품으로서 우리나라에서도 식품회사가 생선회 등을 가정까지 배달하여 주는데 이 상품을 많이 이용하고 있다.

쿨택배와 유사한 형태의 서비스를 제공하고 있는 상품이 음식택배이다. 이것은 식사 및 요리재료는 물론 안주까지도 필요로 하는 정확한 시간에 가정까지 배달하여 주는 것으로, 우리나라에서도 음식류 택배서비스 업체들이 전국적인 체인망을 가지고 사업을 전개하고 있다.

이 밖에도 골프택배에서는 골프 도구 일체를 전용차·전용랙으로 원하는 시간대에 골프장까지 배달하여 주며, 스키택배에서는 스키 도구에서부터 수화물까지 일체를 스키장까지 배달하여 줌으로써 휴대시의 불편 등을 해소하여 주고 있다. 또한 공항택배에서는 전화 한 통화로 수화물을 공항까지 배달하여 주고 있으며, 우리나라에서 현재 각광을 받고 있는 이사택배에서는 이사화물을 사전준비 단계의 협의·계약체결에서부터 자재의 준비, 포장, 소제·청소 및 After-care까지 일관 패키지서비스를 제공하고 있다. 현재 택배운송업체 중 선두업체인 H사가 제공하고 있는 서비스상품은 〈표 4-10〉과 같다.

표 4-10. H사의 택배서비스 주요상품

상품명	내 용
소화물 익일편	30kg 이내 소화물 24시간내 전국 집배송서비스
소화물 당일편	30kg 이내 소화물 도심내 당일 집배송서비스
중량화물편	30kg 이상 중량화물 24시간내 전국 집배송서비스
항공특급편	전국 주요도시 시간지정배송(3시간, 6시간, 9시간)서비스
특수화물편	골프채, 꽃, 자가용, 의약품, 여권 등 각종 특수화물 24시간내 집배송서비스
고향맛 편	농수산물 등 지방특산품 전국 24시간내 산지직송서비스
이사짐 편	대학생, 단독부임자를 위한 소단위 이삿짐서비스
Cool 편	냉장, 빙온식품의 24시간내 집배송서비스
메일(Mail) 편	정기간행물, 팜프렛, 홍보물, 각종 청구서, 경조금 전달서비스
납품 대행편	기업상품의 재고관리로부터 배송 및 대금회수서비스

(4) 서비스망의 구축

택배운송업은 서비스지역 내에서 불특정 다수인 고객을 상대로 하여 영업을 하는 것이므로 전국 어느 곳이든지 익일 배달체제의 서비스 망을 구축하는 것을 생명으로 하고 있다. 또한 택배운송업은 고객에게 가장 신속한 수배송서비스를 제공하는 것을 생명으로 하고 있으므로, 대도시 지역 내에서는 30분내, 그리고 지방지역에서는 1시간 내에 도달할 수 있는 구역을 집배 또는 배송지역으로 설정하여 시설 및 네트워크를 구성하여야 한다.

그러므로 초기 투자가 많이 들어가는 단점이 있으나 택배운송업체는 전국적인 네트워크 서비스 망을 어떻게 효과적으로 구축하는가가 집배 및 배송서비스 원가를 절감하면서도 고객에게 만족스러운 수배송서비스를 제공할 수 있느냐 하는 관건이 된다.

보통은 도시 내 및 지방지역에서 1시간 내에 집배 및 배송서비스가 가능하도록 영업점 또는 터미널을 구축하여 서비스 망을 확보하며, 터미널과 터미널 사이의 간선수송방식으로는 Point to Point 방식이나 Hub & Spokes 방식 중에서 유리한 방식을 택하여 운영하고 있다.

(5) 시설 및 장비 투자

일반화물차량운송업은 사실상 차량만 있으면 영업이 가능하다고 말할 수 있다. 그러나 택배운송업은 소위 장치산업이라고 일컫는 바와 같이 많은 시설과 장비의 투자가 요구된다. 왜냐하면 화물을 고객으로부터 집화하여 배송하기까지 화물운송의 신속성, 안전성 및 편리을 확보하기 위해서는 충분한 서비스 망, 보관 및 분류시설, 많은 집배차량 및 간선운송차량이 필요하다. 그러므로 택배운송업에서는 화물취급장인 영업소 및 터미널을 충분히 확보하여야 하고, 이곳에서의 원활한 작업을 위해 분류기를 설치하여야 하는 등 많은 시설과 장비를 갖추어야 한다.

(6) 화물추적정보시스템의 구축

택배운송에서는 소화물의 이동과 병행하여 화물추적시스템을 운용하여 고객서비스를 제고하여야 한다. 즉, 각 영업소에서 소화물의 운송이 개시되는 시점에 소화물의 발송보고가 단말기를 통하여 본사의 대형컴퓨터에 전송되고, 이어 목적지에의 소화물의 도착보고와 배달완료보고가 들어오게 되어 있어 고객으로부터 소화물의 수배송과 관련한 조회가 있으면 소화물의 배송 여부에 대한 회신을 즉시 하여 줄 수 있다. 이와 같은 화물추적시스템은 택배운송업에 있어서 고객서비스의 향상에 대응하도록 구축된 것으로, 오늘날과 같은 JIT시대에서는 1일의 지연은 말할 것도 없고,

단 몇 시간의 지연에 대해서도 고객은 불만을 갖거나 소화물의 소재를 확인하고자 한다. 그러므로 택배운송업자는 고객의 문의에 신속하게 대응하여 고객서비스를 제고시키기 위해 화물추적시스템과 같은 정보시스템의 구축이 필수적이다.

(7) 업체간 제휴

기업화물의 경우 화주인 특정기업이 택배운송업체와 수배송서비스 계약을 체결하면 지속적으로 그 거래관계가 유지되는 것이 보통이다. 그러므로 기업화물의 판매를 하는 경우에는 화주인 특정기업과 파트너십 관계를 형성하는 것이 중요하다. 사실 과거 화주는 일방적으로 운송업체를 선택할 수 있는 반면에 운송업체로서는 언제 거래관계가 변할지 모르는 상황에서 화주인 기업과 운송업체간에 적대적 관계에 있는 경우도 많았다. 그러나 택배운송업체는 거래처별로 화물의 특성에 맞는 섬세한 서비스를 제공하므로, 한 번 거래 후 계약관계를 변경하거나 해당 운송업체를 교체한다는 것은 상당한 모험을 해야 한다. 그러므로 화주인 기업과 택배운송업체가 파트너십 관계를 형성하여 지속적인 거래관계를 유지한다면 고품질 서비스가 가능할 뿐만 아니라 저렴한 운임서비스도 가능하여 상호간에 이익 극대화를 실현할 수 있을 것이다.

제3절 수배송물류시스템과 의사결정

1. 수배송계획

1) 수배송계획의 의의

수배송물류 계획을 입안하고 관리하기 위해서는 우선 수배송물류의 본질을 이해하고, 수배송조건을 감안하여 적절한 수배송수단의 평가와 더불어 적합한 수배송수단을 선택할 수 있어야 하며, 종합적으로 수배송물류를 시스템화할 수 있어야 한다. 이 중 수배송수단의 본질적인 내용을 이해하는 것은 수배송물류를 계획하는데 있어서 가장 중요한 요소이다. 즉, 각종 수배송수단은 그 기능상의 특징을 가지고 있고, 수배송 요청에 대하여 여러 가지 수배송형태에 대해 각각 적절한 수배송업무를 수행하고 있기 때문이다.

수배송계획의 주체는 크게 정부, 운송업자 및 화주로 분류할 수 있다. 정부는 운수사업과 관련된 종합수배송 계획, 적정공급계획 등 정책을 입안하며, 규제완화와 같은 정책적인 지원을 하게 되고, 또한 SOC시설과 같은 수배송 기반시설을 계획하고 공급하게 된다.

또한 운송업자는 화물운송의 대가로 화주로부터 운임을 징수하고 서비스수준을 결정하게 된다. 그리고 고객서비스 수준의 제고와 기업이윤의 극대화를 위해 자체 수배송시설의 정비, 차량운용계획, 차량공급규모의 결정, 새로운 서비스상품의 개발 및 수배송계획 등을 하게 된다.

한편 화주는 화물이동과 관련된 의사결정을 하는 경제집단으로서, 생산 및 판매 전략과 관련하여 최적 수배송 수단선택, 운송업자 선정, 자가수배송 수단의 운영계획 등을 하게 된다.

그런데 수배송물류에 있어서 수배송수단의 각 기능이 경합할 때에는 ① 거시적으로 본 수배송 효과의 감소, ② 거시적으로 본 물류경쟁력의 저하 등 수배송물류의 불경제성을 초래할 수 있다. 그러므로 이러한 불합리성을 방지하기 위해서는 수배송수단을 적절히 선택하여 활용하고 상호 보완하는 것이 바람직하다.

따라서 효율적인 수배송계획을 입안할 때에 다음과 같은 점을 잘 고려하여야 한다.

① **물류채널의 명확화** : 물류채널을 이해하고 그 순서도를 작성하여 명확히 한다.
② **화물특성의 명확화** : 어떤 화물을 수배송할 것인지 화물에 대한 품명, 외장, 단위당 중량, 용적, 포장형태 등을 명확히 한다.
③ **수배송단위(로트)의 명확화** : 수배송지역별이나 제품별로 1일당 수배송단위가 어떻게 되어 있는지를 명확히 한다.

④ **수배송량의 명확화** : 제품별, 수배송지역별로 화물량을 1일간, 1주일간, 1개월간 혹은 연간 단위를 명확히 한다.
⑤ **출하량 피크 시점의 명확화** : 1일간의 출하량이나 취급량의 시간적인 움직임을 명확히 한다.

한편 수배송계획은 크게 전략적 계획과 운영계획으로 나눌 수 있다. 전자는 장기계획 범주에 속하는 것으로 미래지향적 수배송계획, 수배송수단의 선택, 수배송망의 구축 등을 포함하며, 후자는 단기계획 범주에 속하는 것으로 수배송 노선 선정, 수배송 일정계획, 혼재계획, 운임변경 등을 포함하고 있다.

2) 수배송계획의 내용

수배송계획의 구체적인 내용은 다음과 같다.

① 도로, 철도, 항만, 공항, 화물터미널 등 수배송기반 시설계획
② 운임결정, 정책평가
③ 공간규모에 따르는 국제화물 수배송계획, 지역화물 수배송계획, 도시화물 수배송계획, 수배송축(Corridor) 계획
④ 수배송 계획에 부합하는 수배송서비스 계획
⑤ 공로, 철도, 항공, 해운, 복합운송 등 수배송 수단선택
⑥ 시간에 따르는 장기계획, 중기계획, 단기계획
⑦ 계획 형성단계에 따르는 기본계획, 실시계획 및 평가·관리계획

3) 수배송 수요모형

(1) 집계모형(Aggregate Model)

공로, 철도, 항만, 공항, 복합화물터미널 등 수배송 기반시설과 관련된 계획은 대상 범위도 광범위하고 계획에서 건설까지 장기간이 소요되는 특성이 있다. 그러므

로 이러한 계획을 세울 때에는 장기화물 예측과정이 포함되어야 하는데, 이와 같이 거시적인 측면에서 정부나 민간에 의해서 이루어지는 화물수배송의 장기예측은 집계데이터(Aggregate Data)를 이용하여 수행하게 되며, 이를 집계모형이라고 한다.

이 집계모형에서 이루어지는 수요예측 단계는 ① 화물발생 예측, ② 화물분배 예측, ③ 수배송수단 분담예측 및 ④ 노선배정 예측으로 이루어진다.

[그림 4-4] 집계모형 수배송계획 절차

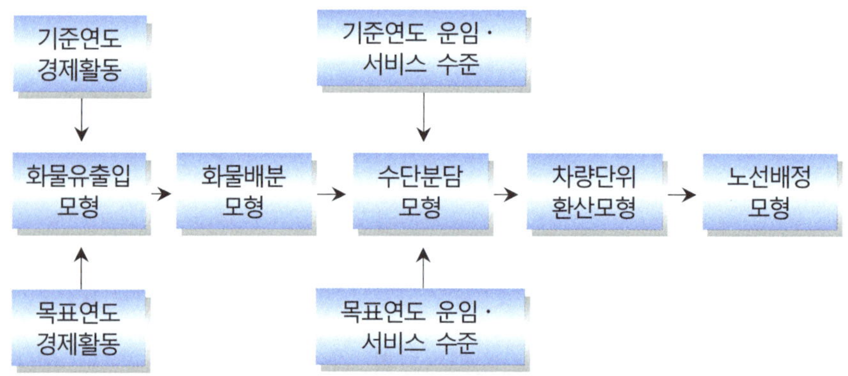

(2) **비집계모형**(Disaggregate Behavioural Model)

비집계모형은 개별행태모형 또는 제2세대 모형이라고도 불리우고 있으며, 화주들의 수배송수단 선택을 세부적으로 분석하는 기법으로서, 로짓모형이 대표적인 것이다. 즉, 개별 화주를 관측단위로 하여 화주의 행태를 바탕으로 화주의 수배송수단 선택의 의사결정을 분석한다. 그러므로 집계모형과의 큰 차이점은 집계모형이 특정 지역단위를 대상으로 하고 있는데 비하여 개별모형은 보다 좁은 범위내의 개별 화주를 대상으로 하고 있다는 점이며, 따라서 개별모형은 개별 화주의 수배송수단 선택에 대한 의사결정에 영향을 미치는 요인을 파악하는데 아주 유효하다.

4) 수배송 공급모형

(1) Saving법

[그림 4-5]에서와 같이 P를 배송센터, A와 B를 배송선으로 하는 배송계획에 있어서 배송센터와 A, B 배송선과의 상호간의 노선거리를 각각 a, b, 그리고 A와 B 사이의 노선거리를 c로 표시하는 경우 가장 단순한 배송방법은 [그림 (나)]에서와 같이 2대의 차량으로 각각 A, B별로 배송하는 것이다. 이 경우의 주행거리는 2a + 2b이다. 그러나 [그림 (다)]에서와 같이 1대의 차량으로 순회하면서 배송을 하면 주행거리는 a + b + c가 된다. 그러므로 일반적인 조건에서는 [그림 (다)]에서와 같이 배송하면 (2a + 2b) - (a + b + c) = a + b - c 〉 0 주행거리를 절약할 수 있다. 이와 같이 주행거리를 단축하여 배송하는 방법을 세이빙 기법이라고 한다.

[그림 4-5] 세이빙법

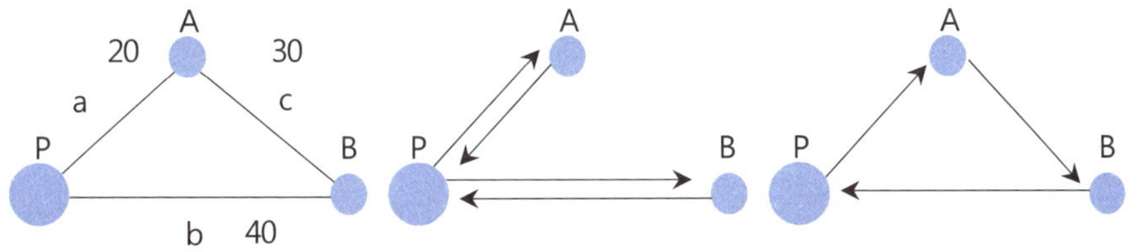

(가) 기본 (나) 단순한 2운행 배송 (다) 차량 1대의 루트배송

실제로 수배송계획을 세울 때에는 수십~수백개의 배송처에 대해 우선 배송센터에서 각 배송처간의 최단거리를 계산하고, 그 다음 배송처 상호간의 최단거리를 구해 세이빙 값을 구한다. 그리고 세이빙 값이 큰 순위로 배송선을 연결시키어 배송경로를 선택하게 된다.

(2) 수배송선형계획법

수배송을 다수의 출발지에서 다수의 도착지까지 최소비용과 최대이익을 실현하면서 효율적으로 수행하고자 하는 문제를 선형계획모형을 도입하여 해결하는 기법이 수배송선형계획법이다. 1941년 히치코크(H. L. Hitchcock)가 최초로 수배송선형계획모형을 설정하였는데, 이 기법은 다음과 같은 절차에 의해 진행된다.

① 수송표의 작성
② 1차 실현가능 기본해법의 도출
③ 최적성 검정 및 평가
④ 최적해법이면 여기서 끝나고, 아니면 새로운 실현가능 기본해법의 도출
⑤ 최적해법이 도출될 때까지 ③과 ④의 절차 반복 수행

(3) 시뮬레이션(Simulation) 모형

수배송문제의 해결에 있어서 시뮬레이션 모형은 보통 비용구조, 제약요인, 수배송망을 구성하는 다른 요인들을 복제(Replicating)하는 것이다. 즉, 특정 수배송망을 수식으로 표현하여 시뮬레이션 모형을 만들고, 이 모형을 통해서 시스템의 운영과 관련된 비용 및 기타 관련 자료를 구한다. 그리고 다양한 수배송망을 대상으로 하여 실험을 반복함으로써 대안을 비교 · 평가하는데 필요한 통계치를 산출한다.

이 시뮬레이션 모형기법은 복잡한 문제를 상세하게 기술할 필요가 있거나 문제에 확율적 요인이 포함되어 있는 경우, 그리고 수학적인 최적해를 구하는 것이 중요하지 않을 때에 적합한 방법이다.

(4) 최적화(Optimization) 모형

최적화 모형은 정확한 수학적 절차를 기초로 하여 대안을 평가하며, 이 결과를 토대로 하여 최적해를 도출하는 기법이다. 그러므로 최적화 모형에서 도출된 최적해는 가장 정확한 해라는 것을 수학적으로 증명할 수 있어야 한다. 즉, 정확한 해를 구하는 많은 확정적인 OR 모형의 대부분이 바로 여기에 속하며, 오늘날 대부분의 최

적화 모형은 일반화되어 있고, 전문 컴퓨터패키지를 이용하여 쉽게 적용할 수 있도록 되어 있다.

이 최적화 모형은 주어진 가정과 자료를 이용하여 얻을 수 있는 가장 정확한 해를 구할 수 있어서 신뢰할 수 있는 결과의 비교가 가능하며, 비용도 그리 많이 소요되지 않는 장점이 있어 다양한 문제의 해결에 사용되고 있다.

(5) 탐색적(Heuristic) 모형

탐색적 모형은 현실성 있게 문제를 모형화하는 시뮬레이션 모형과 최적해를 구하는 최적화 모형을 혼합한 기법이다. 즉, 탐색적 모형은 최적해 대신 최적해에 가까운 해를 구하는 편의적인 방법이다. 그러므로 해를 구하는데 걸리는 시간을 단축하고, 가능한 해의 수를 줄이기 위해 특정규칙이나 계산절차를 포함하게 되며, 시행착오 과정을 통해서 최적화 알고리즘을 이용해서는 구할 수 없는 근사해를 구하는 기법이다.

탐색적 모형은 수배송 문제가 너무 복잡하여 최적화 모형에 의해 최적해를 구하는 것이 어려운 경우에 유용한 방법이며, 해를 구하기 위해서는 특정 규칙 또는 논리를 세워야 한다.

2. 수배송서비스 선택

1) 선택요인

수배송시스템의 효율화를 위해서는 다음과 같은 기준을 종합적으로 고려하여 수배송수단을 선택하여야 한다.

① 경제적 기준으로서 수배송 업무에서 발생하는 비용을 절약하도록 통제하는 기능
② 안전상의 기준으로서 트럭의 하역작업이나 사고 등 작업자의 안전과 목적지까지 화물의 안전한 수배송이 이루어지도록 하는 기능

③ 서비스상의 기준으로서 고객이 요구하는 물품을 요구시기에 요구장소까지 정확하게 수배송하는 기능
④ 사회적인 기준으로서 수배송 업무수행 상 발생하는 소음, 배기가스, 과적 및 과속에 따른 사고위험, 상하역작업상의 위험성 등을 최소화하는 사회적인 공적 기능

오늘날 수배송물류에 있어서 수배송수단 및 수배송형태는 고도화된 고객의 수배송서비스에 대한 욕구를 충족시키기 위해 더욱 다양화되고 있다. 즉, 육상운송, 해상운송, 항공운송 등과 같은 전형적인 수배송형태도 있지만, 이들 수배송수단을 결합한 복합운송과 고도로 신속・편리・정확・안전하고 철저한 Door to Door 수배송서비스를 제공하는 택배운송도 있다. 따라서 적절한 수배송서비스의 선택범위는 매우 광범위하므로, 수배송수단을 선택할 때에는 이를 개별적으로 파악해서는 안되고 종합적인 분석을 하여야 한다.

표 4-11. 수배송수단의 선택요인

구분	교통이용자 요인	교통수단 요인
승객	・통행목적(업무, 관광, 개인적...) ・비용부담력(자기부담, 회사부담) ・연령 ・성별 ・인원(단체, 가족, 개인) ・소득수준	・운임(서비스 대가) ・속도 ・운행빈도 ・확실성 ・안정성 ・쾌적성(혼잡도) ・환승유무
화물	・품목(시장가격의 탄력성) ・긴급성 ・화물량 ・비용	・운임(서비스 대가) ・속도와 도착일시 ・운행빈도 ・확실성 ・안정성 ・환적의 유무

수배송수단을 선택하는 요인은 ① 교통 이용자 요인으로서 화물의 특성, 긴급성, 화물량 등이 있을 수 있으며, ② 교통수단 요인으로서는 수배송비, 신속성, 정확성, 안전성 등 여러 가지가 있다.

2) 수배송수단 비교

(1) 장 · 단점 비교

수배송수단의 장 · 단점을 비교하면 〈표 4-12〉와 같다.

표 4-12. 수배송수단의 장 · 단점

구분	장 점	단 점
철도	· 대량 · 중량물품을 일시에 효율적으로 운송하는데 적합하다. · 중 · 장거리 운송인 경우 운임이 저렴하다. · 비교적 사고율이 적다. · 비교적 전천후 운송수단이다.	· 근거리 운송에는 운임이 비교적 높은 편이며 경직적이다. · 화차의 일관작업시 장시간 체류 해야 한다. · 적기에 배차가 되지 않는다. · 발차역에서 화물수취가 불편하며, 문전운송을 위해서는 꼭 트럭의 집배송이 필요하다.
자동차	· 문전에서 문전까지 일관운송이 가능하기 때문에 수취가 편리하다. · 근거리 운송에 적합하고 대단히 경제적이며 운임이 탄력적이다. · 비교적 간단한 포장으로 운송할 수 있으며, 단위 포장에서는 파렛트를 이용할 수 있다. · 필요할 때 언제나 즉시 배차가 가능하다.	· 대량운송에는 적합하지 못하다. · 원거리 운송시에는 운임이 비싸고 안정성이 떨어진다. · 교통사고와 공해문제가 많이 발생하며, 특히 대도시 및 공단주변의 도로나 고속도로의 체증을 유발할 수 있다. · 중량 제한을 다소 받는다.
선박	· 대량화물의 장거리 운송에 적합하며, 운임이 저렴하고 탄력적이다. · 대량운송에서 전용선에 의한 운송 및 일관하역 작업이 가능하다. · 용적 및 중량화물의 운송에 가장 적합하며, 원료화물의 주요한 운송수단이 되고 있다.	· 운송속도가 늦어 운송기간이 길다. · 항만설비와 하역비가 비싸다. · 항구에서 화물을 인수하기 때문에 상당히 불편하다. 단, 컨테이너는 트럭을 통해 문전운송이 가능하다.

구분	장 점	단 점
	· 일관운송체제의 확립은 어려우나 육상운송수단과 연계하여 해륙복합운송의 주축이 되고 있으며, 최근에는 Sea & Air 운송까지 발전하고 있다.	
항공기	· 수송속도가 신속하여 계절성·유행성·신선도 유지에 필요한 상품의 수송을 가능하게 한다. · 소량 및 경량상품의 원거리 수송에 가장 편리하다. · 물품의 파손율이 적고 화물포장이 간단하며 보험료가 저렴하다. · 당일수송을 통해 재고조정이 가능하기 때문에 금융비용을 극소화할 수 있다.	· 운임이 가장 비싸고 아주 경직적이다. · 중량제한과 용적제한을 받는다. · 기후가 나쁠 때는 운항이 아주 중단된다. · 공항에서 물품을 인수해야 하기 때문에 아주 불편하다. 그러나 포워더를 통해 밴 트럭으로 문전운송이 가능하다.
파이프라인	· 유지비가 싸다. · 연속·대량운송이 가능하다. · 용지확보에 유리하다. · 컴퓨터 시스템을 활용한 운송의 완전 자동화가 가능하다. · 운전중 사고 발생률이 낮다. · 운송시 환경오염이 거의 없는 환경친화적 운송방법이다.	· 이용 제품이 한정되며, 주로 에너지 자원의 운송에 이용된다. · 특정장소에 한정되므로 운송경로에 대한 제약이 크다. · 초기 시설비가 많이 든다.

(2) 수배송비의 비교

수배송비는 수배송수단을 선택하는데 있어서 가장 중요한 요소이다. 물론 운송업자로서는 자신이 소유하고 있는 수배송수단의 이용을 최적화하고 수입을 극대화 할 수 있는 요율, 즉 가장 높은 부하율(Load Factor)을 달성할 수 있는 수준에서 운임률을 결정할 것이며, 또한 자신이 투자한 직접비와 간접비를 커버할 수 있는 범위 내에서 운임률을 결정할 것이다. 반면에 고객 화주로서는 수배송 행위에 있어서 수배송비가 차지하는 비중을 낮게 하려고 노력할 것이므로, 운임요율은 운송인과 고객 화주 사이에 균형이 되도록 책정되어야 한다.

표 4-13. 수배송수단별 수배송거리별 원가(10km을 100으로 한 경우)

수배송수단 \ 수배송거리(km)	10	20	50	100	200	500	800	1000
철 도	100	53.4	25.6	16.4	11.6	7.7	6.9	6.2
해 운	100	50.2	20.6	10.8	5.8	2.9	2.1	1.9
자동차	100	84.7	72.8	68.5	67.0	66.1	65.0	65.8

수배송수단별 수배송거리별 원가를 비교하여 보면, 수배송거리가 200km인 경우를 기점으로 철도운송은 그 운송원가가 현저하게 낮아지나, 화물자동차운송은 거의 변화가 없는 것을 알 수 있어, 200km 이상의 수배송거리에 있어서는 철도운송이 화물자동차운송에 비하여 상대적으로 유리한 것을 알 수 있다. 그러나 역시 200km 이상의 장거리 수배송에 있어서는 해상운송이 운송원가 측면에서는 가장 유리하다.

표 4-14. 수배송수단별 고정시설 및 가변시설 투자비교

수배송수단 \ 시설	고 정 시 설	가 변 시 설
철 도	43	57
해 운	18	82
자 동 차	38	62
항 공	19	81
파이프라인	100	-

또한 수배송수단별로 투자되어야 하는 고정시설과 가변시설의 투자비율을 비교하여 보면, 철도운송과 화물자동차운송이 해상운송이나 항공운송에 비하여 고정시설 투자비용이 많이 소요되며, 파이프라인은 거의 고정시설 투자만이 소요된다. 그리고 가변시설은 해상운송과 항공운송이 비교적 많이 소요되고 있다.

(3) 수배송속도의 비교

수배송기관의 발달 및 수배송네트워크의 체계화는 수배송속도를 급격하게 증가시키고 있으며, 항공운송을 이용하여 전세계를 1일 수배송권으로 하는 수배송체계는 물론이고, 우리나라에서 미국까지 2-3일 밖에 안 걸리는 고속컨테이너선의 운영도 눈앞에 두고 있다. 이러한 수배송속도의 신속화는 고객의 다양한 욕구를 충족시키기 위한 첫번째 요소로 작용하고 있으며, 기업의 원자재 및 제품재고를 줄이는 효과는 물론이고 전반적인 물류 효율화에도 크게 기여하고 있다.

표 4-15. 화물 수배송수단의 표준속도

(단위 : kph)

철 도		해 운	자동차	항공기	파이프라인
디젤기관	전기기관	화물선	도시간 화물트럭	터 빈	파이프
55-60	60-70	25-33	35-40	1200-2500	3-6

즉, 수배송수단별 표준속도는 항공기가 가장 빠르며, 그 다음으로는 철도운송이 표준 60kph를 나타내고 있어, 철도운송도 수배송 속도측면에서는 장점을 가지고 있다. 그리고 이를 다시 수배송수단의 총수배송시간과 말단체류시간의 비율을 비교하여 보면, 철도운송은 항공운송이나 해상운송의 경우 보다 말단체류시간이 짧아 비교우위를 가지고 있다고 할 수 있다.

표 4-16. 수배송수단의 총수배송시간과 말단체류시간

(비율 : %)

구성 / 수배송수단	총수배송시간	운송시간		말단체류시간		평균수배송거리
		시간	%	시간	%	km
철 도	82.5	61.2	74.2	21.3	25.8	800
해 운	213.0	68.1	41.4	124.9	58.6	2200
자 동 차	1.6	0.6	37.5	1.0	62.5	12.8
항 공	3.5	1.5	42.8	2.0	57.2	800
파이프라인	114.5	114.5	100.0	-	-	526

주) 터미널에서의 보관시간은 제외

(4) 공로운송과 철도운송의 비교

수배송에 있어서 공로를 이용하는 화물자동차는 세계적으로 가장 널리 이용되고 있는 수배송수단이다. 화물자동차는 비교적 짧은 거리에 있어서 다른 운송수단들에 비해 비교우위를 가지고 있으며, 수배송의 탄력성과 완결성이 강한 장점도 가지고 있다.

한편 철도운송은 대량화물의 장거리 수배송에 적합한 수단이며, 비용도 저렴한 것이 특징이지만, 수배송의 탄력성 및 완결성 측면에서는 비교우위가 떨어져 주로 대량화물의 장거리 간선수송수단으로 이용되고 있다.

표 4-17. 공로와 철도운송수단의 특성 비교

A. 수배송수단별 장·단점

수단 / 구분	공 로	철 도
운 송 거 리	단거리 운송	중·장거리 운송
운 임	단거리 운송에 적합하며 운임은 가장 탄력적이다.	중·장거리 운송시 적합하며 운임은 경직적이다.
기 후	비교적 영향을 받는다.	전천후적이다.
사 고	비교적 안전도가 높지 못하다.	안전도가 높다.
일관운송체제	용이하다.	미흡하다.
중량제한	심하다.	공로에 비하여 덜하다.
화물의 수취	화물의 수취는 대단히 편리하다.	철도역에서의 화물의 수취가 불편하다.
운송시간	비교적 짧은 편이다.	길다.
포장비·하역비	포장비는 저렴하며 하역비는 거의 없다.	비교적 저렴하다.
배차시간	언제나 배차가 가능하다.	시간에 맞는 배차가 적절하지 못하며, 배차시간이 잘 지켜지지 않는다.

B. 수배송의 질 평가 비교

질적 요인 \ 수배송수단	공로수송	철도수송
신속성(Speed)	+ +	+ +
문전처리능력(Door to Door Capability)	+ +	- -
신뢰성(Reliability)	+ +	+ +
안전성(Safety)	+	+ +
편리성(Availability)	+ +	-
탄력성(Flexbility)	+ +	-
에너지효율성(Energy Efficiency)	-	+ +

자료 : UNCTAD, Multimodal Transport and Containerization, 1984.
주 : ++ = 매우 높다. + = 높다. - = 낮다. -- = 매우 낮다.

(5) 화주의 선호도에 따른 운송수단 비교

표 4-18. 화주의 선호도에 따른 운송수단 비교

특성	선호순위
이용의 편리	자동차 > 철도 > 항공 > 해운 > 파이프라인
비 용	파이프라인 > 해운 > 철도 > 자동차 > 항공
속 도	항공 > 철도 > 자동차 > 해운 > 파이프라인
운 송 량	파이프라인 > 해운 > 철도 > 자동차 > 항공
탄 력 성	자동차 > 철도 > 항공 > 해운 > 파이프라인

화주의 선호도에 따른 운송수단을 비교하면, 이용의 편리성에서는 화물자동차를 가장 선호하고 있으며, 비용에서는 파이프라인을, 그리고 속도 면에서는 항공운송을 가장 선호하고 있다. 또한 대량운송성에서는 파이프라인과 해상운송을 가장 선호하고 있으며, 탄력성에서는 화물자동차를 가장 선호하고 있다.

3) 수배송수단의 선택

수배송수단을 비교·평가하여 선택하는 경우에 수배송수단을 선택하는 포인트는 ① 검토요인으로서 화물의 가격과 성질, 화물의 크기와 단위, 송화인과 수화인의 입지조건, 수배송거리 등을 검토하여야 하며, 또한 ② 검토요건으로서는 대량운송인가 또는 소량운송인가, 수배송비, 수배송의 신속성, 수배송의 정확성, 수배송의 편리성, 화물의 파손 가능성 등을 검토하여야 한다.

[그림 4-6] 수배송수단의 선택 포인트

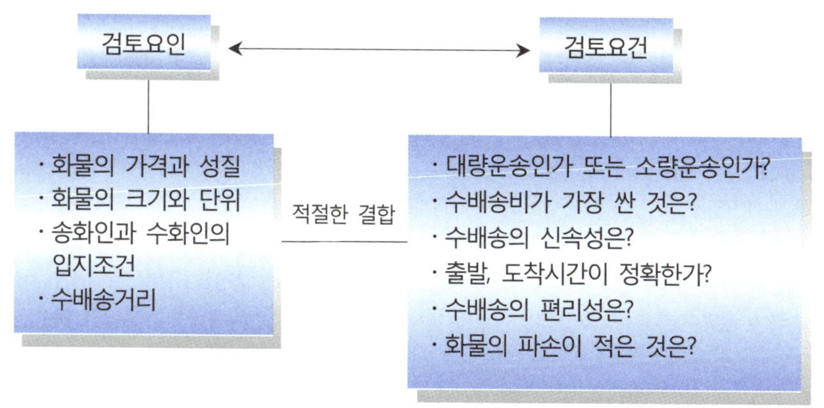

결국 수배송수단의 선택모형은 여러 가지가 있을 수 있으나, 그 하나는 편익/비용의 값이 큰 것일수록 경제적으로 좋은 수배송수단이라고 할 수 있다. 즉,

$$R = \sum_{0}^{T} Bt/(1+r)^{t} \,/\, \sum_{0}^{T} Ct/(1+r)^{t}$$

여기에서, R : 어느 한 수배송수단의 편익/비용 비율

Bt : 어느 수배송수단을 이용하는 경우의 t년도에 발생하는 편익(수배송비 절감, 수배송시간 단축, 쾌적성 등)

Ct : 어느 수배송수단에 대하여 t년도에 발생하는 비용(투자비, 유비관리비, 사고처리비, 교통공해 비용 등)

r : 이자율

T : 수배송시설의 경제적 수명

그리고 수배송수단의 선택을 원가분석 측면에서 비교 · 평가하는 운송유통분석이라는 선택모형에 도입하면 다음과 같다. 즉,

표 4-19. 운송유통분석의 예(I)

	항공운송	해상운송
공장인도가격	5,500	5,500
운송비		
포장비	12	60
공항/해항까지의 수출국내 운송비 및 취급비용	15	50
항공/해상운임	725	130
목적지 공항/해항으로부터의 수입국내 운송비 및 취급비용	9	14
수입세	1,020	940
보험료	14	46
원가 소계	7,295	6,740
운송 중에 묶인 자본비용	7	67
개장/손질/보관료	미평가	미평가
총원가	7,302	6,807
원가차익	+8%	
시간이익	38일	

표 4-20. 운송유통분석의 예(II)

	항공운송	해상운송
공장인도가격	2,600	2,600
운송비		
포장비	19	53
공항/해항까지의 수출국내 운송비 및 취급비용	5	20
항공/해상운임	117	12
목적지 공항/해항으로부터의 수입국내 운송비 및 취급비용	13	43
수입세	130	134
보험료	6	7
원가 소계	2,890	2,869
운송 중에 묶인 자본비용	4	34
개장/손질/보관료	미평가	미평가
총원가	2,894	2,903
원가차익	+0.7%	
시간이익	41일	

〈표 4-19〉는 런던에서 일본으로 수출하는 직물에 대한 운송유통분석의 예이고, 〈표 4-20〉은 런던에서 남아프리카로 수출하는 전기기구에 대한 운송유통분석의 예이다. 〈표 4-19〉의 경우 수배송비는 해상운송을 하는 것이 항공운송을 하는 것 보다 적게 드는 것으로 나타나고 있지만, 〈표 4-20〉의 경우는 항공운송을 하는 것이 해상운송을 하는 것 보다 수배송비가 더욱 적게 드는 것으로 나타나고 있다. 이와 같이 운송화물의 종류나 운송거리 등에 따라서는 수배송수단의 선택을 달리하여야 하는 경우도 있으므로, 종합적인 분석을 통한 수배송수단의 선택이 중요한 의미를 지니는 것이다.

3. 공동수배송

1) 공동수배송의 의의

(1) 공동수배송의 개념

오늘날 수배송물류에서 가장 특징적인 것은 소량·다빈도 수배송의 진전이다. 즉, 고객의 욕구가 극도로 다양화되어 가고 있고, 또한 각 제품의 유통단계에서의 재고압축이 가중되고 있어, 발주단위의 소량화, 발주회수의 다빈도화가 급속으로 진행되어 소량·다빈도 수배송이 빈번하게 발생하고 있다.

이와 같은 소량·다빈도 수배송 요구의 증가는 기업의 재고정책과 밀접하게 관련되어 있기 때문에 많은 문제점을 유발시키고 있다. 즉, 기업들의 극단적인 재고삭감정책은 품절빈도를 증가시키고, 다빈도 수배송을 넘어선 긴급 수배송을 유발할 가능성이 다분하며, 이것은 고객들로 하여금 엄격한 납입조건의 강화를 초래한다. 그 일례가 시간지정 수배송이다.

그런데 이러한 긴급 수배송이나 시간지정 수배송은 납입업자측의 물류비, 특히 수배송비의 증가를 초래한다. 또한 최근에는 트럭운전자 등 물류인력의 확보가 대단히 어려워지고 있고, 특히 3D산업이라는 사회적인 인식 때문에 젊은 청장년층의 인력을 채용하는 것 자체가 어려운 실정이다. 그러므로 이와 같은 물류서비스 요구의 고도화와 노동력 확보문제를 동시에 극복할 수 있는 대책마련이 주요한 물류과제로 대두되고 있는데, 이 해결방법 가운데 하나가 공동수배송이다.

즉, 공동수배송은 종전의 각 기업별 수배송 방식에서 화주 또는 운송업자가 공동으로 통합하여 수배송하는 방식으로 전환함으로써 물류서비스의 제고, 차량적재 효율의 향상, 공차율의 감소 및 수배송비의 절감 등을 도모하는 것으로, 수배송의 효율화를 극대화할 수 있는 기법이다.

이와 같은 공동수배송은 주로 집배송, 보관 등을 업체간에 공동화하는 것으로, 공동화에는 동종업종간이나 이업종간의 공동화가 모두 적용된다. 공동수배송의 발전단계는 다음과 같다.

제1단계 : 물품의 보관·재고관리를 공동으로 하면서 공동배송하는 경우와 공동집화하는 경우 등 두 가지로 나누어 공동업무를 수행한다.

제2단계 : 물품을 공동보관하는데 있어서 주로 공동집배송을 동시에 추진하는 단계이다.

제3단계 : 물품을 공동보관하는 동시에 공동수주시스템을 도입하는 단계이다.

제4단계 : 물품의 공동보관, 공동이용, 공동집배송 및 동일정보망 이용의 단계이다.

그런데 여기에서 이업종기업간에 공동집배송을 시행하는 경우에는 다음과 같은 점에 유의해야 한다.

① 집배송의 지역적 특성을 고려하고 배송선(화주)의 분포상황을 면밀히 검토하여야 하며, 이 경우 배송선이 집배송지역 내에 산재하는 경우가 더 효과적이다.

② 상품특성에 유사성이 있어야 한다. 만일 대형상품과 소형상품, 그리고 로트출하와 단품출하의 경우에는 보관·피킹·수배송 등을 별도로 해야 하기 때문에 공동화의 효과가 그 만큼 반감된다.

③ 보관특성이 유사한 경우가 좋다. 만일 중량물과 경량물, 대형과 소형, 로트화물과 단품의 경우에는 보관특성이 서로 달라 공동화의 이점은 감소된다.

④ 하역특성이 유사한 경우가 좋다. 만일 보관특성이나 상품특성에서와 같이 유사성이 없을 때는 사용기기 및 설비가 서로 달라 작업효율이나 설비투자 효율면에서 공동화의 효과가 반감될 수밖에 없다.

⑤ 정보시스템의 특성이 유사한 경우가 좋다. 만일 정보시스템의 특성에 차이가 있으면 프로그램 면에서 생산성이 떨어지며, 컴퓨터시스템 자체의 가동성이 떨어진다.

(2) 공동수배송의 필요성

우리나라 기업이 공동수배송을 운영하고 있는 실정은 제조업 8.9%, 유통업 6.4%, 운수 창고업 16.4%로서 그 활용도가 매우 미약한 것으로 나타나고 있다. 그런데 최근 기업경영을 둘러싸고 있는 물류환경은 수배송 물류서비스의 고도화를 요구하고 있으므로, 앞으로는 수배송의 효율화에 있어서 이와 같은 공동수배송 구현의 필요성이 절대적이라고 하겠다. 공동수배송의 필요성은 다음과 같다.

① 고객 또는 납품업자의 물류 효율화 요구

납품업자 측이나 고객 측에서의 물류효율화 요구에 따라 공동수배송의 필요성이 증대되고 있다. 즉, 최근 들어 다빈도·소량 수배송, 긴급 수배송, 시간지정 수배송 등에 대한 요구증가는 소매점에 납품하는 도매업자나 메이커의 수배송차량의 적재율을 떨어뜨려 수배송비를 증가시키고 있으며, 고객측인 소매점에서는 소량·다빈도 납품으로 매일 여러 대의 차량이 납품을 하는 통에 혼잡을 겪고 있고, 심한 경우에는 검품작업이 제대로 이루어지지 못하는 경우도 있다.

이에 따라 납품업자와 고객 측의 요구가 상호 일치하여 공동수배송이 요구되고 있다. 즉, 백화점에의 공동납품, 양판점에의 지정납품업자제도에 의한 공동납품, 편의점에의 공동배송 등은 바로 이러한 동기에서 실현되고 있는 것이다.

② 운송업자의 수배송 효율화 요구

운송업자 측의 효율화 필요성에 따라 공동수배송의 필요성이 증대되고 있다. 즉, 상점가나 사무실이 운집한 곳 등 건물의 집적도가 높은 곳에서는 주·정차공간의 부족, 주·정자 금지 등으로 수배송차량의 도로상의 상하역 작업이 자유스럽지 못할 뿐만 아니라 고층빌딩에서의 상하역도 공간부족으로 인해 효율성이 떨어지고 있어 운송업자나 납품업자의 집배송 효율이 전반적으로 크게 떨어지고 있다. 그러므로 운송업자를 중심으로 공동수배송의 필요성이 요구되고 있다.

③ 사회적인 요구

대부분의 경우 화물자동차에 의한 도로혼잡 및 정체, 대기오염, 소음과 진동 등의 환경오염문제가 제기되어 물류의 사회적인 문제가 대두되고 있다. 그러므로 화물자동차의 교통량을 억제하여 이러한 사회적인 물류문제를 해결하면서, 동시에 물류효율화도 기하기 위해 공동수배송이 요구되고 있다.

[그림 4-7] 화주의 공동수배송 실시 동기

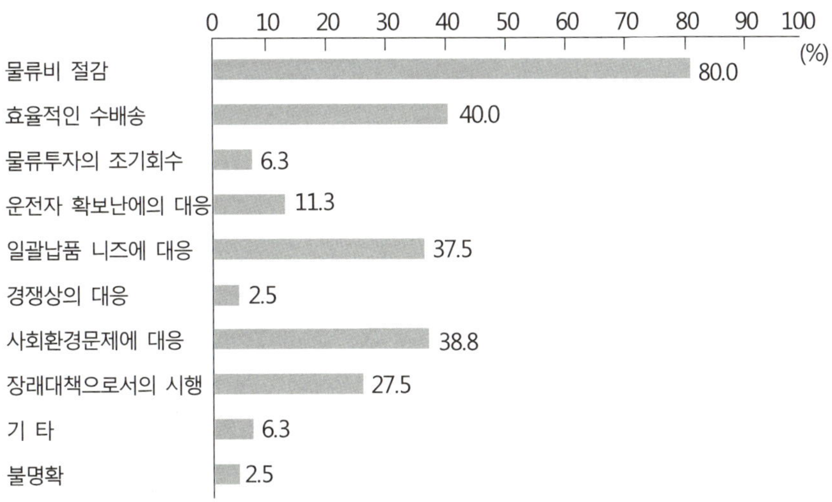

즉, 공동수배송을 추구하는 동기는 물류서비스를 고도화하고, 수배송 효율화를 통해 물류비를 절감하는 것이며, 또 하나는 도로 교통혼잡 등 사회적인 환경문제를 개선하는 것이다. 그러므로 국가적으로도 공동수배송센터의 조성 및 이를 위한 융자제도가 마련되고 있으며, 도매업자나 창고업자들이 운집한 지역으로의 공동수배송에 대한 행정지도와 함께 저리자금융자나 공동집배송단지 조성지원 및 행정지원책이 제공되고 있다.

2) 공동수배송의 전제조건

공동수배송을 효율적으로 추진하기 위해서는 일정한 조건이 전제되어야 한다. 즉, 공로운송을 중심으로 한 공동수배송의 전제조건은 다음과 같다.

첫째, 일정지역 내에 유사영업과 수배송을 실시하는 복수기업이 존재하여야 한다. 이것은 동종 경쟁업체나 유사업체 및 화물내용이 유사한 이종업체 간에 수배송 구역이 일정하여야 공동수배송이 가능하기 때문이다.

둘째, 수배송조건상 대상기업간에 서로 유사성이 있어야 한다. 즉, 공동수배송은 대상기업간에 의약품이면 같은 약품류, 그리고 음료수면 동종의 음료수류 등 수배송조건이 유사할 때에 차량이나 수배송조건을 표준화하여 공동수배송의 효과를 극대화 할 수 있기 때문이다.

셋째, 공동수배송에 대한 이해관계가 일치하여야 한다. 즉, 공동수배송을 실시하기 위해서는 이에 대한 이해도가 일치하거나 인식도가 동일한 수준이어야 하며, 동시에 이를 통한 서비스 제고, 비용과 시간의 절약이 가능하다는 구체적 자료가 제시되어야 한다.

넷째, 공동수배송을 위한 간사회사의 존재이다. 즉, 공동수배송을 실시하는데 주된 역할을 담당할 지도적 업체가 있어야 하며, 지도적 업체는 공정한 회계처리와 물류시설의 관리를 통해 상호간의 신뢰도를 높여야 한다.

3) 공동수배송의 도입 효과

공동수배송을 도입하는 주된 목적은 물류서비스를 고도화하고, 수배송 효율화를 통해 물류비를 절감하는 것이며, 또 하나는 도로교통 혼잡 등 사회적인 환경문제를 개선하는 것이다. 이와 같은 공동수배송의 도입효과를 열거하면 다음과 같다.

① 적재율의 향상에 따른 수배송량 증가와 물품의 파손 및 도난 방지
② 첨단 물류기기의 공동구입에 따른 각 기업별 비용절감
③ 각 가맹사간에 전산망을 통해 출하작업의 시스템화 가능
④ 사무자동화를 통해 공동물류회계 및 화물정보 공유 가능
⑤ 요금체계를 명확히 함으로써 요금계산을 정확하고 간단하게 수행
⑥ 동일지역 및 동일 배송선에 대한 중복 교차배송을 피하고 공차율을 축소
⑦ 소량화물의 공동수배송에 따라 차량대수의 감소와 교통체증 감소를 통한 기동

성 향상

⑧ 소수의 차량으로 물품 수배송의 전국화(오지 및 벽지에의 수배송)와 문전배송의 효율화 가능

⑨ 자가용 화물차의 등록 용이와 부가가치세 및 보험료 절감

⑩ 정보시스템의 일원적 관리를 통해 물류센터나 창고 내 정보시스템의 효율적 사용이 가능

⑪ 수취인에게 수납회수를 줄이고 고객의 검품생산성을 향상

⑫ 집배화물의 계절적인 조절이 가능하여 차량의 운용효율이나 보관 및 하역작업의 효율 향상

⑬ 관리비를 절감하고 전체적인 물류비를 절감

이상과 같은 공동수배송의 도입효과를 통해 물류비를 획기적으로 절감할 수 있으며, 또한 이로 인해 고객서비스의 대폭 향상을 기할 수 있어 고객(화주)에게 보다 저렴한 값으로 보다 신속·정확하게 물품을 수배송할 수 있게 된다. 따라서 고객으로부터의 크레임을 줄일 수가 있고, 고객으로부터의 불만이나 고충에 대한 정보를 각 사가 공동으로 얻을 수 있어 데이타를 정량화한다든지 물류품질의 사내표준화도 쉬워지게 된다.

표 4-21. 공동수배송의 도입 효과

구 분	참여기업의 효과	사회적인 효과
납품회사측 효과	·차량적재효율 향상에 의한 수배송비용의 절감 ·인력부족에 대처 가능 ·수배송업무의 효율화 ·차량 및 시설투자 증가 억제 ·고객에 대한 수배송 빈도향상으로 신뢰성 증가 및 판매증대 ·영업활동과 수배송업무의 분리를 통한 영업활동의 효율화	·물류비의 감소 ·트럭교통량의 삭감에 의한 환경보전
고객측 효과	·고객측 입고부문의 교통혼잡 완화 ·검사 등 일선업무의 효율화 ·납품빈도 증가로 품목확보, 선도향상, 재고압축 가능	·교통혼잡 완화에 의한 환경보전

4) 공동수배송의 기본적인 접근방법

공동수배송은 기본적으로는 기업이 개별적인 수배송에 의한 것보다 저렴한 비용으로 고객들에 대한 수배송서비스의 향상을 도모하는 것이 최대의 포인트이다. 즉, [그림 4-8]

[그림 4-8] 공동수배송의 기본적인 접근방법

· 소량 · 다빈도 배송 전
A, B 각 사 배송차 1대로
X, Y지역에 격일 배송

· 소량 · 다빈도배송에 의한
서비스수준 변경 후
A, B 각 사 배송차 2대로
X, Y지역에 매일 배송

· 공동수배송의 실시 후
A, B 양 사는 공동수배송을 하는 것에 의해, 2대의 차량으로 X, Y지역에의 매일 배송을 실현

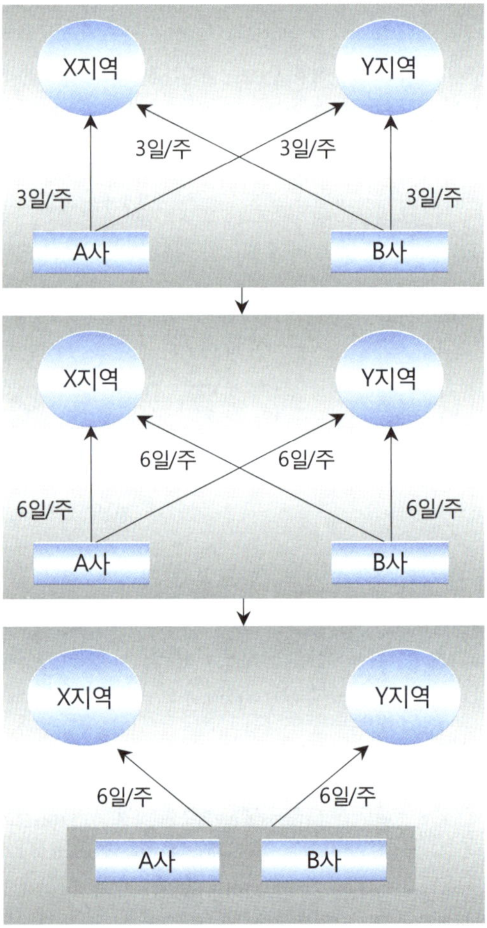

에서와 같이 A, B 두 기업이 있고, 수배송지역은 X와 Y지역으로 주 3일 배송을 하고 있으며, 이것을 각각 차량 1대로 소화하고 있다고 하자.

그런데 최근 들어 양 지역의 고객들로부터 소량·다빈도배송이 요구되어 배송량이 변함에 따라 A, B회사는 각각 차량 1대씩을 더 용차하여, 주 3일 배송에서 매일 배송으로 서비스향상을 추구하기로 하였다. 그런데 이 때문에 A, B 각사는 용차에 따른 비용증가와 더불어 이전 보다 차량적재율이 감소하여 효율성이 크게 떨어지는 배송이 이루어지게 되었다. 또한 사회적으로도 이러한 기업들이 증가하여 해당 지역의 교통혼잡을 일으키는 것은 물론 환경오염문제까지 유발하고 있다.

이에 A, B 두 회사는 차량 1대씩을 공동으로 이용하여, X, Y지역에 1대의 차량을 배차시킴으로써 매일 배송을 가능하게 하고, 아울러 차량사용대수는 각사가 개별적으로 수배송하는 경우의 절반으로 줄일 수 있었다. 즉, A, B 두 회사는 이전과 동일한 비용으로 고객에 대한 배송서비스의 향상을 도모할 수가 있게 된 것이며, 더욱 A, B 두 회사 이외에 다른 기업들도 이러한 공동수배송에 같이 참여하게 된다면 규모의 경제성에 따라 이전보다도 더욱 저렴한 비용으로 고객에 대한 서비스향상을 실현할 수 있게 될 것이다.

5) 공동수배송의 유형

(1) 체인점에의 공동납품

백화점, 양판점, 연쇄점 등의 각 체인점에의 납품효율화와 검품작업의 효율화를 위해 납품업자들로부터 물품을 납품센터로 집약하여 각 점포에 공동배송하는 경우이다.

납품센터는 이들 체인점들이 직접 설립하여 관리하는 경우가 대부분이지만, 운송회사가 납품센터를 설립하여 납품대행을 하고 있는 경우도 있는데, 이러한 업태를 물류벤더업이라고 한다.

[그림 4-9] 체인점에의 공동납품

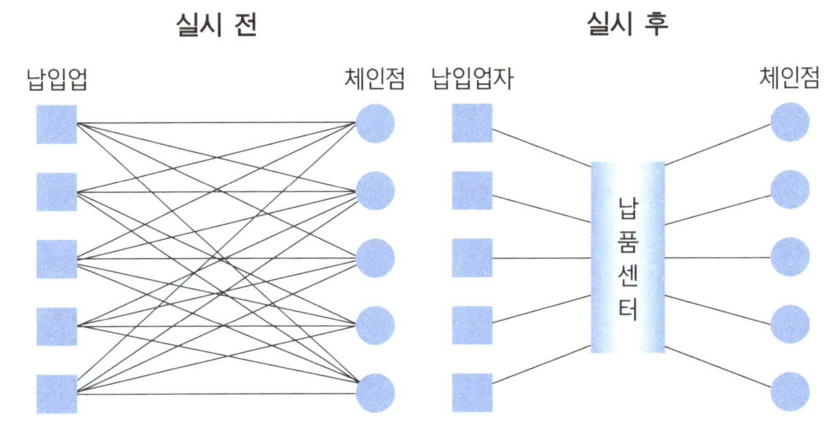

(2) 지정납품업자에 의한 공동납품

대형양판점 등이 납품업자를 지정하여 점포로 일괄납품을 하는 것으로, 지정된 납품업자가 운송회사인 경우와 창고업자인 경우가 있다. 이 경우 지정납품업자는 다른

[그림 4-10] 지정납품업자에 의한 공동납품

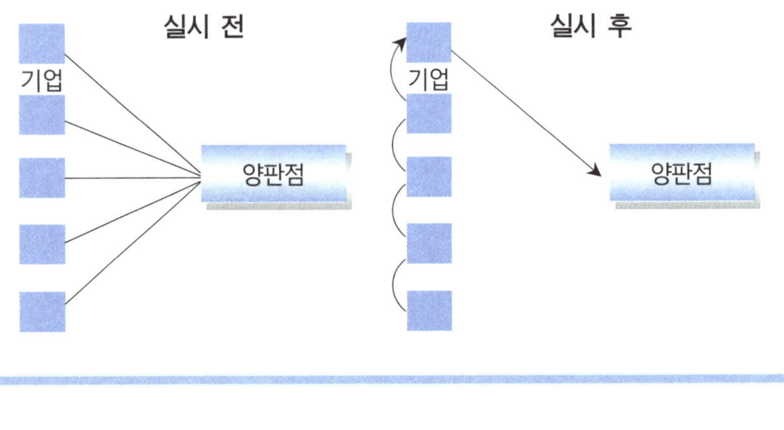

회사의 물품도 동시에 동일 화물차량에 실어 수배송을 하는 것이 가능하기 때문에 공동배송을 하는 결과가 된다. 이와 같은 지정납품업자에 의한 공동납품은 대형양판점 외에도 편의점체인 등이 실시하고 있는데, 주로 대형창고업자가 지정납품업자 역할을 하고 있다.

(3) 도매유통단지나 소형배송센터에서의 공동배송

중소도매업자들의 공동집배송단지인 도매유통단지 또는 소형배송센터 등에서 물품을 집약하여 판매선이나 소매점으로의 공동배송을 실시하는 것이다. 그리고 도심지에 있는 소형배송센터로 배송하거나 도심지의 상가밀집지역으로 도매업자들이 공동배송하는 경우도 있다.

[그림 4-11] 도매유통단지에서의 공동집배송

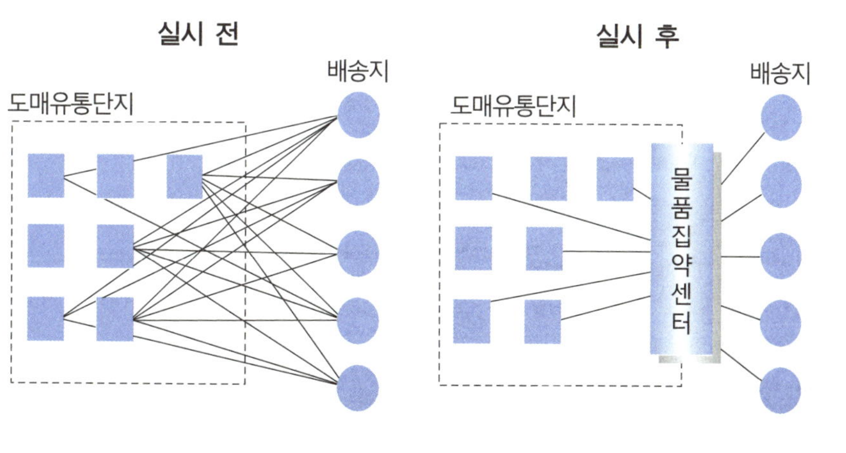

(4) 운송업자에 의한 공동집배송

트럭운송업자가 도시의 상업지구나 사무실 밀집지역을 대상으로 물품의 집배송을 공동화하는 경우이다.

[그림 4-12] 운송업자에 의한 도심지 공동집배송

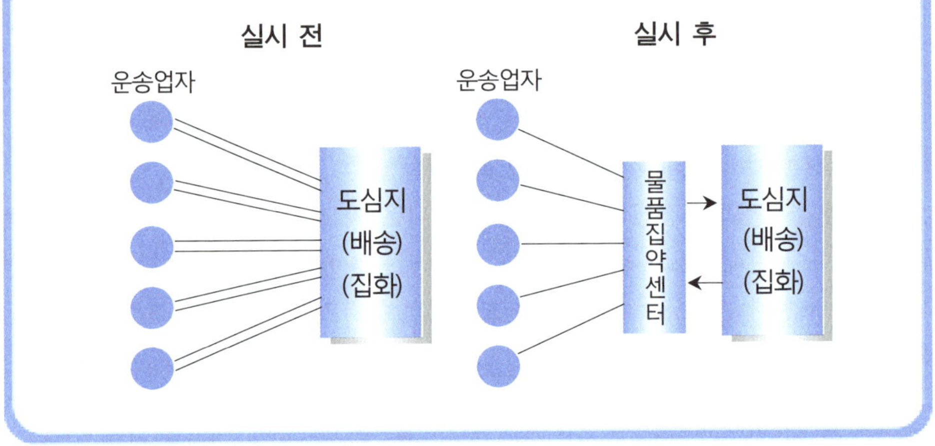

4. 복합일관운송

최근 단일 운송수단 보다는 여러 운송수단을 결합한 수배송서비스 형태가 크게 부각되고 있다. 이것은 소비자의 소비행태변화에 따른 제품생산의 다품종 소량화, 출하단위의 소품화 및 수배송물류서비스 요인의 구조적인 변화 등으로 인하여 종전과 같이 가격요소가 수배송수단 선택의 절대적인 요인으로 작용하는 것이 아니라, 수배송의 신속성, 안전 · 정확성 및 편리성에 주안점을 둔 완전한 Door to Door 서비스의 요구가 크게 대두되고 있기 때문이다.

그러므로 앞으로는 육 · 해 · 공 수배송서비스를 연계한 Door to Door 일관운송체제를 구축하는 것이 절대적으로 필요하며, 또한 컨테이너, 파렛트 등 표준화된 운송용기와 물류기기의 적절한 사용 및 효율적인 네트워크를 구축하는 것이 필요하다.

1) 컨테이너 일관운송시스템

컨테이너가 출현하여 운송혁명을 이룩할 수 있었던 요인은 이 컨테이너 운송체제가 표준화된 운송용기를 사용함으로써 운송활동은 물론이고 하역 · 보관 · 포장 등의 물류활동을 육 · 해 · 공 어느 운송수단을 막론하고 원활하게 수행할 수 있었기 때문이며, 아울러 컨테이너 운송용기를 이용하여 완전한 Door to Door 서비스체제로서 일관운송시스템을 구축할 수 있었기 때문이다.

물론 이와 같이 육 · 해 · 공 운송수단을 연계하여 컨테이너 일관운송시스템을 구축하기 위해서는 중앙에 전체적인 통제를 할 수 있는 종합적인 조직과 물품, 서류흐름에 대한 정보의 공유 및 통신이 필요한데, 이를 일관성 있게 처리하기 위한 수단이 물류정보시스템이다. 즉, 컨테이너 일관운송시스템이 효율적으로 운용되기 위해서는 다음과 같은 체제 및 운용이 필요하다.

(1) 컨테이너 일관운송시스템의 계획

컨테이너 일관운송시스템을 구축하는 첫 번째 단계는 운송용기인 컨테이너의 건조와 이를 취급하는 장소인 컨테이너 터미널의 입지선정 및 컨테이너 터미널에서의 각종 물류기기의 설비를 비롯하여 컨테이너트럭, 컨테이너선 등을 비롯한 운송기관을 준비하는 등 설비투자에 대한 각종 계획을 세우는 것이다.

이러한 컨테이너 일관운송시스템 계획의 주요한 내용은, 첫째로 그 설비투자와 자금계획 및 영업수지 등을 비교하여 그 투자효율성을 평가하는 것이며, 둘째로 물동량의 추이에 따른 수요예측을 하여 운송경로를 선택하고, 아울러 컨테이너화에 적합한 화물의 발굴 및 컨테이너화물을 보관하고, 연계운송 할 컨테이너 터미널의 입지선정과 물류기기 설비를 계획하는 것이다.

(2) 주문처리시스템(Booking Control System)

경영활동 중 판매계획의 설정, 수주 및 수주처리, 입고 및 출고, 판매기록 및 분석 등을 관리하는 판매시스템의 구축은 영업정책상 중요한 요소이다. 이 판매시스템을 이용하여 주문처리와 관련된 일련의 물류활동을 통제 · 관리하게 되며, 컨테이너 자체의 이동을 통제 · 관리하기 위한 시스템인 컨테이너 통제시스템(Equipment Control System)까지도 이 주문처리시스템의 한 영역이라고 할 수 있다.

[그림 4-13] 컨테이너 일관운송시스템

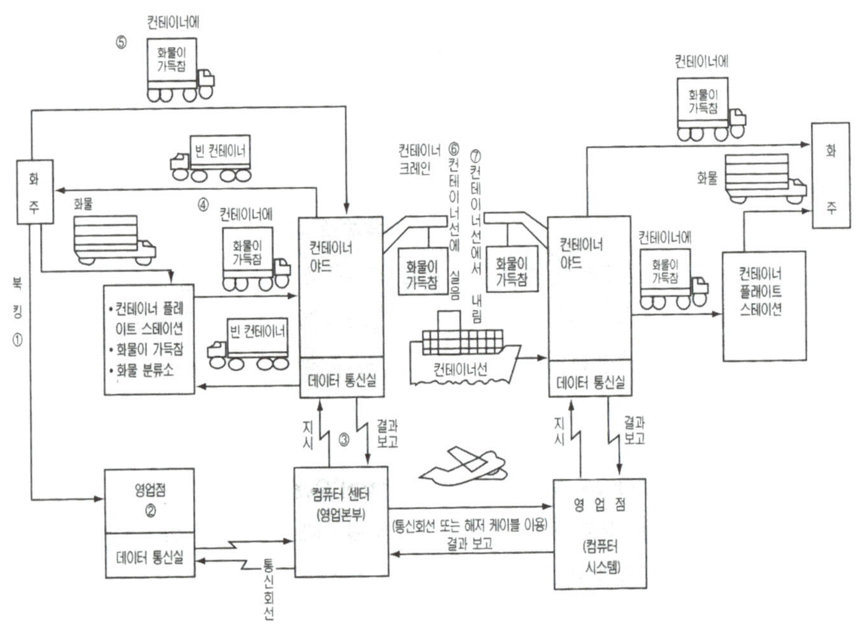

즉, 이 주문처리시스템은 화물의 집화단계에서부터 통제 · 관리하게 되며, 각 점소에서의 집화량 및 집화상태를 파악하여 중앙터미널로 전송하게 되고, 이를 종합하여 컨테이너운송에 필요한 컨테이너 트레일러 등의 물류기기의 적정배치 및 효율적인 운용을 모색하는 동시에 컨테이너 터미널에서의 각종 작업계획을 세우는 등 컨테이너 일관운송을 위한 종합적인 통제 · 관리를 수행한다.

(3) 컨테이너 터미널의 관리시스템

컨테이너일관운송이 점차 대량화 · 신속화 · 규칙화됨에 따라 그 운송관리를 잘 하는 것이 매우 중요하게 되었으며, 다른 운송수단과의 연계운송을 비롯하여 전반적인 운송조정을 하는 것이 필요하다. 즉, 내륙 각지에서 자동차나 철도 등의 육상운송을 거쳐 컨테이너 터미널에 집화된 컨테이너화물은 항공운송이나 해상운송을 통하여 목적지로 연계 운송되며, 이때에 컨테이너 터미널에서는 과도한 보관 및 화물 적체나 지연현상이 발생하지 않도록 그 수급을 조정하는 것이 필요한데, 이와 같은 관리·조정에 필요한 시스템이 컨테이너 터미널의 관리시스템이다.

그러므로 이러한 컨테이너 일관운송시스템은 종전의 운송체제에 비해 그 성격과 요소에 있어서 두드러진 변화를 보이고 있는데, 즉

① 단순화 - 복합화
② 적정화 - 대형화
③ 개별화 - 공동화
④ 부분적 효율화 - 전체적 효율화
⑤ 기업단위 - 그룹단위

등으로 변화하고 있으며, 그 특징은 하드적인 것에서 소프트적인 시스템화로 이행되고 있는 것을 보여 주고 있다.

2) 철강일관운송시스템

철강일관운송시스템은 생산 후 고객에게 물품이 인도될 때까지의 판매물류영역을 포함하는 광범위한 것으로, 기본적으로는 원자재와 제품의 재고관리에서부터 시작하여 각 영업소, 물류센터 및 공장을 연결하는 종합적인 시스템이다. 즉, 생산계획에 따라 원자재의 JIT 개념에 입각한 수급에서부터 시작하여 생산된 제품을 소비자에게 수배송하기 위한 일련의 시스템으로 구성되어 있으며, 이러한 시스템의 운영으로 재고감축은 물론이고, 물류비용의 절감을 통하여 전반적인 생산성 제고와 물류효율화에 기여하게 된다.

[그림 4-14] 철강 일관운송시스템

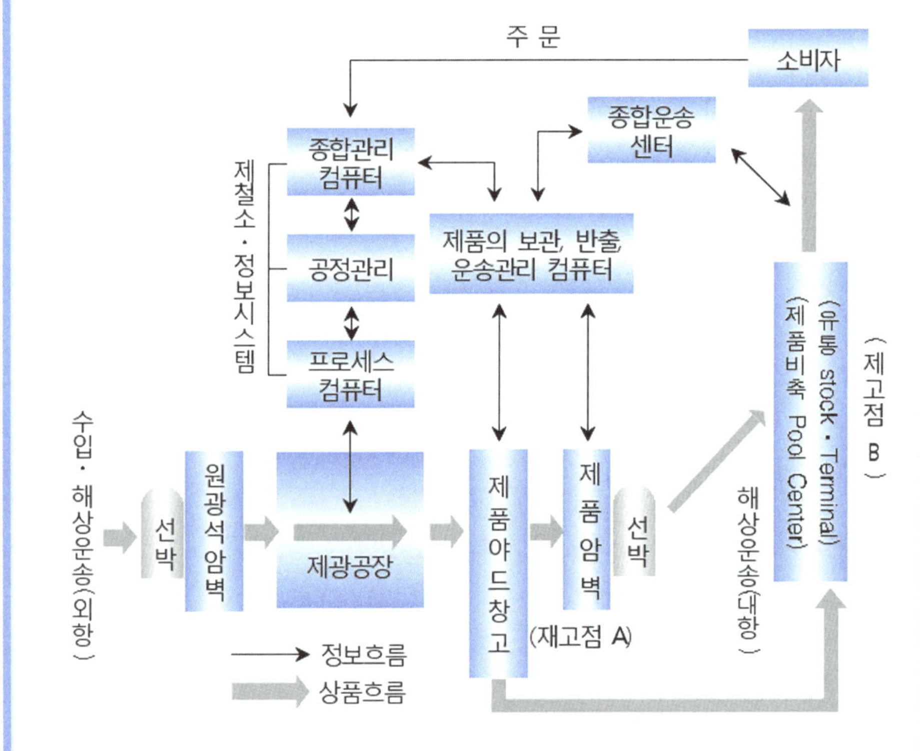

즉, 이 철강일관운송시스템은 각각의 개별 기능요소 보다는 종합적인 프로세스 중심으로 체계화되어 있으며, 물류활동 중 수배송비의 절감, 대량 출하, 효율적인 수배송루트의 설정 등에 초점을 맞추어 물류 효율화를 기하도록 구축되어 있다.

제5장 하역물류시스템

제1절 하역물류의 의의

1. 하역물류의 개념

하역물류는 물품의 운반, 수배송 및 보관과 관련하여 일어나는 일련의 작업을 의미하는 것으로, 운반을 위해 운반장비에 물품을 올리고 내리는 활동, 수배송을 위해 운송수단에 물품을 올리고 내리는 작업, 창고(물류센터)에의 보관을 위해 물품을 보관랙에 올리고 내리는 일련의 활동 및 수출입 물품의 항만·공항하역 등을 의미한다.

또한 하역물류와 동일 의미에서의 머티리얼 핸드링(운반하역관리: Material Handling)은 물자를 운반, 저장, 통제하는 것으로 일종의 물자운반이라고 할 수 있다. 이것은 필요한 양의 적합한 물자를 필요한 장소에, 적절한 시간에, 올바른 순서대로, 정확한 위치에, 손상되지 않은 채로, 적절한 가격으로 공급하기 위해 적합한 방법으로 취급하는 행위를 말한다.

그러므로 하역물류의 범위는 매우 넓으며, 하역이라는 용어도 Loading, Unloading이라는 원어에서 해상운송수단에의 선적, 양륙 및 육상운송수단에의 상·하차, 항공기에의 기적, 그리고 보관랙에의 적재 등 다양하게 사용되고 있다.

즉, 하역물류는 물품을 취급하고 이동시키며, 상·하차하는 행위 등의 주로 물품의 상하 이동행위를 총칭하는 개념으로, 그 대상범위는 매우 넓다. 주로 하역물류는 수배송 및 보관행위와 관련하여 발생하는 보조적인 작업으로서 수배송, 포장 및 보관물류를 연결하는 기능이 강하다. 그러므로 하역물류는 항만하역, 수배송 하역, 생산공장 하역, 창고 및 물류센터 하역 등이 포함되며, 또한 물품의 종류에 따라서는 대형물품 하역, 중량물품 하역, 소형물품 하역, 액체물품 하역 등이 있으나, 물류관리시스템에서는 물류활동의 다른 기능, 즉 수배송, 보관, 포장, 유통가공 및 정보시스템과 연계된 개념하의 하역물류가 중요하다.

표 5-1. 하역물류의 종류와 형태

구분	세부	내용
시설(장소)에 따른 분류	자가용 시설하역	공장, 자가용창고, 배송센터 등의 화물의 출하시설이나 장소에서의 하역
	사업용 물류 시설하역	복합(트럭)터미널, 공항, 역, 보세창고, 터미널, 항만하역
운송수단에 따른 분류		트럭하역, 화차하역, 선박하역, 항공기하역
화물형태에 따른 분류	개별하역	상자, 대 등 포장 단위별 명칭의 하역 또는 대형화물 등의 하역
	유닛로드	파렛트, 컨테이너 등 유닛화 하기 위해 사용되는 명칭 또는 집합포장 등의 상태를 나타내는 하역
	비포장화물	분립체, 액체 등 물품을 운송수단, 화물탑재설비 또는 저장설비에 직접 적재, 입출고하는 화물
하역기기에 따른 분류		운반기하역, 기중기하역, 포크리프트하역

이러한 하역물류는 다른 물류활동 분야에 비하여 일반적으로 기술진보가 늦어지고 있으며, 오늘날 아직도 인력에 의한 수작업 형태로 이루어지는 의존도가 높아서 가장 낙후된 분야로 지적되고 있다. 즉, 종래 하역물류는 인력의 수작업에 의한 형태로 이루어지는 것이 당연시 되어 왔으며, 조금 현대화된 형태가 경사면을 이용한 상・하차, 지게차 등을 이용한 하역작업 등이었다. 그리고 이러한 인식의 뿌리가 깊어

[그림 5-1] 하역물류시스템 분류체계

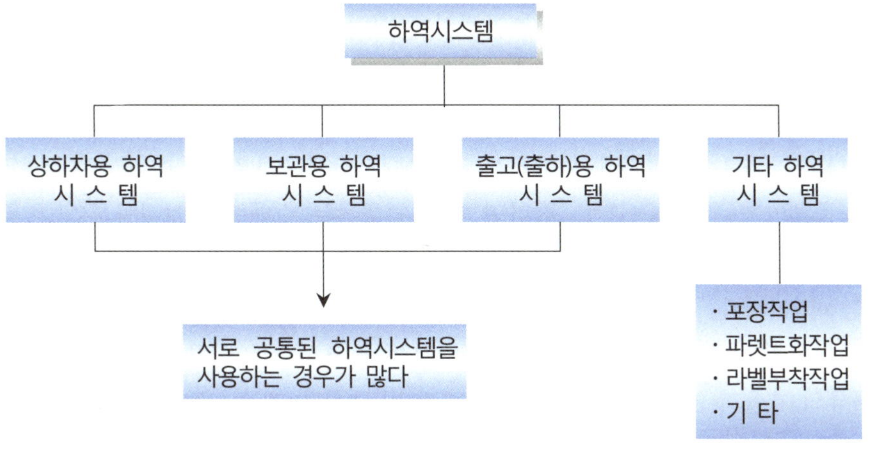

오늘날 자동화·기계화를 통한 하역물류의 효율화를 기하려고 하여도 다소의 벽에 부딪치는 이유가 여기에 있는 것이다.

이 하역물류가 효율적으로 이루어지기 위해서는 다양한 하역물류의 대상범위를 이해하고, 이를 시스템적으로 체계화하는 것이 중요하다. 이를 위해서는 우선 하역물류시스템의 분류와 그 기능을 체계화하여야 한다.

그리고 이와 같은 하역물류 효율화의 주요한 목적은 하역작업에 필요한 시간, 노력, 경비를 절감하고, 다른 물류기능과 조화를 이루어 종합적인 물류기능의 향상을 도모하는 것이며, 이를 통하여 물류비의 절감은 물론이고, 물류활동의 신속·정확성과 안정성 확보를 도모하는 것이다.

2. 하역물류의 기능

물류활동의 흐름이 수배송과 보관행위에 의하여 연결되어 이루어지는 것이라면, 하역물류는 연결하는 곳의 접착제 역할을 수행하는 것이라고 할 수 있다. 그러므로 하역물류는 보관물류가 행하여지는 물류거점이나 수배송물류의 말단활동에서 발생하거나, 또는 운송수단간에 환적하는 작업에서 발생하게 된다. 따라서 수배송과 보관이 물류의 기본 활동이라고 한다면 이 하역물류는 수배송과 보관물류가 효율적으로 이루어지도록 보조하는데 있어서 자연적으로 발생하는 것이라고 할 수 있다.

즉, 하역물류는 원자재의 수배송에서부터 생산 및 상품의 소비지까지의 물류흐름에 있어서 수배송, 보관, 포장 등과 관련하여 보조적으로 이루어지는 활동이며, 하역물류의 효율화 여부는 물품의 이동, 보관 및 물품의 파손, 오손, 분실 등에 직접적으로 관련될 뿐만 아니라 내용물의 보호를 기본 목적으로 하는 포장물류에도 많은 영향을 미친다.

그러므로 하역물류의 주요한 기능은 수배송 및 보관물류를 수행하는데 있어서 그 물류활동이 연결되어 원활하게 이루어지도록 하는 기능이 가장 크다. 즉, 기능적으로 보면 하역물류는 수배송, 보관 등의 물류활동의 일부를 형성하고 있는 하역물류 자체의 기능 보다는 수배송이나 보관물류의 효율 향상을 지원하는 기능이 크다.

3. 하역물류의 요소

하역물류의 6요소는 적하, 운반, 적재, Picking, 분류, 정돈 등이다.

① **싣고 내리는 것**(적하) : 운송수단 등에 물건을 싣고(적입) 내리는(적출) 것을 말하며, 특히 컨테이너에 물품을 넣고(Vanning), 꺼내는 것(Devanning)을 포함한다.

② **운반** : 물품을 공장 또는 물류센터 등에서 비교적 단거리로 이동시키는 것을 말한다.

③ **적재**(쌓는 것) : 물품을 물류센터 등 정해진 보관시설 장소로 이동하여 정해진 위치와 형태로 쌓는 것을 말한다.

④ Picking : 보관장소에서 물품을 꺼내는 것을 말한다.

⑤ **분류** : 물품을 폼종별, 목적지별, 고객별 등으로 분류하는 것을 말한다.

⑥ **정돈** : 출하하는 물품을 운송수단 등에 바로 실을 수 있도록 구색을 갖추어 정돈하는 것을 말한다.

제2절 하역물류의 효율화

1. 하역물류의 효율화 원칙

하역물류는 작업의 이동수를 줄이고, 단순화·최소화함으로써 하역비를 줄이고, 효율적인 하역작업이 될 수 있다. 하역물류의 효율화 원칙은 다음과 같다.

① **하역물류의 경제성 원칙** : 하역작업의 단순화, 화물의 파손·오손·분실의 최소화, 하역작업의 톤/킬로의 최소화와 하역투자의 최소화를 도모하는 원칙이다.

② **이동거리 및 시간의 최소화 원칙** : 이동 물동량에 이동거리 및 시간을 곱한 값의 최소화를 도모하는 원칙이다. 즉, 이동거리와 시간은 물류비와 직접 연결되기 때문에 이 최소화 원칙은 중요하다.

③ **유닛화 원칙** : 물품을 유닛화하여 파렛트 및 컨테이너와 조합함으로써 화물의 손상·분실을 없애고, 하역작업의 효율화를 기하는 원칙이다. 즉, 취급화물을 한 개씩 개개로 취급하지 않고 미리 일정의 중량과 용적의 표준량을 정하여 하나의 포장단위로 하역작업을 하는 것을 말한다.

④ **기계화 원칙** : 동일・반복적인 인력작업을 기계화함으로써 최적의 작업능률을 얻는 효율성의 원칙이다.

표 5-2. 활성화 지수

번호	물품이 놓여진 상태	활성화 지수
1	・바닥에 그냥 놓여 있다.	0
2	・상자에 들어 있다.	1
3	・파렛트・스키드(Skid) 위에 놓여 있다.	2
4	・대차에 실려 있다.	3
5	・컨베이어 위에 실려 있다.	4

⑤ **일괄작업의 원칙**(인테페이스 원칙) : 하역작업 공정간의 접점을 원활히 하는 원칙이다.

⑥ **활성화의 원칙** : 운반활성 지수의 최대화를 지향하는 원칙이다.

⑦ **중력이용 원칙** : 중력법칙에 따라 고체화물은 위에서 아래로 경사면을 이용하여 하역하는 원칙이다.

⑧ **시스템화 원칙** : 개개의 하역활동을 유기체로서의 활동으로 간주하여 종합적인 관점에서 시스템화함으로써 그 시너지 효과까지를 기하는 원칙이다.

⑨ **정보화의 원칙** : 하역작업을 화물정보시스템과 연결하여 그 효율성을 제고하는 원칙이다.

⑩ **표준화의 원칙** : 표준적인 하역작업을 통해 하역작업의 효율성을 추구하는 원칙이다. 하역작업을 표준화하면 인력배치, 작업량 등의 공정한 배분과 작업의 평가가 이루어지고, 하역작업 수준을 향상시킬 수 있다.

⑪ **공간활용의 원칙** : 평면적인 공간 이용뿐만 아니라 입체적인 공간활용을 하여, 공간 이용 효율성을 극대화하는 원칙이다.

⑫ **안전 원칙** : 노무관리상 안전교육을 철저히 하는 동시에 각종 안전장치를 점검하여 위험발생을 사전에 예방하는 원칙이다.

2. 하역물류의 효율화 요소

1) 하역물류의 표준화

하역물류의 표준화란 하역작업의 여러 단계를 공정별로 그 절차를 규정함으로써 표준적인 하역작업이 이루어질 수 있도록 하는 것을 말한다. 이렇게 함으로써 각 하역작업 공정에 있어서 작업량이나 투입되는 인력, 하역기기 등을 균등하게 배분하여 하역물류의 효율성을 기하고, 나아가 각 공정별로 작업평가도 가능하게 하는 것이다.

그런데 하역물류의 표준화는 파렛트, 컨테이너와 같은 표준화된 운송용기를 이용하여 운송을 하고, 파렛트나 규격화된 상자 등에 포장된 화물을 운송수단에의 상·하차 및 물류센타나 창고에의 입출고하는 경우에만 용이하게 추구될 수 있다. 또한 하역기기 등이 표준화되어 그 호환성이 확보되었을 때에 하역물류 표준화의 효과가 크게 나타난다.

즉, 포장물류의 표준화가 전제가 되고, 하역기기의 표준화가 이루어진 다음에 하역절차를 표준화 한다든가, 또는 하역물류의 자동화·기계화 등이 가능하고, 그로 인한 하역물류의 효율화가 이루어져 인력절감, 시간절약 및 비용절감이 가능하게 되는 것이다.

2) 하역물류의 자동화·기계화

종래의 하역물류는 노동집약적이어서 사람의 손에 의한 작업이 많아 인건비의 문제가 하역물류를 설계하는데 있어서 주요한 과제이었다. 그러나 최근에는 하역물류를 자동화·기계화함으로써 그 생력화와 신속·정확성을 도모하고, 나아가 노동집약적 작업형태의 문제를 해결하려고 노력하고 있다.

그런데 하역물류 자체가 물건을 싣고, 내리고, 운반하고, 쌓고, 분류하는 등의 작업형태 및 특성을 지니고 있어, 그 자동화·기계화를 전면적으로 추진하는 것은 문제가 있다. 따라서 운송수단에의 상하차, 물류센터나 창고에서의 랙에의 입출고작업 정도만 자동화·기계화가 추진되고 있고, 아직도 많은 부분이 인력에 의존하는 형태를 취하고 있는 것이 현실이다.

즉, 우리나라 하역물류의 자동화·기계화 추진실태를 보면, 완전 자동화·기계화된 것은 약 10%에 불과하며, 자동화·기계화 비중보다 인력에 의한 하역작업 형태를 취하고 있는 기업이 50%를 넘고 있다. 또한 우리나라 하역물류의 자동화·기계화는 운송수단에의 상·하차와 물류센터나 창고에 있어서의 입출고시의 하역물류의 자동화·기계화 등만이 추진되고 있어, 아직은 시작단계에 머물고 있다고 하여도 과언이 아니지만, 점차 트럭덕 레벨러 등 자동화된 기기의 도입, 하역기기의 개발 및 하역작업의 무인화나 로봇화도 추진되고 있어, 하역물류의 본격적인 자동화·기계화의 추진이 기대되고 있다.

그런데 하역물류의 자동화·기계화를 추진하는데 있어서는 다음과 같은 원칙에 입각하여 실시하여야 한다. 즉,

① 물류활동의 다른 기능, 즉 수배송, 보관, 포장, 유통가공 등의 전반적인 물류흐름을 고려하여 물류흐름이 연속성과 안전정 및 신속성을 확보할 수 있도록 고안되어야 한다.
② 물동량과 인건비를 고려하여 인력 중심의 하역물류에서 자동화·기계화된 하역물류로 전환할 수 있도록 하여야 한다.
③ 상하차, 입출고 등 하역작업을 단순화 또는 표준화할 수 있도록 파렛트 및 컨테이너와 같은 표준화된 용기의 사용 등 유닛로드시스템과의 연계를 고려하여야 한다.
④ 하역작업 흐름의 동선을 짧고도 일관성 있는 작업이 가능하도록 고안하여 운반거리를 최소화하고, 신속한 하역작업이 이루어질 수 있도록 하여야 한다.
⑤ 하역물류의 자동화·기계화를 원활하게 추진하기 위해 하역기기의 개발과 하역물류의 정보시스템과의 통합을 통한 하역자동화를 추구하여야 한다.

3) 하역물류시스템화

하역물류를 효율적으로 수행하기 위해서는 계획적인 하역물류의 설계를 거쳐 하역물류를 종합적으로 시스템화하여야 한다. 즉, 하역물류시스템을 설계하기 위해서는 우선적으로 하역물류시스템을 설계하는 목적을 명확히 하여야 한다. 예컨대 현재의 하역물류시스템으로는 증가하는 물량에 대처할 수 없어 그 수용능력을 제고시켜 주어야 한다든가, 또는 하역물류시스템을 자동화 · 기계화하여 인력절감 및 작업환경을 개선한다든가 하는 등의 목적을 정립하여야 한다.

표 5-3. 하역물류시스템 설계의 목적(예)

목적의 항목	목표치		
	현상		목표
1. 하역효율의 향상(처리량의 증가)	15,000케이스/일	→	30,000케이스/일
2. 생인화	40인	→	20인
3. 물류비의 절감	40,000천 원/년	→	30,000천 원/년
4. 재고량의 감소	1.0개월	→	0.5개월
5. 작업정밀도의 향상(불량품의 절감)	0.05%	→	0.025%
6. 물류서비스의 향상	48시간 출하	→	24시간 출하

* 목표에는 목적의 항목과 구체적인 목표치가 필요.

또한 물류센터 등에서의 하역물류시스템이 커버하여야 하는 처리물량을 명확히 하여야 한다. 예컨대 월간 2만톤의 처리능력에 대응할 수 있는 하역물류시스템이라든가, 또는 2만톤의 물품 재고보관창고를 위한 하역물류시스템이라든가 하는 등의 수용능력을 명확히 하여야 한다. 이 밖에도 제품의 종류와 생산성 분석을 통하여 하역물류시스템의 구체적인 사양을 결정하여야 하며, 또한 하역작업의 수준, 기본 레이아웃의 검토 등의 절차를 거쳐 하역물류시스템을 설계하여야 한다. 하역물류시스템을 설계하는 일반적인 절차는 다음과 같다.

[그림 5-2] 하역물류시스템 설계의 절차

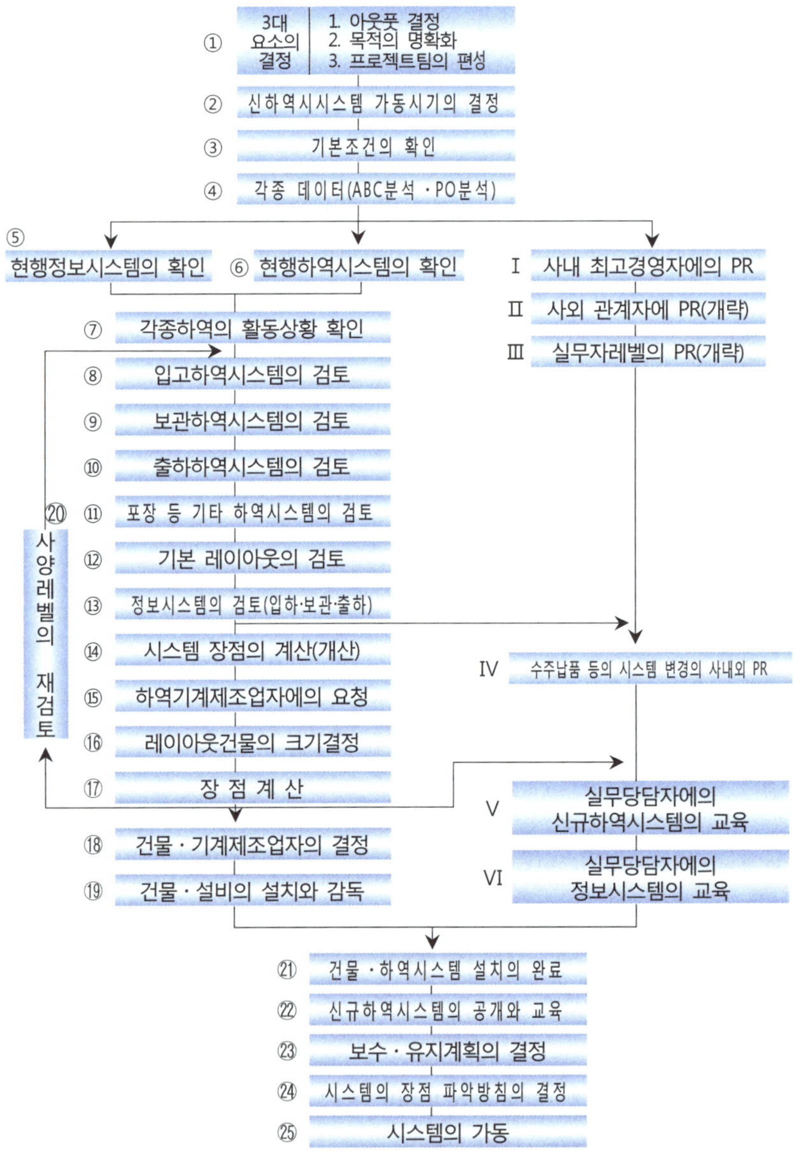

제3절 하역물류시스템과 의사결정

1. 하역기기의 선정

1) 선정 요인

하역기기는 운송수단 및 물류센터 등에서의 하역물류의 기능에 따라 그 종류가 대단히 다양하므로, 하역물류의 특성에 따라 적절히 선택하여 사용하여야 한다. 하역기기를 선정하는데 있어서 고려하여야 할 기본적인 요소는 다음과 같다.

① 화물특성을 고려하여 최적의 하역기기를 선정하여야 한다. 즉, 포장여부, 포장종류, 포장상태, 포장크기 및 중량 등을 감안하여 하역기기를 선정하여야 한다.
② 비포장화물은 입자의 분포, 비중, 형상 등 화물의 특성을 고려하여 하역기기를 선정하여야 한다.
③ 하역 작업량 및 그 변동성, 취급물품의 종류, 운반거리 및 범위 등 작업특성을 감안하여 이에 부합하는 하역기기를 선정하여야 한다.
④ 하역작업이 이루어지는 장소의 전용 또는 공용여부, 자사소유 또는 임차여부, 시설배치 및 건물구조 등 작업환경 특성을 감안하여 적합한 하역기기를 선정하여야 한다.
⑤ 하역기기의 안전성, 신뢰성, 성능, 탄력성, 기동성, 호환성, 생에너지성, 소음 및 공해를 야기하지 않는 친환경성 등을 감안하여 적합한 하역기기를 선정하여야 한다.
⑥ 하역기기의 선정과 관련한 모든 요소를 감안하여 그 경제성을 평가하여야 한다. 이 경우에는 한 가지 대안만을 가지고 고려하지 않고 복수의 대체 안을 작성하여 경제성을 판단한다.

표 5-4. 하역기기의 종류

<table>
<tr><td rowspan="19">하역기기</td><td>산업용 차량</td><td>지게차</td><td rowspan="19">운반기기</td><td rowspan="8">컨베이어</td><td>체인컨베이어</td></tr>
<tr><td rowspan="7">크레인</td><td>천정 크레인</td><td>롤러컨베이어</td></tr>
<tr><td>겐트리 크레인</td><td>휘일컨베이어</td></tr>
<tr><td>스태커 크레인</td><td>스크류 컨베이어</td></tr>
<tr><td>미니 스태커 크레인</td><td>진동 컨베이어</td></tr>
<tr><td>케이블 크레인</td><td>유체 컨베이어</td></tr>
<tr><td>윈치 크레인</td><td>공기 필름 컨베이어</td></tr>
<tr><td>카운터 밸런스형</td><td>엘리베이팅 컨베이어</td></tr>
<tr><td>로딩암</td><td>스프링 밸런스형</td><td rowspan="2">승강기</td><td>엘리베이터</td></tr>
<tr><td>소형운반차</td><td>파렛트 트럭</td><td>리프터</td></tr>
<tr><td rowspan="9">하역보조기기</td><td>핸드 리프트 트럭</td><td rowspan="3">무인반송차</td><td>고정경로식</td></tr>
<tr><td>핸드 리프터</td><td>비고정경로식</td></tr>
<tr><td>플랫폼 로더</td><td>자유주행식</td></tr>
<tr><td>파렛트 로더</td><td>무인포크리프트</td><td></td></tr>
<tr><td>도크 레벨러</td><td>무인견인차</td><td></td></tr>
<tr><td>테일보드 로더</td><td rowspan="2">수동운반차</td><td>손수레</td></tr>
<tr><td>리프트 롤러</td><td>대차</td></tr>
<tr><td>호이스트</td><td rowspan="2">동력운반차</td><td>트레일러</td></tr>
<tr><td>벨트컨베이어</td><td>도어카트</td></tr>
</table>

표 5-5. 운송수단과 하역기기

<table>
<tr><th>철도</th><th>자동차</th><th>선박</th><th>항공기</th></tr>
<tr><td>크레인
컨베이어
파렛트
컨테이너
포크리프트</td><td>수동 하역
컨베이어
수동차
로더/ 리프트
대차
트레일러
크레인부착 트럭
컨테이너 트럭
윈치 차
상자 승강기
승강 전환기</td><td>컨베이어
본선 데릭
암벽 크레인
컨테이너선
카 페리
롤 온/롤 오프
부선
래쉬선</td><td>파렛트
이글루
컨베이어
벨리 컨테이너
협동일관수송용
컨테이너</td></tr>
</table>

2) 물류센터 및 창고에서의 하역기기 선정

(1) 상하차작업 하역기기

물류센터나 창고에 반입되는 물품의 형태나 하역물류 작업의 종류에 따라 상하차 하역설비는 상당히 다르게 선정되어야 하므로, 어떤 설비를 갖추어야 하는가는 하역물류의 전후공정을 면밀하게 고려하여야 한다.

표 5-6. 상하차 하역물류의 전후공정 요소

요소명	내 용	비 고
반입물품의 형태	파렛트 반입 골판지, 보통상자 등의 반입 자루물품반입 간이포장반입 기타의 반입	
상하차의 시간적 요소	상하차시간 상하차의 피크여부	
상하차 후의 공정	일시보관공정 파렛트화공정 포장공정 분류공정 기타공정	

즉, 상하차 하역물류의 전후공정 요소 모두가 설비의 종류나 방법을 정하는데 영향을 미친다. 특히 상하차의 시간적인 요소와 상하차작업의 피크 여부는 설비가 갖고 있는 능력을 감안하여 그 설비대수나 설비사양 등을 결정하는데 결정적인 영향을 미친다. 또한 여기에서는 물품의 포장형태, 즉 파렛트, 골판지상자, 자루포장, 간이포장 등의 요소와 후공정 요소라고 할 수 있는 일시적인 보관, 파렛트화, 포장공정, 분류공정 등의 요소를 고려하여 그에 적합한 설비와 하역방법을 결정하여야 한다.

(2) 보관작업 하역기기

보관작업에 있어서의 하역기기도 화물의 보관형태, 하역물량 및 재고회전수(빈도) 등의 각종 요소에 의하여 영향을 받으므로, 이러한 요소를 잘 고려하여 하역물류에 사용되는 설비를 선정하여야 한다. 즉, 화물의 보관형태와 관련하여서는 파렛트 보관, 골판지상자 보관, 보통상자 보관, 자루에 넣은 상태로 보관, 간이포장으로 보관 등의 요소를 고려하여야 하며, 하역물량과 관련하여서는 1개월당 출고수 등과 같이 단위기간 내의 출고수를 산출하여 반영하여야 한다. 이 경우 출고수는 물량과 비례하지 않는 경우가 많으므로 파렛트 수나 보통상자 등의 공통적인 용기로 환산하지 않으면 안된다.

또한 재고회전수는 다음의 계산식에 의하여 산출할 수 있는데, 다종소량의 경우, 물류센터를 신설하는 경우, 혹은 기존의 물류센터 및 창고를 활용하는 경우 등을 고려하여 재고회전수를 산출하여야 한다.

· 계산식 $I = \frac{N}{S \cdot n}$

여기에서,

단위기간내의 출고수 ------- N
(단위기간내의 처리량)
재고회전수 ------- I
재고면적 ------- S
재고면적당 재고수 ------- n

이 계산식에서 분모의 S·n은 재고량을 나타낸다. 그러므로 I가 크면 빈도가 높아져서 빈번한 출입이 필요하게 되므로 입출하 설비도 그것에 맞는 기기를 선정하여야 하며, 반대로 I가 적으면 입출하의 빈도가 낮아져서 보관중심의 창고나 물류센터의 기능을 수행하게 되므로, 이에 적합한 설비를 갖추어야 한다.

(3) 피킹작업 하역기기

물품상태에 따른 피킹작업에는 케이스피킹, 베일피킹, 피스피킹 등이 있으며, 보관설비에 의한 피킹 분류로서는 자동창고에서의 피킹, 파렛트 랙에서의 피킹, 케이스

랙에서의 피킹, 케이스 플로어랙에서의 피킹, 피킹머신에서의 피킹 등이 있다. 이러한 요소는 모두 피킹작업에 있어서의 하역물류시스템 설비에 영향을 미치므로 하역물류시스템의 설비를 고려할 때에는 어떤 피킹방식이 가장 많이 사용되고 있는가를 충분하게 분석하여야 한다. 또한 피킹작업은 보관시스템과 밀접한 관련을 가지고 있으므로 보관시스템과 연계하여 피킹작업의 하역기기를 선정하는 것이 중요하다.

3) 항만하역에서의 하역기기 선정

항만에서 이루어지는 하역작업은 크게 화물의 포장형태에 따라 컨테이너화물 하역작업과 벌크화물 하역작업으로 분류할 수 있다. 즉, 하역작업의 형태에 따라 이에 사용되는 하역기기도 다양하게 존재하는데, 우선 컨테이너화물의 하역에 사용되고 있는 기기로서는 Gantry(Quay, Container) Crane, Transfer Crane(Transtainer), RMGC(Rail Mounted Gantry Crane), RTGC(Rubber Tired Gantry Crane), Straddle Carrier, Yard Tractor, Reach Stacker, Chassis, Side Picker, Fork Lift, AGV (Auto Guided Vehicle) 등이 있다.

[그림 5-3] Gantry(Quay, Container) Crane

[그림 5-4] Transfer Crane(Transtainer)

[그림 5-5] RMGC(RTGC)

[그림 5-6] Straddle Carrier

[그림 5-7] Yard Tractor

[그림 5-8] Reach Stacker

[그림 5-9] Chassis

[그림 5-10] Side Picker

[그림 5-11] Fork Lift

[그림 5-12] AGV(Auto Guided Vehicle)

[그림 5-13] 갈고리와 도르래 등의 하역용구

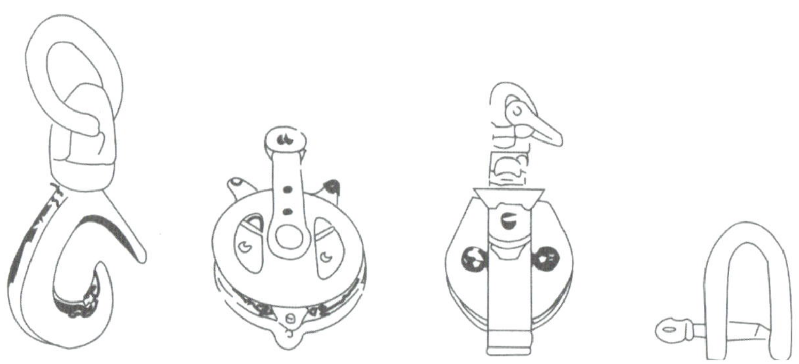

(a) cargo hook (b) cargo block (c) snatch block (d) cargo shackle

또한 일반화물의 재래식 형태의 하역에 사용되고 있는 기기로서는 화물을 운반하는 하역용구, 햇지, 마스트와 데릭 등이 있으며, 짚 크레인 등 각종 크레인도 사용되고 있다.

그러므로 항만에서의 하역작업과 관련된 환경요소, 즉 물동량, 화물의 특성, 처리건수 등을 감안하고, 하역방식과 하역작업의 자동화·기계화 정도를 감안하여 가장 효율적인 하역물류가 이루어질 수 있도록 하역기기를 선택하여야 한다.

4) 공항하역에서의 하역기기 선정

공항하역에 사용되는 하역기기도 그 용도에 따라 다양하다.

(1) 일반잡화 화물 탑재용 하역기기

일반잡화 화물을 항공기에 탑재하기 위해 사용되는 기기로서는 트랙터, 카고 카터 등이 가장 많이 사용되고 있다. 그런데 일반잡화 화물은 접수나 탑재시는 물론이고

[그림 5-14] Self-Propelled Conveyor

중간공정의 단계에서도 개별화물의 형태로 취급되므로 인력낭비와 분류상의 오류가 발생할 가능성이 많아 하역기기의 운용에 특히 주의를 요한다.

(2) 파렛트 탑재용 하역기기

파렛트 탑재 하역작업에 있어서는 파렛트 랙, 파렛트 트레일러, 파렛트 트럭, 리프트 로더 등의 기기가 주로 사용된다.

[그림 5-15] 항공화물용 파렛트

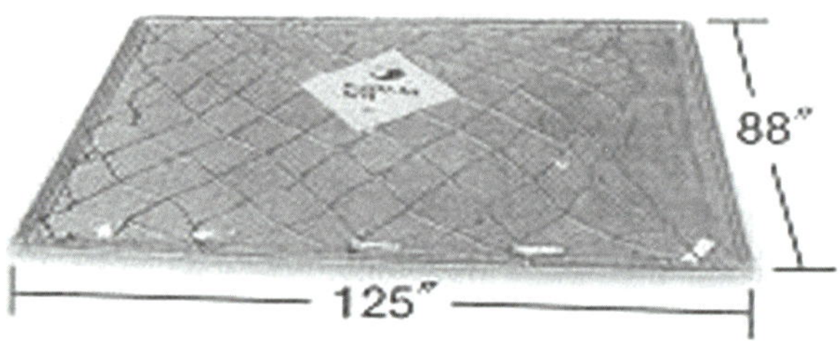

(3) 컨테이너 하역기기

컨테이너화물을 공항에서 하역작업하기 위한 장비로서는 컨테이너 전용 트레일러나 로더 등이 주로 사용되고 있다.

[그림 5-16] 항공화물용 컨테이너

가. Garment Container

나. 냉동 Container

다. Horse Stall

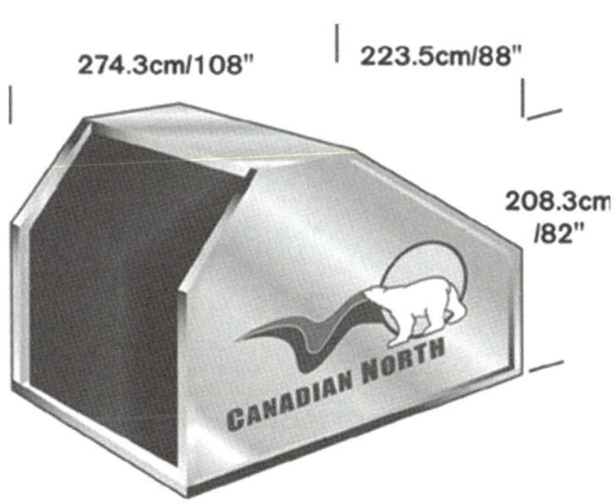

라. Igloo

[그림 5-17] High Loader

(4) 공항터미널 내 하역장비

최근 공항터미널 작업이 자동화·기계화되면서 새로운 하역기기가 많이 개발되어 사용되고 있는데, 주로 스태커, 각종 카트, 분류기, 오더피킹 기기 등이 사용되고 있다.

그러므로 공항에서의 하역작업과 관련된 환경요소, 즉 물동량, 화물의 특성, 처리 건수 등을 감안하고, 하역방식과 하역작업의 자동화·기계화 정도를 감안하여 가장 효율적인 하역물류가 이루어질 수 있도록 하역기기의 선정을 하여야 한다.

2. 물류센터 및 창고의 하역물류시스템

물류센터 및 창고의 하역물류시스템에서는 주로 운송수단에의 상·하차 하역작업, 보관랙에의 하역작업 및 피킹시스템에서의 하역작업 등이 주종을 이루고 있다. 여기에서는 파렛트 형태로 반입된 화물의 상·하차 하역시스템을 살펴본다.

[그림 5-18] 캐스터 부착 파렛트의 입하

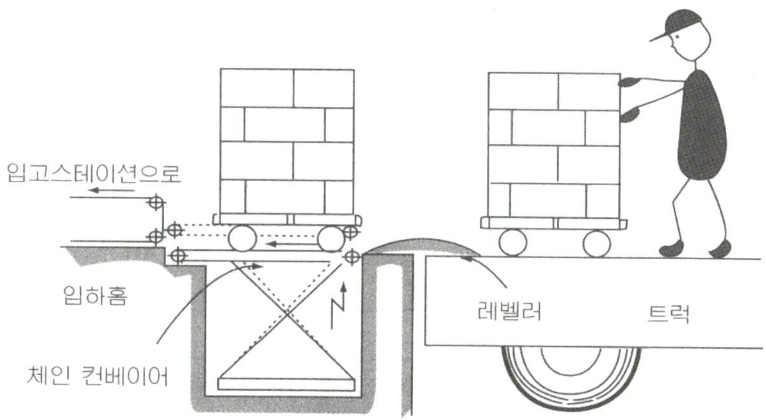

물류센터 및 창고에 파렛트 형태로 반입되는 화물의 상·하차 하역작업공정은 우선 파렛트 화물의 반입에 이어서 일시보관 형태의 작업공정이 발생한다. 즉,

① 파렛트 화물의 반입시의 상·하차 하역은 매우 효율적이고도 저렴한 비용으로 이루어져야 한다. 이 경우 트럭에서의 하차는 옥외이면 가솔린식 포크 리프트를, 그리고 옥내이면 밧데리식 포크 리프트를 사용하는 것이 일반적이며, 상·하차 작업의 기계화가 추진된 경우 텔리스코프 등도 사용되고 있다.

② 일시보관이 직접 쌓기인 경우에는 보관장소까지 1회의 하역작업으로 가능하게 되며, 보관방식이 고층랙인 경우 모노레일 스택커 크레인의 스테이션까지 하역하게 되고, 트럭 등에서 직접 스테이션에 실을 경우에는 입하홈 등에 캐스터가 부착된 파렛트로 스테이션까지 밀어 넣는 방법도 사용되고 있다.

또한 트럭에 적재되어 있는 파렛트 화물을 자유롭게 움직일 수 있도록 하는 기기로서는 텔레스카픽형 스택커 크레인이 있다. 이 기기는 파렛트를 트럭의 화물 받침대

[그림 5-19] 텔레스카픽형 스택커 크레인

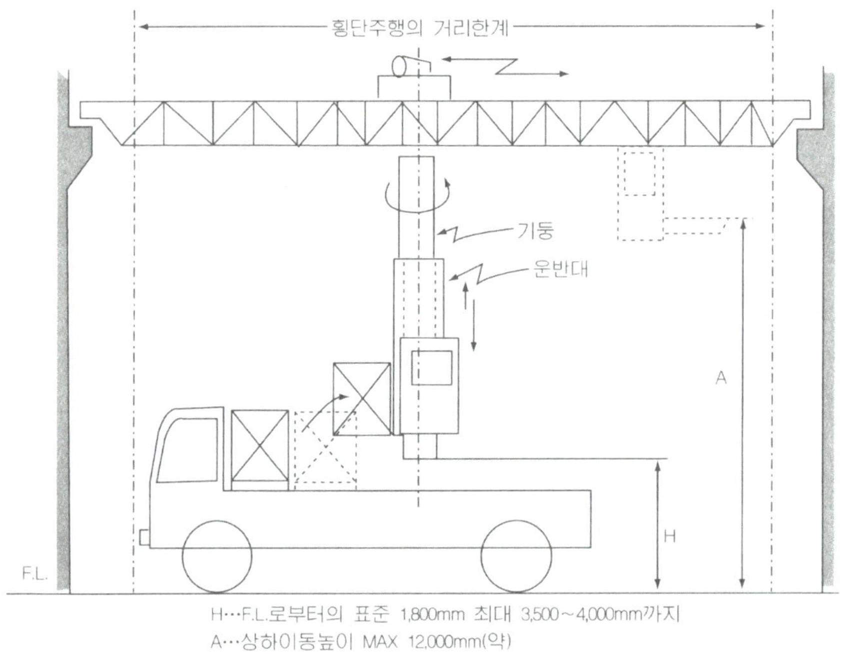

에서 직접 들 수 있으며, 트럭이 정지하는 장소가 크레인의 이동범위 안에 있으면 어디에서도 편리하게 이용할 수 있는 장점을 가지고 있어, 중간지층 랙에서 파렛트 화물의 직접 반입은 이 기기를 이용하는 것이 효과적이다.

그 다음 하역작업 공정으로서는 파렛트 화물을 포장공정에 연결시키는 상·하차 하역작업이 있다. 이 작업은 트럭 등에서 상·하차한 파렛트 화물을 일시보관하기 전에 포장공정 등의 작업공정이 필요한 경우 이 포장공정 작업에 파렛트 화물을 일정한 간격으로 보내는 상·하차 설비가 필요한데, 이에는 주로 어큐뮬레이션 컨베이어가 사용되고 있다.

한편 트럭 등에서 파렛트 화물을 상·하차하여 분류공정에 투입하는 경우에는 우선 분류작업의 라인 앞에서 적절한 버퍼기능이 필요하며, 또한 자동분류 등의 분류형태를 고려하는 것이 필요하다. 여기에서 체인컨베이어에 의한 분류작업과 두더지식 주·보조대차 방식을 비교하여 보면, 분류능력에 있어서는 체인방식이 우수하며, 비용측면에서는 주·보조식 대차가 월등하게 저렴하다. 그리고 주·보조식 대차방식은 사이클 시간이 길기 때문에 분류라인이 긴 것에는 적합하지 않으며, 파렛트의 형태에 대하여는 체인방식이 고도의 정밀도가 요구되고, 파렛트의 강도와 관련하여서는 주·보조식이 고도의 정밀도가 요구된다.

[그림 5-20] 체인컨베이어에 의한 자동분류

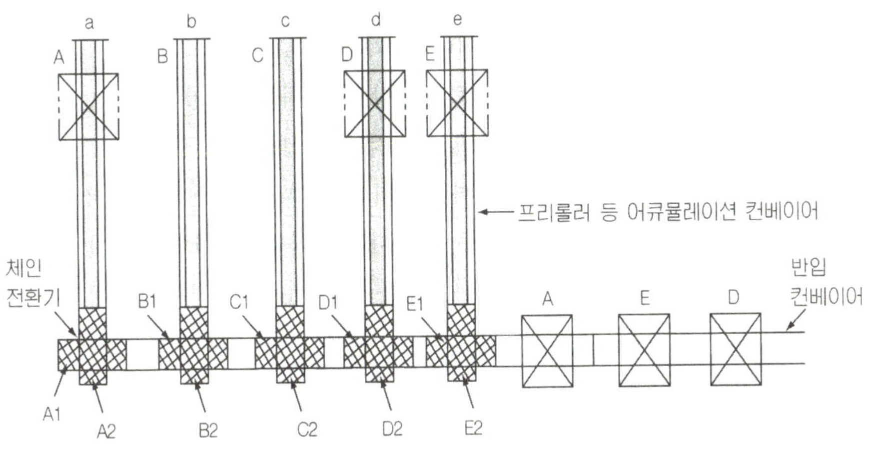

[그림 5-21] 두더지식 주·보조대차에 의한 자동분류

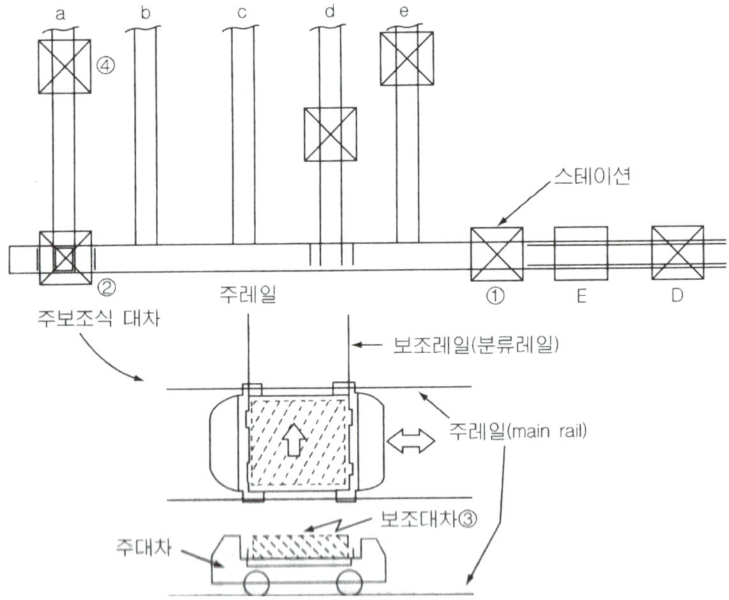

3. 항만하역물류시스템

항만하역물류란 화물이 선적항의 부두나 컨테이너 야적장에 반입된 때부터 선박에의 선적시까지, 그리고 선박이 항만에 입항하여 화물을 부두에 반입하거나 또는 컨테이너 야적장에 적재할 때까지의 모든 운반 및 보관을 위한 하역활동을 총칭하는 개념이다. 그러므로 항만에서의 하역활동은 장치, 검사, 처리, 운반, 선적, 양륙, 적부 등의 구체적인 활동으로 구성된다.

여기에서는 항만하역물류시스템 중에서 가장 중요한 의미를 지니고 있는 항만컨

테이너 터미널의 하역물류시스템에 대하여 살펴본다.

우선 항만물류의 활동은 해상운송과 육상운송을 연결하는 형태로 이루어지므로, 그것은 기본적으로 하역, 운반, 보관, 포장 및 정보라는 5가지 기능의 복합체로 구성되어 있다. 이 중에서 항만물류는 하역기능이 그 주종을 이루고 있으며, 그 다음으로는 보관 및 다른 모든 기능과 폭넓은 연관성을 가지고 있는 정보기능이 주요한 역할을 수행한다.

[그림 5-22] 항만하역물류시스템의 개요

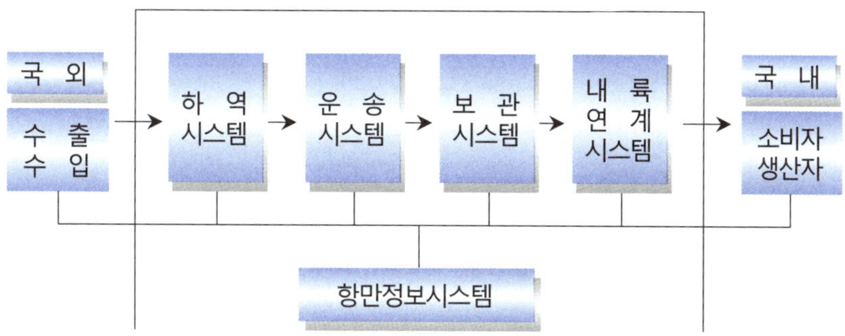

즉, 항만물류에 있어서 가장 중요한 기능을 수행하는 항만하역시스템은 하역장소 및 하역방법 등 여러 가지 요인에 의해 분류할 수 있다. 하역장소에는 해상과 육상이 있으며, 육상에는 부두, CY/CFS 등이 있다. 또한 부두에는 잡화를 주로 취급하는 일반부두와 원유, 곡물, 원목, 광석 등을 주로 취급하는 벌크화물 전용부두 및 컨테이너화물 전용부두, 그리고 연안부두 등으로 나눌 수 있다.

이 중 항만컨테이너 하역시스템 중에서 양하시스템은 선박입항 후 선내작업으로부터 시작하여 컨테이너화물의 이송단계를 거쳐 부두장치장이나 CY/CFS 등에 장치한 다음 자동차나 철도를 이용한 육상운송을 통해 최종 목적지로 운송하는 간접경로시스템과 항만 내의 부두장치장이나 CY/CFS 등을 거치지 않고 직접 선박으로부터 자동차나 철도차량에 상차되어 부두외곽이나 최종 목적지로 직접 내륙운송되는 직접경로시스템이 있다. 한편 항만컨테이너 하역시스템 중 선적시스템은 양하시스템과는 역방향의 기능을 수행하게 되는데, 이 중 미래의 항만물류가 효율화된 형태의 항만컨테이너 하역시스템은 직접경로시스템과 같은 방식이다.

[그림 5-23] 컨테이너터미널의 구조

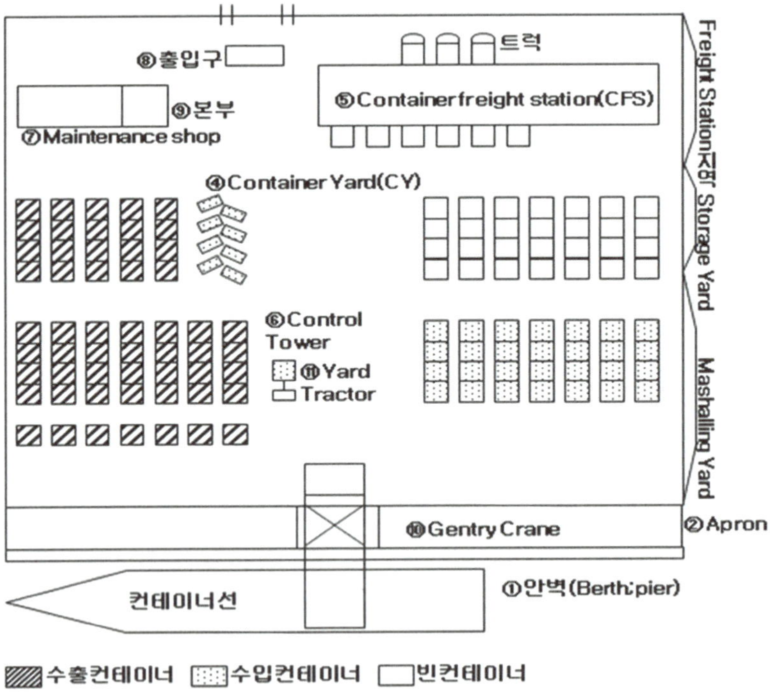

[그림 5-24] 항만컨테이너 하역시스템과 이송시스템

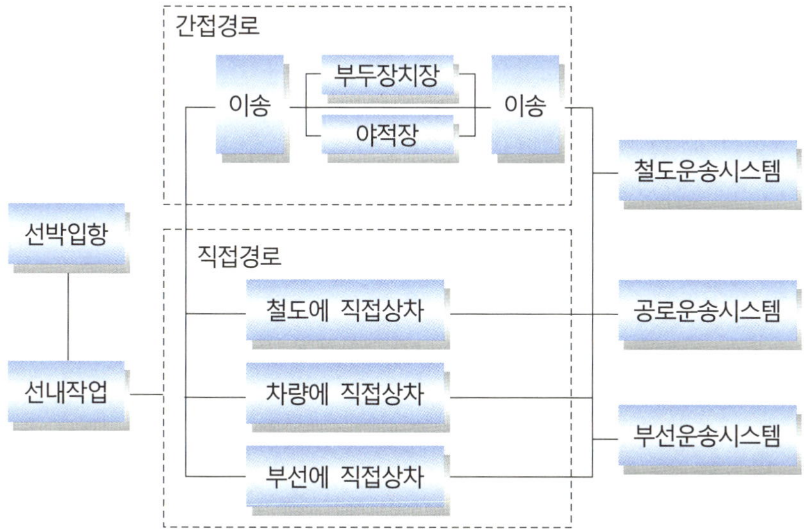

이와 같은 항만컨테이너 터미널의 하역시스템이 효율적으로 이루어지기 위해서는 하역장비 및 설비, 그리고 항만터미널의 육상운송과 연계한 전반적인 운영이 상호 조화되어 효율적으로 운영되어야 한다. 이 경우의 하역설비로서는 크레인, 운반 및 하역기기 등이 주로 사용되고 있으며, 최근에는 첨단화된 하역기기의 개발로 인하여 하역작업이 매우 신속·정확하게 이루어지고 있다.

또한 항만에서의 컨테이너화물의 하역작업은 선박에의 적부 및 선박으로부터의 양하계획에 의하여 이루어지는 바, 이는 정확한 하역정보, 육상운송과의 연계운송계획, CY/CFS의 운용 등을 고려하여 수행되어야 하고, 야드작업과도 연계하여 컨테이너의 배치 및 장치계획에 의하여 탄력적으로 운영되어야 그 효율성을 기할 수 있다.

[그림 5-25] 항만컨테이너 터미널의 하역작업

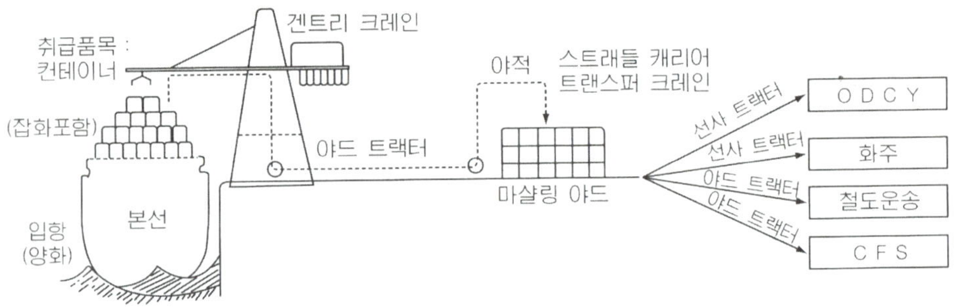

4. 공항하역물류시스템

오늘날 공항터미널의 하역시스템은 하역설비를 자동화 · 기계화하고 있을 뿐만 아니라 정보시스템과 연결시키어 종합적이고도 극도로 효율화된 기능을 수행하는 항공화물터미널 하역시스템을 구축하고 있다. 이는 항공화물의 구조상 대량 벌크화물의 운송 보다는 대개 소량 · 소형화물이 주종을 이루고 있어 자동화된 터미널에서 효율적으로 하역작업을 수행할 수 있기 때문이다.

이러한 공항터미널의 하역방식은 벌크화물 하역, 파렛트화물 하역 및 컨테이너화물 하역으로 나눌 수 있다.

첫째 벌크화물은 화물기의 바닥에 개별화물 형태로 인력에 의하여 탑재하거나 항공기로부터 하기하는 과정을 거치게 되며, 이 방식은 원시적인 방법이지만 단시간 내에 하역작업이 이루어져야 하므로 상당히 숙련된 기법을 요한다.

둘째, 파렛트 화물의 하역작업은 파렛트의 표준 사이즈인 88"×108" 또는 88"× 125" 의 파렛트를 이용하여 화물을 빌드-엎 한 다음에 비닐과 네트로 포장하여 하역기기를 이용한 파렛트 로딩 및 언로딩 방식으로 하역작업이 이루어지게 된다.

셋째, 컨테이너화물의 하역작업은 항공기 탑재용 컨테이너를 이용하여 화물을 포장한 다음에 하역기기를 이용하여 항공기에 로딩 및 언로딩하는 하역방식으로 작업이 이루어지게 된다. 실제로 이 표준화된 항공기 컨테이너의 이용으로 인하여 항공터미널에서의 하역작업의 효율화가 가능하게 된 것임은 물론이다.

본래 항공화물터미널을 자동화하는 문제는 항공화물의 특성상 LCL화물이 많아 이들을 개별적으로 하역하여 포장 · 분류하고, ULD에 적재하는 등 여러 단계의 작업이 수행되어야 하므로 자동화의 실효성에 의문이 제기되어 왔다. 따라서 독일 루프트한자(LH)의 프랑크푸르트와 뉴욕 항공화물 터미널 등 극히 제한된 범위에서 항공화물 터미널을 자동화하였다.

그러나 항공화물 터미널의 자동화는 물류환경의 변화와 더불어 절대적인 과제로 대두될 것임은 명백하다. 즉, 화물 물동량의 절대적인 증가에 따라 화물처리공간이 부족하므로 입체자동 창고화하여 공간활용을 극대화하여야 하고, 현재 노동집약적으로 되어 있는 하역작업 등 화물처리 작업을 자동화 · 기계화하여야 하기 때문이다. 또한 화물처리 작업을 신속 · 정확하게 수행하기 위해서는 화물보관 장소의 관리와 입출고의 신속화, 다단계 작업의 연속화 및 화물의 흐름과 서류의 처리가 동시에 진행될 수 있도록 하는 복합적인 기능을 수행하는 항공화물 터미널의 고안이 절대적으로 필요하다.

이러한 의미에서 먼저 일본 JAL 뉴욕 공항화물터미널의 하역시스템을 살펴보면, 이 항공화물터미널은 화물처리 능력의 극대화를 위하여 공항당국의 고도제한에 저촉되지 않는 범위 내에서 입체 · 고층화하여 가장 좁은 단위 면적당 최대 화물처리 능력을 보유한 화물터미널로 설계되었으며, 터미널 내부에는 입체자동창고 형태의 랙빌딩이 있고, 이들 사이의 화물이동은 오토 스택커에 의하여 이루어지게 고안되었으며, 트럭 닥에서 랙빌딩까지의 화물의 이동은 레일식 컨베이어에 의하여 자동적으로 운반된다.

또한 화물의 탑재 또는 하기를 위한 하역설비로서는 화물기의 사이드와 노즈 도어에 맞추어 하역작업의 효율화를 도모한 사이드 및 노즈시스템을 겸비하고 있으며,

[그림 5-26] JAL 뉴욕 항공화물터미널

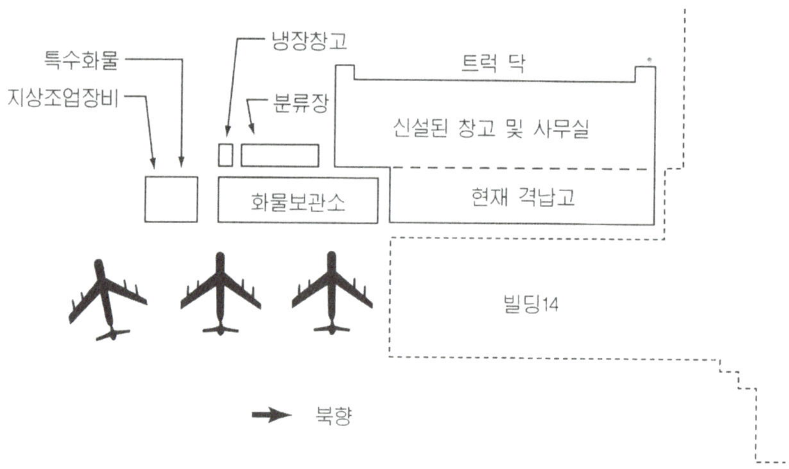

특히 노즈시스템은 터미널로부터 완전히 온-라인으로 처리될 수 있도록 디자인되어 있다.

이 밖에도 항공기로부터 트럭닥까지의 거리도 동선을 가장 짧게 고안하였고, 터미널 내부에는 바퀴를 이용한 컨베이어 이동시스템을 설치하여 화물의 직선 및 회전이동이 신속히 이루어질 수 있도록 하여, 10피트 ULD는 1만5,000파운드, 20피트 ULD는 2만5,000파운드까지 최대 적재하면서도 평균 화물처리 속도는 1분당 60피트에 달하고 있다. 그리고 이 컨베이어 이동시스템은 평면에서 단지 0.5인치만 상단으로 나오도록 고안되어 있어 다른 작업진행에 방해가 되지 않을 뿐만 아니라 중량의 컨테이너와 파렛트도 안전하고 원만하게 이동이 가능한 설비이다.

다음으로 일본의 간사이 국제항공 수출화물터미널의 하역시스템을 살펴보면, 이 터미널은 항공화물을 처리하는데 수반되는 노동력의 부족, 다양성, 화물량의 증가, 운용비의 증가 등과 같은 심각한 문제들을 해결하는데 역점을 두어, 최첨단 기술의 도입, 노동 절감형 시스템의 도입, 화물터미널 환경의 실질적인 반영 및 화물 핸들링의 첨단 자동화시스템을 갖추고 있는 터미널이다.

즉, 이 항공화물 터미널의 화물핸들링 자동화시스템의 특징은,

표 5-7. 화물의 그룹핑 기준 및 화물처리방식

그룹	정의	비고
소화물 (small Size)	20kg/pc 이내 및 3pc/AWB 이내	1인에 의해 핸들링. AWB No.의 마지막 숫자에 의해 분류 및 보관
Middle Size Cargo	20-40kg/pc 및 500kg/AWB	2인에 의해 핸들링. 핸들링에 하나의 Box-Cart 사용
Large Size Cargo	소화물, Middle 사이즈 화물, 단위(Lot), Huge 화물을 제외한 화물	2톤 포크 리프트에 의해 핸들링하며, 핸들링에 Wooden Skid 사용
단위(Lot)화물	거대 화물을 제외한 1,440kg/AWB 이상의 화물	Lower Deck Pallet의 평균 중량(1,440kg)에 의해 결정, 일시 보관없이 직접 빌드-업
Huge 화물	1,800kg/pc 이상의 화물	2톤 포크 리프트에 의해 핸들링될 수 없으며, 평면 바닥에 보관

① 화물의 하역작업 및 화물처리를 효율적으로 할 수 있도록 화물을 그룹핑하여 각 그룹 별로 하역기기 및 방식을 달리 적용하고 있다. 이렇게 함으로써 그 화물의 특성에 따라 하역 및 보관시스템을 융통성 있게 적용할 수 있어, 각 화물의 그룹핑에 따라 최상의 공간활용 및 효율적인 하역작업과 화물처리로 화물처리량을 극대화하고 있다.

② 미들 사이즈화물의 화물작업을 위해 박스-카트 운반시스템을 적용하고 있다. 이 시스템은 자동화 설비를 갖춘 고속의 하역·운반시스템으로, 이 시스템의 적용으로 고령자나 여성근로자, 파트타이머까지도 화물작업을 용이하게 할 수 있으며, 공중운반시스템을 적용함으로써 공간의 최대 활용 및 평면에서의 교차로 인한 작업방해를 제거하고 있다.

③ 리프트 기능을 갖춘 빌드-업 작업대(W/S)를 도입하여 화물 빌드-엎 작업을 신속하고, 안전하며, 보다 능률적으로 할 수 있게 하여 주고, 또한 노동력의 절감을 도모하고 있다.

④ 컨테이너 및 파렛트의 자동운반시스템을 도입하여 ULD의 하역, 운반, 보관 및 이의 순환행위와 관련된 물류활동이 완전히 자동화되어 있어 포크리프트, 달리와 같은 장비와 노동력의 절감을 실현하였다.

⑤ 램프를 접하고 있는 화물핸들링시스템의 모든 제1단 랙은 ULD의 출고를 위해 유효하게 설비되어 있어, 이는 전통적인 시스템에 비하여 화물핸들링시스템으로부터의 순환작업 시간을 극소화하여 주고 있다.

제 6 장 보관물류시스템

제1절 보관물류의 의의

1. 보관물류의 개념

보관이라는 행위 자체는 물품을 물리적으로 소중하게 관리하고 보존하는 것이다. 즉, 보관이란 일정기간 동안 물품의 현상유지를 도모하는 동시에 물질적 가치를 유지하기 위해 적절한 관리를 하는 것을 의미한다. 이러한 보관행위가 일어나는 대표적인 장소는 물류센터와 창고이다. 그런데 오늘날과 같이 다품종소량·다빈도배송의 물류시대에 있어서는 이 보관물류와 물류의 다른 기능, 즉 수배송물류, 하역물류, 포장물류, 유통가공물류 및 물류정보 등과 분리해서 생각할 수 없다. 이러한 의미에서 보관물류는 물류의 모든 기능 및 물류효율화 정책, 즉 수배송전략, 재고삭감, JIT 정책 등과 연계하여 물류의 전과정 흐름 속에서 그 기능을 통합화 할 필요성이 있다.

종전의 창고개념에서의 보관의 의미는 이른바 저장창고로서의 역할, 즉 보관된 물품은 장기간 움직이지 않는 사장창고로서의 기능이 강조된 개념이었다. 그러나 오늘날 물류관리시대에 있어서는 원재료나 반제품을 일시 보관한다든가, 또는 소비지에 배송하기 위해 일시 보관하는 형태인 물류센터에서의 보관물류의 기능이 강조된 이른바 유동저장 기능의 보관물류가 중요하다.

그러므로 보관물류의 기능은 물품을 보관하는 것이 주목적이 아니라 물류의 흐름 속에서 언제든지 필요한 물품을 물류의 다른 기능과 연계하여 유동시킬 수 있는 기능이 매우 중요하게 되었다. 이 때문에 보관방법이나 보관물품의 위치관리 등에 있어서 물품을 이동하기 쉬운 방법으로 보관하거나 물류정보시스템의 적용 등 새로운 기법을 적용하고 있는 것이다. 이러한 의미에서 보관물류에 있어서는 예비저장 형태를 종전의 보관이라 하고, 이동하기 쉬운 보관방법을 동관이라고 하고 있는데, 이 동관에 해당하는 것이 액티브 스토리지에 해당하는 개념이며, 예비물품으로서 물품을 저장하는 보관을 인액티브 스토리지 또는 리저브 스토리지에 해당하는 개념이다.

[그림 6-1] 보관과 동관

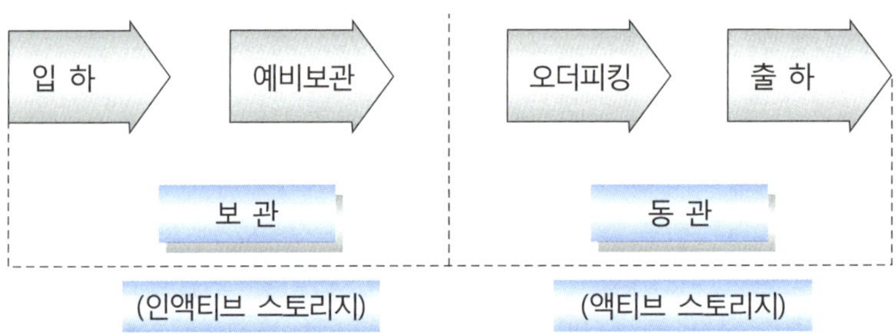

2. 보관물류의 기능

수배송물류가 재화와 용역의 장소적인 거리간격을 해소하여 주어 생산과 소비를 결합시키는 행위라고 할 수 있다면, 보관물류는 재화와 용역의 '시간적인 간격'을 해소하여 주어 생산과 소비를 결합시키는 행위라고 할 수 있다. 즉, 물류활동을 교통공학적인 측면에서 접근하여 보면, 물류네트워크가 노드(결절점), 링크(연결선) 및 라인(기관)으로 구성되어 있다고 볼 수 있으며, 이 경우에 노드에서 일어나는 물류활동이 바로 보관물류의 기능이다.

[그림 6-2] 노드, 링크 및 라인

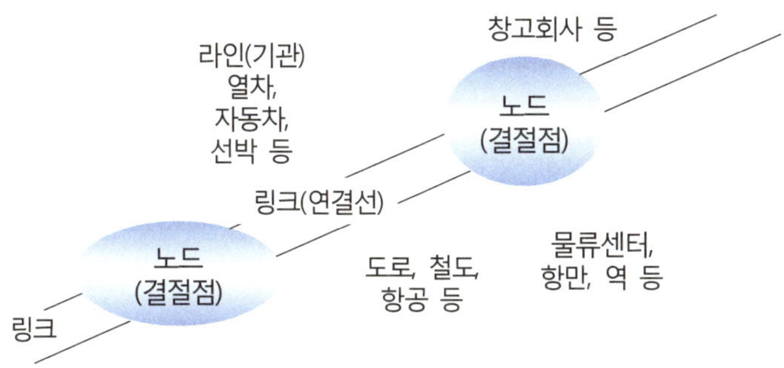

오늘날 보관물류의 기능은 물류효율화 시대를 맞이하여 급변하고 있다. 즉, 물류활동의 신속·정확성 및 적은 재고를 유지하면서 수배송의 효율화를 기하려는 측면에서 물류센터에서의 재고는 절감하는 등 보관물류의 효율화가 진전되고 있다. 따라서 보관물류의 기능 역시 물류의 다른 기능과 연계하여 장기 보관개념이 아니라 일시보관 및 즉시 반출개념(Cross-Docking)으로 변화하고 있다.

또한 종전에는 물류센터에서의 작업이 노동집약적이었기 때문에 인건비를 어떻게 절감할 것인가가 중요한 과제이었지만, 오늘날에는 수주에서 물품의 인도까지의 전체 리드타임을 어떻게 줄일 것인가가 중요한 과제가 되고 있다. 따라서 출하시간의 단축 등을 위해 물류센터 시설의 자동화·기계화 문제 등이 대두되고 있다.

보관물류의 행위가 일어나는 물류센터 기능은 일반적으로 입하 - 보관 - 오더피킹 - 검품 - 포장 - 출하 등으로 구분할 수 있다. 이 중에서 신속·정확한 작업이 요구되고, 더욱 시간이 많이 걸리는 작업은 오더피킹이다. 따라서 물류센터의 자동화나 생력화를 고려할 때에도 우선적으로 이 오더피킹 분야에 초점이 맞추어지고 있다.

이와 같은 보관물류의 기능을 종합하여 보면 다음과 같다.

① **저장기능** : 물품을 안전하게 보관하거나 현상 유지하는 기능
② **수급조정 기능** : 물품의 생산과 판매의 시간적인 간격을 조정하여 주는 기능
③ **가격조정 기능** : 물품의 수급을 조정함으로써 가격안정을 도모하는 기능
④ **연결기능** : 물류의 각 기능을 연결시켜 주는 터미널로서의 기능
⑤ **수송과 배송 사이의 윤활유 기능** : 공장 등에서 대량으로 운송하여 온 물품을 보관하고 있다가 고객에게 소량 단위로 배송하는 기능
⑥ **판매 전진기지적 기능** : 소비지 가까운 곳에 위치한 물류센터에 물품을 보관하고 있다가 고객의 요구에 즉시 배송할 수 있어 고객서비스를 제고할 수 있는 등 판매전진 기지적 기능, 즉 고객과의 접점에 위치하여 고객서비스의 최전선 기능을 수행
⑦ **집산 · 분류 · 유통가공 · 조합, 포장 및 검사의 장소 기능**

3. 창고

1) 창고의 개념

창고란 일반적으로 물품을 넣어 보관하는 곳이다. 구매에 의해 조달된 원자재를 창고를 거치지 않고 직접 공장의 생산라인에 투입한다든가, 또는 완제품이 공장에서 곧장 출하되어 소비자에게 인도된다면 창고는 필요 없을 것이다. 그러나 이러한 경우는 거의 발생하지 않으며, 안전재고 개념의 일시적인 보관행위라도 발생하게 되므로 창고는 필요한 것이다.

최근 창고의 주된 역할은 장기보관의 개념에서 벗어나 원자재, 완제품의 일시 보관하는 개념으로 변하고 있다. 또한 백화점이나 대형 슈퍼에서는 진열을 위한 소량 화물의 보관 및 집배기능을 중심으로 한 창고가 출현하고 있는데, 이를 유통창고라고 한다.

2) 창고의 분류

표 6-1. 창고의 분류

구 분		분 류
구조에 의한 분류		보통창고, 기계화창고, 자동화창고
화물유통촉진법에 의한 분류	제1종 창고	일반창고-보통창고, 저장창고, 야적창고, 수면창고, 냉동・냉장창고
	제2종 창고	위험물 창고
입지에 의한 분류		항만창고, 터미널창고, 역전창고, 집단화창고, 내륙창고, 도시창고, 해외창고
기능에 의한 분류		저장창고, 보세창고, 유통창고
운영형태에 의한 분류		자가창고, 영업창고, 보세창고, 공공창고

창고는 〈표 6-1〉에서 볼 수 있는 바와 같이 분류방식에 따라 다양하게 존재한다. 여기에서는 자가창고와 영업창고의 장단점을 알아본다.

즉, 자가창고는 창고를 직접 소유하고 자기의 물품을 보관하기 위한 창고를 말한다. 자가창고의 장・단점은 〈표 6-2〉와 같다.

표 6-2. 자가창고의 장・단점

장 점	단 점
・자사에 적합한 창고시스템의 설계가 가능 ・차별화된 서비스로 고객서비스 향상 ・기계화를 통한 생력화, 인원절감, 생산성 향상 ・외부변화에 대응이 신속하고 문제 발생시 처리가 용이 ・운영 노하우의 축적 및 보관물류 효율화	・초기 토지 구입 및 설비투자비용 과다 ・창고규모와 확장에 제약 ・인건비, 관리비 등의 고정비 부담 ・계절별 물동량 변동에 비탄력적 ・재고품의 관리가 소홀해 질 가능성

한편 영업창고란 다른 사람이 위탁한 물품을 보관하고, 그에 따른 보관료를 받는 창고를 말한다. 자가창고와 마찬가지로 보관과 관련된 서비스를 제공하며, 창고료는 보관료와 하역료로 구성되어 있다. 영업창고의 장·단점은 〈표 6-3〉과 같다.

표 6-3. 영업창고의 장·단점

장 점	단 점
· 공간의 효율적인 운용이 가능하여 보관량 변동에 탄력적 · 전문적 관리 운용이 가능 · 전문업자로서 화주의 필요에 신속하게 대응 · 설비투자가 불필요 · 비용의 명확화와 예산관리의 정확성 · 용이한 입지선정 · 탄력적인 수배송 능력 · 보상제도의 확립	· 시설변경의 비탄력성 · 자사에 적합한 특유의 설비기능 이용이나 창고설계의 어려움 · 토탈시스템과의 연계 미약 · 차별화된 고객서비스의 어려움 · 시간이나 시스템의 탄력성이 없음 · 임차이기 때문에 자기자산이 안됨

4. 물류센터

1) 물류센터의 개념

물류센터(Physical Distribution Center)는 완제품 등을 보관하고 있다가 판매에 따라 배송하는 물류 전체 프로세스의 중계역할을 하는 장소이다. 이러한 물류센터에서는 집산, 재고관리, 포장, 유통가공, 배송 등의 물류활동이 이루어지며, 이 물류센터의 개념은 다음과 같다.

① 각 공장에서 완성된 제품을 집약하는 시설로서 중추센터 기능을 하는 장소
② 대개의 대기업들이 공장 제품창고를 외곽으로 내보내 그 지역의 각 공장의 창고를 집약한 장소
③ 물품의 경유개념을 갖고 있으며, 배송센터의 상품보충을 담당하는 장소

따라서 물류센터는 보통 소비지에 위치하여 고객서비스 제공의 최전선에 있으며, 다음과 같은 다양한 기능을 수행한다.

① 신속한 배송체제의 구축에 의한 기업의 판매력 강화
② 수급조정기능
③ 공장과 물류센터 간에 대량 및 계획운송이 가능하여 운송비 절감효과
④ 물류센터의 정보망을 통해 신속·정확한 재고파악이 가능하며, 과잉재고 및 재고편재를 방지
⑤ 물류거점의 정비를 통해 상류기능과 물류기능의 명확한 분리로 중복, 교차운송을 방지
⑥ 물류센터를 판매거점화 함으로써 제조업체의 직판체제의 확립, 유통경로의 단축, 유통의 간소화 및 비용절감

2) 물류센터와 유사기능 시설

물류센터 외에도 보관물류활동을 중심으로 하는 유사기능의 장소가 다양하게 존재한다. 이에는 물류단지, 유통단지, 집배송센터, 공동집배송단지, 복합화물터미널, ICD, 보세구역, CY/CFS 등이 있다.

(1) 물류단지

화물터미널, 유통단지, 도매시장, 집배송센터, 유통가공센터 등의 각종 물류시설을 집약한 종합적인 물류거점을 말한다.

(2) 유통단지

유통단지는 물품의 운송, 보관, 포장, 하역, 통관, 도소매, 정보처리 등을 위한 유통시설(상류와 물류시설)과 지원시설을 집단적으로 설치·운영하기 위해 체계적으로 계획되어 개발된 단지를 말한다. 유통단지에는 단일의 시설이 아니라 여러 가지 시설들이 상호 유기적이고 종합적으로 집단화되어 있다.

(3) 집배송센터(Distribution Center)

유통사업자 또는 제조업자가 주로 활용하기 위해 집배송시설, 관련업무시설 및 판매시설을 갖추어 조성한 시설이다. 관할지역내의 소매점 및 소비자에 대한 배송기능을 주로 하는 물류거점으로 물류센터 보다 소규모이고 기능이 단순하며, 유통센터의 개념과 유사하다.

표 6-4. 물류센터와 유사기능 시설

시설명	정의
화물터미널	화물의 집화, 하역, 분류, 포장 또는 통관 등에 필요한 기능을 갖춘 시설물 * 복합화물터미널 : 두 종류 이상의 운송수단 간의 연계수송을 할 수 있는 규모 및 시설을 갖춘 화물터미널
ICD	내륙컨테이너기지(Inland Container Deport)의 약칭. 항만 및 내륙운송수단의 연계가 편리한 산업지역에 위치한 컨테이너 집화, 혼재를 위한 하치장을 말하며, 컨테이너 장치, 보관기능, 집화, 분류기능 및 통관기능을 담당
CFS	Container Freight Station의 약칭. 컨테이너에 화물을 적입하거나 인출하고, 일반화물트럭에 상하차하는 작업에 따른 환적 및 일시보관 창고
창고	물건의 멸실, 훼손을 방지하기 위한 보관시설 또는 보관장소
화물취급장	당일 집배송이 이루어지는 택배화물을 취급하는 장소
집배송센터	유통사업자 또는 제조업자의 사용에 제공하기 위하여 집배송시설 및 관련업무시설 또는 판매시설을 갖추어 조성한 시설물
공동집배송단지	집배송센터(판매시설을 갖춘 집배송센터는 제외)를 집단적으로 설치하여 다수의 유통사업자 또는 제조업자가 시설물의 전부 또는 일부를 공동으로 사용할 수 있도록 조성한 단지
유통단지	유통시설(화물터미널, 집배송단지, 도소매단지, 농수산물도소매단지)과 지원시설(가공제조시설, 정보처리시설, 금융, 보험, 의료, 교육, 연구시설 및 편의시설)을 집단적으로 설치, 육성하기 위하여 지정 개발하는 일단의 토지
농수산물종합 유통센터	농수산물의 수집, 포장, 가공, 보관, 수송, 판매 및 그 정보처리 등 농수산물의 물류활동에 필요한 시설 및 이와 관련된 업무시설을 갖춘 사업장
농수산물도매시장	농수산물을 도매하기 위하여 특별시장, 광역시장, 시장이 관할구역에 개설하는 시장
농수산물공판장	농·임·축·수협과 중앙회 또는 공익법인이 농수산물을 판매하기 위하여 개설·운영하는 사업장
CY	Container Yard의 약칭. 컨테이너를 보관, 집화, 배송 등을 하는 장소

(4) 공동집배송단지

집배송센터(판매시설을 갖춘 집배송센터 제외)를 집단적으로 설치하여 다수의 유통사업자 또는 제조업자가 그 시설물의 전부 또는 일부를 공동으로 사용할 수 있도록 조성한 단지를 말한다.

(5) 복합화물터미널

물품이 집화, 하역, 분류, 외부포장, 보관 또는 통관 등에 필요한 시설을 갖춘 장소로서 2종류 이상의 운송수단이 연계운송을 할 수 있는 규모 및 시설을 갖춘 화물터미널을 말한다.

복합화물터미널은 이 밖에도 다음과 같은 시설과 기능을 수행한다.

① 운송기능중심의 물류시설로서 화물취급장, 철송취급장, 주차장, 배송센터시설을 보유
② 순수한 물류기능만을 담당하는 대규모 물류기지
③ 터미널 기능, 혼재기능, 포장기능, 유통보관기능, 분류기능, 정보기능 등 수행

(6) ICD(Inland Container Depot)

산업단지와 항만 사이를 연결하여 컨테이너화물의 물류흐름을 원활하게 하기 위해 조성한 대규모 내륙컨테이너기지를 말한다. 즉, 항만 내에서 이루어져야 할 본선선적 및 양하작업과 마샬링 기능을 제외한 장치보관기능, 집화분류기능, 통관기능을 가지고 있어서 선사 및 대리점, 포워더, 하역회사, 관세사, 트럭회사, 포장회사 등이 입주하여 물류활동을 수행한다.

(7) 보세구역

보세구역은 효율적인 화물관리와 관세행정의 필요성에 의하여 세관장이 지정하거나 특허한 장소로서, 사내창고나 물류센터에서 출고된 수출품의 선적을 위해 거치게 되는 장소이며, 또한 수입품의 통관을 위해 장치하는 장소이기도 하다.

(8) CY/CFS

CY(Container Yard)는 보세장치장을 이르는 말로 CFS, Marshalling Yard(부두의 선적 대기 장소), Apron, 샤시/트랙터장치장까지도 포함한다. 또한 CFS(Container Freight Station)는 LCL화물을 모아서 FCL화물로 만드는 LCL화물 취급장을 말한다.

3) 물류센터의 입지선정

(1) 물류센터의 입지선정 요인

물류센터 혹은 공장입지의 결정에 있어서 가장 중요한 평가기준은 관련 비용의 최소화에 있다. 여기에서 비용의 개념은 주로 생산비용과 수배송비용을 포함하는데, 물류센터의 입지결정은 주로 수배송비용이 최소화 되도록 하는 것이라고 말할 수 있다.

그러나 현실적으로 수배송비용 만을 고려한 입지결정은 상당히 만족할 만한 결과를 제시해줄 수도 있지만 기타의 요인, 즉 장래의 확장 가능성, 수배송의 편리성 등 주로 질적인 요인이 크게 작용할 수도 있다. 따라서 가능한 한 모든 요인들을 면밀히 검토한 후 입지를 결정해야 한다.

입지선정 시에 기본적으로 고려되는 제반 요인을 나열하면 다음과 같다.

① **경제적 입지요인** : 수배송비용, 수배송의 편리성, 노동력, 토지가격, 판매시장의 근접성
② **자연적 입지요인** : 기후, 공업용수, 원자재의 접근성, 환경조건
③ **사회적 입지요인** : 지역사회특성, 법규, 국가정책 및 국토계획, 조세

이상과 같은 제반요건들을 보다 구체적으로 살펴보면 다음과 같다.

① **수요조건** : 고객의 분포도, 장래고객의 예측, 취급품의 신장유무, 배송가능지역 여부
② **수배송조건** : 각종 터미널(트럭, 항만, 공항, 역)의 수배송거점과의 근접성, 운송업자의 사업장과의 근접관계

③ **수배송 서비스조건** : 고객에 대한 도착시간, 배송빈도, 리드타임의 계산, 고객까지의 거리
④ **용지조건** : 토지의 이용문제(기존토지와 신규취득), 지가, 소요자금 내에서 용지취득의 범위
⑤ **법규 제조건** : 정부의 용지사용 지정가능지역의 검토
⑥ **관리 및 정보기능조건** : 본사 영업부와 중앙전산실과의 근접관계
⑦ **유통기능조건** : 상류와 물류의 구분, 유통가공시설의 필요성, 작업원의 확보 용이성과 통근여부
⑧ **기타조건** : 품질유지를 위한 특수시설(냉동물, 보온물, 위험물)과 공해방지시설의 설치 여부

(2) 물류센터 입지계획

(가) 고객(화주)에 대한 수배송 타이밍 수준 결정

수배송 타이밍 수준과 연계된 물류센터의 서비스수준은 물류센터 내에서 주문처리, 입출고의 선품, 검품 및 배차시스템의 수준에 의해 결정된다. 따라서 물류센터의 입지에 따라, 예를 들어 도시내는 30분, 2Km 이내는 1시간, 20～30Km 이내는 3시간, 100Km 이내는 다음날로 수배송선에 대한 리스트를 작성하여 수배송 타이밍 수준을 결정하여야 한다.

(나) 수배송권과 물류센터 수의 결정

물류센터 수를 결정할 때는 총비용의 최저점에 대응하여 물류센터 수를 구한다. 즉, 공장에서 물류센터까지의 제1차 수송비와 물류센터의 입출고나 보관비, 그리고 물류센터에서 고객까지의 제2차 배송비를 고려하여 결정한다.

(다) 물류센터와 영업소의 입지관계 결정

상류와 물류를 분리하여 도심에서는 본점과 지점에서, 그리고 도시근교에서는 물류센터를 중심으로 상류와 물류를 적절히 조정한다.

[그림 6-3] 수배송권과 배송센터수의 결정

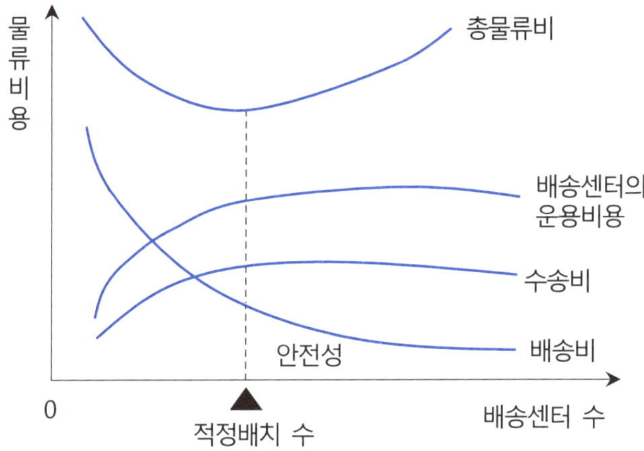

(라) 물류센터의 배치형태 결정

① **집중형** : 백화점이나 수퍼 등의 집배송센터와 같이 자사 체인점의 다수를 배송권으로 하여 집중적으로 입지를 정하고, 공동구매나 일원관리 및 계획배송을 실시하는 대형물류거점의 형태를 말한다.

② **분산형** : 메이커의 영업창고형으로서 상류와 물류를 분리한 것으로 상호 정보시스템을 통해 결합하는 형태이다.

③ **중앙집중형** : 대형물류센터를 중심으로 중앙에 대형창고를 복합거점으로 두고 주변에 고객에 대한 수배송을 위한 소형 배송거점을 설치하는 형태이다.

④ **기능별 구분형** : 다품종 소량생산업자(예를 들어 2,000~3,000여종의 가전제품)가 재고배치를 위해 ABC분석에서 나타난 C품목은 지역의 전략창고에, 그리고 A·B 품목은 제1차 물류센터에 보관(지역블럭 마다 전략창고 1개씩, 배송센터 4~5개씩 배치)하는 방법으로 물류센터별로 재고배치를 차별화하는 형태이다.

(3) 물류센터의 입지선정

물류센터의 입지선정을 위해서는 먼저 입지선정을 위한 다음과 같은 자료를 검토해야 한다.

① **물동량 파악** : 공장과 물류센터간의 운송량, 고객에의 배송량, 물류센터의 최대보관 가능량, 수배송 루트별 취급량 등을 시간대별・주별・월별・계절별로 파악하여야 한다.
② **코스트 파악** : 공장과 물류센터간의 운송비, 물류센터와 고객간의 배송비, 시설・토지와 관련된 비용, 그리고 인건비와 작업경비 등을 파악하여야 한다.
③ **기타 자료** : 고객의 위치, 시설의 배치, 공장과의 위치관계 등을 표시한 지도를 준비하여 각 후보지로부터 수배송거리와 루트를 분석한다.

이상과 같은 입지선정을 위한 자료를 정리한 다음 입지를 선정하기 위한 기법을 활용하여 입지선정을 하게 된다. 입지선정을 위한 절차는 다음과 같다.

① 입지선정의 전제조건을 정리한다. 즉, 물류시스템의 기본계획과 현황을 분석하고 입지범위의 후보지를 압축하여 정리한다.
② 자료정리를 한다. 즉, 물류시스템의 기본계획과 현황분석을 위해 지도, 지가, 취급량, 비용분석, 수배송루트, 현재시설 및 수요예측 등의 자료를 정리한다.
③ 입지선정의 기법을 정리한다. 즉, 단일물류시설과 복수물류시설을 위한 선정기법을 동원하여 평가하며, 동시에 입지선정에서 생기는 입지제약조건을 검토한다.
④ 입지선정의 제약조건을 검토한다. 즉, 지리, 지형, 지가 및 환경 등 입지제약요건을 검토하고, 서비스수준과 토탈코스트를 평가한 다음 최종적으로 단일 또는 복수의 입지위치를 선정한다.

제2절 보관물류의 효율화

1. 보관물류의 효율화 요인

보관물류를 효율화하기 위해서는 보관의 기본원칙을 종합적으로 고려하여 물품의 특성이나 물류센터 등의 보관장소의 상태에 적합한 보관물류를 추구하여야 한다. 보관물류의 효율화를 위한 기본원칙은 다음과 같다.

① **통로대면보관의 원칙** : 물품의 입출고를 용이하게 하고 효율적으로 보관하기 위해서는 통로에 접하도록 보관해야 한다. 이것은 보관장소 내의 물자의 흐름을 원활하게 하기 위한 기본원칙이다.

② **높이 쌓기의 원칙** : 물품을 고층으로 적재하여 용적효율을 향상시키는 것이다. 이 경우 랙이나 적층선반 등의 보관설비를 이용하는 것도 필요하다.

③ **선입선출의 원칙** : 선입선출(FIFO : First In First Out)이란 먼저 보관한 물품을 먼저 출고하는 원칙이다. 보관물류에서 선입선출이 특히 필요한 경우는, 첫째 상품형식의 변경이 잦아 단기간 내에 구형이 되기 쉬운 상품, 둘째 상품의 수명주기가 짧아 단기간 내에 상품가치가 없어질 우려가 있는 상품, 셋째 보관 시에 파손·감모가 생기기 쉬운 상품 등이다.

④ **회전대응 보관의 원칙** : 보관할 물품을 입출고 빈도에 따라 장소를 달리하여 보관하는 것이다. 예컨대 입출고 빈도가 높은 물품은 출입구 가까운 장소에 보관하는 것이다.

⑤ **동일성의 원칙** : 동일한 종류의 물품은 동일장소에 보관하는 것을 말한다. 이것은 입출고 시는 물론이고 재고조사 등에서 효율적인 작업이 이루어질 수 있도록 한다.

⑥ **유사성의 원칙** : 유사품을 인접하여 보관하는 원칙이다.

⑦ **중량특성의 원칙** : 물품의 중량에 따라 장소의 고저를 결정하는 원칙이다. 예컨대 중량물품은 마루나 하층부에 보관하는 것이다.

⑧ **형상특성의 원칙** : 물품의 형상특성에 맞게 보관방법을 달리하는 원칙이다. 예컨대 표준품은 랙에 보관하고, 비표준품은 그 형상에 따라 특수 보관설비에 보관하는 것이다.

⑨ **위치표시의 원칙** : 보관물품의 장소와 랙 번호 등을 표시함으로써 보관업무 효율화를 기하는 원칙이다.

⑩ **명료성의 원칙** : 시각적으로 보관물품을 용이하게 식별할 수 있도록 보관하는 원칙이다.

⑪ **네트워크 보관의 원칙** : 관련물품을 한 장소에 보관함으로써 출하품목을 쉽게 갖출 수 있도록 하는 것이다.

2. 보관물류시스템화

보관물류를 효율화 하기 위해서는 보관물류 전체 프로세스를 통합하여 시스템화 하여야 한다. 보관물류를 시스템화 하기 위한 프로세스 요소를 살펴본다.

1) 입하시스템

물류센터나 창고 등의 보관물류 장소로의 물품의 입하작업도 효율적으로 시스템화하지 않으면 안된다. 즉, 입하의 처리시간이 길어지면 트럭 등 운송수단의 운용이 원활하게 이루어질 수 없다. 따라서 오늘날 입하작업이 원활하고도 효율적으로 이루어질 수 있도록 입하설비의 자동화 · 기계화 등 다방면의 노력이 경주되고 있으며, 운송수단에 입하와 관련된 설비를 부착하는 문제까지도 고려되고 있다.

즉, 맥주회사 및 음료수회사 등에서는 운송수단인 트럭에서 파렛트를 자동적으로 입하할 수 있는 설비를 부착하고 있는 경우가 많다. 또한 입하된 물품의 일시보관이나 검품 및 보관상의 위치관리 등 입하에 따르는 서류작업과 정보처리 등의 사무처리의 효율화도 이루어지고 있다. 특히 최근에는 정보시스템을 이용하여 각종 서류를 온라인으로 처리하는 방식을 적용함으로써 입하작업의 사무처리시간을 신속·정확하게 수행하고 있다.

2) 오더피킹시스템

(1) 오더피킹의 개념

오더피킹은 물류센터나 창고의 재고품으로부터 고객의 주문에 응하여 주문품을 모으고 출하하는 것을 말한다. 오더피킹의 형태는 각 분야에서 각양각색으로 행하여지고 있는데, 이 오더피킹의 기본적인 목적은 판매정보를 물품의 물적 이동으로 변화시키는 것으로서 그 범위는 단순히 물류센터나 창고의 선반으로부터 물품을 골라내는 것을 말한다.

그런데 물류센터나 창고의 자동화 및 오더피킹의 효율화를 기하는데 있어서 기기 및 설비의 도입을 우선적으로 생각하기 쉬운데, 기기나 설비의 도입만이 좋은 것은 아니며, 물류센터나 창고의 특성을 면밀하게 파악한 다음에 그것을 기초로 하여 적절히 보관물류를 시스템화하는 것이 보다 중요하다.

또한 오더피킹의 효율화를 위해서는 정보의 처리와 정보의 활용이 기기나 설비의 도입 이상으로 중요하므로, 오더피킹의 계획이나 개선에 있어서는 자료의 파악, 그 특성의 정립 및 목적의 명확화는 물론이고, 기기·설비 및 정보처리시스템을 포함하여 종합적인 검토가 필요하다.

(2) 오더피킹 기기

오더피킹기기에는 다양한 종류가 있는데, 대표적인 것으로는 카튼단위의 피킹작업에 적합한 오더매틱(Ordermatic)과 피킹라이너(Picking Linear)가 있으며, 피스단위의 피킹작업에 맞는 S형 피킹머신과 아이템매틱(Itemmatic) 등이 있다.

오더매틱은 제품을 유동랙에 보관해 두고 컴퓨터제어에 의해 필요한 제품을 오더별로 정리하여 집어내고 반출컨베이어를 통해 자동으로 출하시키는 방식이다. 또한 피킹라이너는 오더매틱과 같이 보관된 제품을 출하요구에 따라 피킹하는 설비로 슬로터가 제품을 보충하며, 피킹크레인이 있어 해당 제품을 하나씩 피킹하는 구조로 되어 있다. 그러므로 피킹라이너는 오더매틱보다 보관량과 출하량이 적은 품목들에 유리하다.

[그림 6-4] 오더매틱의 구조

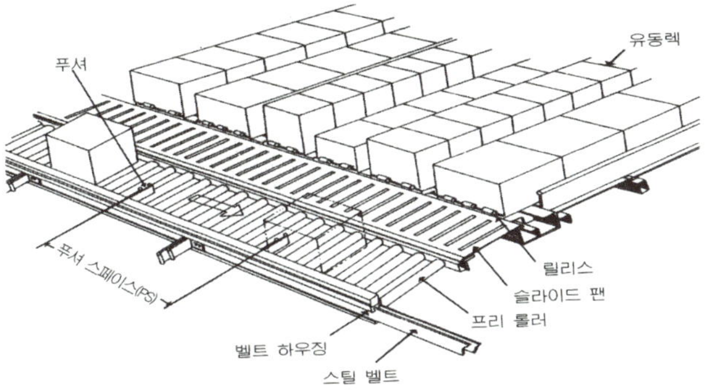

[그림 6-5] 피킹라이너의 구조

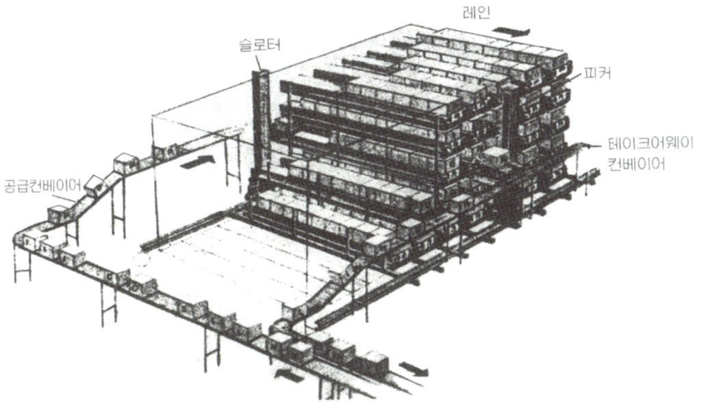

이에 반해 S형 피킹머신은 자동판매기와 유사한데 수직형 제품보관용 매거진과 반출컨베이어로 구성되어 해당 제품을 오더별로 정리하여 출하한다. 또한 아이템매틱은 피킹헤드를 통해 해당 제품을 밀어내고 이것을 반출컨베이어를 통해 출하시키는 방식이다.

[그림 6-6] S형 피킹머신의 구조

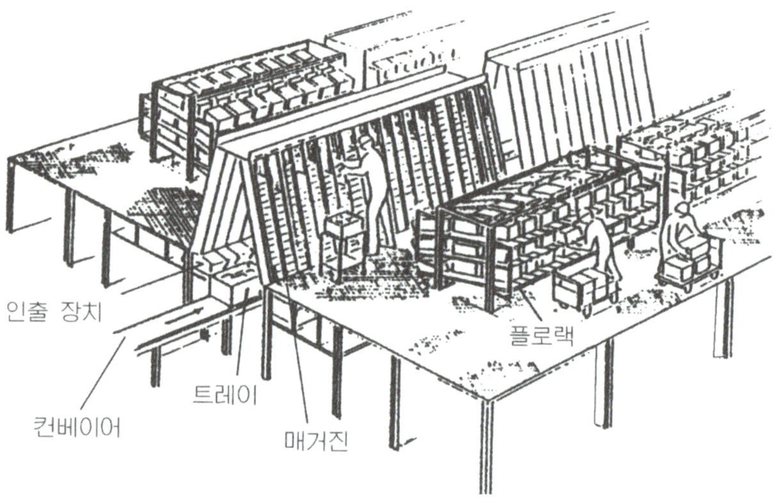

[그림 6-7] 아이템매틱의 구조

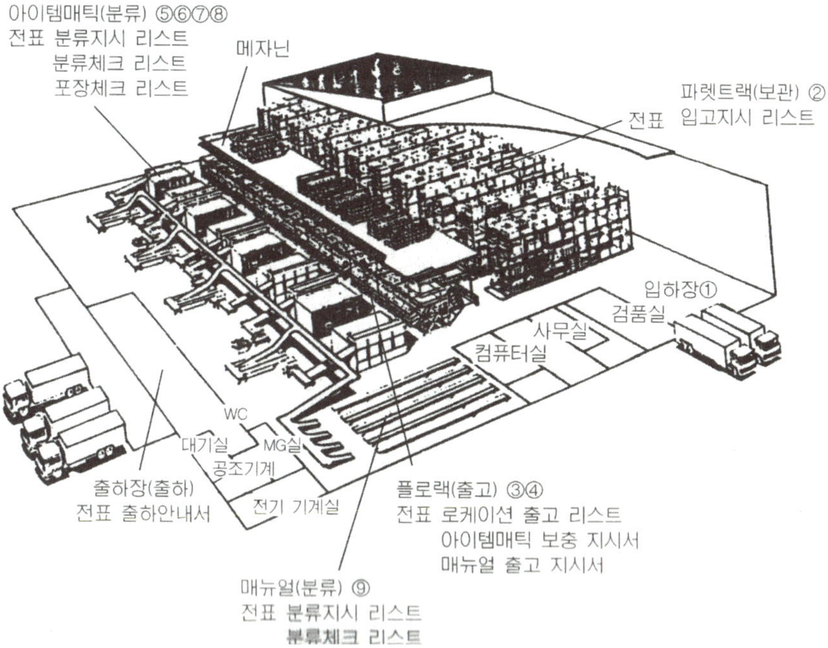

(3) 오더피킹의 방법

[그림 6-8] 오더피킹의 유형

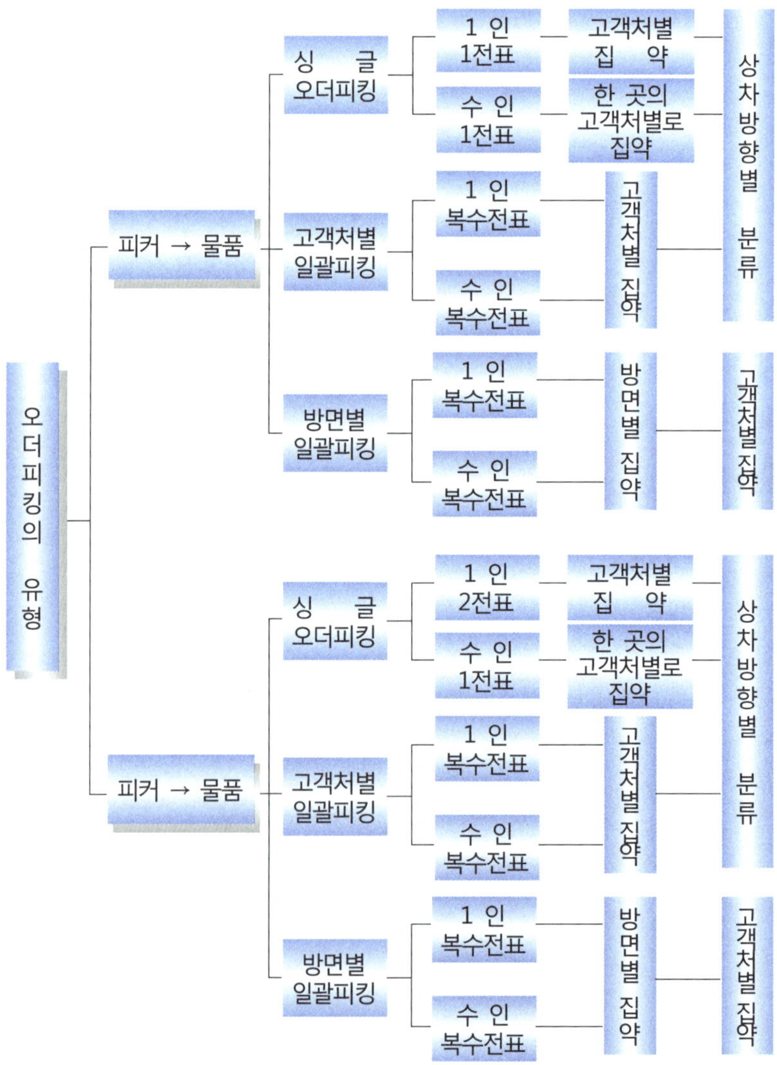

오더피킹의 방법에는 다음과 같은 것들이 있다.

① **사람이 물품을 가지러 가는 방식** : 선반 등에 보관되어 있는 물품을 사람이 걸어서 또는 오더피킹 기계 등에 타고 가서 피킹하는 방식으로, 물류센터나 창고 등에서의 오더피킹시스템에서 가장 보편적으로 행하여지는 방식이다. 이 방식은 보관하고 있는 물품의 종류나 수량이 적을 경우에는 특별한 문제가 없지만, 물품의 종류나 수량이 많아지면 물품의 위치파악이 어려워 피킹시간이 많이 걸리고, 피킹오류도 발생할 가능이 많아지게 되는 단점이 있다.

② **물품을 사람의 장소로 오게 하는 방식** : 오더피킹시스템의 효율화를 기하기 위한 하나의 방식은 사람이 걸어 다니는 시간을 단축하는 것이기 때문에 사람(피커)의 장소에 물품이 이동하여 오게 하면 그 시스템이 효율적으로 되는 것은 물론이다. 이 방식의 피킹시간은 크게 물품이 사람의 장소에 자동적으로 이동해 오는 시간과 사람이 물품을 골라내는 시간으로 구분할 수 있으므로, 이 두 가지 요소를 고려하여 오더피킹이 효율적으로 이루어지도록 하여야 한다.

③ **1인 1건 방식** : 1인의 피커가 1건의 주문전표로 요구되는 물품을 피킹하는 방법으로 일반적으로 널리 사용되고 있지만, 처리건수가 많아지면 능률이 저하되는 문제가 있다.

④ **릴레이 방식** : 여러 사람의 피커가 각각 자신이 분담하는 종류나 선반의 작업범위를 정해 놓고 피킹 전표 속에서 자기가 맡은 종류의 물품만을 피킹하여 릴레이 식으로 다음의 피커에게 넘겨 주는 방식이다.

⑤ **존(Zone)피킹 또는 그룹피킹 방식** : 릴레이 방식과 유사하게 여러 사람의 피커가 각각 자신이 분담하는 지역 또는 그룹의 물품 선반의 작업범위를 정해 놓고 피킹 전표 속의 자기가 맡은 지역 또는 그룹의 종류의 물품만을 피킹한다.

⑥ **싱글 오더피킹 방식** : 1건의 주문마다 물품의 피킹을 집계하는 방식으로 1인 1건 방식이나 릴레이 방식으로 집계할 수도 있고, 각각의 피커가 피킹한 물품을 나중에 하나로 집계하는 집약의 방법을 이용하는 경우도 있다.

⑦ **일괄 오더피킹 방식** : 여러 건의 주문전표를 한데 모아 한번에 피킹하는 방식

으로, 여러 건을 한데 모으는 피킹전표상의 물품의 종류에 공통적인 물품이 많은 경우에는 공통적인 물품을 한번에 피킹할 수 있기 때문에 유리한 방식이다.

⑧ **총량피킹 방식** : 몇시간, 한나절 또는 하루의 주문전표를 한데 모아서 피킹하는 방식이다.

⑨ **어소트(Assort)** 방식 : 일괄 피킹한 물품을 고속의 자동분류컨베이어 등을 이용해서 고객별로 분류하는 방법이다.

(4) 오더피킹의 출고패턴

오더피킹시스템은 물류센터나 창고의 특성에 따라서 천차만별이지만, 그 내용을 보면 보관은 파렛트 단위, 케이스 단위, 혹은 케이스 속에서 단품을 빼내는 단품단위 형태로 이루어 지고 있으며, 이 보관형태에서 오더피킹하는 형태로 출고가 일어난다. 그러므로 파렛트, 케이스, 단품을 각각 P, C, S의 약자로 나타내어 보관과 피킹을 패턴화하여 보면 〈표 6-5〉와 같으며, 오더피킹은 다소의 차이는 있지만 이 7가지 종류중의 한 패턴에 속하거나 아니면 이 패턴의 혼용이라고 할 수 있다.

표 6-5. 오더피킹의 출고패턴

패턴	보관단위	피킹단위	약 호
I	파렛트	파렛트	P ⇒ P
II	파렛트	파렛트 + 케이스	P ⇒ P + C
III	파렛트	케이스	P ⇒ C
IV	케이스	케이스	C ⇒ C
V	케이스	케이스 + 단품	C ⇒ C + S
VI	케이스	단품	C ⇒ S
VII	단품	단품	S ⇒ S

3) 분류시스템

(1) 분류시스템의 의의

분류행위란 특정의 목적지로 운송하여야 할 물품을 식별하고, 유도하며, 분리하는 행위를 말한다. 즉, 개개의 인위적인 정보를 가진 물품을 그 정보에 따라서 소정의 위치에 집합시키는 행위이다. 그러므로 분류의 기능은 정보처리의 기능과 물품의 물리적인 처리라는 2가지 큰 기능이 있다.

이러한 분류의 직접적인 목적은,

① 물품의 형태, 크기, 중량 등으로 분류하고,
② 물품을 목적별, 즉 고객별, 주문별, 목적지별 등으로 분류하며,
③ 위의 두 가지 사항을 조합하는 목적이 있다.

그리고 분류의 직접적인 목적 이외에도 분류시스템을 도입하는 기본적인 목적은,

① 생산성의 향상
② 고객서비스의 향상
③ 생력화
④ 분류시간의 단축
⑤ 분류오류의 감소 등이 있다.

즉, 다품종소량의 물류관리시대에 있어서는 다종소량의 물품을 단시간 내에 분류·처리하여야 한다. 따라서 분류작업을 수동에 의하여 행할 경우 분류오류가 발생하기 쉬우며, 또한 분류처리 속도도 너무 많이 걸릴 수 있다. 그러므로 이러한 분류행위상의 문제를 해결하기 위해서는 분류시스템을 적용하여야 하며, 분류처리시간을 단축하기 위해서도 자동분류컨베이어 등을 도입하여야 한다.

표 6-6. 분류시스템의 기능과 종류

	지 시	기 억	검출 · 조회	분 류
기능 / 종류	어디로 분류할 것인가를 물품이나 기억장치에 지시	지시를 물품 또는 기계적, 전기적인 기억장치에 기억	분류의 위치나 순서에 의해 또는 물품에 기입된 표시를 검출, 조회해서 분류기기에 분류를 지시	분류지시에 의해 분류기기를 작동시키고 물품을 분류
수동	작업원이 지시	작업원의 기억	작업원이 검출 · 조회	작업원이 물품을 손이나 분류기기를 작동시켜서 분류
반자동	작업원이 물품에 표시를 하거나 또는 기억장치의 스위치 등을 누르고 지시	표시한 것을 기억 또는 기계적, 전기적으로 기억	자동으로 지시를 검출해서 분류기기에 분류를 지시	지시에 의해 자동으로 분류기기를 작동해서 분류
전자동	미리 물품에 기입된 표시, 미리 주어진 프로그램이나 컴퓨터 등의 지시에 의함	상 동	상 동	상 동

(2) 자동분류컨베이어시스템

(가) 자동분류시스템의 의의

분류의 직접적인 목적은 물품을 그 형상, 치수, 중량 등에 따라서 구분하고, 물품을 목적별, 즉 주문처별, 주문별, 행선별 등으로 분류하는데 있다. 또한 자동분류시스템의 도입 기대효과는 생산성 향상, 고객서비스 향상, 생력화, 분류시간의 단축, 분류오류의 감소 등이다.

자동분류기기의 대표적인 것은 자동분류컨베이어이지만, 자동분류는 컨베이어에 한하지 않고, 예를 들어 무궤도의 무인반송차(AGV: Automatic Guide Vehicle), 유궤도의 무인반송차, 모노레일방식의 천정주행차, 트레이 등의 기기를 사용한 분류방식도 있다. 또한 자동분류의 신속성도 요구되고 있어 이들의 주행에 리니어모터를 사용하는 등 많은 자동분류방법이 개발되고 있다.

주로 사용되고 있는 자동분류컨베이어는 트럭터미널의 자동분류시스템에서 볼 수 있듯이, 보통의 카튼상자 크기에 대응하는 컨베이어가 대부분이지만, 최근 의류와 같이 부드러운 물품, 행거부착 의류, 서류, 전표, 봉투, 화일과 같은 경량의 얇은 것, 소형물품 등과 유리와 같이 깨지기 쉬운 것 및 골프가방이나 스키 등 특수한 것 등 여러 가지 물품들의 분류에 적합한 기기들이 많이 사용되고 있다.

최근 오더피킹에서 1일 또는 수일분의 오더를 정리해서 배치피킹한 후에 각각의 주문처별로 제품을 구분하는 2차분류에서도 자동분류컨베이어가 이용되고 있으며, 또한 단시간에 많은 분량의 분류를 할 필요성에 따라 분류능력이 큰 자동분류컨베이어인 고속자동분류컨베이어도 활용되고 있다. 그러므로 앞으로는 적용범위와 용도에 따라 점점 더 많은 종류의 자동분류컨베이어가 출현할 것임은 명백하다.

(나) 자동분류컨베이어시스템의 구성

자동분류컨베이어시스템은 전처리장치(제품을 분류컨베이어에 적절하게 투입하고, 또한 분류지시를 주는 자동식별장치 등), 후처리장치(분류된 제품을 유도하는 컨베이어,

[그림 6-9] 자동분류컨베이어시스템의 기능

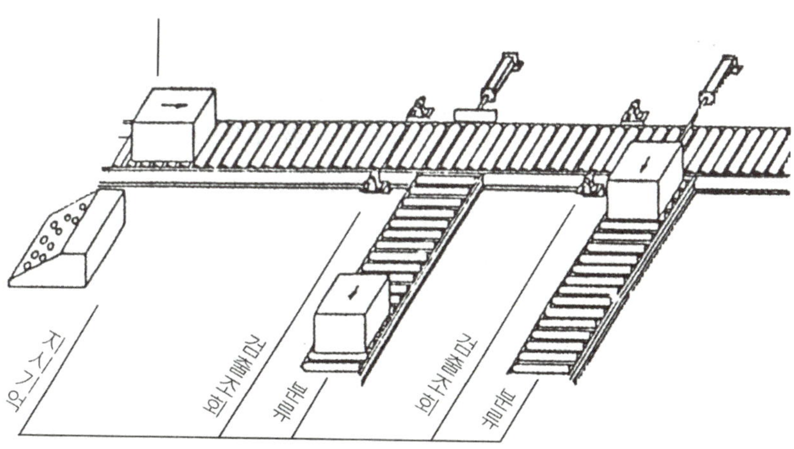

슈트(Chute) 등) 및 제어장치(분류지시에 따라 자동분류컨베이어를 작동시켜서 제품을 분류시키는 장치) 등으로 구성된다.

자동분류컨베이어시스템은 분류할 제품의 성질, 분류목적 등에 따라 물품식별, 분류정보의 지시 · 기억 · 조합, 분류기기의 작동지시와 같은 기능에 의해 자동분류를 수행한다. 즉, 제어장치가 제품별로 기억하고 있는 분류정보는 제품분류를 행하는 지점에서 제품과 정보의 조회와 확인을 통해 분류기기를 작동시켜 제품을 분류한다.

(3) 무인반송시스템

(가) 무인반송시스템의 의의

무인반송시스템은 사용형태에 따라 무인반송차, 무인견인차, 무인포크리프트 등으

[그림 6-10] 무인반송차의 종류

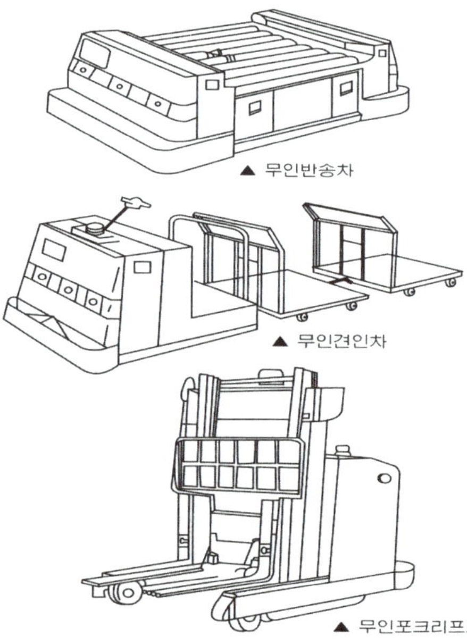

▲ 무인반송차

▲ 무인견인차

▲ 무인포크리프트

로 구분된다. 무인반송차는 본체에 사람에 의해 또는 자동으로 화물을 적재하여 지시된 장소까지 자동 주행하여 목적지에서 사람에 의해 또는 자동으로 화물을 내려놓는데 사용하는 기기이다. 또한 무인견인차는 무인반송차와 유사하지만 대차를 끄는 반송장치이며, 무인포크리프트는 포크를 상하이동시키는 마스터를 설치하여 포크에 자동으로 화물을 적재하여 지시장소까지 자동주행하여 자동하역을 하는 장치이다.

즉, 무인반송시스템은 무인반송차, 무인견인차 및 무인포크리프트를 중심으로 컨베이어와 자동창고 등을 결합하여 컴퓨터제어에 의해 공장이나 물류센터 내의 반송무인화를 실현하는 시스템이며, 최근 들어서는 무선송수신기술과 마이크로프로세서 등의 발전에 따라 급속도로 발전하고 있는 물류기기의 대표적인 분야이다.

(나) 무인반송시스템의 구성

무인반송시스템은 무인반송차 등 운반장치와 바닥설비, 로컬 컨트롤러, 제어컴퓨터 등 크게 4가지 부분으로 구성되어 있다. 여기에서 무인반송차는 AGV모니터를 탑재하여 각 장비들의 상황과 이상 내용을 인지하도록 되어 있으며, 전후에 장착된 거리 센서를 통해 다른 무인반송차나 장애물 등과의 충돌을 방지하고 있고, 자동가감속 기능에 의해 주행조건에 따라 유연하게 주행속도를 조절하도록 되어 있다.

또한 무인반송차는 로컬 컨트롤러와 시리얼통신을 하여 주행 및 이재에 대한 지시를 수신하고, 동작을 종료하는 경우 완료보고를 한다. 아울러 무인반송차 자신의 상태정보(배터리상태, 리프터상태, 적재상태 등)를 로컬 컨트롤러에 보고한다.

한편 바닥설비는 이전에는 정지포인트나 커브포인트에 금속판이나 마그네틱을 설치하였으나 최근에는 광학식 테이프나 레이저 유도방식을 채택하는 추세이다. 로컬컨트롤러는 무인반송차와 통신을 하고 필요할 경우 해당 정보를 제어용 중앙컴퓨터에 송신하며, 역으로 중앙컴퓨터에서 지시정보가 수신되면 이것을 무인반송차로 전송한다. 또한 전자유도식은 저주파신호를 가이드라인에 발신하여 가이드라인의 단선으로 이상이 발생하는 경우 해당 상황을 중앙컴퓨터에 전송한다. 그런데 대상지역이 광범위하고 무인반송차가 여러 대인 경우 LAN을 통해 로컬컨트롤러가 서로 연결되어 있는 경우도 많다.

그리고 제어용 중앙컴퓨터의 가장 중요한 기능은 교통정리기능으로 목적지까지의 루트설정과 교차점에서의 충돌 및 데드록 현상을 미연에 방지하는 것이다. 하지만 최근 들어서는 무인반송차의 기능이 점점 강화되어 무인반송차가 스스로 충돌방지나 데드록 방지를 할 수 있도록 고도화되고 있으며, 중앙컴퓨터는 단순한 목적지나 화물이재 지시 및 무인반송차의 가동감시기능 등을 수행하는 방향으로 바뀌고 있다.

4) 검품시스템

검품시스템은 피킹이 틀리지 않고 제대로 실시되고 있는지를 파악하는 시스템이므로, 피킹결과를 검토하는 것보다도 피킹 오류가 발생하지 않도록 사전에 예방차원에서 실시하는 기능이다.

그런데 오더피킹의 검품은 시간과 사람의 손이 많이 들기 때문에 이의 능률성을 제고한다는 것은 매우 어려운 일이다. 또한 아무래도 수동적으로 검품을 하게 되면 당연히 오류가 발생할 가능성도 배제할 수 없다. 따라서 오늘날 검품의 자동화가 논의되고 있는데, 즉 검품에서 품명을 읽는 대신에 바코드를 사용하여 라이트펜으로 검품한다든지, 음성입력을 사용하여 품명을 읽어 내고 그 품명을 컴퓨터가 판단해서 검품리스트와 조회하는 방법, 또는 물품의 총중량을 컴퓨터로 계산하고 계량기를 사용하여 조회하는 방법 등이 많이 논의되고 있고, 또한 사용되고 있다.

5) 포장 · 출하시스템

피킹한 물품을 한데 모아서 출하에 적합하도록 포장하는 작업도 그 능률화가 매우 어려운 작업 중의 하나이다. 즉, 고객의 주문량은 매우 다양하기 때문에 출하용 상자의 크기도 다르기 마련이며, 따라서 3종류 정도 크기의 출하용 상자를 동시에 사용하기도 한다.

한편 최근에는 컴퓨터를 사용하여 물품의 용적을 계산하고 출하용 상자의 크기를 지정하는 방법을 취하기도 하며, 또한 운반용 상자 등에 직접 피킹하여 검품한 후 출하포장을 생략하여 그 운반용 상자 그대로 출하하는 방법을 택하기도 한다.

제3절 보관물류시스템과 의사결정

1. 보관물류설비

1) 보관물류시설 및 기법의 결정

보관물류의 효율화를 위해서는 물류센터나 창고의 특성을 반영한 보관물류시설을 결정하여야 한다. 이 경우 우선 물류센터나 창고의 특성을 면밀하게 검토·분석하는 것이 중요하며, 다음과 같은 물류센터나 창고의 특성에 영향을 미치는 요소를 고려하여야 한다.

① 물품의 형태, 크기, 중량
② 재고수량
③ 재고종류수
④ 물품의 입출고수
⑤ 물품의 종류별 입출고수 및 출하건수
⑥ 입출하의 트럭 수
⑦ 거래처의 건수
⑧ 주문전표의 내용
⑨ 출하방면 수
⑩ 장래 예상되는 물품의 종류 및 수량의 증가율 등

그런데 이 중에서도 ① 물품의 형태, 크기, 중량, ② 물품의 종류별 입출고수, ③ 출하건수, ④ 주문전표의 내용 등 이 4가지 요소가 물류센터 및 창고시스템을 설계하는데 결정적인 영향을 미친다. 그러므로 이를 면밀하게 검토·분석하여 대략의 물류센터 및 창고시스템의 형상을 구상한 다음에, 구체적으로 입체자동창고, 재래식 창고, 컨베이어시스템, 물류센터 정보시스템 등의 적용 여부를 결정하여야 한다.

그 다음으로 물류센터나 창고의 공간활용을 극대화하는 기법을 선택하여야 한다. 이 기법에는 다음의 3가지가 있다.

① Free Location System
② Fixed Location System
③ Semi-fixed Location System

이 중 Free Location System은 공간활용을 극대화할 수 있는 이점이 있으며, Fixed Location System은 물품관리에 이점이 있다. 그러나 최근에는 컴퓨터로 공간활용 컨트롤을 할 수 있기 때문에 Free Location System이 널리 활용되고 있다.

또한 보관방식에는 다음과 같은 5가지 방식이 있다.

① 깔판 바로 놓기 방식
② 스키드 바로 놓기 방식
③ 직각 겹쳐 쌓기 방식
④ 파렛트 겹쳐 쌓기 방식
⑤ 선반 놓기 방식

그런데 물류센터나 창고 등에서는 입출고의 타이밍 관리, 입출고의 효율성이 중시되므로 오더피킹에 중점을 두어 보관방식을 고려하는 것이 필요하다.

2) 보관물류의 입체자동창고화

물류센터나 창고의 입체자동창고화는 화물을 보관하는 랙을 고층화하여 공간활용을 극대화 하고, 보관기능을 CIM이나 자동제어기술을 결합하여 인텔리젼트화하는 것을 말한다. 이렇게 물류센터나 창고를 입체자동창고화하면 다음과 같은 기대효과를 볼 수 있다.

① 자동화 · 기계화에 의한 생력화 · 생인화
② 선입 · 선출방식에 의한 일부관리, 입출고관리의 용이
③ 입출고 작업의 자동화에 의해 안전성과 작업환경의 개선을 도모할 수 있을 뿐 만 아니라 화물의 손상도 방지

이 입체자동창고는 여러 가지 서브시스템으로 구성되어 있다. 첫째, 하드웨어로서는 화물을 적재하기 위한 선반 구조물인 랙, 랙에 화물을 입출고시키는 주행 · 승강장치인 스택커 크레인, 스택커 크레인을 횡으로 이동시키는 장치인 트레버스, 랙속에 화물이 저장되는 공간인 셀, 화물의 연속이동장치인 켄베이어 및 파렛트, 각종 빈(Bin), 원격제어기 등이 있다.

[그림 6-11] 입체자동창고(AS/RS)

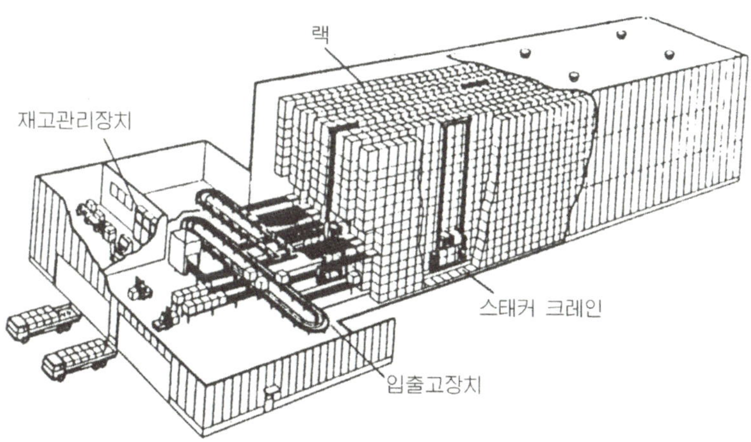

둘째, 제어시스템으로는 제어방식에 따라 수동제어, 자동제어 및 원격제어방식이 있다. 자동제어는 물품종류가 많지 않은 소형창고에서 사용되며, 원격제어는 다품종 대량품의 처리에 용이하다.

셋째, 랙에 화물을 입출고시키는 주행·승강장치인 스태커 크레인은 입출고점을 뒤돌아 올 때까지 저장과 불출 중 하나의 명령만을 받아 수행하는 단일운행방식과 스태커 크레인이 입고작업후 빈상태로 돌아오는 것이 아니라 출고명령을 받아 그 화물을 싣고 돌아오는 이중운행방식이 있다.

2. 재고관리기법

1) 재고관리의 중요성

재고는 소비자의 요구에 부응하기 위해 일시적으로 보관하는 물품으로 정의할 수 있다. 그런데 이 재고에 대한 개념과 기능, 그리고 재고를 보는 시각은 시대상황에 따라 변화를 보여 왔다. 즉, 20세기 초까지만 하더라도 재고는 일종의 재산으로 인식되어 왔다. 그러므로 재고는 기업의 부를 평가하는 척도로 이용되었으며, 재고관리도 단순한 실물자산에 대한 관리의 수준을 넘지 못하였다.

20세기 중반 이후 종전에 따른 수요의 급증으로 기업은 규모의 경영전략을 추구하게 되었고, 대량생산에 따른 물량의 증가는 기업으로 하여금 보다 과학적이고 종합적인 재고관리기법의 필요성을 절감하게 하였다. 이 시기에는 재고를 재산으로 보아 재고를 관리하는데 필요한 비용을 최소화하는 이른바 '총비용 최소화' 개념으로 접근하였다.

1970년 이후 Globalization, 규제완화, 경쟁심화 등 기업을 둘러쌓고 있는 환경의 급속한 변화로 인해 재고문제에 대한 시스템적 사고가 필요하게 되었으며, 재고를 부채의 성격으로 보는 시각이 생겨나게 되었다. 즉, 20세기 후반의 기술혁신으로 인한 제품 수명주기(Life Cycle)의 단축, 새로운 자재의 개발, 소비자 욕구의 다양화와 고도화 등에 따라 막대한 재고는 기업경영을 어렵게 하는 압박요소로 등장하게 되었다. 따라서 최근에는 재고를 부채로 인식하는 기업이 늘고 있으며, 심지어 '재고는 기업의 무덤'으로까지 불리우고 있다.

2) 재고관리의 목적

보통 기업은 재무제표상 재고자산이 차지하는 비중이 매우 크며, 재고비용에 대한 절감과 재고의 효율적인 운용에 따라 매출이 좌우될 수 있다는 관점에서 볼 때, 재고관리를 경영활동의 중요한 일부로 이해하는 것이 필요하다. 즉, 재고관리는 단순히 물품의 수발주를 위한 재고통제의 개념을 넘어 이미 조직의 경영합리화의 일환으로서 그 위상을 차지하고 있으며, 따라서 재고관리는 기업경영의 목적에 합치하는 것이어야 한다.

이러한 재고관리는 원재료의 적정화를 통해 지속적인 생산을 보장함으로써 연속적인 생산을 촉진하며, 상품재고의 적정화로 품절을 방지하여 매출기회의 상실에 대비하고 고객서비스를 향상시키는 것을 목적으로 한다. 그러므로 효율적인 재고관리는 원재료나 완제품 재고의 적정량을 보유하게 함으로써 미래의 불확실한 변화를 완충시켜주는 동시에 재고비용에 대한 원가절감을 달성할 수 있도록 하며, 재고 투자비용의 감소와 과잉재고의 방지로 운전자금의 원활화에 기여하여 경영의 합리화를 기할 수 있도록 한다.

3) 재고관리의 범위와 기능

재고관리의 대상은 크게 원재료와 재공품, 그리고 완제품으로 나눌 수 있다. 원재료 재고관리는 원·부자재 거래처로부터 원·부자재 창고에 이르는 원·부자재의 관리를 말하며, 이의 원활한 관리는 제품의 납기와 원가에 직접적으로 영향을 미친다.

또한 재공품의 재고관리는 생산과정상 공정 중간에서 발생되는 반제품이나 부분품의 관리로, 이의 원활한 관리는 생산성을 포함한 생산작업의 효율화에 기여한다.

마지막으로 완제품의 재고관리는 생산공정을 떠난 완제품의 소비자에 이르기까지의 관리로 구매관리, 생산관리, 판매관리의 3자의 기능을 조절하는 역할을 담당한다.

이러한 재고관리의 물류상의 기능은 크게 5가지로 나눌 수 있다. 수급적합기능, 생산의 계획·평준화 기능, 경제적 발주기능, 운송합리화 기능, 유통가공기능이 그것이다.

① **수급적합기능** : 이것은 품절로 인한 판매기회의 상실을 방지하기 위한 기능으로 생산과 판매의 완충이라는 재고 본래의 기능을 수행하는 것을 말한다. 즉, 재고의 확보로 인해 안정적인 생산을 도모하고, 결품으로 인한 판매기회의 상실을 방지하는 고전적인 의미의 기능이라고 할 수 있다.

② **생산의 계획·평준화 기능** : 이것은 재고를 통해 수요의 변동을 완충하는 기능으로, 주문이 불규칙적이고 비정기적인 경우 재고를 통해 계획적인 생산의 실시와 조업도의 평준화를 유지하게 하는 기능이다. 이 기능은 또한 제조원가의 안정과 가격인하에도 기여한다.

[그림 6-12] 재고관리의 대상

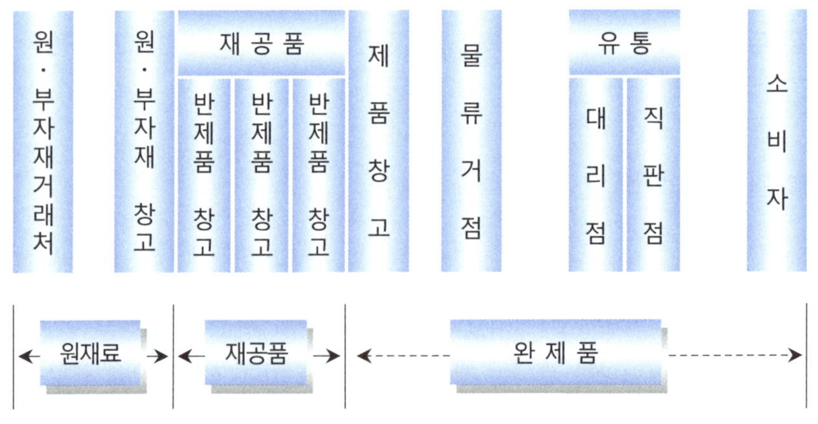

③ **경제적 발주기능** : 이것은 발주정책의 수립시 재고관련비용(재고유지비, 발주비/준비비, 품절비)을 최소화하는 경제적 발주량 또는 로트량을 구하고, 이것을 발주정책에 이용함으로써 긴급발주 등에 따른 추가 비용을 방지/최소화하는 기능을 말한다.

④ **운송합리화 기능** : 이것은 재고의 공간적 배치와 관련된 기능으로, 물류거점별(유통센터, 배송센터 등)로 소비자의 요구에 부응하는 형태별 분류와 배송을 가능하게 해 주는 기능을 말한다.

⑤ **유통가공기능** : 이것은 오늘날의 다양한 소비자의 욕구에 대처하기 위해 제조과정에서 모든 것을 충족시키는 것이 아니고, 유통과정에서 일부의 조립과 재포장 등의 기능을 담당하는 것을 말한다.

4) 재고관리시스템의 구성요소

(1) 수요

수요예측이란 제품이나 서비스에 대한 과거나 현재의 수요를 기초로 하여 미래의 수요를 추정하는 것이다. 그러나 미래의 상태는 불확실한 요소로 가득차 있어 정확한 예측을 한다는 것은 불가능하다. 따라서 예측과 실제 상황과의 오차를 줄여 예측의 정확도를 높이는 것이 수요예측의 핵심이 된다.

그러나 재고관리의 대상이 되는 모든 품목이 수요예측의 대상이 되는 것은 아니다. 예측의 대상이 되는 것은 제품이나 서비스 부품 등 판매부문에서 취급하는 품목들이다. 이들은 고객으로부터의 수요가 각 품목별로 발생하며, 품목끼리 특별한 수요관련을 맺고 있지는 않다. 이에 대해 수요가 독립적으로 발생하지 않는 품목도 있다. 예를 들면 조립품이나 부품 등이 이에 해당한다. 전자를 독립수요(Independent Demand)라고 하고, 후자를 종속수요(Dependent Demand)라 한다. 이 중 종속수요 품목은 이들이 사용되는 상위 품목의 수요에 따라 자동적으로 수요가 결정된다. 따라서 독립수요 품목만이 수요예측의 대상이 된다.

(2) 재고관련 비용과 경제적 발주량

(가) 재고관련 비용

재고와 관련하여 발생되는 대표적인 비용으로는 발주(준비)비용, 생산(구매)비용, 재고유지비용, 품절비용 등이 있다.

여기에서 발주비용은 재료나 상품구입에 필요한 사무관련 비용 및 생산시스템의 경우 설비 가동에 필요한 비용과 같은 고정비를 의미하며, 보통 발주량이나 생산량과는 독립적(Independent)이고, 단지 발주회수(생산회수)에만 의존하는 비용이라는 가정하에 구해진다.

또한 생산(구매)비용은 부품, 원료, 노동력 등과 같이 생산에 필요한 간접비용으로 구성된다. 이 비용은 특히 생산량의 증가에 따른 비용감소, 대량발주 등에 따른 가격할인 등을 검토하는데 유효하게 이용된다.

재고유지비용은 재고를 보유하는데 수반되는 비용으로 저장비용, 자재 취급비용, 정보화비용, 보험료, 세금, 진부화비용, 자본비용 등이 포함된다. 재고유지비용은 재고량에 정비례한다는 가정을 전제로 하고 있다.

한편 품절비용은 재고부족이 생기는 경우 이를 해결하기 위해 필요한 비용으로, 소비자에 대한 신용상실에 따른 손실과 판매를 통해 얻을 수 있었던 이익의 상실에 따른 기회손실비용 등이 포함된다.

(나) 경제적 발주량

재고정책은 발주량과 발주시기를 결정하는 과정이라고 할 수 있다. 즉, 언제 얼마만큼의 발주를 해야 가장 경제적인가를 결정하는 과정이다. 여기서 가장 경제적이라 함은 재고관련 비용에 대한 '총비용 최소화'를 의미한다.

[그림 6-13]은 품절을 고려하지 않은 구매/판매모델인데, 여기서는 이를 토대로 가장 경제적인 발주량을 결정하는 방법에 대해 알아본다. 이 모델에서 미래의 수요율은 일정하며, 미리 알고 있고, 구매가격은 구매량과 무관하며, 또한 발주비는 발주량과 무관하고, 조달기간은 일정하며 미리 알고 있다는 가정에 따른다.

[그림 6-13] 구매/판매 재고모델

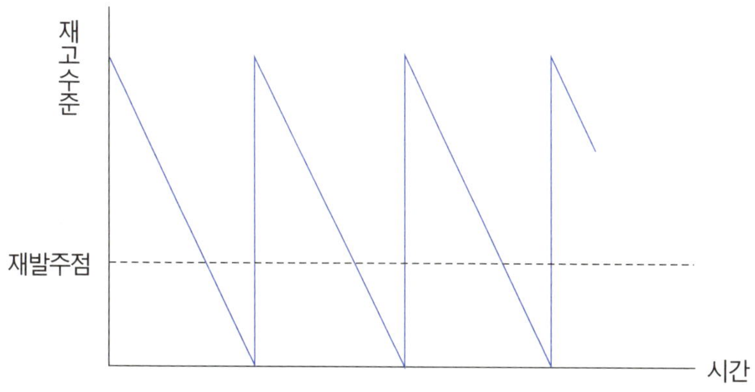

여기서 연간 수요를 Y, 1회 주문비용을 Co, 연간 재고유지비용을 Ch, 품목의 단가를 Up, 1회 주문량을 Q라 할 때 연간 발생 총비용 TC는 다음 식으로 나타낼 수 있다.

$$TC = \text{주문비용} + \text{재고유지비용} + \text{구매비용}$$
$$= C_O * \frac{Y}{Q} + \frac{Q}{2} * C_h + Up * Y$$

총비용 TC를 최소화 하는 발주량 Q*를 구하기 위해 Q에 대해 미분하여 TC의 기울기가 0이 되는 최저점을 구하면 다음과 같다.

$$Q^* = \sqrt{\frac{2C_0 Y}{C_h}}$$

여기서 Q*를 EOQ(Economic Order Quantity : 경제적 발주량)라 한다. 그런데 EOQ모델은 상당히 비현실적인 요소를 가정으로 하고 있다. 예를 들어 연간 수요를 미리 알 수 있고, 연간 수요율이 일정한 경우는 현실적으로 거의 있을 수 없다. 그럼에도 불구하고 EOQ모델은 재고모델에 대한 해법을 찾기 위한 최초의 과학적인 시도로서 큰 의미를 가지고 있으며, 적은 비용으로 간단히 구축할 수 있다는 장점으로 인해 아직도 많은 기업에서 적용하고 있다.

그런데 EOQ모델을 구축하려는 기업에 있어 가장 어려운 문제는 EOQ모델에 이용되는 제비용을 정확히 구하는 것이 실무적으로 매우 어렵다는 점일 것이다. 그러나 EOQ모델은 비용의 정확성에 큰 영향을 받지는 않는다. [그림 6-14]은 발주량의 변동에 따른 발주비용과 재고유지비용, 그리고 총비용의 변화를 나타낸 것이다. 여기서 구매비용은 전체비용을 구성하는 중요한 요소이지만 주문량의 크기와는 무관한 비용이므로 생략하고 생각할 수 있다. [그림 6-14]에서 총비용곡선은 EOQ부근에서 약간 완만하며, 주문량의 작은 변화는 전체비용에 큰 영향을 미치지 않는다. 따라서 EOQ모델에 이용되는 제비용의 산출에 약간 오차가 있더라도 총비용의 최소화에는 큰 영향을 미치지 않는다는 것을 알 수 있다.

[그림 6-14] EOQ모델과 비용곡선

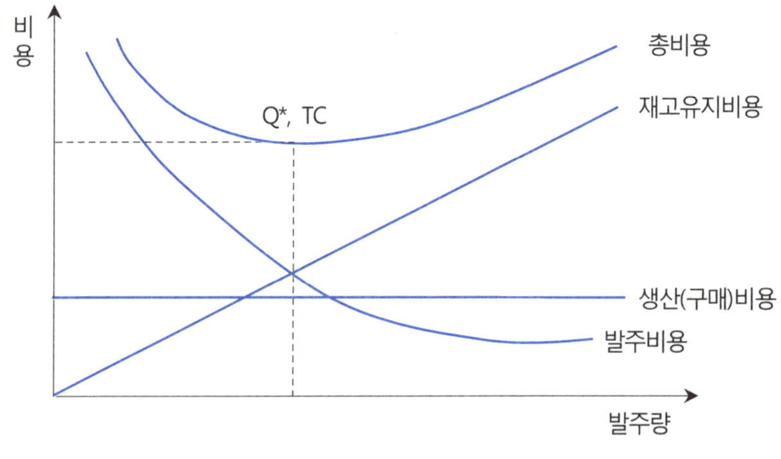

(다) 서비스율

가장 이상적인 재고관리는 재고를 보유하지 않고 기업을 운영하는 것일 것이다. 그런데 이를 위해서는 향후 전개될 상황을 완벽하게 사전에 파악하고 있어야 하며, 불확실성이 하나도 존재하지 않아야 한다. 그러나 현실적으로는 어떤 품목에 대한 사용량과 사용시기를 사전에 정확히 안다는 것은 불가능하다. 따라서 불확실성에 대비한 일정량의 안전재고(Safety Stock)가 필요하게 된다.

안전재고는 발주에서 입고까지의 기간, 소위 구매조달기간에 예상되는 소비량과 실제소비량과의 오차를 고려하여 일정 수준의 서비스율을 보증하기 위한 재고이다. 각 품목에 대한 안전재고는 수요 또는 공급의 불확실한 정도와 결품에 대한 기업의 의사결정의 함수로 결정된다. 그러므로 안전재고의 수준이 높을 경우에는 소비자의 요구에 응할 기회가 높아지며, 낮을 경우에는 그러한 기회를 상실할 가능성이 높아진다.

[그림 6-15] 서비스율과 재고투자비

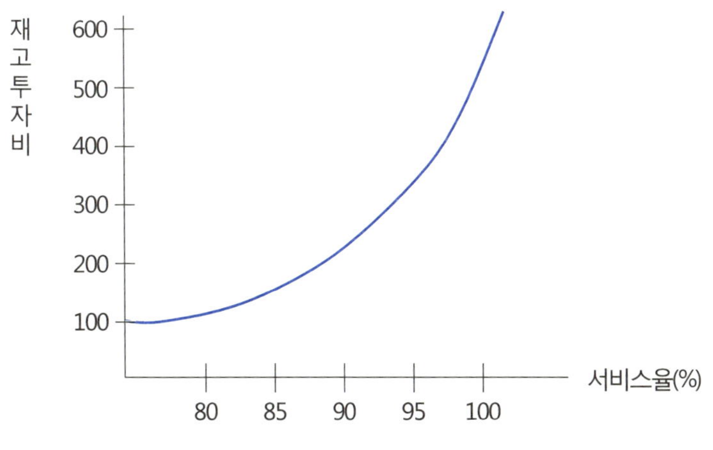

그런데 안전재고의 수준은 서비스율에 의해 결정된다. 서비스율이란 재고로부터 고객의 수요를 충족시킬 수 있는 능력을 말하며, 일반적으로 소비자로부터의 총 요구 회수 중 몇 %를 재고로부터 만족시켰는가의 비율로 정의된다. 그러므로 서비스수준은 품절을 극소화시키며, 고객의 요구를 일정수준 이상 만족시킬 수 있는 수준에서 결정된다. 여기서 서비스율의 결정은 과학적 타당성 보다는 편의에 근거한 경영진의 주관적 판단의 문제이다. 따라서 서비스율의 설정을 위해서는 서비스율의 증가에 따른 비용의 증가에 관한 시뮬레이션이 필요하다. 일반적으로 서비스율의 증가에 따른 투자비용은 [그림 6-15]와 같이 기하급수적으로 증가하는 것으로 알려져 있다.

(라) 조달기간(Lead Time)

조달기간은 소요를 결정한 다음 구매요구서를 작성하여 조달조치를 시작한 때, 즉 발주를 낸 시점부터 그 결과로 물품이 입고/저장되어 사용할 수 있게 된 시점, 또는 생산 개시시점으로부터 완료시점까지의 기간을 말하며, 발주에 필요한 행정소요시간과 생산소요기간, 그리고 납품에 필요한 운송기간으로 구성된다. 조달기간의 크기와 불확실성은 재고관리시스템에 큰 영향을 미친다. 즉, 조달기간이 길고 불확실성이 클수록 조달기간 중 사용량과 불확실성을 감안한 재고를 보관하고 있어야 하기 때문에 높은 수준의 재고가 필요하게 되는 것이다.

또한 조달기간의 크기는 재발주점에 직접적인 영향을 미친다. 왜냐하면 재발주점은 안전재고에 조달기간의 사용량을 더한 수준에서 결정되기 때문이다. 그리고 조달기간의 불확실성도 재고수준과 재발주점에 영향을 미치는데, 만일 수요와 선행기간이 일정하다면 안전재고는 필요 없으며, 재고수준도 대단히 낮게 운영할 수 있을 것이다. 그러나 현실적으로 수요와 조달기간에는 항상 불확실성이 존재한다. 따라서 수요와 조달기간의 불확실성을 반영한 모델의 개발이 필요하다.

그러나 조달기간이 일정하다는 가정이 큰 무리없이 이용될 수 있는 품목도 많이 있다. 평균 조달기간에 비해 변동의 폭이 작을 경우, 계약에 의해 선행기간이 거의 확실한 경우, 내부의 공급원으로부터의 조달일 경우 등은 오히려 조달기간이 일정하다는 가정이 합리적이고 경제적일 수 있다. 그러나 조달기간이 일정하다는 가정을 유지할 수 없을 경우에는 이에 따른 안전재고 수준과 재발주점을 산정할 필요가 있다.

5) 파레토분석(ABC 분석)

(1) 파레토분석의 개념

1897년 이탈리아의 경제학자 빌프레도 파레토는 소득의 불평등도를 측정하기 위해 국가나 지방, 직업별로 사람의 소득을 높은 순서로 배열한 [그림 6-16]과 같은 파레토분포도를 발표하였다. 여기서 X축은 소득을, Y축은 해당되는 사람 수를 표시하여 파레토상수라는 수치로 소득불평등의 정도를 나타내기 위해 대수 눈금표시로 소득분포도를 작성하였다.

그러나 이러한 파레토분포도는 평등분포를 직선으로 나타낼 수가 없어 이해하기가 어렵고, 대수로는 계산이 복잡하여 계산과정에서 틀릴 가능성이 많다는 문제가 있었다. 이러한 문제점을 개선하기 위해 1905년에 로렌츠(M.O.Lorentz)가 [그림 6-17]과 같은 로렌츠곡선을 고안하였다. 로렌츠곡선은 그리기가 쉽고 집중도도

[그림 6-16] 파레토분포도

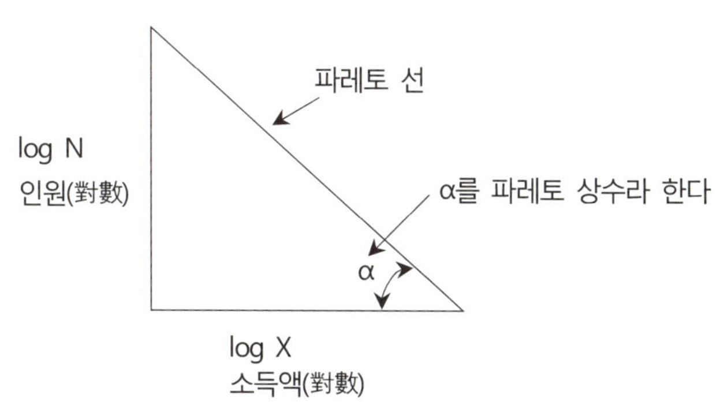

높아서 표현력이 대단히 우수한 것이었다. 즉, 기울기가 클수록 집중도가 높고, 반대로 기울기가 작을수록 집중도가 낮다는 것을 한눈에 알아볼 수가 있다.

이상과 같은 파레토와 로렌츠곡선을 응용하여 1951년에 미국의 데키가 고안한 것이 물류활동에 관한 기초 데이터의 분석에 가장 빈번하게 사용되는 ABC분석이다. 당초 데키는 ABC분석을 재고관리를 위해서 생각해 내었는데, ABC분석법에서는 분석대상을 분석목적이나 방침에 따라 A-B-C순으로 큰 것부터 배열하고, X축과 Y축의 퍼센트값을 읽어나감으로써 중점관리대상이 되는 대상이 무엇인지를 아주 쉽게 알아볼 수가 있다.

[그림 6-17] 로렌츠곡선

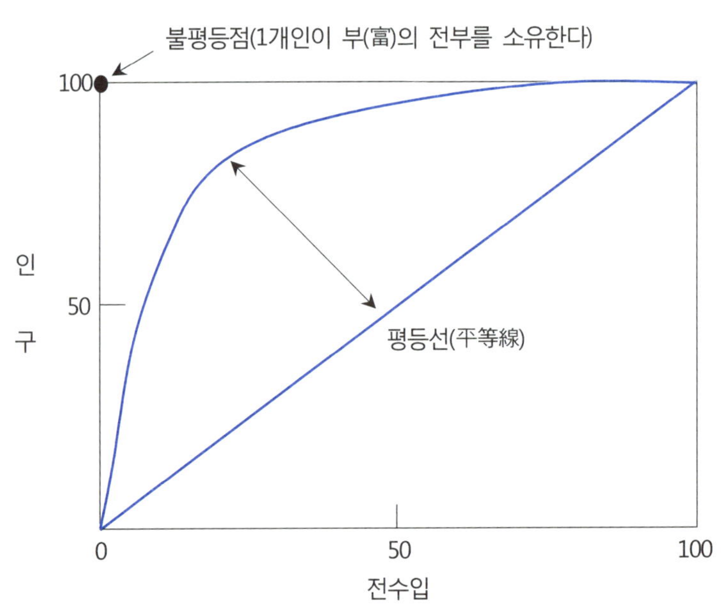

그리고 비슷한 시기에 통계적 품질관리로 잘 알려져 있는 미국의 쥬란(J. M. Juran)이 ABC분석을 품질관리분야에 도입하기 시작하면서 개선의 목표선정을 위한 유효한 방법으로서 널리 보급되기에 이르렀다.

(2) ABC분류표

파레토분석(ABC분석)은 중점관리목표를 선정하기 위해 분석대상을 좁혀나가는 방식으로, 이것이 성립하기 위해서는 다음과 같은 3가지 조건이 만족되지 않으면 안 된다. 즉,

① 가치나 양이 큰 순서로 배열을 한다.
② 누적분포도(로렌츠곡선)를 그린다.
③ 의미있는 방법으로 그룹핑을 한다.

여기서 그룹핑이란 동질의 것을 동질그룹에 적합한 관리방법을 찾을 수 있도록 하기 위한 것이다. 누적분포도는 가로 세로 100%인 정사각형 안에 누적곡선을 그려 나가는 것으로 이를 통해서 특성의 비교를 쉽게 할 수가 있으며, 특히 재고관리의 경우 기울기의 크기에 따라서 집중도를 알 수가 있으므로 그 만큼 판단이 빨라지게 된다.

[그림 6-18]의 아이템수와 매상고에 대한 파레토그림을 보면 이상과 같은 3가지 조건이 잘 지켜지고 있음을 알 수가 있다. 이것을 ABC분류표로 나타내면 [그림 6-19]에서와 같이 A분류상품은 품목수는 적으나 매상금액의 비중은 매우 높은 특성을 가지고 있으며, 반대로 C분류상품은 품목수는 많으나 매상금액의 비중이 매우 낮은 특성을 가지고 있음을 알 수가 있다. 따라서 A분류상품은 중점관리대상으로서 이들 품목을 집중적으로 관리하면 매상의 대부분을 관리할 수가 있으나, C분류품목은 품목수는 많으나 매상금액에 대한 기여율이 낮아 관리를 하되 원가가 덜 들어가는 방향으로 하는 것이 바람직하다는 것을 알 수가 있다.

[그림 6-18] 아이템수와 매상고의 파레토 분포도

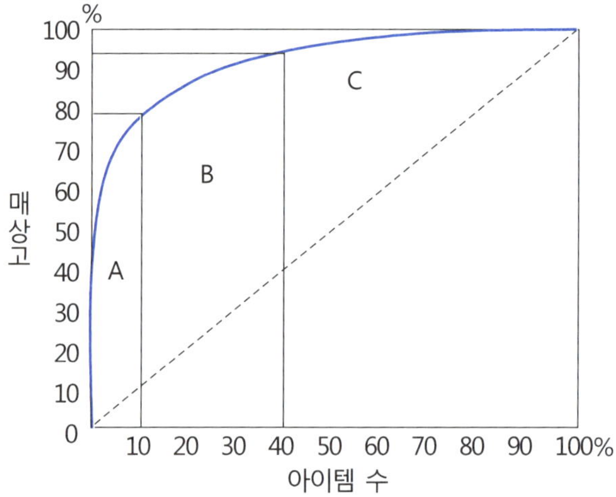

[그림 6-19] ABC분류표

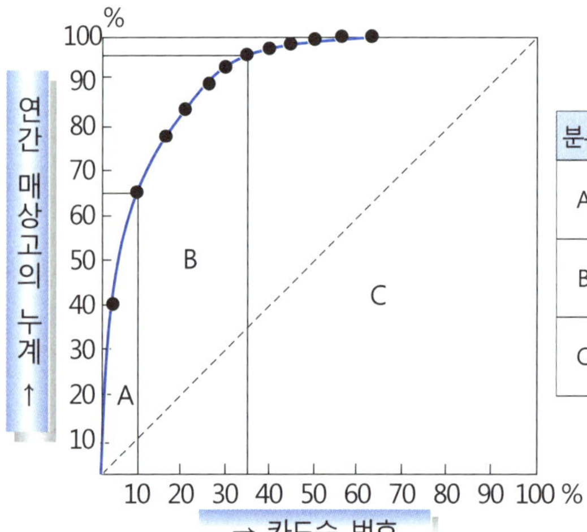

분류	순번호	결 과
A	1~2	품목 수 10% 매상금액 66%
B	3~7	품목 수 25% 매상금액 31%
C	8~20	품목 수 65% 매상금액 3%

그렇다고 해서 C분류품목에 대해서 관리를 하지 않아도 된다는 얘기는 결코 아니다. C분류품목에도 장래성이 있는 전략적 상품이 얼마든지 있을 수가 있으며, C분류품목이라고 해서 항상 품절이 발생한다면 그것은 해당기업에게 마이너스의 효과를 가져 올 우려가 있으므로, 관리의 방향은 각 분류품목의 특성에 맞는 효과적인 관리방법을 개발하여 적용하는 것이 바람직하다.

(3) ABC분석과 재고관리

(가) 재고의 범주 구분

ABC분석은 모든 재고가 동일한 가치를 가지는 것은 아니며, 따라서 기업이윤에 미치는 영향을 고려하여 재고를 몇 개의 범주로 나누고 각 범주에 대해 차별적으로 관리하는 것이 필요하다는 사상을 기반으로 하고 있다. 그러므로 이러한 사상에 입각하여 ABC분석에서는 재고를 기업의 매출에 미치는 영향에 따라 몇 가지 그룹으로 분류하고, 각 그룹에 대해 별도의 관리기준을 적용하는 것을 골자로 하고 있다.

재고를 몇 개의 범주로 구분할 것인가는 기업의 특성에 따라 다를 수 있다. 중요한 것은 재고품목의 가치를 분석하여 구분하여야 한다는 점이다. 이렇게 함으로써 가치에 기초하여 재고를 관리하는 것이 가능해 지는데, 예로서 사용하기 편한 4가지 구분을 소개하면 다음과 같다.

① **등급A** : 이것은 일반적으로 전체 가치의 70% 이상을 점하는 재고로서, 전체 품목의 1/10정도에 해당한다. 등급A의 재고는 수시로(주로 일단위) 점검되어야 한다.

② **등급B** : 이것은 20/20으로도 불리는데, 이유는 전체 품목중 약 20%를 차지하며 가치도 20% 정도를 점한다는데 있다. 등급B는 등급A 보다는 덜 중요하지만 시스템 전체로는 여전히 중요한 것이므로 일정수준의 관리가 필요하다.

③ **등급C** : 대부분의 부품은 등급C에 해당하며, 이것은 상대적으로 가치가 낮은 부품이다. 그런데 안전재고의 수준이 상당히 높으므로 상대적으로 덜 빈번하게 점검해도 된다.

④ **등급D** : "Dogs" 또는 "Dead"라고도 불리는 이 등급은 최근 상당기간 동안 사용이 없었던 재고로 구성된다. 더 이상의 사용이 없다고 판단되면 가능한 빨리 처분해야 한다.

(나) 재고가치의 결정

재고가치의 결정은 전형적으로 품목의 단가에 일정기간(최소한 3개월)의 사용분을 곱해 얻는다. 이렇게 계산된 것을 금액의 크기로 재배치하여 금액의 누적이 70%에 해당하는 곳에 선을 그어 'A'로 구분하며, 다음의 20%까지를 'B', 나머지를 'C'와 'D'로 구분한다.

재고가치로서 품목의 단가만을 이용할 수도 있다. 예를 들어 제품의 단가가 10만원까지는 A, 1만원-10만원까지는 B로, 최근 사용하지 않은 것은 D로, 그리고 나머지는 C로 구분하는 것이다.

그런데 이러한 분류는 고정된 개념이 아니므로 수시 변경이 가능하다. 예로 C등급의 품목이 도난이나 파손 등의 위험이 클 경우에는 이것을 등급A로 하여 특별히 관리할 수도 있는 것이다. 그러나 일단 방법이 설정되고 나면 최소한 6개월간은 운영하여야 하며, 그 후 등급구분의 적정성을 판단하여야 할 것이다.

(다) ABC분석의 활용

① 재고기록의 정확성

재고관리에 있어 재고통계, 특히 재고기록의 정확성은 재고정책을 수립하는데 있어 매우 중요하다. 장부재고와 실물재고간에는 항상 차이가 있게 마련인데, 이러한 차이는 보관중의 도난이나 파손, 장부기록상의 오류, 업무처리상의 불명확한 지침 등에 의해 나타난다. 따라서 기업에서는 연중 일정기간을 설정하여 재고실사를 실시하여 재고기록의 오차를 수정하기도 하는데, 이러한 오차는 ABC분석에도 영향을 미친다. 일반적으로 등급A의 품목에 대해서는 98% 이상의 정확성을 유지하여야 하며, 이를 위해 정기적 수량검사와 초과재고확인 작업이 수시로 이뤄져야 한다. 반면 등급 C는 상대적으로 낮은 90% 정도의 정확성이 필요하다.

구분	등급구분			
	A	B	C	D
정확성 별도의 관리요원 빈번한 정기적 수량검사 초과 재고의 확인	98% 필수 매일 월1회	95% 필요 월2회 분기 1회	90% 불필요 분기 1회 년 2회	95% 불필요 년 1회 분기 1회

② **재발주점 결정**

발주시기를 결정하는데 이용되는 기법도 등급별로 차이가 있다. 일반적으로 재발주점 결정을 위해서는 60% 이상의 기업이 ROP와 MRP를 혼합해서 이용하는 것으로 나타나고 있다. 따라서 안전재고와 재고기록검토의 빈도도 등급별로 차이를 두고 운영해야 할 것이다.

구분	등급구분			
	A	B	C	D
기본 모델 목표 안전재고 재고기록검토의 빈도	예측과 MRP 1주 일	MRP와 대일정계획 2주 월	ROP 1개월 분기	- - 반기

③ **발주량**

A나 B등급에 속하는 물품이 고갈되는 경우 기업의 운영에 막대한 영향을 초래하게 될 것이다. 따라서 구매요구서를 발급할 때 공급자에게 등급A와 등급B의 소요예상량과 구매자의 요구사항을 정형화 되지 않은 형태로라도 미리 알려줄 필요가 있다. 또한 재고관리임원이 구분에 기초한 발주결정을 검토하도록 해야 한다.

구분	등급구분			
	A	B	C	D
기본 방법 공급자에게 소요예상량 제공 최고관리자의 구매결정 검토	수시 발주 필요 모든 품목	1-2개월 사용량 필요 일부 품목	2-4개월 사용량 불필요 불필요	- 불필요 모든 품목

④ **창고내의 위치**

보관품에 대한 보관위치선정은 창고작업의 효율성을 결정하는 매우 중요한 요소이다. 따라서 입출고분석을 통해 물품을 적재적소에 배치하게 되는데, 'A'품목은 아마도 가장 수요가 빈번할 것이므로 쉽게 접근할 수 있도록 배치하며, 'D'품목은 가장 후미진 곳에, 그리고 나머지를 중간에 배치하게 될 것이다. 또한 등급별로 보관방식에 차이를 두기도 하는데, 일반적으로 'A'와 'B'는 반입과 반출이 빈번하므로 Random Location으로 관리하게 되고, 'C'와 'D'는 Fixed Location으로 관리하기도 한다.

구분	등급구분			
	A	B	C	D
창고내 위치 보관 방식	입출고 근처 random	중간 random with locator file	먼곳 fixed	가장 먼곳 fixed

6) 재고 피라미드 분석

재고자산의 크기가 기업경쟁력에 지대한 영향을 미치는 것은 자명한 일이지만, 재고자산의 구성내역은 기업경영에 있어 더욱 중요한 요소일 것이다. 따라서 재고자산의 구성에 대한 심도 있는 분석이 필요하다. 이러한 의미에서 적정재고의 설정은 매우 중요한데, 기업이 얼마나 재고자산을 건전하게 운용하고 있는가는 적정재고자산의 크기와 보유재고자산의 크기를 비교함으로써 구할 수 있다. 그러나 현실적으로 수많은 품목에 대한 적정재고를 정확히 구한다는 것은 매우 어려운 문제이다. 따라서 보유 재고자산에 대한 건전성을 보다 쉽게 판단할 수 있는 기법이 필요하다.

재고 피라미드분석은 보유 재고의 구성을 간편하고 일목요연하게 나타낼 수 있다는 점에서 매우 유용한 기법이다. 이것은 재고의 구성을 [그림 6-20]과 같이 움직임이 일어나지 않은 기간별로 구분하여 도표화하는 것이다. 따라서 재고가 건전할 때에는 안정적인 피라미드의 모양을 나타내지만, 재고의 운용이 극도로 불건전 할수록 역삼각형을 나타내어 재고운용의 심각성을 경고하여 준다.

[그림 6-20] 재고 피라미드

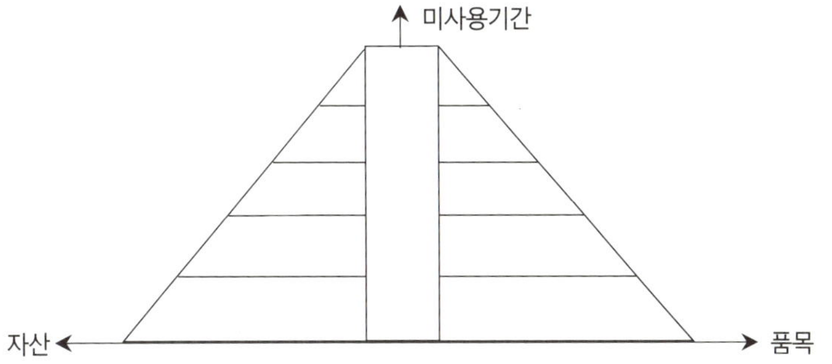

재고 피라미드분석은 재고의 구성을 연령별로 도표화하여 나타냄으로써 재고의 운용상태를 쉽게 파악할 수 있도록 하고, 재고자산에 대한 경각심을 일깨워 주기도 하며, 또한 잉여재고자산에 대한 정책을 수립하는데 있어 유용한 자료가 된다. 예를 들어 항공기정비를 위해서는 업계의 특수성으로 인해 통상적으로 10여만 가지의 예비품이 필요하지만, 실제로 정비에 사용되는 품목은 이의 절반에도 미치지 못하며, 잉여 재고자산이 차지하는 비중이 상당히 높다. 따라서 대부분의 항공사는 일정기간 움직임이 없는 예비품을 잉여기자재로 판정하여 매각 내지는 폐기하고 있는데, 이 경우 재고 피라미드분석이 유용한 도구로 이용될 수 있다.

7) ROP(Reorder Point)법

(1) Two-Bin 시스템

Two-Bin 시스템은 가장 오래된 재고관리기법 중의 하나이다. 이 시스템은 가격이 저렴하고 사용빈도가 높으며, 조달기간이 짧은 자재에 대해 주로 적용하는 간편한 방식이다. 따라서 이 시스템은 ABC분석의 C급 품목에 대하여 효과적인 관리방

[그림 6-21] Two-Bin 시스템

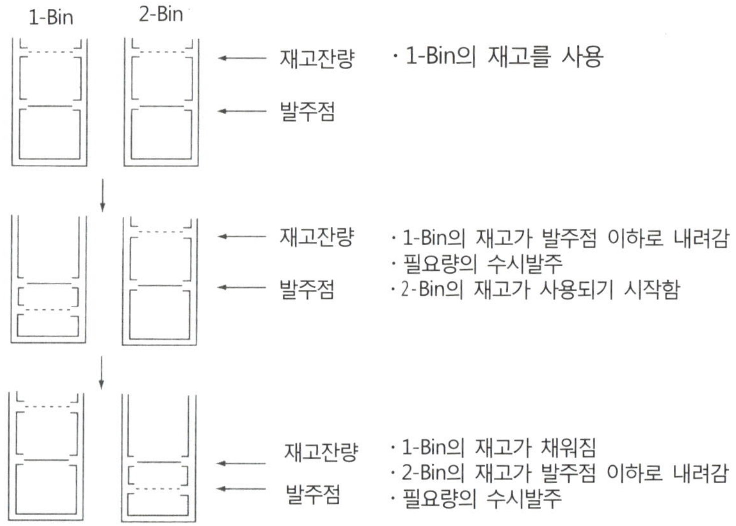

법의 하나로 인식되고 있으며, Double Bin System 또는 포장법이라고도 불리고 있다.

즉, Two-Bin 시스템에서는 두개의 BIN을 이용하여 재고를 관리하게 되는데, BIN-1의 재고를 사용하다가 발주점에 도달하면 필요한 양만큼 발주를 하고, BIN-1의 재고를 전부 사용한 후 BIN-2의 재고를 사용한다. 그러므로 조달기간이 경과하여 자재가 입고되면 BIN-1에 채워 넣고 BIN-2의 재고를 계속 사용하게 되며, BIN-2의 재고가 발주점에 도달하면 다시 발주가 이루어진다.

Two-Bin 시스템에서는 이와 같은 과정이 반복적으로 이루어지는데, 통상적으로 BIN에 보관되는 재고의 양을 경제적 발주량으로 하여, BIN이 비게 되는 시점을 발주점으로 이용하게 된다.

(2) 정량발주시스템

정량발주시스템은 현재의 재고량을 계속적으로 파악·유지함으로써 현재 재고량이 발주점에 도달하면 고정주문량(Q)만큼 발주하는 시스템으로 [그림 6-22]와 같다. 정량발주시스템은 EOQ분석을 통해 주문량을 결정하게 되며, 현재 재고수준의 파악은 시스템이 전산화되어 있다면 매우 용이하게 파악될 수 있다. 이러한 정량발주시스템은 수요에 있어서 예상하지 못한 커다란 변동이 있는 품목의 재고관리에 자주 이용된다.

[그림 6-22] 정량발주시스템

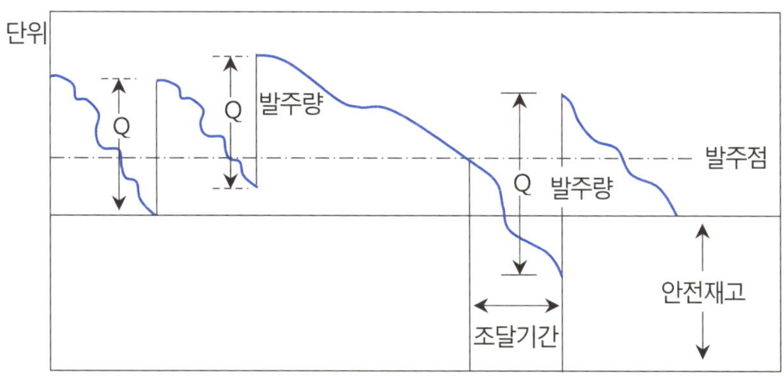

(3) 정기발주시스템

정기발주시스템은 재고량이 정기적으로 파악되며, 일정한 기간을 두고 발주가 나가게 되고, 주문량은 현 재고량을 특정수준까지 높이는 변동량이 된다. 즉, 이 시스템에서는 일정기간 간격으로 발주가 나가므로 주문 사이의 간격(t_0, t_1, t_2 등)이 일정하며, 안전재고는 한 주기 동안의 재고고갈을 방지하기 위해 정량발주방식의 경우보다 더 많은 것이 일반적이다. 이 시스템은 수요가 일정한 재고에 대하여 특히 유용

[그림 6-23] 정기발주시스템

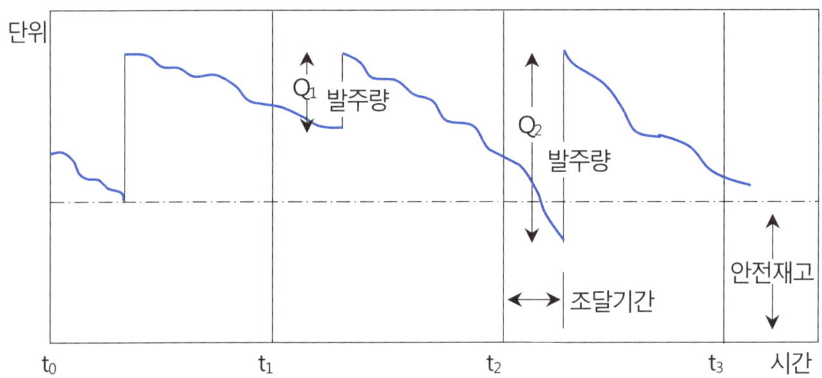

하며, 일정한 기간 동안 하나하나의 품목에 대한 사용정도를 지속적으로 파악하여야 하므로 많은 사무작업이 뒤따르게 된다.

(4) 기준재고시스템

기업에서 가장 일반적으로 이용되는 재고관리시스템이 바로 기준재고시스템이다. 이것은 s-S재고시스템 또는 Mini-Max재고시스템 등으로 불리고 있는데, 이 시스템은 정량재고시스템과 정기재고시스템의 혼합방식으로 두 시스템의 장점을 유지하도록 고안된 것이다.

이 시스템에서는 두 개의 재고수준(S, s)을 설정하게 되는데, S를 최대재고량, s를 재발주점의 재고량이라고 한다. 재고의 조사는 정기적으로 하게 되는데, 재고조사 결과 현재의 보유재고가 s보다 낮은 경우에 한해서만 주문을 하게 된다. 이때 주문량은 재고수준이 최대재고량인 S에 이르도록 결정되며, 따라서 매 주문시마다 주문량에는 변동이 생기게 된다.

[그림 6-24] 기준재고시스템

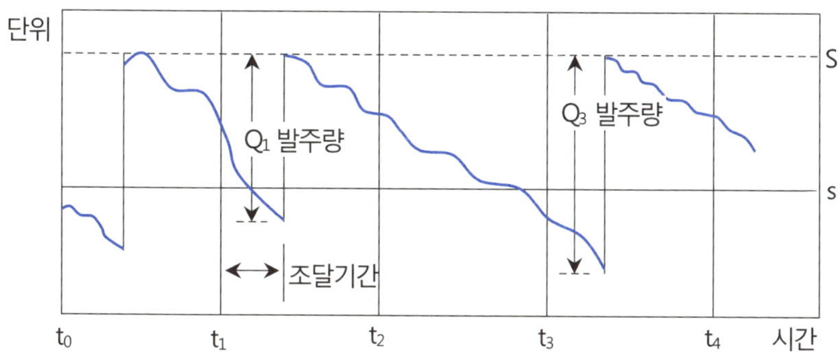

이 기준재고시스템은 주문의 횟수는 줄어들게 되고, 주문량은 다소 많아지게 되며, 많은 안전재고를 갖게 되는 약점이 있다. 즉, 기준재고시스템에서는 조사시점에서만 재고상태를 파악하게 되므로 수요가 재고조사 직후 갑자기 증가할 경우 다음 조사시점까지 파악될 수 없게 된다. 그러므로 불확실성에 대비하기 위해서는 안전재고의 규모가 커질 수밖에 없게 되는 것이다.

8) MRP

(1) MRP시스템의 개념

재고관리시스템은 수요를 입력요소로 하여 발주시점과 발주량을 결정하는 Logic으로 구성되어 있다. 그런데 앞서 언급한 ROP시스템은 완제품과 관련되는 독립수요(Independent Demand)만을 대상으로 하고 있으며, 개별품목에 대한 독립수요를 전제로 하고 있다. 따라서 수많은 부품들의 결합체로 이루어진 TV, VTR과 같은 전자제품이나 자동차와 같은 조립품에 대해 적용하기에는 많은 어려움이 뒤따르게 된다.

다시 말해 수많은 부품으로 이루어진 조립품의 경우 독립수요에 따라 종속적으로 수요가 발생하는 부품들의 관리가 중요한 문제로 등장하게 되었는데, 이러한 필요성에 따라 독립수요 뿐만 아니라 종속수요(Dependent Demand)도 관리할 수 있도록 고안된 시스템으로 MRP가 등장하게 된 것이다.

초기의 MRP시스템은 기준생산계획(MPS : Master Production Schedule), 부품구성표(BOM : Bill Of Material) 및 재고상황철(IRF : Inventory Record File)을 입력요소로 하여 최상위 레벨의 완제품을 조립하기 위해 필요한 하위레벨 부품의 필요시기와 필요량을 계산하는 단순한 수준의 것이었다. 이 시기의 MRP시스템은 상황변경에 대한 재계산(Regeneration)의 개념이 불명확하였으며, 당시 컴퓨터 운영비가 고가이어서 단순한 자재발주용의 이론에 불과한 것으로서 MRP I 또는 자재소요계획(Material Requirement Planning)으로 불리웠다.

그 후 1970년대에 들어서면서 컴퓨터산업의 눈부신 발전에 힘입어 기업의 컴퓨터 활용이 보다 손쉬워 졌으며, MRP와 관련된 각종 연구들이 진행되었는데, 이에 따라 MRP I은 단순한 자재발주용 개념에서 벗어나 자원소요계획(RRP : Resource Requirement Planning), 우선순위계획(Priority Planning), 능력계획(CRP : Capacity Requirement Planning)과 연계하게 되었으며, 나아가 생산현장통제(PAC : Production Activity Control), 자금계획 등을 포함하는 포괄적인 관리기법으로 발전하였고, 또한 각 모듈의 결과가 통제에서 계획으로 다시 피드백 되어지는 Closed Loop MRP로 발전하였다.

1970년대 후반 들어 Closed Loop MRP의 도입에 성공한 기업들은 MIS개념을 MRP에 응용하기 시작하였는데, 이 시스템은 생산전략수립체계를 포괄하는 광의의 시스템으로 MRP II 또는 Manufacturing Resource Planning으로 불린다. 따라서 MRP II는 총괄적인 의사결정시스템으로 물량중심의 생산계획과 금액중심의 재무계획을 결합하는 시스템이라고 할 수 있다.

[그림 6-25]는 MRP II시스템의 개념도를 나타낸 것이다. MRP I이 자재소요계획, 즉 재고관리시스템이라면 MRP II는 제조자원계획, 즉 생산관리시스템이라 할 수 있으며, MRP II는 재고통제과정을 위해 ROP 또는 MRP I 등을 이용한다.

(2) MRP시스템의 구조와 전개절차

MRP시스템을 도입하고 운영하기 위해서는 몇 가지 전제조건이 충족되어야 한다. 즉, 일정계획이 정확히 수립되어 있어야 하며, 하나의 부품에 하나의 품목번호(Inventory Code)만이 지정되어 있어야 하고, BOM이 사전에 확정되어 있어야 한다.

[그림 6-25] MRP시스템의 개념도

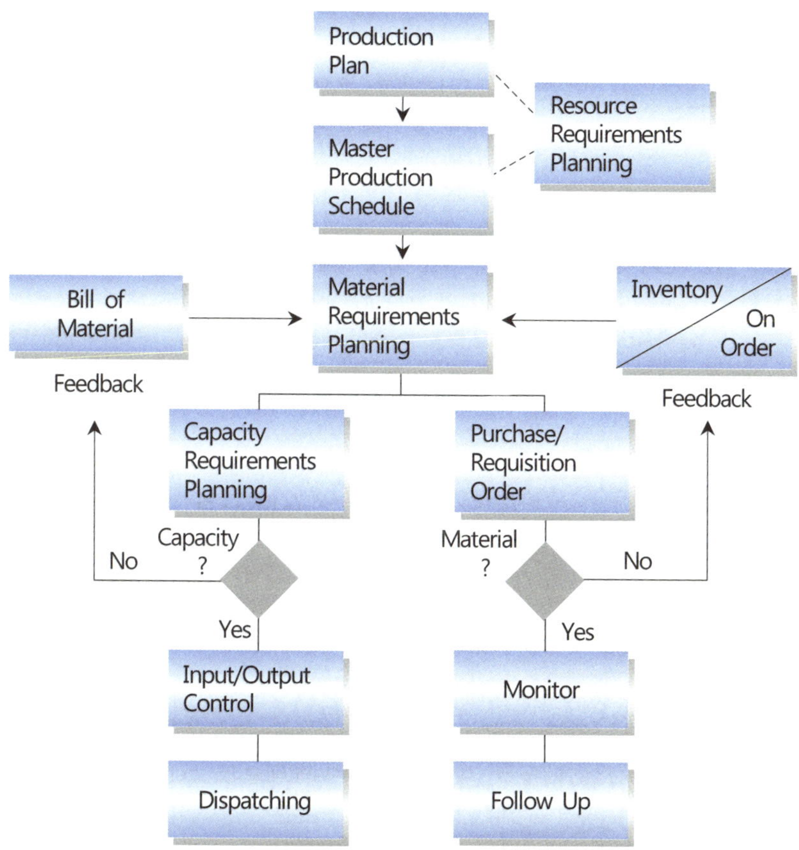

또한 모든 품목에 대한 재고 상황철이 정확히 유지되고 있어야 하며, 조달기간도 사전에 알고 있어야 한다.

MRP시스템은 이러한 전제조건을 충족하고 있는 상황 하에서 [그림 6-26]과 같이 3가지 기본 입력요소를 중심으로 시간차감법과 발주기법에 의해 부품의 발주시기와 발주량을 결정하는 시스템이다. 그리고 MPS를 통해서는 최종제품의 소요량과

[그림 6-26] MRP시스템의 입출력 흐름도

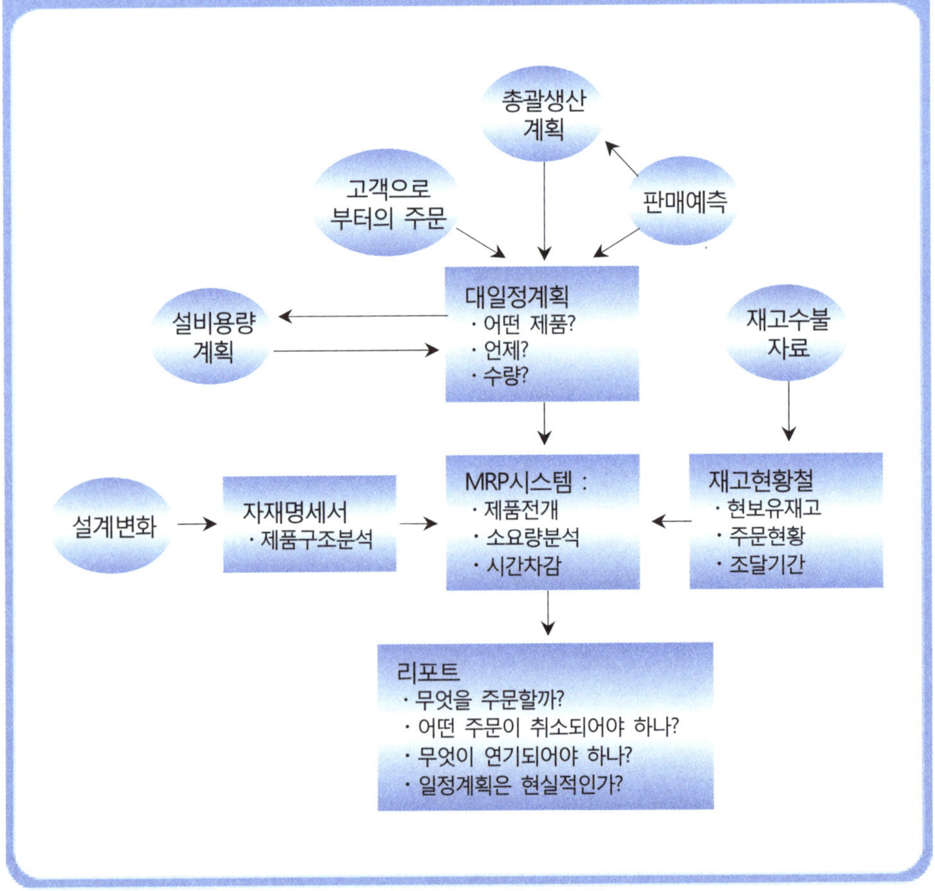

[그림 6-27] 부품구성표(BOM)

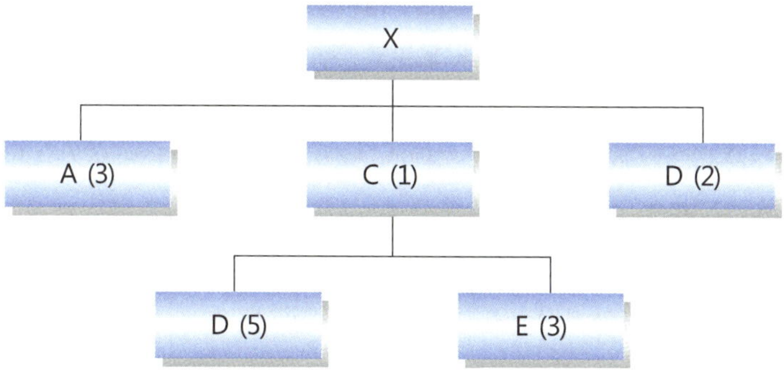

시기를, BOM에 의해서는 하위부품의 총소요량과 필요시기를, 그리고 IRF를 통해서는 하위부품의 순소요량과 필요시기를 알 수 있다.

입력요소 중 MPS는 완제품에 대한 생산 일정계획으로 수요예측이나 판매계획, 그리고 기타의 제약 요건 등을 고려하여 결정되며, BOM은 상위수준의 제품이나 부품과 하위수준의 부분품이나 부품의 상관관계에 대한 정보를 포함하고 있다. 즉, [그림 6-27]과 같은 BOM의 예를 들어 보면, 제품 X를 1단위 구성하기 위해서는 부품 A가 3단위, 부품 C가 1단위, 부품 D가 2단위 필요하며, 부품 C는 부품 D가 5단위, 그리고 부품 E가 3단위 필요한 것을 알 수 있다.

또한 IRF는 보유하고 있는 재고에 대한 상황을 나타내며, 이에는 현재 보유하고 있는 재고뿐만 아니라 이미 발주하여 입고할 품목에 대한 입고예정 정보도 포함하고 있어야 한다.

이러한 구조에 의해 MRP시스템은 통상적으로 14단계의 절차에 의해 진행된다. 각 단계별 주요 내용은 다음과 같다.

① **고객의 소요량 결정** : 고객의 소요량은 고객발주에 의한 실제 총소요량이다.

② **기타 고객의 수요예측** : 수요예측에는 실제 주문 받은 소요량 이외에 예측수요

를 포함해야만 하며, 휴가, 계절상품 등에 따른 생산변경 등이 반영되어 있어야 한다.

③ **총소요량의 결정** : 이 단계부터 기간에 의해 총소요량을 파악하여야 하는데, 이것은 일정계획상의 품목형태에 따라 일, 주 등으로 표현된다.

④ **이용 가능한 재고의 확인** : 완제품분야에는 이용 가능한 제품이나 대체품이 존재 할 가능성이 높으므로 항상 확인하여야 하며, 이미 발주가 나가 있는 부품의 이용가능성도 파악하고 있어야 한다.

⑤ **순소요량의 결정** : 순소요량의 계산을 위해서는 총소요량에서 현재 보유하고 있는 재고량과 입고예정량을 차감하여야 한다.

총소요량 - (재고량 + 입고예정량) = 순소요량

⑥ **대일정계획의 작성** : 5단계에서 얻어진 각 품목의 기간별 순소요량에 의해 대일정계획을 작성한다.

⑦ **BOM의 작성** : MRP에서는 각 조립수준에 대한 BOM이 요구된다. BOM에 따라 수준 1의 총소요량은 차상위 품목(수준 0)의 소요량에 이 품목의 완성에 필요한 개수를 곱해 구한다.

⑧ **조달기간의 계산** : MRP의 특성중 하나가 생산개시일에 맞춰 재고를 관리하는 것이기 때문에 MRP의 다음 단계에서 이용하기 위해 정확한 조달기간이 구해져야 한다.

⑨ **대체품이나 감손율을 감안한 순소요량의 조정** : 경우에 따라서는 대체품이 고객에 의해 요구될 수도 있다. 또한 감손요인이 큰 부품의 경우 이를 고려해 주어야 한다. 따라서 이러한 대체품이나 감손 충당품을 소요량에 더해야 된다. 이러한 요구를 부품에 대한 '독립수요'라 한다.

⑩ **부품전개** : 9단계까지의 작업을 완료한 후 BOM에 따라 수준별로 부품을 전개한다. 그러므로 모든 수준의 전개가 완료될 때까지 단계4와 단계5를 반복하여 시간차감 소요량을 결정해야 한다. 앞의 단계를 시행하다 보면 한 부품이 여러

개의 상위수준 중간조립품에서 필요할 수도 있고, 서로 다른 수준 또는 '독립수요'에서 필요한 경우도 발생할 수 있다. 따라서 각 품목에 대한 발주는 모든 부품전개과정이 끝난 후 합계하여 이뤄진다.

⑪ **중간조립품과 부품수요의 결정** : 중간조립품과 부품수요도 현재 보유재고량과 입고예정량을 감안하여 순소요량 기준으로 얻어져야 한다.

⑫ **발주량의 산정** : 발주량이나 구매량을 얻기 위해서는 수많은 발주로트 크기결정법을 검토해야 한다. 이를 위해서는 ABC분석에 의해 품목별 발주방식을 검토할 필요가 있다.

⑬ **시간차감 발주일정 계산** : 일단 품목에 대한 순소요량과 조달기간이 결정되면 상세한 일정계획을 수립하여야 한다. 이 과정은 시간차감법에 의해 수행되는데, 이것은 대일정계획상의 조립(생산)에 기초하여 행하여진다. 그런데 여기에서는 전 품목에 대해 동일한 차감계산(조달기간)을 적용할 수 없음을 상기해야 한다. 앞서 언급한 순소요량계산과 시간차감법을 이용하여 일정한 기간동안(주로 주단위)의 정확한 필요량을 계산하여야 한다. 그러나 이러한 양으로 발주나 생산을 원하는 경우에는 발주나 생산 로트사이즈가 미리 결정되어 있어야 한다.

⑭ **필요시 일정조정** : 생산계획은 매우 유동적이며, 필요시 변경이 쉽게 이루어져야 한다. 이러한 생산일정의 변경은 조달기간에도 영향을 미치게 된다. MRP는 복합적 재고일정기법이므로, 필요시 일정의 변경이 필수적이다. 즉, 소요량과 일정은 앞의 단계에 의해 결정되며, 고객의 소요량을 충당할 일정계획의 문제가 이때부터 발생된다. 이 과정은 고객이 원하는 시간에 원하는 물품을 원하는 양만큼 넘겨받을 때까지 계속된다.

9) DRP

MRP가 제품의 생산과 관련된 원재료나 부품 등에 관한 생산관리시스템이라면, DRP(Distribution Resource Planing)는 생산이 완료된 제품에 대한 판매관리시스템이라고 할 수 있다. 즉, MRP는 최종 완제품에 대한 수요로부터 하위부품에 대한 발주정책을 설정하는 체계적인 절차를 갖고 있으며, 동일한 개념을 판매에도 적용할 수 있는데, 이것이 DRP계산절차의 기본이 된다.

[그림 6-28]은 MRP와 DRP의 영역과 원재료 조달처로부터 소비자에 이르는 물류의 영역을 나타낸 것이다. 즉, 지점이나 영업소, 그리고 대리점을 통해 제품을 판매하는 제조업체를 예로 생각해 보자. 각 지점이나 영업소의 수요는 하위수준인 대리점 수요의 합이 될 것이다. 마찬가지로 물류창고의 수요는 지점이나 영업소 수요의 합이 될 것이다. 따라서 물류창고를 운영하는 입장에서는 보다 정확한 수요를 파악할 수 있으며, 전체 분배망의 효율적인 관리도 가능하게 된다.

[그림6-28] MRP와 DRP의 연계

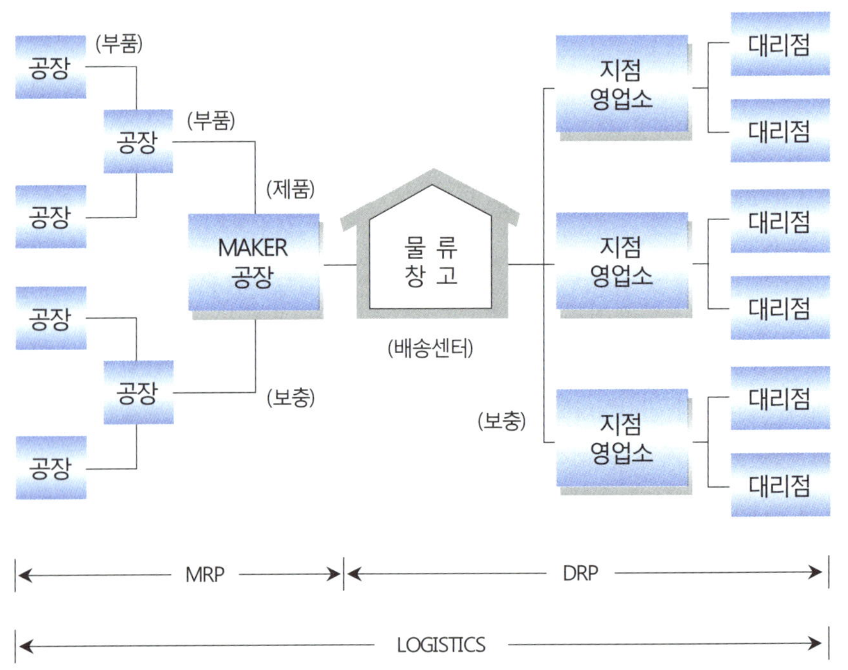

10) JIT(Just In Time)

(1) JIT 개요

1970년대 중반 전 세계가 오일쇼크의 충격에서 벗어나지 못하고 있을 때 일본의 도요다자동차는 JIT라는 혁신적인 생산관리기법으로 생산성향상과 원가절감에 성공하여 국제적인 경쟁력을 강화하게 되었다. 이 JIT시스템은 필요한 물자를 필요한 양만큼 만을 필요한 시기와 필요한 장소에서 생산하여 보관함으로써 모든 낭비를 없애려는 생각에서 출발하였다. 따라서 JIT시스템은 생산과 유통의 모든 요소를 유기적으로 연결하여 경쟁력을 제고하는 시스템이다.

그런데 이전의 생산관리방식이 미국을 중심으로 한 구미적인 환경에서 태동된 것이라면 JIT는 철저하게 일본의 특수한 경영환경에 맞춰 개발되었다. 즉, 부족한 자원, 협소한 국토 등 환경적 제약으로 인해 일본기업은 낭비를 극소화하려는 노력을 기울일 수밖에 없었으며, 이러한 노력의 결실이 JIT라고 할 수 있다. 또한 JIT는 Humanism에 그 사상적 바탕을 두고 있다. 즉, 불필요하고 불합리하고 불균형한 낭비를 철저하게 배제하여 궁극적으로는 작업자가 꼭 필요하고 생산적인 일에만 전념할 수 있도록 하자는 것이다.

오늘날 소비자의 욕구는 매우 다양하며 급변하고 있다. 품종이 다양화되고, 물량은 소량화되고 있으며, 제품의 수명주기(Life-Cycle)가 단축되고 있고, 기업간 국가간의 경쟁이 심화되어 시장의 구조도 생산자시장에서 소비자시장으로 변화됨으로 인해 과거 '만들면 팔리던 시대'에서 '팔리는 것을 만들어야 하는 시대'로 변화되었다. 따라서 기업은 과거와 같은 대량생산의 이점을 상실하였으며, 소비자의 수요에 대한 예측기능을 상실했다 해도 과언이 아닌 시대를 맞이하게 되었다.

이러한 시대에 있어 재고는 자산이 아닌 부채로서 인식되고 있으며, 재고의 증가는 기업경영의 위험을 알리는 적신호로 이해되고 있다. 따라서 재고의 감축이 기업경영의 필수적인 과제가 되고 있으며, 소비자가 원하는 제품을 필요한 시기에 필요한 양만큼만 생산하기 위해서는 보다 철저한 부품공급체계에 대한 관리가 요구되고 있다. 즉, 제품생산에 필요한 부품을 필요한 시기에 필요한 양만큼만 공급함으로써 불필요한 투자와 낭비를 제거하여 경영의 합리화를 도모하는 것이 필요하며, 이것이 JIT가 추구하는 세계인 것이다.

그러나 JIT는 재고의 감축만을 목표로 삼고 있는 것은 아니다. 오히려 재고의 감축은 현장의 불합리, 불균형, 불필요를 제거하는 수단일 뿐이며, JIT는 현장에서 벌어지고 있는 모든 낭비의 근원이 재고에 있다고 보고 있다. 즉, 현장의 문제가 재고라는 장막에 가려 있으며, 재고라는 장막을 제거하는 것만이 현장의 낭비를 없애고 생산성을 향상시키며, 나아가 원가를 절감시킬 수 있는 유일한 방법이라는 것이다.

이러한 JIT의 사상은 [그림 6-29]에 잘 나타나 있다. 현장에는 제품불량, 설비고장, 납기지연, 제품이나 부품의 진부화, 수발주 입력에러, 반품처리지연, 작업대기

[그림 6-29] 재고와 현장의 문제점

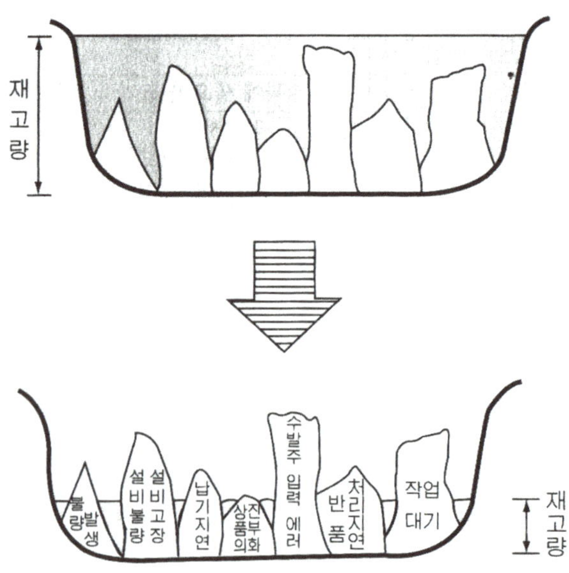

등 수많은 문제가 있다. 그러나 재고의 수준이 높을 경우 이러한 문제점은 재고에 가려져 그 근원을 찾기 힘들게 된다. 그러므로 이러한 상황에서는 개선책만으로는 문제의 근원을 제거할 수 없으며, 단지 눈으로 드러난 현상에 대한 미봉책에 그칠 수밖에 없게 된다. 따라서 도입의 초기에는 효과가 있는 것처럼 보이던 이러한 개선책은 얼마가지 않아 다시 원점으로 돌아가는 경우가 대부분인데, 이것은 문제의 근원을 파악하여 제거하지 못한데서 오는 현상이다.

그러므로 문제의 본질적인 해결을 위해서는 문제의 근원을 찾아내는 방법을 우선적으로 강구해야만 한다. JIT에서는 이러한 방법으로 재고의 감축을 택하고 있다.

따라서 JIT는 재고관리시스템이라기 보다는 재고관리체계를 포함하는 종합적인 생산/공장관리시스템이라고 할 수 있다.

또한 JIT는 문제의 해결책이 아니다. 단지 재고라는 수단을 이용하여 문제점을 노출시키는 수단인 것이다. 즉, JIT는 문제의 도출 및 해결을 위한 여러 가지 수단체계를 가지고 있다. 이 중 JIT에서 가장 중요시하고 있는 것으로 5S라는 것이 있는데, 이 5S는 정리, 정돈, 청소, 청결, 마음가짐의 일본어를 영어식으로 발음화한 단어의 Initial이다. 여기서 정리란 필요한 것과 필요 없는 것을 구분하여 필요 없는 것을 버리는 것을 의미하며, 정돈이란 필요한 것을 쓰기 편하게 정돈해 놓고 누구든지 알 수 있도록 명시해 놓는 것이다. 그리고 청소란 항상 깨끗하게 하는 일이고, 청결이란 정리, 정돈, 청소의 3S를 유지하는 일이며, 마지막으로 마음가짐이란 정해진 것을 언제든지 정직하게 지키는 습관을 붙이는 일이다. 한마디로 모든 상황을 눈으로 볼 수 있게 하여 문제점을 도출하자는 것이다. JIT를 도입하는 기업이 예외없이 5S로부터 시작하는 것은 결코 우연이 아니라 바로 이러한 이유 때문이다.

(2) JIT와 MRP시스템

MRP가 재고를 자산으로 본 전형적인 구미식 관리기법이라면 JIT는 재고를 제거해야하는 문제의 근원이며, 부채의 성격으로 본 일본식 관리기법이다. 그러므로 MRP와 JIT는 재고를 보는 기본 시각에서 시작하여 로트의 크기, 납품업자와의 관계, 불량품에 대한 허용 정도, 설비의 보수 등에 대해 매우 커다란 차이를 내포하고 있다. 즉, MRP

에서는 필요하다고 생각될 때에 필요한 만큼 생산하는 것을 추구하지만, JIT에서는 요청 받았을 때에 요청 받은 양만큼만 생산한다는 사고방식을 기초로 하고 있다.

〈표 6-7〉은 JIT와 MRP시스템의 차이를 나타낸 것이다.

표 6-7. JIT와 MRP시스템의 비교

구 분	MRP	JIT
재고를 보는 관점	자산	부채
로트의 크기	일정계획에 필요한 크기	즉시 필요한 양만큼의 크기
납품업자와의 관계	적대시	협력자
품질상태	약간의 불량 허용	무결점
설비유지보수	필요	지속적 · 효과적인 체제 필요
조달기간	길수록 유리	짧을수록 유리
작업자	규정에 의한 관리	합의에 의한 관리

제 7 장 포장물류시스템

제1절 포장물류의 의의

1. 포장물류의 개념

한국공업규격(KS A1001)의 정의에 따르면, 포장이란 "물품의 유통과정에 있어서 그 물품의 가치 및 상태를 보호하기 위하여 적합한 재료 또는 용기 등으로 물품을 포장하는 방법 및 포장한 상태를 말하며, 이것을 다음과 같이 낱 포장, 속 포장 및 겉포장의 세 가지로 분류"할 수 있다. 그리고 낱포장, 속포장 및 겉포장에 대하여도 다음과 같이 각각 정의를 내리고 있다. 즉,

① **낱 포장** : 낱 포장이라 함은 물품 개개의 포장을 말하며, 물품의 상품 가치를 높이거나 물품 개개를 보호하기 위하여 적합한 재료 및 용기 등으로 물품을 포장하는 방법 또는 포장한 상태를 말한다.

② **속 포장** : 포장된 화물의 내부포장을 말하며, 물품에 대한 수분, 습기, 광열 및 충격 등을 방지하기 위하여 적합한 재료 및 용기 등으로 물품을 포장하는 방법 및 포장한 상태를 말한다.

③ **겉 포장** : 화물의 외부포장을 말하며, 물품을 상자, 포대, 나무통 및 금속 등의 용기에 넣거나 용기를 사용하지 않고 그대로 묶어서 기호 또는 화물표시를 하는 방법 및 포장한 상태를 말한다.

그런데 낱 포장과 겉 포장에서 사용되는 완충재나 고정재 등은 속 포장에도 사용되며, 종종 속 포장과 낱 포장이 혼동되어 사용되는 경우도 있고, 또한 판재나 끈, 테이프 등으로 묶는 경우 특별히 싸지 않아도 묶음 자체만으로 포장이 이루어지는 경우도 있다.

이러한 포장은 일상생활에서 물품을 보관하고, 운송하는 등 인류의 역사가 시작되면서 자연발생적으로 시작된 생활의 지혜이었으며, 오늘날에는 고도의 산업사회 생활 속에서 제품의 보관, 수배송, 판매 및 사용 등에서 포장이 중요한 요소로 등장하게 되었다. 특히 물류와의 상호 연관성 측면에서 볼 때의 포장물류는 포장이 물류의 시점에서 물류부문과 접점을 이루고 있어 단순히 포장 자체만이 아니라 물류의 여러 기능과의 상호 연관성 속에서 포장의 역할을 생각하여야 하는 매우 중요한 기능을 수행하고 있다.

2. 포장물류의 기능

일반적으로 물류의 첫 단계로서 포장이 행하여지며, 포장은 물류활동의 다른 요소, 즉 수배송, 보관, 하역 등에 직접적인 영향을 미친다. 그러므로 물류활동의 모든 요소를 감안한 포장물류를 수행하는 것이 매우 중요하다.

포장의 기능은 크게 두 가지로 분류할 수 있다. 첫째로 물품이 생산지로부터 소비지까지 이동하는 과정에서 일어날 수 있는 물품의 파손 등의 위험으로부터 물품을 보호하기 위한 기능(공업포장)과, 둘째로 물품의 외형을 미화시켜 소비자로 하여금 구매의욕을 불러일으키도록 하는 판매촉진기능(상업포장)이 있다.

여기에서 포장의 특성상 국내포장의 경우에는 주로 개별포장에 중점을 두기 때문에 소비자를 의식한 판매촉진 위주의 포장이 중점이 된다. 그러나 수출포장의 경우에는 장거리 운송에서 물품을 보호하기 위한 기능이 강조된 외부포장이 더 중요하다.

이러한 포장의 기능은 전체 포장물류시스템의 차원에서 물류의 여러 다른 기능과 상호 연관성을 가지고 조화를 이룰 때에 더욱 그 중요성을 갖게 된다. 물론 포장물류에 있어서도 요구되는 가장 큰 기능은 내용품을 보호하는 것이지만, 이 이외에도 다음과 같은 기능조건을 갖추어야 한다.

① **보호성** : 포장물류는 물류환경 속에서의 각종 외압으로부터 물품을 보호할 수 있는 기능을 가져야 한다. 즉, 포장물류는 수배송 및 보관 등의 물류활동 과정에서 진동, 충격 등의 외압과 습기, 온도 등의 기상변화 및 생물·화학적 영향으로부터도 내용물을 보호할 수 있는 기능을 갖추어야 한다.

② **하역성** : 포장물류는 물품을 어떤 단위로 정리하는 기능이 있다. 그 단위는 거래처 또는 취급자의 요구에 의하여 결정되며, 취급 면에서는 큰 단위가 효율적이지만, 물류활동상의 하역 등이 인력에 의하는 경우에는 인력의 능력범위를 초과하여서는 안되는 등 포장물류의 하역성이 유지되어야 한다.

③ **작업성** : 최근에는 포장작업의 기계화·자동화로의 전환이 진전되고 있다. 그러므로 포장재료도 기계화·자동화의 적합성 측면을 고려하여 천연재료에서 복합재료로 전환하여야 하며, 포장공정도 케이서(Caser), 봉함기, 자동결속기, 언케이서(Uncaser) 등의 이용에 의해 일관작업 및 기계화·자동화 작업이 가능하도록 작업성이 배려되어야 한다.

④ **편리성** : 포장물류는 물류의 전 과정을 거치면서 적어도 몇 차례의 하역 등 작업과정을 거친다. 그러므로 포장물류는 하역 등의 물류작업이 편리하도록 고안되어야 한다. 즉, 작업의 편리성을 위해 대형용기의 포장은 인력에 의한 하역 대신 하역기기로 취급하기 쉬운 크기와 중량으로 하여야 하고, 또한 포크리프트 등의 하역장비의 삽입구나 와이어 걸기 등을 장착하는 것도 고려하여야 한다. 한편 취급의 편리성 측면에서 한 가지 더 고려하여야 할 사항은 포장해체시의 용이성이다. 즉, 물품의 소유자가 필요로 하는 것은 포장내용물이므로 너무 과잉 포장을 한 경우에는 포장해체 시 시간과 비용이 더 들 뿐만 아니라 포장재의 처리에도 문제가 생길 수 있다.

⑤ **표시성** : 포장된 물품의 취급이나 분류 등에 필요한 사항, 예컨대 품명, 수량, 중량, 운송자, 포장해체방법, 제조 로트번호, 화물취급지시 등을 문자, 표지,

기호 및 심벌 등을 사용하여 포장의 표면에 표시함으로써 물품의 취급 및 분류 등을 용이하게 하여 주어야 한다.

⑥ **수배송 · 보관성** : 포장물류는 수배송물류나 보관물류를 행하는데 있어서 하역작업 등이 원활하고도 능률적으로 수행되도록 단위용적이나 중량과 관련된 문제 등이 고려되어야 한다. 이의 해결책으로서 포장을 보다 큰 단위로 결합한 유닛포장을 취하는 것도 바람직하다.

⑦ **경제성** : 포장물류의 기능이 보장될 수 있는 범위 내에서 포장은 최소한도로 억제하는 것이 좋다. 이는 비용 측면에서 가능한 한 저렴하게 필요기능을 발휘하도록 하는 것이 좋다는 원리에 입각한 것이다.

3. 포장물류의 발달

우리나라 포장산업은 1900년대 초반 일본으로부터 포장에 대한 재료, 기술 및 용어 등을 도입하여 처음 사용한 이래, 일제하의 군수물자에 대한 포장기술의 습득으로 비약적인 발전을 보여 왔다. 이어 우리나라 포장산업의 중요한 전환기는 '63년 포장재료와 관련된 용어를 한국공업표준규격으로 정립한 시기이며, '65년에는 포장의 기본규격 및 품목별 규격화가 제정되었고, 한국수출포장공업이 국내 최초로 KS 마크를 획득한 이후 매년 급성장을 거듭하면서 현재 성장기를 지나 국내산업 가운데 중요한 위치를 차지하고 있다.

그런데 포장물류라는 개념이 제품의 생산 및 유통과 관련하여 적용된지는 상당히 오래 되었지만 최초의 포장의 개념은 물품을 단순히 보호하기 위한 목적이 주를 이루었다. 그러나 포장의 개념이 보다 넓게 적용되고, 물류의 한 기능으로서 다른 물류기능과 상호 연계하여 작용하게 된 이후부터 포장물류는 물류과정에서의 원활한 수배송, 하역, 보관을 위한 지원기능이 강조되었다.

이 이후 포장물류는 물류의 다른 기능인 수배송, 하역, 보관 등 물품의 취급을 용이하게 하기 위해 포장의 유닛화 등을 통한 포장표준화가 추진되었고, 포장행위를 신속·정확하게 하고 인력절감을 통한 포장행위를 이룩하기 위해 포장의 자동화·기계화도 추진되게 되었으며, 또한 적정포장으로 물류효율화와 환경보호를 도모하는 포장물류의 현대화가 지속적으로 진전되고 있다.

포장물류가 발전을 거듭하고 있으면서도 우리나라에서의 포장물류는 다음과 같은 문제점을 안고 있다.

① 포장물류의 표준화 및 규격화가 제대로 이루어지지 않고 있다. 즉, 포장물류의 모듈화는 유닛로드 모듈을 통해 파렛트화나 컨테이너화를 가능하게 하여 이와 연계되는 하역 및 보관물류와의 일관작업을 가능하게 하여 줌으로써 물류효율화에 직결되는 사항임에도 불구하고 포장물류의 표준화와 규격화가 제대로 이루어져 있지 않아 유닛로드시스템에 큰 장애가 되고 있다.

② 포장의 자동화 및 기계화의 추진이 미진하여, 포장물류의 정확성과 신속성 및 인력절감형 포장물류를 구현하지 못하고 있다.

③ 포장물류의 회전율이 저조하다. 즉, 납품업체나 하역업체의 이해부족 및 무관심으로 공파렛트나 공컨테이너의 회수나 반송이 잘 안되고 있어 일관운송체제의 구축에 장애가 되고 있으며, 또한 대부분의 업체들이 파렛트를 화물보관용 깔판이나 지게차의 작업도구로서 공장 내 작업용으로만 한정하여 사용하는 경우가 많아 수배송 및 하역물류에서의 시간단축, 공간활용, 비용절감 등의 종합적인 효율성 제고에는 못 미치고 있다.

④ 포장관련 업체의 영세성과 기술 낙후성으로 인하여 수출업체가 주문하는 포장재료를 공급하는데 그치고, 포장방법의 현대화나 포장재료의 기술개발 등은 제대로 이루어지지 않고 있으며, 포장담당 부서의 전문화 및 지원부족으로 인하여 선진화된 포장물류의 구현이 안되고 있다.

그러므로 향후 우리나라의 포장물류는 포장재료 및 포장기법 등의 개발에 의한 경제성 있고, 효율적인 포장물류의 구현에 노력하여야 하며, 특히 포장물류의 표준화와 규격화를 통한 포장물류의 모듈화 실현, 포장라인의 기계화·자동화의 지속적인 추진, 그리고 포장재의 폐기까지를 고려한 적정한 친환경 포장물류의 구현에 노력하여야 한다.

제2절 포장물류의 효율화

1. 포장물류시스템화의 원칙

포장물류를 시스템화하여 효율화하기 위해서는 다음과 같은 원칙 아래 포장물류의 시스템화를 추구하여야 한다.

① **대형화 및 대량화 원칙** : 포장물품 단위의 크기를 대량화, 대형화함으로써 대량운송이 가능하고, 하역작업의 기계화를 통해 하역의 효율성이 높아지며, 이를 통해 물류비용을 절감할 수 있다.

② **집중화 및 집약화 원칙** : 다수의 업체들이 물량을 집중, 집약함으로써 관리수준을 향상시키고, 대량화의 추진도 가능해진다.

③ **규격화 및 표준화 원칙** : 규격화, 표준화함으로써 포장설계의 간소화와 과잉포장의 배제로 포장비의 절감을 가져오고 포장재료비의 절감, 용기 제작비의 절감, 포장 작업비의 절감, 보관효율의 향상 및 보관비 절감, 운송효율의 향상 및 운송비 절감, 하역효율의 향상효과를 가져온다.

④ **사양변경의 원칙** : 완충재의 변경이나 입수 수의 변경 등 사양의 변경을 통한 비용절감을 추구하여야 한다. 양면골판지, 편면골판지, 귀퉁이의 보강 및 기타의 조건 등을 고려하여 골판지 양식의 변경에 의한 비용절감이 이루어질 수 있도록 검토하여야 하고, 양면중심이었던 것을 편면 중심으로 하여 한 등급 낮추는 등 사양변경을 검토하여야 한다.

⑤ **재질변경의 원칙** : 내용품의 보호에 지장이 없는 범위 내에서, 재질의 변경을 통하여 비용절감을 기하여야 한다.

⑥ **시스템화 및 단위화의 원칙** : 물류활동에 필요한 장비나 기기, 즉 컨베이어, 기중기, 컨테이너, 파렛트 등과 수배송, 보관, 하역 등 물류의 제 활동이 유기적으로 연결되도록 시스템화하여 포장물품의 단위화를 통해 포장물류 효율화를 추구해야 한다.

또한 포장물류의 시스템화는 원거리 수배송품 포장의 경우 다음과 같은 포장조건을 고려하여야 그 효과가 크게 나타난다.

① 포장할 물품의 성질 및 형태를 분석하여 그 물품에 적합한 포장양식을 고안하여야 한다.

② 포장재료의 선택에 있어서는 내항성에 중점을 두어 고려하여야 한다.

③ 취급·보관 등에 적합하도록 포장물을 안배하여 포장용기의 용적 및 중량을 적절하게 하여야 한다.

④ 포장내용은 조사·분석을 통하여 가능한 한 경제적으로 포장효율을 높이는 방향으로 추진하여야 한다.

⑤ 동종물품의 포장에 적합한 방법을 개발하여 지속적으로 사용하도록 하여야 한다.

⑥ 외장상 화인 및 상품표기에 관하여 자국이나 외국의 법률 및 관습에 정통하여 문제가 발생하지 않도록 하여야 한다.

그런데 포장물류의 효율화는 물류활동의 다른 요소와 밀접한 관련을 가지고 있으므로, 수배송, 보관, 하역 등 물류의 다른 요소들과 조화를 이루도록 시스템화하여야 한다. 즉, 하역과 포장물류의 관계에서 보면, 일반적으로 상품이 출하되어 소비자에게 인도될 때까지는 최소한 10회 이상의 하역횟수를 예상할 수 있으며, 이 물류과정에서의 하역시의 충격에 대비하여 포장의 강도있는 설계를 고려하는 것은 매우 중요하다.

또한 일반적으로 수배송에서 목적지까지 유닛로드 상태로 일관수배송하는 방법이나, 혹은 컨테이너에 넣은 그 자체로 도중에서 개개의 화물을 환적하지 않고 수배송하는 방법을 택한다면 환적할 때에 받는 충격도 그 만큼 작게 된다. 그런데 이러한 유닛로드시스템을 적용하더라도 이종 수배송수단의 요소를 고려한 적합한 포장을 행하는 것이 필요하다.

그리고 수배송과 포장물류의 관계에서 보면, 수배송 중 화물이 받는 충격은 하역시의 충격에 비하여 극히 작기 때문에 하역시의 충격에 견딜 수 있는 포장이라면 일반적으로 견딜 수 있지만, 보통 수배송 중의 진동이 내용물에 영향을 미칠 수 있고, 차량교체시나 차량의 급정지시에는 충격이 상당히 크므로 이를 고려한 포장이 되도록 고려하여야 한다.

한편 보관과 포장물류의 관계에서 보면, 무엇보다도 먼저 물품의 보관기간이 길면 그 만큼 적재 높이가 포장설계조건이 된다. 즉, 보관기간은 일반적으로 공업제품은 비교적 짧지만, 계절적으로 사용하는 제품은 1년 가까이 보관하는 것도 있고, 종이제품과 같이 습기를 흡수하면 강도가 현저히 떨어지므로 물품의 보관기간은 가능한 한 짧게 하는 것이 좋다.

그런데 오늘날에는 포장물류의 Reverse Logistics가 강조되어 포장재의 회수물류 등 환경중시형 포장물류를 구사하여야 하는 등 포장물류가 인간의 일상생활에 밀착되어 있으므로 포장물류의 사회성 문제도 고려하여야 한다. 포장물류의 사회성에 따른 문제점과 고려할 사항은 다음과 같다.

① 소비자의 요구에 부합하여 과대포장이 되지 않도록 포장의 적정화를 기하여야 한다.
② 포장표시를 정확히 하여야 한다. 즉, 내용물 및 그 특징, 상표, 사용상의 주의 및 포장해체에 대한 절차를 정확하게 표시하여야 한다.
③ 포장재의 적절한 회수 및 환경문제를 감안한 포장재의 폐기를 고려하여 포장재를 선택하여야 한다.
④ 포장자원의 문제이다. 포장재료의 대종을 이루는 판지, 플라스틱, 금속 및 목재 등 상당수의 포장재가 수입재료이기 때문에 자원절약과 효율적인 활용차원

에서 포장재의 재활용을 고려하여야 한다.

⑤ 포장의 안정성이 고려되어야 한다. 소비자를 위한 포장재료나 용기는 그 유해성과 위생성 및 위험성 등을 고려하여 설계되고 제조되어야 한다.

2. 포장의 표준화

1930년대 미국에서는 경제공항의 타개책의 하나로 포장치수의 표준화 작업을 전개하였으며, 이것이 곧 오늘날의 이른바 단순화, 전문화, 표준화의 3S운동으로서 미국의 산업계에 막대한 이득을 가져오게 했다. 또한 산업구조가 합리적으로 잘 발달되어 있는 일본에서 조차도 포장규격을 표준화 함으로써 막대한 물류비를 절감하여 기업 성장의 뒷받침이 되고 있다. 이와 같이 포장의 표준화가 기업경영 및 물류효율화에 기여하는 바는 매우 크다.

즉, 수배송, 하역, 보관 등의 물류관리를 시스템화하여 효율화하기 위해서는 포장물류의 표준화 및 규격화 등 포장의 모듈화가 동시에 이루어지지 않으면 안된다. 더구나 컨테이너, 파렛트 등의 수배송용기의 발달과 자동화 창고 및 물류기기의 발달에 따라 물류시스템화를 통한 물류효율화를 기하기 위해서는 포장의 표준화 및 규격화가 더욱 요구되고 있다. 그러므로 물류시스템화를 구현하여 일관물류를 구사하기 위해서는 물류 모듈의 개념을 도입하여야 하며, 여기에 그 기본적인 사항으로서 포장치수의 표준화가 선행되어야 한다.

포장치수의 표준화에 대한 기본적인 사고방식은 포장치수와 물류를 계열화하는 개념인 물류 모듈화이며, 이것을 통하여 물류활동의 공간효율을 높이고, 포장 표준화의 많은 장점을 창출하는 것이다. 여기에서 물류활동의 공간으로서 고려되는 것은 철도화차, 트럭, 컨테이너 등의 수배송기관은 물론이고 창고 및 소매점의 선반(랙) 등도 포함된다. 그런데 이 개념에서 물류효율화를 위한 하나의 큰 방향이 유닛로드에 의한 물류의 체계화이며, 이것을 위해 계열화하는 포장치수는 유닛로드 치수를 기초로 하여 도출하게 된다.

그러나 포장물류를 표준화 및 규격화하여 수배송, 보관, 하역 등 물류의 다른 기능과 연계시켜 물류활동이 원활하게 수행되도록 하는 것은 종합물류의 효율화란 차원에서 매우 중요하지만, 실제적으로는 일관 파렛타이제이션이 지연되는 등 포장물류의 모듈화가 지체되고 있는 다음과 같은 이유가 있다.

표 7-1. 포장 표준화의 효과

항목		수익자			
		포장업자	사용자	유통업자	소비자
포장비	·간소화와 과잉포장의 제거로 인한 물류비 절감		●		
	·포장재료의 절감	●	●		
	·포장제작비의 절감	●	●		
	·포장작업비의 절감		●		
	·포장재료의 저장장소 및 재고의 감소	●	●		
물류비	·보관효율의 향상 및 보관비 절감		●	●	
	·수송효율의 향상 및 수송비 절감		●	●	
	·하역효율의 향상		●	●	
	·파손율 감소 및 운송보험요율 절감		●	●	
판매비	·소매점 진열대 이용효율의 향상으로 판매효율의 향상		●	●	
종합효과	·소매가격의 인하				●
	·구매자에게 안도감 부여				●

① 컨테이너, 파렛트 등 수배송용기에 있어서 해상운송용과 항공운송용 등으로 공용하기 위한 표준화가 어렵다.

② 수배송, 보관, 하역 등에 있어서는 물품의 거래단위가 한 포장단위가 안되는 소화물인 경우가 많다.

③ 물품형태가 모듈화에 적합하지 않은 것이 많다.

④ 다품종 소량생산과 경쟁 격화로 인하여 상업포장 중심의 판매지향형 포장으로 가는 경향이 강하다.

⑤ 포장의 모듈화를 위해서는 기존의 생산설비 및 물류설비를 변경하여야 하는 문제가 있다.
⑥ 포장물류 모듈화의 필요성에 대한 인식이 아직은 다른 물류분야에 비하여 낮다.

3. 포장물류의 자동화 · 기계화

포장물류가 물류의 다른 기능과 연계하여 종합적인 물류효율화를 기하기 위해서는 포장물류의 신속 · 정확성이 요구된다. 그러므로 이를 위해서는 포장물류의 자동화 · 기계화가 필수적이다. 또한 종전의 포장행위는 많은 인력을 투입함으로써 가능한 노동집약적인 형태로 이루어졌는데, 앞으로는 이러한 형태가 여의치 않으므로 인력절감형 포장물류를 수행하기 위해서도 포장물류의 자동화 · 기계화가 필수적이다.

이와 같은 포장물류의 자동화 · 기계화를 위하여 사용되는 포장기계로서는 낱포장, 속포장, 겉포장에 따라 많은 종류의 기계가 있는데, 주요한 포장기계를 설명하면 다음과 같다.

① **외장용 기계** : 외장용 기계로서는 골판지 기계, 상자 조립기, 상자 접착 및 봉합기, 테이프 부착기, 밴드 봉합기, 파렛트 포장기 등이 있다.
② **수축포장장치** : 가열수축성 필름으로 포장된 물품을 열풍 터널을 통하여 통과시키면서 공기를 빼고 수축시키는 장치이다.
③ **스트레치 포장기** : 주로 생선이나 청과물 등을 스트레치 필름으로 팽팽하게 잡아당겨 포장하는 장치로서 접착 자체는 필름 자체의 접착성을 이용한다.
④ **상자포장기** : 골판지 상자를 1매씩 추출하여 조립하고 내용물을 충전시킨 후 프랩을 접어서 길이로 테이프로 묶는 기계를 말한다.
⑤ **상자 접착 및 봉합기** : 외장용 기계의 일종으로서 골판지의 프랩을 접어서 압착하고 봉합하는 기계이다.
⑥ **결속기** : 여러 개의 물품 및 포장물을 묶어서 밴드, 와이어, 테이프 등으로 묶

는 기계이다.

⑦ **팔레타이저** : 파렛트 위에 포장화물이나 물품을 일정 단위로 정리하는 기계이다.

이러한 포장기계를 사용하여 행하는 포장작업은 크게 3가지, 즉 액체나 분말 등과 같이 용량을 잰 뒤에 용기에 담는 충전(Filling), 종이상자나 나무상자 등에 한개 또는 여러 개의 물품을 담는 상자 넣기(Boxing), 그리고 물품의 둘레를 유연한 재료로 씌우는 싸기(Wrapping) 등이 있다. 그리고 여기에 포장재료의 준비, 봉합 및 결속 등의 보조작업이 있으며, 이 작업들을 자동화 · 기계화하기 위한 라인화와 제어, 정보의 제공 등이 추가된다.

즉, 포장물류를 자동화 · 기계화하기 위해서는 포장라인화를 추구하여야 한다. 포장물류의 자동화 · 기계화는 단위포장 → 내부포장 → 외부포장을 연결한 라인구성을 제조공정에 연결하는 것으로서, 이에 보관물류를 포함하는 일관흐름을 통하여 포장물류의 자동화 · 기계화가 이루어지게 된다.

[그림 7-1] 포장라인의 흐름

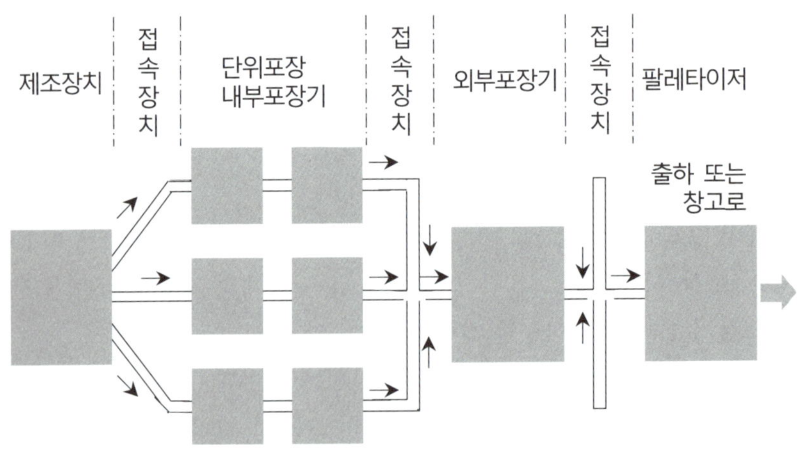

그러므로 포장라인화는 제조기계장치와 포장기계, 또는 포장기계 상호간의 취급을 자동화 하는 것으로서, 보통 이들을 연결하는 데에는 컨베이어가 주로 사용되며, 컨베이어에서는 포장작업의 진행상황을 점검·제어하기 위한 감지장치도 필요하다. 그런데 이 포장라인화를 추구하는 데에는 다음과 같은 점에 유의하여야 한다.

① **포장물품의 물성변화를 예측할 것** : 단위포장, 내부포장, 외부포장을 일관된 라인으로 구성할 경우 각 단계에서 형상, 특성 및 포장자재 등의 변화를 사전에 예측하여 라인구성을 계획하여야 한다.

② **기계와 기계 사이에 완충부분을 설치할 것** : 기계의 접속 대수가 늘어날수록 전체적으로 가동률이 떨어지게 마련이므로 각 기계의 접속 부위에는 완충부분을 설치해 처리를 원활하게 하여 주어야 한다.

③ **내부포장기와 외부포장기의 접속은 대등하지 않다는 점을 고려할 것** : 단위포장 → 내부포장 → 외부포장의 라인은 여러 대의 단위포장기 및 내부포장기를 1대의 외부포장기에 접속시키는 것이 일반적인 라인 구성이므로, 맨 마지막에 설치된 외부포장기가 라인의 능력을 좌우한다. 그러므로 외부포장의 능력에 여유를 갖게 하면 내부포장기의 증설에도 대응할 수 있고 능력제고도 가능하다.

4. 포장의 적정화

적정포장이란 상품의 품질보전, 취급의 편의성, 판매촉진 및 안전성 등 포장물류의 본연의 기능을 만족시키는 경제적인 포장을 말한다. 즉, 적정포장은 물류과정에서 내용물이 진동, 충격, 압력, 온도, 습도 등으로 인하여 파손 또는 손상됨으로써 그 가치와 상태가 저하되지 않도록 물류환경에 적응한 포장이다. 실제적으로 이 적정포장은 상품의 종류, 수배송거리, 수배송수단의 종류, 하역·보관방식, 기후 등에 의하여 상당히 서로 다른 영향을 받으므로 그 기준을 일정하게 정하기 어려운 특성을 가지고 있다.

그러므로 적정포장의 핵심은 포장비의 개념을 명확하게 한 후에 각종의 포장비용의 상승을 최소한으로 억제하면서도 포장물류의 기능을 최대한 발휘할 수 있는 교차점에서 포장이 설계되어야 한다는 점이다. 이 포장비 중에는 포장재료비, 포장 보조재료비, 포장 수단비 등의 포장 일반비와 포장재료 및 수단의 제작비, 포장보조 제작비, 포장인쇄비 등의 포장 경비, 그리고 포장 설계 및 디자인비, 포장검사비, 포장물의 하역비, 보험료 등의 포장관리비 등이 있다. 그러나 이 모든 요소를 포장비의 항목으로 채택할 것인가, 또는 국내포장과 수출포장을 어떻게 구별할 것인가 등에 따라 적정포장의 기준은 상당한 차이가 발생하므로 상품 내용별로 포장제한 기준치(공간용적비와 비교포장비)를 설정하여 포장물류의 자동화·기계화를 통해 표준포장 및 규격포장이 되도록 설계하는 것이 적정포장의 지름길이다.

이에 적정포장의 설계시 유의할 점을 열거하면 다음과 같다.

① 물류과정에서의 포장 내용물의 보호 및 품질보전이 적절할 것
② 포장재료 및 용기가 인체나 포장 내용물에 안전할 것
③ 포장단위의 계량단위가 적합하고 취급상의 편의성을 제공할 것
④ 포장 내용물의 식별, 표시, 해석방법이 적절할 것
⑤ 포장 내용물이 차지하는 공간용적이 적절할 것
⑥ 포장비가 포장 내용물 가격에 상응하여 적절할 것
⑦ 포장재료의 폐기 처리가 적합하며, 그 회수나 재사용이 가능할 것

우리나라에서도 포장물류를 적정화함으로써 물류효율화를 기하고, 또한 포장재료의 폐기에 따른 환경보호를 도모하기 위하여 정부차원에서 포장공간비율과 포장횟수에 적절한 규제를 가하고 있다.

5. 친환경포장

포장은 제품의 물류과정상에서의 보호 기능 및 유통판매과정상에서의 상품가치성

의 제고 기능이 있어 제품의 상품화 과정에서 없어서는 않될 꼭 필요한 요소이지만, 제품이 사용된 후의 포장은 곧바로 쓰레기화 되는 특성 때문에 환경오염의 주요 원인이 되기도 하는 양면성을 가지고 있다. 따라서 최근에는 친환경 포장재료의 사용, 친환경 완충재의 사용 등 친환경포장 문제가 큰 이슈로 대두되고 있다.

친환경포장이란 포장의 고유한 목적과 기능을 유지하면서도 친환경 포장재료의 사용, 친환경 완충재의 사용, 포장재료를 보다 적게 사용하는 행위, 또는 가능한 재생 및 재활용이 가능한 포장재료를 사용함으로써 친환경적인 포장을 적극적으로 하는 활동을 말한다.

이러한 친환경 포장활동은 친환경적인 포장재 및 포장용기의 개발, 포장표준화, 포장재의 감축, 보관 및 운송시의 파손 최소화, 포장재와 폐품의 적정 선별, 폐기처리시의 유해성 최소화, 포장회수전략의 거점확보 등으로 구성된다.

향후 친환경 포장은 포장 표준화, 포장 감량화, 포장재의 재사용 및 재활용 등을 추진하는 방향으로 이루어질 것이다.

6. 유닛로드시스템

1) 유닛로드시스템의 의의

유닛로드시스템이란 화물을 일정한 표준의 중량이나 부피단위로 단위화하여 기계적인 힘을 활용하여 일관적으로 하역, 포장, 운반, 수배송하는 방식을 의미한다. 이를 통해 물류관리시스템에 있어서 하역의 자동화·기계화, 포장의 효율화, 화물파손방지, 적재작업의 신속화, 차량회전율의 향상 등과 같은 효과를 거둘 수 있다. 최근 들어 물류효율화 작업의 일환으로서 유행하고 있는 일관 파렛타이제이션이나 컨테이너화는 모두 이러한 유닛로드시스템을 응용한 구체적인 사례라고 할 수 있다.

유닛로드시스템의 기본적인 요건은 단위규격의 적정화와 단위작업의 적정화 등이다. 주로 컨테이너와 파렛트를 이용하여 하역시간의 단축, 하역경비의 절감, 포장시간의 단축 및 포장비 절감, 대형화물의 수배송포장비 절감 및 화물의 파손방지와 같은 효과를 기대할 수 있다.

이와 같은 유닛로드시스템의 효과를 극대화 하기 위해 우리나라에서는 1995년에 유닛로드통칙(KSA 1638)을 제정하였으며, 그 주요한 내용으로는 파렛트의 종류와 크기, 파렛타이즈 화물의 치수, 포장 종류・치수・구조, 선반(Rack)・트럭・컨테이너 치수 등이다.

2) 유닛로드기기

유닛로드기기에는 물류활동 요소별로 수배송기기, 하역기기, 포장기기, 보관기기 등으로 구분할 수 있다. 수배송기기는 육상의 유닛로드 전용기기로서 파렛트로더를 부착하고 있거나 컨테이너로더를 부착하고 있는 경우가 있고, 철도의 경우에는 전용차량, 해상운송의 경우에는 컨테이너선과 파렛트로딩장치, 항공운송의 경우에는 컨테이너 및 파렛트 탑재화물 전용기기가 있다.

또한 하역기기에는 파렛트 위에 포장화물을 탑재하는 파렛트로더와 유닛로드의 이동을 위한 기기로서 컨베이어 및 수직・수평이동용 승강기 등이 있다. 그리고 포장기기에는 화물의 이동 중 붕괴를 방지하기 위한 필름커버용 대형포장기와 화물을 수직이나 수평으로 결속하는 밴드조립기가 있으며, 보관기기에는 유닛로드의 전용 보관랙이 있다.

(1) 유닛로드시스템과 하역

대개의 경우 하역은 인력에 의존하는 경향이 많은데, 유닛로드시스템화에 따라 인력하역작업을 파렛트하역이나 컨테이너하역으로 대체함으로써 하역작업의 효율화가 이루질 수 있다. 즉, 신속한 하역작업과 하역비용의 절감을 통해 물류의 신속성과 안전성을 확보하고, 물류거점에 있어서 적재, 하차, 입출고작업 등을 단순화하기 위해 유닛로드단위의 하역작업은 필수적이다.

(2) 유닛로드시스템과 포장

유닛로드시스템과 포장과의 관계는 포장의 사양을 표준화하여 물류를 효율화하는데 있다. 물품 가운데 포장방법의 표준화가 불가능한 물품도 있지만, 물류활동의 전체 기능단계에 가장 적합한 포장의 척도와 형식, 중량, 크기 등을 표준화 할 필요가 있다.

우리나라의 경우 정부가 1973년에 포장의 표준화와 규격화 등을 목적으로 포장의 표준화 치수를 정해 두고 있으며(KSA 2155-1973), 파렛트의 경우에는 T11형(1,100 X 1,100)으로 표준화하는 등 KS물류규격을 정해 놓고 있다.

그런데 파렛트를 이용하는데 있어서는 해당 파렛트의 규격과 포장규격의 표준화가 핵심적인 요인이 되고 있다. 그러므로 수배송 중의 화물파손이나 붕괴를 방지하기 위해서는 물품의 설계단계부터 적합한 포장규격과 방법을 고려하는 것이 매우 중요하다.

(3) 유닛로드시스템과 보관

물품의 생산과 소비를 조정하는 기능으로서 보관기능을 갖춘 창고나 물류센터의 존재는 물류활동의 효율화를 위해 가장 중요한 기능 가운데 하나이다. 특히 물류센터는 보관기능을 하면서 입출고품의 검사, 분류, 저장, 유통가공, 정보처리 등과 같은 다양한 기능을 복합적으로 수행해야 하기 때문에 신속한 분류체제와 공동수배송체제의 확립, 수배송비의 절감, 물류서비스 수준의 향상 등과 같은 목적을 효과적으로 달성하기 위해서는 유닛로드시스템에 의한 보관효율의 향상 역시 간과할 수 없는 부문 중의 하나이다.

특히 저장공간의 효율적 이용 및 정보처리의 신속성과 정확성 보증, 입출고작업의 신속성 등을 위해 포장, 수배송, 하역 등을 종합적으로 고려한 유닛로드시스템화는 창고자동화를 통한 물류생산성 향상에 직접적으로 기여를 하기 때문에 보관과 유닛로드시스템은 매우 밀접한 관계를 가지고 있다.

(4) 유닛로드시스템과 컨테이너/파렛트

컨테이너는 물품의 전체 물류경로에서 파렛트와 함께 가장 광범위하게 활용되고 있는 유닛로드시스템의 주축이 되는 수단이다. 컨테이너와 파렛트는 그 자체가 일종의 물류용 포장수단이므로, 포장관리라는 측면에서 효과가 매우 크기 때문에 수배송이나 하역, 보관 등과 같은 물류활동에서도 매우 중요한 역할을 차지하고 있다.

더구나 최근 들어서는 수출입화물의 일관수송이 이루어지고 있어 화주기업의 공장에서부터 고객기업의 창고까지 컨테이너와 파렛트를 이용한 일관복합운송이 일반화되고 있으며, 관련되는 물류설비나 제도 역시 이러한 일관수송의 효율성을 향상시킬 수 있는 방향으로 지속적으로 개선되고 있다.

제3절 포장물류시스템과 의사결정

1. 포장재료의 선택

최근 포장물류에 사용되는 포장재료는 크게 변화하고 있다. 이것은 대량생산체제에서 다품종 소량생산방식으로의 진전과 물류환경의 변화에 기인한다. 즉, 포장물류에 사용되는 포장재료는 과거 짚, 나무, 대나무, 섬유 및 요업제품 등이 주종을 이루었으나, 최근에는 종이, 금속, 플라스틱 등이 중심이 되고 있으며, 또한 각종의 복합재료가 포장물류에 사용되어 새로운 기능을 담당하고 있다.

더구나 앞으로는 제품의 수명주기가 짧아지고, 또한 신제품이 계속적으로 개발되면서 새로운 포장재료의 개발도 끊임없이 요구되고 있다. 예컨대 콜드체인시스템이나 냉동유통시스템에 있어서는 저온유지를 위한 새로운 포장재료의 개발이 계속 요구되고 있다.

1) 골판지용 판지

골판지에 사용되는 판지는 라이너와 골심지로 크게 대별된다. 라이너는 골판지 바깥쪽의 평평한 부분에 사용되며, 골심지는 안쪽의 골을 내는 부분 및 이중 양면의 골판지 중간에 사용된다. 그러므로 라이너는 강도, 균일성, 내마성 및 인쇄 적정성이 요구되며, 골심지는 골을 낸 부분에 대한 인장강도, 가공 적정성, 내압강도 및 접착성 등이 요구된다.

[그림 7-2] 골판지 판지의 기본구조

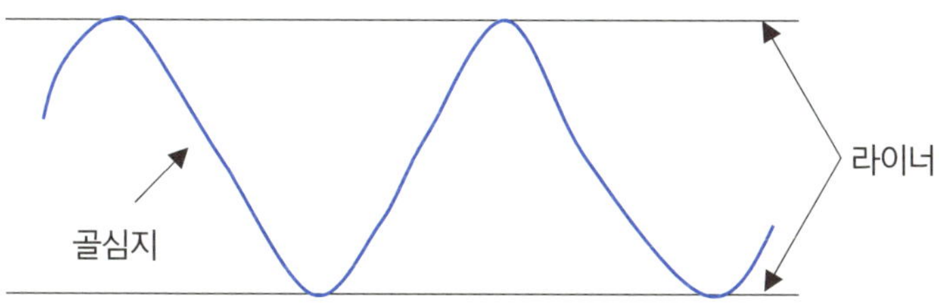

이러한 골판지 판지는 그 구조에 따라 다음의 4가지로 크게 구분된다.

① **편면(片面) 골판지** : 파형(波形)으로 골을 낸 골심지 원지의 한쪽 면에 라이너를 붙인 것인데, 상자용 골판지로 사용하는 경우는 거의 없으며, 주로 내부 포장용으로 사용된다.

② **양면 골판지** : 파형으로 골을 낸 골심지 원지의 안쪽에 라이너를 붙인 것인데, 상자용 골판지의 대부분은 이 양면 골판지이다.

③ **이중양면 골판지** : 양면 골판지에 편면 골판지를 붙인 것인데, 손상되기 쉬운 물품이나 귀중품의 포장에 사용된다.

④ **삼중 골판지** : 이중 양면 골판지에 다시 편면 골판지를 붙인 것인데, 중량물의 포장에 사용된다.

이와 같은 골판지 판지는 그 특성상 많은 장점을 가지고 있다. 첫째는 대량생산품의 포장에 적합한 방식이며, 둘째는 경량화물로서 체적이 작은 화물일 경우 물류비가 절감되고, 셋째는 포장작업이 용이하고 생력화 및 기계화가 가능함과 동시에 재료의 보관용적이 적다는 장점이 있다. 그렇지만 이 골판지 판지는 습기에 약하고, 습기에 접하면 압축강도가 반감되며, 하역작업 시 손상되거나 굴절되기 쉽다는 단점도 있다.

2) 골판지 상자

골판지 상자는 양면골판지상자, 이중양면 골판지상자 등 국제성이 있는 형식분류에 맞추어 그 형식이 다양화되고 있다. 이러한 골판지 상자의 재료설계도 여러 가지 방법이 있으며, 이 골판지 상자를 설계할 때에는 다음과 같은 점에 유의하여야 한다.

첫째, 상자에 가해지는 힘의 방향을 고려하여야 한다. 즉, [그림 7-3]과 같은 A-1형 상자에 상하방향의 압축하중이 가해졌을 경우의 저항강도를 100으로 본다면 측면방향에서는 60-70으로 저하되고, 단면방향에서는 50 이하로 저하된다.

둘째, 상자의 형식에 따른 압축강도의 차이를 고려하여야 한다. 즉, A-1형을 100으로 보면 A-5형에서는 20% 더 강하고, 주로 단위포장에 사용되는 B형에서는 40-59% 저하되며, C-3형에서는 측면이 이중으로 되어 있기 때문에 80-100% 강해진다.

셋째, 인쇄는 2색 이상을 피하여야 한다. 즉, 인쇄의 압력은 골의 파괴를 가져오고, 1회의 인쇄로 20% 정도 약해지기 때문에 다색인쇄를 피하여야 한다.

넷째, 수직 4곳 모서리에의 인쇄는 압축강도를 크게 저하시키고 측면의 꺾임내력을 저하시키므로 하지 않는 것이 좋다.

[그림 7-3] 힘의 방향

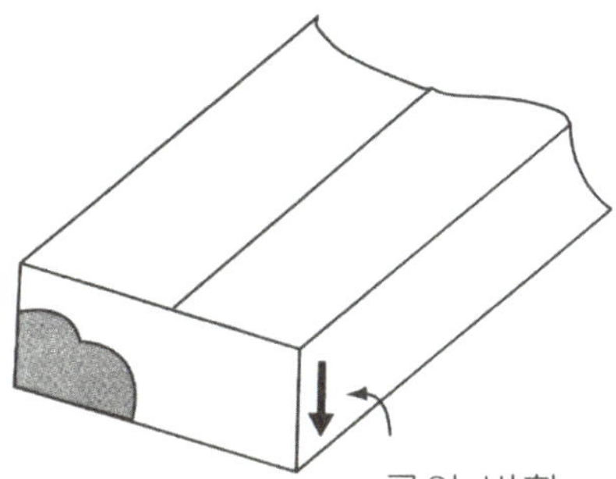

3) 나무상자

나무상자는 옛날부터 널리 사용되어 오던 대표적인 포장용기로서 높은 강성을 지니고 있고, 각 물품별로 알맞은 사양의 포장이 가능할 정도로 공작이 간단하며, 재사용이 가능하여 포장재료로서 많이 사용되고 있다. 그러므로 이 나무상자 포장은 귀중품이나 기계류 등의 포장에 적합하며, 상품배달용 상자로도 많이 사용되고 있다.

그러나 이 나무상자 포장은 현재 목재재원의 부족으로 대량생산이 어렵고, 중량이 무겁고 용적이 크므로 보관에 많은 공간이 필요하여 용적효율이 떨어지며, 개폐시 인력이 많이 소요되거나 시간이 많이 걸린다는 단점도 있다.

그러므로 나무상자 포장은 주로 외부포장에만 사용되는 경우가 많으며, 단위포장용기인 파렛트와 컨테이너가 출현한 이후부터는 그 이용이 감소되어 최근에는 특수용도 이외에는 별로 사용되지 않고 있다.

4) 플라스틱 용기

최근 포장재료로서 많은 용도를 가지고 다양하게 사용할 수 있는 대체용기가 바로 플라스틱 용기이다. 이러한 플라스틱 용기의 장점은 가볍고, 내구 년수가 길며, 착색이 용이하고, 재사용이 가능함은 물론이고 세척에 강하다는 장점이 있는 반면에, 미끄럽고 초기 구입에 비용이 많이 든다는 단점도 가지고 있다. 그러나 이러한 특성 때문에 플라스틱 용기는 연성, 경성, 발포성 용기로서 낱포장 및 속포장에 널리 사용되고 있다.

이 플라스틱 용기는 크게 중포장대와 플라스틱 상자로 분류할 수 있으며, 다시 중포장대는 필름대와 섬물대(Cloth Bag)로 분류할 수 있다. 우선 필름대는 방습성 및 방수성이 우수하여 비료, 설탕 및 소금 포장용으로 주로 사용하며, 섬물대는 통풍성이 좋으므로 가마니나 마대 대신 사용되는데, 주로 곡물류나 배합사료 등의 유기물 포장에 사용된다. 그러나 이 중포장대는 물류 측면에서 보면 취급하는데 미끄럽고, 적재하였을 때에 무너지기 쉽다는 단점도 가지고 있다.

한편 맥주나 청량음료수의 배달용 상자로 대표되는 용기인 플라스틱 상자는 가볍고, 내구 년수가 길며, 착색이 용이하고, 이 밖에도 입체구조이므로 취급상 안전하며, 세척에 강하다는 장점을 가지고 있다. 반면에 미끄럽고, 표면에 흠집이 생기기 쉬운 등 오손되기 쉬우며, 내구 년수는 길지만 초기비용이 많이 드는 단점도 있다.

5) 금속용기

수배송용기로서 사용되고 있는 금속용기로서는 캔류와 드럼류가 대표적인 것이다. 캔류는 식료품, 화학약품 등의 용기로서 일반적으로 많이 사용되는 각형과 석유류, 도료, 유지 등의 용기로서 주로 사용되는 원통형 등이 있으며, 드럼류는 석유류, 분말, 고체 등을 수배송하는데 사용되는 20 ~ 200리터 용량의 용기가 주로 사용된다.

6) 부자재

포장재료로서 포장에 사용되는 부자재에는 다음과 같은 것들이 있다.

① **포장용 완충재** : 폴리에틸렌·폴리스티렌 홈, 골판지, 기포가 든 플라스틱 필름 등
② **방청제** : 방청유, 기화성 방청제 등
③ **곰팡이 방지제** : 포장 자체의 곰팡이를 방지하는 재료
④ **결속재료** : 폴리 끈, 종이 끈, 폴리에틸렌 밴드, 나일론 밴드 등
⑤ **접착테이프** : 종이, 천, 플라스틱 접착테이프 등

2. 포장물류기법의 선택

효과적인 포장설계를 위한 전제조건은 포장물류 자체가 경제성이 있으면서도 효율적이며, 수배송, 보관, 하역물류 등의 물류활동의 다른 기능과 효과적으로 연계될 수 있는 적절한 포장이어야 한다는 것이다. 또한 포장물류는 제품보호, 판매촉진, 일관수송체제를 위한 포장물류, 포장 및 포장해체의 경제성, 포장의 폐기 및 재사용 등을 고려하여야 한다.

그러므로 포장을 설계하고 시공할 때에는 내용물의 성질과 특성, 포장재료의 성질과 특성 및 물류환경과 사용조건 등을 면밀히 검토하여 적절한 포장물류를 구현하도록 하여야 한다. 또한 포장은 물리적 장애(수배송, 보관, 하역시의 물리적 장애, 충격, 진동, 적재상의 압력, 뒤틀림 등), 화학적·환경적 장애(온도, 습도, 가스, 광선, 해수 등), 생물학적 장애(미생물, 곤충, 쥐 등) 및 기타 장애인 도난, 전자파, 방사선 등으로부터 내용물을 적절히 보호할 수 있어야 한다.

1) 방습포장기법

방습포장이란 물류과정에서 습기가 포장 내용물에 스며들지 않도록 방지하는 포장기법으로서, 방습포장 속에 물품을 밀봉하는 방법이다. 즉, 습기로 인한 포장 내용물에의 악영향으로는 비료, 시멘트, 농약, 공업약품 등에의 팽창, 옹고 등의 현상과 건조식품 의약품 등에의 변질 및 식료품, 섬유제품, 피혁제품에의 곰팡이의 발생, 그리고 금속제품에의 녹의 발생 등을 들 수 있으며, 더욱 내용물에서 수분이 발산하여 품질이 저하되는 것을 막는 것도 이 기법에 포함된다.

2) 녹슬지 않게 하는 포장기법

금속제품 등은 공기 속의 산소, 이산화탄소, 수분 등으로 인하여 표면에 산화물 등의 녹이 생기게 된다. 그런데 녹이 슬면 점차 금속재료로서의 기능을 상실하게 되므로 녹의 생성을 방지할 필요가 있다. 그러므로 이를 위해서는 녹의 생성을 조장시키는 산소, 습기 등에 금속을 접촉시키지 않도록 하여야 하며, 방청제로 도포하기 전에 금속표면 등을 말끔히 닦는 등 일련의 조치를 취하여야 하는데, 이 기법이 녹슬지 않게 하는 포장기법이다.

3) 완충포장기법

물품이 물류과정에서 파손되는 주원인은 수배송, 보관, 하역 등의 작업과정에서 진동이나 충격 등으로 인해 큰 외압을 받기 때문이며, 이러한 외력을 받으면 물론 물품의 성질에 따라 다소 차이는 있지만 어느 정도는 파손 당하기 마련이다. 그러므로 외력이 물품에 직접 가해지지 않도록 완충처리를 하여 파손이 발생하는 한계 이하로 유지하여 주어야 하는데, 이 기법을 완충포장기법이라고 한다.

그런데 이 완충포장기법을 이용하기 위해서는 우선 물품의 성질, 물류환경, 포장재료의 완충성능 등을 잘 알아야 한다. 즉, 물품의 성질에 따라 파손도가 달라지므로 먼저 그 정도를 알아야 하며, 물품이 견딜 수 있는 최대한도의 가속도인 물품의 허용가속도 값, 즉 중력의 가속도를 단위로 하여 그 배수(G)로 나타내는 G팩터를 고려하여야 한다. G팩터는 실험에 의해 구해지는데 〈표 7-2〉는 그 구체적인 사례이다.

표 7-2. 물품의 G팩터

품 목	팩 터
대형전자계산기	10 이하
미사일 유도장치, 고급전자기기, 수정발진기, 정밀측정기기, 항공계기	10~25
대형전자관, 주파수변화장치, 정밀지시계기, 전자기기, 대형산업기기	25~40
소형전자계산기, 레지스터, 대형송신장치, 대형테이프레코더, 컬러TV, 일반계기, 항공기장비품	40~60
TV, 테이프레코더, 카메라, 진공관, 전구, 광학기기, 스테레오, 이동무선장치, 1.8ℓ 병, 계란, 마법병	60~90
휴대무선장치, 냉동고, 라디오, 소형시계, 2ℓ 병	90~120
기계류, 소형진공관, 일반기재, 도자기	120 이상

4) 집합포장기법

집합포장기법은 수배송포장의 취급시에 기계하역의 대상이 되는 비교적 대형단위화물의 집합체로 이루어지며, 복수의 물품 또는 수배송포장을 한데 모아 적재함으로써 하나의 단위화물을 형성하는 것을 말한다. 그러므로 집합포장기법은 우선 물류기능인 수배송, 하역, 보관 등의 각 단계에 있어서 집합체가 무너지지 않을 정도의 충분한 보호성이 있어야 하며, 수배송기관이나 보관설비에의 하역작업과 취급이 용이하도록 지게차나 크레인 등 하역기기 등의 사용에 적합하여야 하고, 또한 복수의 물품이나 수배송포장을 파렛트 등의 위에 적재한다는 사고방식이 아니라 집합체로서 포장한다는 방식을 채용하여야 한다.

그런데 이 집합포장기법은 수배송기관 및 보관설비 등의 적재공간 제약으로 인해 집합포장의 용적과 중량에는 많은 제약이 따르며, 또한 기계하역일 경우에는 파렛트의 포크 삽입구, 스키드에서의 핸드리프트 프레임 및 와이어 삽입을 위한 루빙스트립(Rubbing Strip) 등이 요구된다.

이와 같은 집합포장기법의 파렛트 적재 패턴에는 [그림 7-4]에서와 같은 여러 가지 형식이 있다. 즉, 장방형 파렛트에서는 주로 i), iii) 및 v)의 적재패턴이 채용되며,

[그림 7-4] 파렛트 적재의 패턴

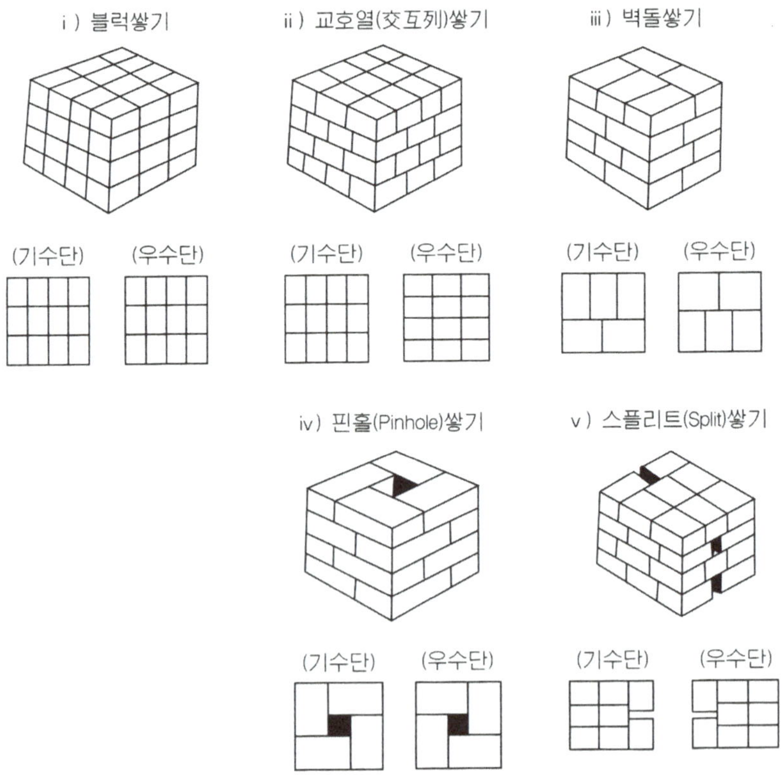

정방형 파렛트에서는 i), ii), iv) 및 v)의 적재패턴이 주로 채용된다. 또한 블럭쌓기 이외의 패턴에서는 기수단과 우수단 방식이 있는데, 이는 용기 사이를 서로 연관시키어 적재하는 방식으로, 이를 교차적재라고 한다.

여기에서 집합포장방법의 대표적인 사례를 들면 다음과 같다.

① **밴드결속** : 가장 일반적으로 사용되는 방법으로, 이에는 종이, 플라스틱, 나일론 및 금속밴드 등이 사용된다. 그리고 밴드의 결속방법에는 수평묶음과 수직묶음이 있으며, 코너의 변형을 막기 위해 코너패드가 보호재로서 사용된다.

② **테이핑** : 용기의 표면에 접착테이프 등을 사용하여 포장하지만 용기의 표면을 손상시킬 우려가 있다.

③ **슬리브(Sleeve)** : 종이, 천, 필름 등으로 슬리브를 만들어 수직 네 면에 감거나 싼다.

④ **꺽쇠 · 물림쇠** : 주로 칸막이 상자 등에 채용하는 방법인데, 고정되도록 꺽쇠 또는 물림쇠를 박는다.

⑤ **틀** : 주로 수평이동을 위ㆍ아래의 틀로 고정하는 방법인데, 적어도 네개 정도의 밴드를 사용한다.

⑥ **대형 골판지 상자** : 작은 부품 등을 꾸러미로 묶지 않고 담는데 사용되며, 보통 내부에 칸막이가 장착된다. 이 집합포장에 사용되는 대형 골판지 상자는 위ㆍ아래의 덮개와 동판의 결합으로 구성되는데, 바깥쪽을 밴드로 묶어 파렛트와 일체가 되게 하는 것이 일반적이다.

⑦ **슈링크(Shrink) 포장** : 수축필름의 열 수축력에 의해 파렛트와 그 위에 적재된 포장화물을 일체화한다.

⑧ **스트레치(Stretch) 포장** : 스트레치 필름을 사용하여 필름의 접착성을 이용하지만, 슈링크 필름이 한겹인데 비하여 스트레치필름에서는 대개 삼겹 정도를 필요로 한다.

⑨ **접착제 포장** : 접착제 포장은 풀이나 접착테이프를 사용하여 포장하는 방식이다.

⑩ **보호재** : 집합포장에서는 물품, 단위포장 및 수배송포장을 보호하기 위해 각종 보호재를 사용하는데, 일반적으로 사용되는 재료로서는 코너패드, 덮개, 틀, 칸막이 판, 덧받침 등이 있다.

[그림 7-5] 집합포장방법

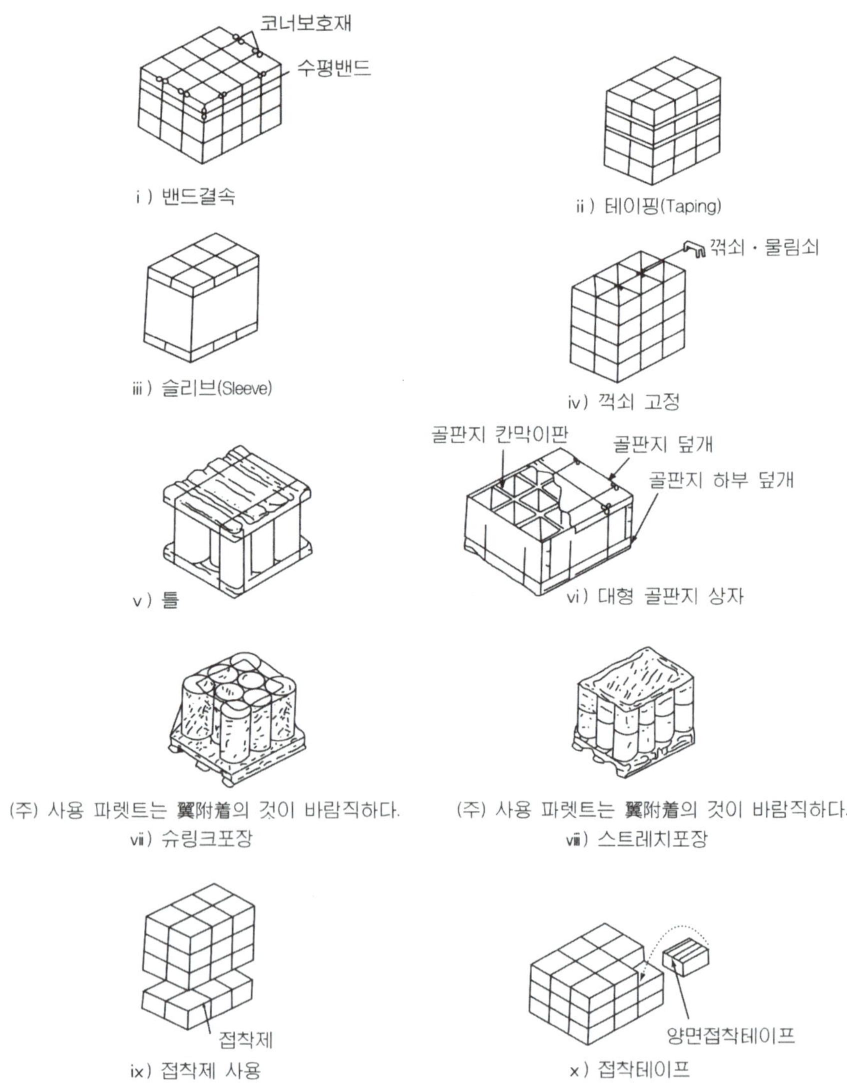
코너보호재
수평밴드
i) 밴드결속
ii) 테이핑(Taping)
iii) 슬리브(Sleeve)
꺽쇠 · 물림쇠
iv) 꺽쇠 고정
골판지 칸막이판
골판지 덮개
골판지 하부 덮개
v) 틀
vi) 대형 골판지 상자
(주) 사용 파렛트는 翼附着의 것이 바람직하다.
vii) 슈링크포장
(주) 사용 파렛트는 翼附着의 것이 바람직하다.
viii) 스트레치포장
접착제
ix) 접착제 사용
양면접착테이프
x) 접착테이프

제 8 장 유통가공물류시스템

제1절 유통가공물류의 의의

1. 유통가공물류의 개념

본격적인 물류효율화 시대와 더불어 물류분야에 새로이 등장한 것이 물류관리의 6대 기능 중의 하나인 유통가공물류이다. 그런데 이 유통가공물류는 극히 최근에 발달한 것이기 때문에 아직 물류관리에 있어서도 생소한 분야 중의 하나이다. 그러나 이 유통가공물류가 물류의 6대 기능인 수배송, 하역, 보관, 포장, 물류정보 등과 연계하여 물류 전반에 걸쳐 나타내는 효과는 점점 중요한 의미를 지니고 있으며, 따라서 그 관심 또한 더해가고 있다.

유통가공물류는 극도로 다양화된 소비자의 욕구를 충족시켜 주고, 물류서비스를 제고시키기 위해 소비자에게 가까운 장소에 위치한 물류센터나 창고 등에서 보관기간 동안에 제품을 단순 가공하여 그 부가가치를 높이는 것을 말한다. 예컨대 제품을 주문에 응하여 절단하는 것, 부품을 조립하는 것, 제품을 재포장하는 것 등 유통과정에서의 절단, 조립, 재포장, 라벨링, 검수, 검량, 도장, 연마, 접착, 단순가공 등의 활동이다.

또한 냉동야채나 냉동어물을 물류센터에 보관해서 유통효율을 높이기도 하고, 생선식품과 같이 그대로 슈퍼에서 판매할 수 있도록 프리 팩키지를 하여 슈퍼마켓에

[그림 8-1] 유통가공물류의 개념

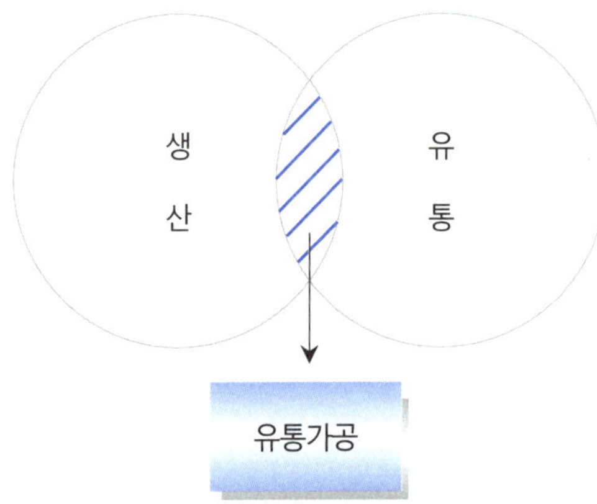

공급하는 것과 같은 이른바 프로세스 센터라는 가공센터를 운영하는 유통가공물류도 있으며, 이 밖에도 슈퍼마켓이나 백화점에 납입하는 의류품의 가격표 부착이나 의류품의 재단, 단추달기 등도 유통가공물류 행위에 포함된다.

2. 유통가공물류의 효과

유통가공물류를 행하는 목적은 물류관리 전체의 어떤 목적을 달성하기 위해 그 적합성을 고도로 제고하기 위함이다. 이 유통가공물류의 효과는 다음과 같다.

① 물류센터 등의 유통과정에서의 보관기능을 강화하면서 동시에 전체 물류과정에서의 리드타임을 단축시키어 상품의 신선도를 유지하여 준다.
② 상품의 부가가치를 향상시키어 고품질의 상품을 소비자에게 제공한다.
③ 고객에게의 서비스 타임조절이 가능하여 전체로서의 물류서비스를 제고한다.

[그림 8-2] 유통가공물류의 구성 및 효과

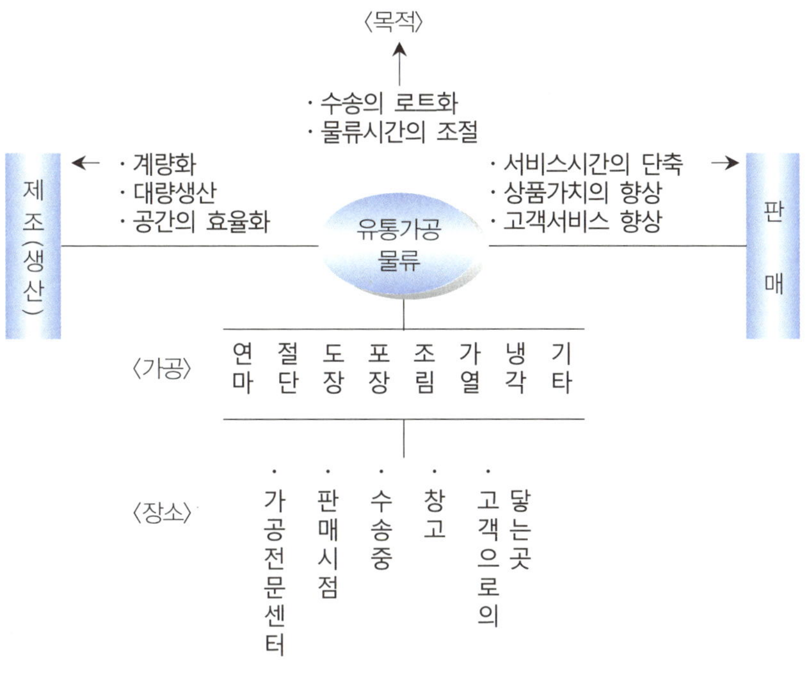

④ 상품에 대한 다양한 서비스를 받고자 하는 고객의 욕구를 충족시켜 준다.

⑤ 생산지에서 물류센터와 같은 유통가공물류 장소까지는 대량운송체제가 가능하고, 고객으로의 말단 배송에는 소량 다빈도 체제가 가능하여 수배송의 효율화를 기한다.

그러므로 소비자의 요구가 다양하면 할수록 유통단계에서 유통가공물류의 필요성은 높아진다. 그리고 냉장고나 전자렌지의 보급은 냉동식품 등을 가정에 보급시켜 유통가공의 역할을 한층 높여주고 있다.

또한 유통가공물류를 행하는 목적은 물류효율화라는 측면에서 수배송의 로트화와 물류에 요하는 시간의 효율적 이용이라는 것뿐만 아니라 생산·판매를 위해 유통가공물류가 행해질 수도 있다. 즉, 생산을 위해서는 표준화·계량화 등을 도모하여 주고, 판매를 위해서는 수배송 리드타임의 단축으로 인한 서비스 타임의 효율화, 상품가치의 향상과 더욱 판매촉진을 기하는 기능이 있다. 예컨대 대량생산체제에서는 빵을 메이커의 공장에서 완성품으로서 소매점에 직접 공급하였지만, 오늘날에는 공장에서 반제품으로 공급된 빵을 점포에서 완제품으로 만들어 판매하는 형태를 취하여 리드타임 관리 및 판촉기능을 강화하고 있다.

제2절 유통가공물류의 효율화

유통가공물류의 업무가 주로 행하여지는 장소는 물류센터이다. 이 물류센터에서 물품이 입고되어 출하될 때까지의 물류과정에서 유통가공물류활동 프로세스를 작업이 진행되는 순서에 따라 설명하면 〈표 8-1〉과 같다.

그러므로 유통가공물류를 효율화하기 위해서는 첫째, 유통가공물류를 가미하여 전반적인 물류활동을 수행하여 나아갈 수 있는 제품유형을 판별하여야 한다. 왜냐하면 모든 제품을 반드시 유통가공물류과정을 거치도록 할 필요는 없기 때문이다.

둘째, 유통가공물류업무를 수행할 장소를 선정하여야 한다. 일반적으로 유통가공물류는 물류센터에서 이루어지므로, 물류센터를 설계할 때에는 일정한 지역을 유통가공물류 작업지역으로 설계하여야 하며, 또한 취급하는 상품의 종류에 따라 물류센터에서 보관되는 안전재고기간을 정확하게 산정하여 그 기간동안에 수행될 수 있는 유통가공업무를 확정하여야 한다. 이 유통가공업무가 잘못 설정되면 오히려 서비스가 저하되거나 필요 이상의 재고를 물류센터에서 유지하여야 함은 당연한 결과이다.

셋째, 물류센터에서 유통가공물류업무가 효율적으로 이루어질 수 있도록 적절한 시설과 장비를 구비하여야 한다. 보통 유통가공물류업무는 매우 간단한 업무로

표 8-1. 유통가공업무의 프로세스

<table>
<tr><th colspan="2">작업의 흐름</th><th>내 용</th></tr>
<tr><td colspan="2">입고</td><td></td></tr>
<tr><td colspan="2">검품(접수)</td><td></td></tr>
<tr><td colspan="2">분류(입고별)</td><td></td></tr>
<tr><td colspan="2">일시보관(방치)</td><td rowspan="2">운송시간과 보관효율을 높이기 위해 일시보관 후 이동 또는 장기보관한다.</td></tr>
<tr><td colspan="2">보관</td></tr>
<tr><td colspan="2">오더피킹</td><td></td></tr>
<tr><td rowspan="4">유통가공</td><td>품질표시</td><td rowspan="4">유통가공물류의 행위가 발생한다.</td></tr>
<tr><td>가격표 부착</td></tr>
<tr><td>상품조합</td></tr>
<tr><td>재포장</td></tr>
<tr><td colspan="2">분류(출하별)</td><td></td></tr>
<tr><td colspan="2">운반</td><td></td></tr>
<tr><td colspan="2">출하</td><td></td></tr>
<tr><td colspan="2">정보처리</td><td></td></tr>
</table>

구성되기 때문에 노동집약적인 인력위주의 업무가 진행되고 있지만, 절단기나 포장기와 같은 필수적인 장비는 갖추어야 유통가공물류업무가 효율적으로 이루어질 수 있다.

즉, 유통가공물류시설은 제품의 간단한 가공, 조립, 가격표 부착, 라벨링, 재포장 등의 유통가공작업을 행하기 위한 시설로서, 오늘날에는 물류센터 내에 설비를 갖추는 경우가 많다. 그런데 이 경우 유통가공작업의 특성상 여성 근로자를 이용하여야 하는 등 작업환경문제가 고려되어야 하므로, 작업기기의 설비 이외에도 냉난방 설비나, 휴식장소, 스포츠 시설 및 통근버스의 운영까지도 고려를 하여야 한다.

또한 유통가공물류작업의 효율화를 기하기 위해서는 자동가격표 인쇄기, 자동가격표 부착기, 자동간이 포장기 등의 생력기기를 사용하는 것이 좋으며, 더욱 물류센터에서의 작업관리상 큰 문제점으로 대두되고 있는 검품에 대하여도 컴퓨터를 이용한 자동검품시스템을 설비하는 것이 정확도의 향상 및 생력화, 시간단축을 기할 수 있는 방법이다.

제3절 유통가공물류시스템과 의사결정

1. 의의

물류프로세스 상에서 유통가공물류를 적용할 것인가, 아니면 적용하지 않을 것인가는 자사의 물류환경을 감안하여 결정하여야 한다. 또한 유통가공물류를 물류센터나 창고 등의 보관물류 행위가 일어나는 장소에서 동시에 수행하도록 물류프로세스를 설계할 것인가도 자사의 물류환경을 감안하여 판단하여야 한다.

그런데 유통가공물류를 적용하기로 하였다면 그 설비의 자동화 · 기계화의 정도는 어느 수준까지 적용할 것인가를 결정하여야 하고, 또한 물류의 다른 기능과 연계하여 그 물품이 입고되어 출고될 때까지의 물류흐름이 신속 · 정확하고도 원활하게 이루어질 수 있도록 유통가공물류를 시스템화하여야 한다.

현재 유통가공물류가 이루어지는 형태는 주로 생산재와 소비재의 일부품목에서 이루어지고 있으며, 특히 섬유류와 식품류에서 활발하게 이루어지고 있다.

2. 생산재의 유통가공물류

생산재 유통가공물류의 대표적인 것은 철강의 유통가공물류이다. 특히 강재의 유통가공물류로서는 강판을 절단하는 쉐어링, 레벨러를 사용하여 박판 코일을 평판으로 만드는 레벨링, 박판 코일을 세로로 절단하여 강관용의 폭이 좁은 코일을 만드는 스리트가공, 파이프의 절단, 두꺼운 판자의 가스용단, 형강의 절단 등이 있다.

최근 철강의 유통가공물류를 효율적으로 수행하기 위해 철강물류센터를 설립하고 여기에서는 철강의 보관기능 뿐만 아니라, 대규모의 설비 투자에 의해 유통가공물류 기능을 부가하여 종래의 센터와는 달리 복합기능을 수행하고 있다. 철강의 유통가공물류가 이렇게 대규모화되고, 유통가공물류를 적극 도모하게 된 큰 이유는 고객의 욕구변화에 대응하기 위해서이다.

또한 레미콘 생콘크리트의 유통가공물류는 어떻게 보면 가장 쉽게 이해할 수 있는 유통가공물류 효율화의 한 현상이다. 이 생콘크리트를 운반하는 레미콘 차량은 어떤 건설현장에도 쉽게 접근할 수 있으며, 유통가공물류에 의해 레미콘 생콘크리트는 품질의 안전성 및 균일성을 유지할 수 있어 현장의 콘크리트 보다 품질이 매우 좋다. 또한 도심지 건설현장 등에서는 콘크리트를 반죽할 수 있는 장소를 획득하기가 거의 불가능하므로 이 문제를 해결하여 주는 레미콘 생콘크리트는 많은 이점을 가지고 있다. 따라서 최근 시멘트 메이커가 레미콘 생콘크리트 방식을 유통수단으로 적극 도입하여 유통가공물류를 적용함으로써 물류효율화를 기하고 있다.

한편 생산재 유통가공물류에는 목재, 판유리, 알루미늄 등을 강재와 마찬가지로 절단, 구부러뜨리기, 구멍뚫기 등 각종의 유통가공을 하는 사례가 많이 있다.

3. 소비재의 유통가공물류

소비재의 유통가공물류도 쉽게 발견할 수 있는 현상이다. 예컨대 섬유제품의 단추달기, 가격표 붙이기, 화인표시와 가구의 조립, 카페트의 잘라잇기 등 여러 가지 형태를 들 수 있다.

이 유통가공물류는 주로 고객서비스 제고를 목적으로 한 것이지만, 한편으로는 물류효율화를 기하기 위해 실시된다. 즉, 최근 소비재 부문은 가치의 다양화와 더불어 다품종 소량화되고 있기 때문에 소비재의 유통가공물류를 가미할 경우 전반적인 물류효율화를 기할 수 있다.

예컨대, 식품류의 물류활동에 유통가공물류를 가미하면 그 효율성을 더욱 제고할 수 있다. 즉, 식품유통가공물류는 보존과 유통효율에 매우 민감한데 생선, 야채 따위의 냉동식품을 비롯하여 생치즈, 낙농제품의 어린이 식품 등은 신선한 맛을 식탁 위에까지 보존하려는 생각에서 만들어진 것이다. 그러므로 이러한 식품류에 유통가공물류를 가미하면 상품의 신선도를 유지할 수 있음은 물론 상품의 부가가치도 향상시킬 수 있다.

즉, 가공란(加工卵) 또는 다리고기를 제거한 부분육(커트미트) 따위는 유통의 효율화를 촉진하고 있는 대표적인 것으로서 생선식품의 프리패키지는 유통효율 뿐만 아니라 품질유지 또는 위생상의 관점에서도 뛰어나다.

최근 세계적으로 식품류는 공간적 · 물리적 거리가 좁아지고 있고, 본래는 먹을 수 없는 식품마저도 손에 넣어 식탁에 올려놓을 수가 있게 되었다. 그런데 이 모든 것은 식품류에 유통가공물류를 가미함으로써 더욱 효율화될 수 있다.

제 9 장 물류정보시스템

제1절 물류정보의 의의

1. 정보기술

1) 정보의 개념

정보란 개인이나 조직이 의사결정을 할 때에 활용할 수 있는 형태로 처리되고, 현재와 미래의 활동이나 결정을 하는 경우에 유용한 형태로 가공되고 처리된 데이터를 말한다. 이러한 정보는 그 시기와 처리방식에 따라 서로 다른 가치를 지니게 되며, 다음과 같은 특성을 가진다.

① **정보의 정확성** : 사용자의 의도와 부합하는 정보, 신뢰할 수 있는 정확한 정보를 말하며, 정확한 정보일수록 그 가치가 높다.
② **정보의 적시성** : 사용자의 원하는 시점과 부합하는 정보제공을 말한다.
③ **정보의 관련성** : 사용자의 목적에 부합하는 정보를 제공하는 것을 말한다.

2) 정보기술의 발전과정

정보기술이란 필요한 지식을 얻는데 필요한 원재료인 데이터를 사용자에게 보다

가치 있고, 의미 있으며, 사용 가능한 내용과 형태로 가공하는 기술을 말한다. 이러한 정보기술이 지금까지 우리의 기업경영에 막대한 영향을 미쳐온 것은 명백하다. 즉, 존 폰 노이만(JohnVon Neuman)의 사이버네틱스 이론(Cybernetics Theory)의 완성 이후 1950년대 이상한 모습으로 컴퓨터가 처음으로 이 세상에 등장하여 제2차 세계대전 당시 대포의 탄도계산용으로 진가를 발휘하기 시작한 이래, 컴퓨터는 총명한 사업가들에 의해 즉시 기업경영에 도입되어 급여계산과 전표처리업무에 투입됨으로써 비로소 기업경영에 컴퓨터를 통한 생산성 향상의 가능성이 제시되었다. 컴퓨터 기업혁명이 비로소 시작된 것이다. 그 이후 컴퓨터의 적용범위는 기업의 전체 업무영역을 그 컴퓨터 박스 안으로 집어 삼키려는 듯한 놀라운 기세로 확대되기 시작하였다.

그 후 '60년대에는 공장을 자동화시키려는 시도를 하기에 이르렀고, 주로 철강업과 화학 플랜트를 중심으로 한 생산제어시스템 분야의 눈부신 발전과 항공사의 예약시스템과 기업의 통합재무회계시스템 등에 이용함으로써 실로 꿈과도 같았던 경영의 대혁신을 이루는 획기적인 성과를 거두었다.

'70년대 들어 컴퓨터는 보다 지능적인 응용분야로 눈을 돌리기 시작하였다. 즉, MRP I(Material Requirement Planning I)과 MRP II(Manufacturing Resources Planning II)가 연이어 경영혁신의 새로운 이정표를 만들어 내었고, 데이터베이스 기술이 탄생하여 그 동안 플래트파일을 중심으로 쪼개어져 있던 응용시스템 사이를 데이터베이스를 통해 물리적으로 연결할 수 있는 계기가 마련되었다. 또한 재무모델시스템이 탄생하고, 의사결정지원시스템에 대한 가능성이 조심스럽게 진행되었던 시기도 바로 이때부터였다.

'80년대 들어서는 IBM이 1981년에 처음으로 PC를 등장시켰다. 워드프로세스와 스프레드쉬트, PC용 컴파일러 등이 무수한 제작자들을 통해서 선을 보였고, 급격한 속도로 기업들의 모든 사무실에 PC와 관련된 소프트웨어들이 확산되기 시작하였다. 이어 버클리대학의 기념비적인 연구결과에 의한 UNIX와 인텔과 모토롤라의 마이크로 프로세스 혁명 및 마이크로 소프트의 MS-DOS, 그리고 정보통신에 관한 중요한 프로토콜(Protocol)들이 등장하였는데, 이는 동일한 컴퓨터이지만 크기와 가격과 취급능력에 있어서 엄청난 선택의 자유도가 부여된 컴퓨터산업 내부의 혁명이 시작된 것을 의미한다.

이 결과 컴퓨터 활용의 새로운 변화가 급속도로 전개되었다. 정보기술의 지속적인 변화는 기업이 정보시스템을 기존의 메인프레임 중심의 중앙집중식 정보처리환경에서 분산처리환경으로, 그리고 클라이언트/서버의 다운사이징 환경으로 변화시키고 있으며, 이제는 인공지능엔진을 달고 있는 객체지향형 환경으로 끊임없는 변화의 행진이 계속되고 있다.

또한 컴퓨터환경이 Windows하의 GUI환경으로 바뀌었고, 표준화를 통한 오픈시스템이 전반적으로 도입되었으며, 바로 EUC(End User Computing)의 시대가 서막을 열었다. 이것은 곧 지금까지의 정보시스템 전문가들이 독점해 왔던 전문가 중심형 컴퓨팅을 대체하는 새로운 변혁의 물결을 의미하며, 최근에는 ERP(Enterprise Resources Planning) 차원에서 전사적인 자원관리를 정보시스템을 활용하여 효율적으로 하고 있다.

3) 정보기술의 발전방향

정보시스템을 지탱하고 있는 정보기술의 변화는 새삼스럽게 언급할 필요도 없이 하루가 다르게 변화하고 있다. 이제 정보기술은 존 폰 노이만의 터널을 이제 막 빠져나와 패러렐 프로세싱(Parallel Processing)과 퍼지형 프로세싱(Fuzzy Processing) 기술의 응용을 통해 새로운 국면을 맞이하고 있다. 정보기술의 보다 구체적인 변화방향은 대략 다음과 같은 4가지의 흐름으로 정리된다.

첫째는 정보제공기술의 변화이다. CD-ROM, 대화형 TV, HDTV, Image Conference 등과 같은 신기술들이 기존의 정보제공방식을 급격하게 대체할 것으로 예상되고 있다.

둘째는 컴퓨터 자체의 구조변화이다. PC는 사용자의 요구를 끊임없이 충족시키기 위해 멀티미디어 서버로서 그 속도와 성능을 역시 빠른 속도로 변화시키고 있으며, 병렬처리컴퓨터의 등장은 속도와 성능에 대한 무한경쟁에 이미 불을 당긴 상태이다.

셋째는 정보통신기술의 발전이다. 신호처리의 기본 틀이 아날로그방식에서 이미 디지틀방식으로 탈바꿈하였으며, 저궤도 무정지 인공위성을 이용한 글로벌 이동통신계획도 계획대로 진행 중에 있다. 또한 정보고속도로에 대한 개념도 완성되어 기가Bps급의 초고속・대용량통신을 가능케 하는 광통신기술이 상용화 되고 있다.

넷째는 기존의 가전제품이 정보통신기기의 하부 단말로 전환된다는 점이다. 이미 컴퓨터를 통해 고화질의 영화나 TV를 감상한다거나 고음질의 디지털사운드를 즐기는 것이 보편화되고 있다. 또한 변화는 여기에서 그치지 않고 현존하는 최첨단 TV 방송국에서나 가능한 편집, 교환, 창작의 기능이 일반사용자 수준에게로 광범위하게 확산되는 방향으로 급격하게 진행될 것이다.

한편 데이븐 포트와 쇼트는 기업경영에 있어서 정보기술의 활용이 그 영향력을 발휘할 수 있는 요소로서 다음과 같은 사항들을 들고 있다.

① **구조화** : 정보기술은 아직 구조적으로 성숙되어 있지 않은 각종 프로세스들을 구조화하고 절차화하는데 도움을 줄 수 있다.

② **지리적 독립성** : 정보기술은 원거리라는 공간적인 차이에도 불구하고 대량의 정보를 본질적으로는 필요한 즉시 상호 독립적으로 처리할 수 있게 해 준다.

③ **자동화** : 정보기술은 프로세스를 자동화함으로써 사람의 노동력을 프로세스 본체에서 떼 내거나 줄일 수 있게 한다.

④ **분석지원** : 정보기술은 프로세스에 복잡한 분석적 수단과 방법들을 적용할 수 있도록 할 수 있다.

⑤ **정보화** : 정보기술은 프로세스에 대해 대량의 상세한 정보를 가용토록 하여 프로세스 자체가 정보화되도록 지원한다.

⑥ **통합화** : 정보기술은 하부프로세스들과 활동단위들의 작업과정을 추적하고 조정함으로써 복수활동단위들이 동시에 움직일 수 있도록 하고, 그 결과가 통합되도록 할 수 있다.

⑦ **지식관리력** : 정보기술은 프로세스를 실질적으로 움직이는 지식과 전문가들을 관리하는데 도움을 줄 수 있다.

⑧ **직선화** : 정보기술은 프로세스 내부나 외부에 있어서 필요 없는 매개체를 통한 흐름의 우회를 제거하여 프로세스와 관련된 모든 활동들이 직접 연결되도록 할 수 있다.

4) 정보기술응용의 전환

정보기술의 응용분야에서 세 가지의 핵심적 전환이 일어나고 있다. 첫째는 개인컴퓨터를 통한 그 동안의 작업이 전략적이지 못했다는 점, 다시 말하면 특히 한 작업팀(Working Group) 내에서 PC가 다른 사람들과의 커뮤니케이션을 위한 도구로 사용되지 못했다는 것이다. 그러나 이제는 이러한 작업팀이 하나의 비즈니스 팀이 되고, 사업의 초석이 되는 조직기반이다. 작업팀들은 네트워크 컴퓨팅을 통해 개인과 팀들 간에 수단, 정보, 그리고 경영전략 등의 모든 경영정보와 접촉할 수 있어야 한다.

둘째는 고립된 정보시스템이 기업 내에서 통합정보시스템으로 전환되고 있다. 즉, 표준적인 기술의 성숙에 따라 기업 전체를 통합하는 컴퓨터 네트워크의 구축계획을 세울 수가 있고, 이것이 개방적이고 네트워크화된 기업의 척추기능을 하게 되며, 바로 이것이 경영정보시스템의 기본적 전제가 되고 있다. 이와 같이 통합정보시스템을 통해 기업은 정보의 즉시 획득 · 전달이 가능해지고, 조직의 관료적 위계를 극복하며, 전사적인 정보를 의사결정에 활용할 수 있게 되는 것이다.

셋째는 기업내부의 컴퓨팅에서 기업간 컴퓨팅으로의 전환이다. 정보기술의 제1시기에서는 기업간의 장벽이 증명하듯이, 정보시스템은 단지 조직내의 자원으로만 간주되었다. 마치 금고속에 들어 있는 PC와도 같았다. 그러나 이제 정보시스템은 내부조직의 경계를 뛰어 넘어 공급자, 유통채널, 그리고 소비자에게까지 연계되는 상황으로 전환되고 있다.

이와 같은 정보기술응용의 새로운 패러다임은 기술적인 발전과 더불어 기업에게는 새로운 전략요소로 등장하고 있다. 어떻게 보면 오늘날은 급속한 기술발전에 의해 비즈니스의 성공을 기약하는 기술적인 문제들이 거의 극복되고 있다고 할 수 있다. 오히려 이러한 정보기술, 즉 지식, 기술, 자원 등을 관리하는 조직구조, 새로운

표 9-1. 정보기술응용의 변천과정

구 분	제1시기	제2시기
네트워크 컴퓨팅	전통적 반도체	마이크로프로세서
프로세싱 시스템	호스트 기준	네트워크 기준
소프트웨어의 공급	공급자 우선	공급자 중립
정보형태	분리된 데이터, 문서, 음성	멀티미디어
벤더+고객 관계	벤더의 통제	다수공급자 파트너십
소프트웨어개발	수공업적	엔지니어링
사용자 인터페이스	문자위주	그래픽위주
응용프로그램	고립	통합

정보시스템으로의 접근, 심지어는 조직, 문화 등이 새로운 시대의 문제가 되고 있는 것이다.

이에 현재의 정보기술은 바야흐로 제2시기에 접어들었다고 할 수가 있지만, 정보기술이 비약적으로 제2시기로 접어들기 위해서는 다음과 같은 세 가지 전환 노력에 의해 비로소 달성될 수 있다.

그 첫째가 비즈니스 리엔지니어링이다. 이것은 기업 내의 작업단위 그룹(Working Group)과 경영절차로부터 기업외부조직과의 관계에 이르기까지 전 과정에 걸쳐 일어나야 한다. 즉, 생산, 물류, 판매 그리고 서비스 내용에 관하여 새롭게 진화하는 수단들이 면밀히 검토되어야 하고, 팀 구조로의 이동과 개방적 네트워크 조직으로의 이동이 수행되어야 한다. 또한 고객과 공급자, 유통채널은 그것에 종속하는 가치 있는 네트워크로서 간주되어야 한다.

둘째, 기업이나 조직 내에 있는 정보기술의 하부구조(Information Technology Infrastructure)를 재편해야 한다. 즉, 지식의 끊임없는 개선과 생산성 증진을 도모하는 하부구조를 제공하기 위해 새로운 패러다임의 효과를 최대화하여야 한다. 정보화 시대에서는 정보기술의 컴퓨터 네트워크 구축이 공업화 시대의 산업벨트와 그 디자인처럼 성공에의 필수적인 조건이 되고 있다. 그러므로 가용정보자원은 생산의 원료와 동일시되며, 사용자에게 정보와 컴퓨터를 연결하는 컴퓨터 네트워크는 산업과 무역을 지원하는 필수적인 물류 하부구조와 유사하다.

셋째, 산업화 시대에 생산라인의 노동자들이 품질과 생산성을 위해 끊임없이 접근하듯이, 정보기술의 새로운 사용자 개개인과 사용자 조직은 새로운 것에 개입하고 그것을 운영하는데 핵심적 역할을 하여야 한다. 이를 위해 정보기술과 그 적용, 그리고 정보 자체가 조직 전체로 확산됨에 따라 경영계획, 디자인, 운영 등에 맞게 인적자원을 재배치하는 것이 요구된다.

2. 물류정보

물류정보란 정보시스템화를 통하여 종합적인 물류활동의 효율화를 도모하는데 필요한 요소들을 유기적으로 결합하여 주고, 원자재의 조달에서부터 완제품의 최종 소비자에게 인도되기까지의 각 물류기능을 연결하여 주어, 전체적으로 물류관리를 효율적으로 수행하게 하는 것을 말한다. 이 물류정보는 물류활동의 제 기능을 효율적으로 작용하도록 결합시켜 주는 역할을 수행하므로 물류의 핵심기능을 담당하며, 다음과 같은 특징을 가지고 있다.

① 다종다양하며, 정보의 절대량이 많다.
② 성수기와 평상시의 정보량의 차이가 크다.
③ 정보가 광역으로 분산되어 있다.
④ 상품과 정보의 흐름에 있어서 동시성이 요구된다.
⑤ 생산, 판매 등 기업 내 부서 간 관련성이 크다.

이러한 물류정보는 화주정보, 화물운송기기정보, 화물운송정보, 항만정보, 화물하역정보, 보험정보, 화물통관정보, 수출화물검사정보 등으로 분류할 수 있다.

[그림 9-1] 물류정보의 종류

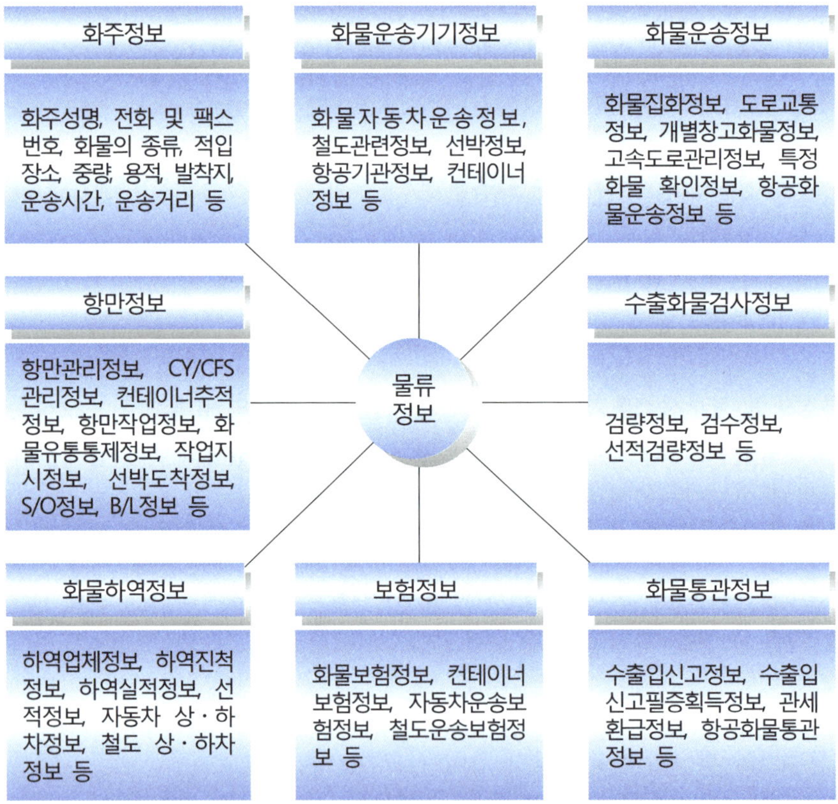

제2절 물류정보시스템의 의의

현대의 기업들은 무한경쟁시대를 맞이하여 신기술 개발요구의 증대, 가중되는 가격인하 압력, 한계생산성의 노출, 전반적인 시장 부적응성 등 복합적인 문제에 직면하고 있다. 그러므로 각 기업들은 이러한 과제들을 해결하기 위해 나름대로의 많은 노력을 기울이고 있다.

이러한 움직임 가운데 주목받을 만한 현상은 종전의 FA(Factory Automation)나 FMS(Flexible Manufacturing System) 및 CIM(Computer Integrated Manufacturing) 등 부분적인 주제의 효율화를 통한 생산성 향상 노력에서 진일보하여 원자재나 부품의 조달에서부터 완제품의 수배송에 이르기까지 일련의 물류활동이 주목받기 시작하였다는 점이다.

물류활동은 기업의 경영활동 가운데 원재료, 부품, 제품 등의 물적 흐름과 관련되는 활동으로, 수배송, 하역, 보관, 포장, 유통가공, 물류정보 등과 같은 기능적 요소활동들로 구성된다. 그러므로 물류관리는 이러한 개개의 물류활동들이 충분히 그 기능을 발휘하여 기업의 경영목표달성에 기여할 수 있도록 대상이 되는 각종 물류경영자원들을 체계적으로 계획하고 조정하는 것을 의미한다고 할 수 있다. 따라서 물류관리를 효율적으로 수행하기 위해서는 물류활동이 여러 기능별로 개별적 또는 복합적으로 이루어지고 있기 때문에 이 물류활동의 각 기능들을 체계적으로 연계하여 조화시킬 수 있는 도구가 필요하다. 이것이 바로 물류정보시스템인 것이다.

물류활동의 현재 상황을 인식하고 판단하며, 이에 따라 어떻게 행동해야 할 것인가를 결정하여 행동방법을 정하고, 관련 조직이나 기업들과의 협력을 위해서는 반드시 정보의 수집과 처리 및 전달기능이 수반되지 않으면 안된다. 기업경영에서 수행되고 있는 인사·노무관리, 재무·회계관리, 생산관리, 판매관리, 구매관리, 기술개발 등 모든 관리활동에서 정보는 핵심적인 기능을 수행하고 있다. 그러므로 물류활동의 관리와 운영도 마찬가지로 물류활동의 각 단계마다 수행되는 물류서비스의 제공에 수반하여 정보처리는 필수적인 요소라고 할 수 있다.

즉, 물류정보시스템은 물류관리의 각 기능을 연결시키어 종합적인 물류효율화를 기하도록 하는 수단이다. 그러므로 물류정보시스템은 그 자체가 물류기능을 발휘하는 것이 아니라 각 물류기능이 효율적으로 작용하도록 연결시켜 주는 기능을 수행하는 핵심적인 매체라고 할 수 있다.

이와 같이 물류정보시스템은 기업의 각 부서나 물류의 각 기능들 간에 완충작용을 할 뿐만 아니라 대상물이 어느 시점에서 정체되지 않도록 연결시켜 주는 기능도 있다. 그러나 구체적인 물류정보시스템의 설계단계에서는 각종 물류서비스 요소들의 수준, 즉 "무엇을", "어느 만큼", "언제", "어디에서 어디까지", "어떻게 보낼 것인가"와 관계된 요소들에 초점을 맞추어야 한다.

물류활동이 업종이나 기업구분에 상관없이 공통적으로 이루어지고 있기는 하지만 구체적인 물류활동의 영역으로 들어가면 업종별로는 물론이고 동일한 업종이라고 하더라도 대상 물품이나 지역, 대상 고객층, 규모 등에 따라 물류활동의 종류나 범위 면에서 기업별로 커다란 차이를 보인다. 그러나 종합적인 추세로 보면 현재 물류활동의 종류나 범위가 점점 확대되고 있으며, 기업들이 추구하는 물류활동의 질 수준 역시 더욱 더 높아지고 있다. 이에 따라 물류정보시스템이 담당해야 할 대상업무 역시 그 폭과 깊이에 있어 구현 정도가 확대되고 있다.

아울러 각 기업들이 물류부문의 중요성을 경쟁우위의 확보를 위한 경영전략적인 차원에서 인식하기 시작함에 따라 최근 들어 물류정보시스템은 물류활동을 원활히 수행하기 위한 중간자적인 정보처리기능 중심적인 차원에서 전략적 물류관리시스템을 구축하기 위한 핵심적인 수단으로서 그 역할과 중요성이 높아지고 있다.

제3절 물류정보시스템의 효율화

1. 물류정보시스템에 대한 기본발상

물류센터를 중심으로 한 물류정보시스템의 구축, 물류거점의 통폐합에 따른 네트워크의 형성이나 물류공동화를 위한 물류정보시스템의 개발, 마케팅시스템과 연계하여 고품질의 물류서비스를 제공하기 위한 물류정보시스템의 개발 등 고도화된 물류정보시스템을 구축하기 위한 노력이 점점 높아지고 있다. 그런데 이와 같은 고도화된 물류정보시스템을 구축하기 위해서는 기본적으로 기업경영에 있어서 물류관리의 중요성을 제대로 인식하는 등 급변하고 있는 물류관리의 변화방향을 정확하게 인식하여야 한다. 이러한 변화방향을 살펴보면 다음과 같다.

① **물류문제는 중요한 경영과제이며, 전사적으로 취급할 필요성이 있다** : 현대 기업경영에 있어서 물류는 "경쟁전략으로서의 물류", "성장전략으로서의 물류"이어야 하며, 이제 물류문제는 21세기 기업 재창조작업의 주요한 명제이다. 그러므로 물류문제는 거래처 구성, 제품정책, 경쟁구조에 대한 인식, 조직의 대응, 전략적인 투자발상, 인재 선발·교육 및 투입 등 경영원칙과 경영구조에 기인하는 것으로 전사적으로 다룰 필요가 있다.

② **물류서비스 수준향상에 따른 고부가가치 물류를 구현하여야 한다** : 다종다양하게 변화하는 고객니즈의 동향을 폭넓고도 조기에 정확하게 파악하여야 하고, 또한 제공하는 물류서비스의 질, 양에 대하여 항상 연구·개발할 필요가 있다.

③ **물류정보시스템의 효율적인 활용에 의한 물류서비스의 구현이 필요하다** : 물류센터의 자동화, 고객 및 거래처와의 네트워크화, 물류정보시스템의 구축은 물류의 고부가 가치화나 효율화를 실현하는 중요한 포인트이며, 마케팅·머천

다이징의 주요과제들을 실현하는데 물류정보시스템은 필수불가결한 요소이다. 또한 고부가가치 물류를 추진하고, 물류서비스의 수준향상을 도모하기 위해서는 물류정보시스템을 중심으로 한 물류네트워크의 통합 및 그 전략적 활용이 무엇보다 필요하다.

물류활동 역시 기업경영의 일환으로 수행되는 이상 물류정보시스템도 다른 관리시스템들의 정보처리기능이나 영역과 근본적으로 다를 것은 없다. 하지만 오늘날과 같이 정보시스템의 중요성이 높아지고 있는 시점에서는 효율적이고 고도화된 물류정보시스템을 구축하기 위해 그 역할과 운용 면에서 다른 시스템들과 구분되는 다음과 같은 몇 가지 특징이 있음을 잘 인식하여야 한다.

① **물류정보시스템은 원격지간 시스템이다** : 물류활동은 판매나 영업부서의 수주행위 또는 고객의 발주행위로부터 시작된다. 이 경우 수주자와 발주자는 동일한 장소에 있지 않다. 즉, 동일기업 내에서도 수주정보를 처리하는 영업창구와 주문물품을 직접 처리하는 물류센터 현장부서는 일반적으로 서로 다른 장소에 위치해 있다. 또한 물품의 수배송 측면에서도 송화인과 수화인은 서로 다른 장소에 있게 마련이다. 이와 같이 거리상은 물론 위치상으로도 서로 떨어져 있으므로 관련되는 각 기업들과 사람들 사이에 물류정보시스템이 필요하게 되며, 이로 인해 정보통신기술과 수단이 중요한 역할을 담당하게 된다.

② **물류정보시스템은 이기업간 시스템이다** : 물류정보시스템은 기업 내 각 부문은 물론 기업과 직접적인 연관을 맺고 있는 수배송업자, 창고업자, 납품업자, 판매처 등 수많은 거래처들과 이들 각 거래처와 관련을 맺고 있는 수배송업자, 창고업자, 화물취급업자 등 실로 많은 독립기업들과 연계되어 있는 시스템이다. 일반적으로 자동차회사와 관련되어 있는 기업이 약 3000~4000 개, 종합가전업체와 관련되어 있는 기업이 약 1000~2000개, 백화점과 관련되어 있는 기업이 약 4000~5000개에 이르고 있다.

③ **물류정보시스템은 대량정보의 실시간처리시스템이다** : 물류정보시스템의 많

은 부분은 거래품목 단위별로 한건한건 상세한 데이터를 처리하지 않으면 안된다. 즉, 유통회사의 경우 수주전표의 품목별 처리건수가 하루 수천 건이 넘으며, 성수기의 경우 만 건을 넘기는 경우도 허다하다. 제조업에서도 수주와 입출고, 수배송 등과 관련된 품목별 전표처리건수가 하루 수천 건이 넘는 회사들이 많으며, 대형 제조업체들의 경우 몇 만건에 이르는 회사들도 있다. 그러므로 수주점검, 재고파악, 출고지시, 수배송지시 등 수많은 일들이 즉시 처리되어야 할 경우가 많다. 예를 들어 수주정보가 도착되면 컴퓨터에 입력하고, 그 정보가 충분한지, 형식적 오류는 없는지 여부를 검토한 다음 문제가 없을 경우에는 이러한 정보를 기초로 신용상태조회, 판매목표점검, 재고파악 등 많은 일들이 즉시 처리되지 않으면 안된다. 이러한 정보들을 실시간으로 처리하기 위해서는 우선 이러한 정보들을 충분히 소화해낼 수 있는 컴퓨터시스템의 처리용량과 단말기, 오퍼레이터 등이 사전에 준비되어 있어야 한다.

④ **물류정보시스템은 현장밀착형 시스템이다** : 물류정보시스템은 여러 분야의 현장작업자와 관리자가 이 정보시스템을 통해 얻은 정보를 이용하여 작업하고 관리하는 시스템이다. 만일 현장작업자가 작업내용을 수작업으로 기입해 두었다가 시간이 지난 다음에 컴퓨터에 입력하는 방식으로 컴퓨터를 이용하도록 한다면 이것은 정보시스템의 진정한 이용방법이라고 할 수 없다. 따라서 물류정보시스템은 현장의 작업자가 컴퓨터를 통해 작업내용을 확인하면서 작업을 수행하거나, 재고관리담당자가 재고리스트를 컴퓨터로부터 직접 출력하여 작업하는 식으로 현장과 직접 연결되어야 하는 것과 동시에 대상물의 처리프로세스와 함께 존재하는 시스템으로서 현장과 밀착된 특징을 가지고 있다.

⑤ **물류정보시스템은 지능형시스템이다** : 물류정보시스템과 연동하는 물류기기들이 고도화, 지능화되어 가고 있기 때문에 이와 상호 작용하는 물류정보시스템 또한 지능화되어야 한다. 즉, 입체자동창고, 자동분류장치, 무인반송차, 운반로봇 등 하역·보관 물류기기의 컴퓨터 자동제어나 각종 물류기기를 자동화된 시스템으로 연동하는 시스템제어 등은 이제 물류센터나 공장물류 등에서 쉽게 발견할 수 있다.

⑥ **물류정보시스템은 사전처리형시스템이다** : 사전처리란 전화로 주문을 받고 난 후에 물품을 발송하는 경우처럼 수주정보(주문)에 따라 대응행위(피킹이나 발송)를 수행하는 것이 아니라 그 이전 단계에서 필요한 정보처리를 미리 끝마치는 것을 의미한다. 물류정보시스템은 대부분 정보의 사전처리를 요하는 시스템이다.

한편 물류정보시스템의 기본환경이라고 할 수 있는 컴퓨터는 최근 점점 더 소형화・고성능화되고 있을 뿐만 아니라 이들을 연결해주는 통신환경 역시 LAN(Local Area Network)과 WAN(Wide Area Network), 모바일통신, 인터넷 등이 급격히 발달하고 있어, 정보처리의 세계에 일대 혁신을 가져오고 있다.

또한 지금까지의 중앙의 호스트컴퓨터를 중심으로 한 "집중관리방식"에서 지역적으로 분산된 서버컴퓨터와 그에 연결된 수많은 클라이언트 컴퓨터들이 네트워크를 통해 업무를 분담해서 처리하는 "분산처리방식"으로 변천되었다.

즉, 대형의 범용컴퓨터 1대에 의한 "집중관리"에서 소형이면서 고성능인 UNIX 운영시스템을 가진 워크스테이션이나 서버가 관장하는 네트워크에 여러 대의 단말기나 주변장치를 접속시켜 개별적으로 처리를 분담시켜 전체적으로 효율적인 네트워크체제를 정비하는 소위 클라이언트/서버형 "분산처리"가 주류를 이루고 있다. 그러므로 이러한 컴퓨터환경은 물류정보시스템 구축의 하드웨어측면의 기본사고가 되고 있다.

2. 물류정보시스템의 기반요소

최근 수발주업무의 OES(Order Entry System)화와 광역 물류센터의 구축에 따른 물류거점의 집약화가 진행되고 있으나 다양한 정보와 물품들이 기업들 사이에 유통되고 있기 때문에 이러한 과제들을 효율적으로 해결할 수 없는 경우도 많다. 다시 말해 동일한 물품이더라도 기업들 간에 사용하는 물품코드체계가 서로 달라서 상호 변환이 필요하다든지, 물류센터에서 물품의 인식을 사람이 처리함으로써 잦은 입력에러와 데이터 누락 및 부정확한 데이터의 입력 등으로 정보의 신뢰성이 떨어지는 것처럼 기초데이터 관리 작업에 대한 자동화가 제대로 추진되지 않아 전체 물류정보시스템의 효율화나 생산성 향상이 충분히 이루어지지 못하는 경우가 많다.

그러므로 막대한 투자를 한 물류센터나 물류정보시스템이 제대로 그 기능을 발휘할 수 있도록 하기 위해서는 먼저 정보코드체계와 제품의 표준화 및 규격화를 추진하고 아울러 각 시스템의 연결을 용이하게 할 수 있는 기반요소를 정비하는 것이 무엇보다 선행되어야 한다.

① **표준화** : 수발주처리업무의 OES화를 추진하기 위해 업계들 상호간의 거래에서 적용하는 데이터 포맷과 코드체계의 표준화를 도모하여야 한다.

[그림 9-2] 물류정보시스템의 기반요소

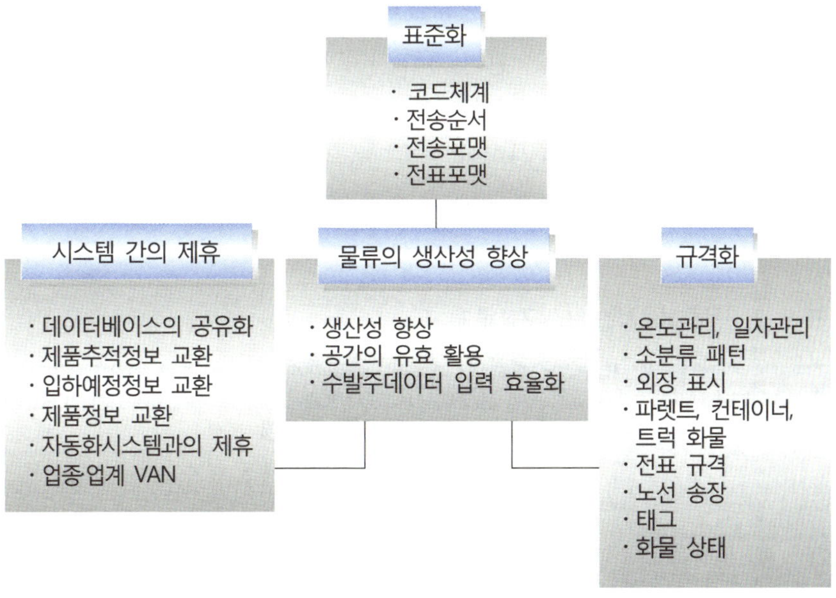

② **규격화** : 포장규격, 제품의 크기 및 형상의 규격화, 집합포장에 대한 표준물류 심벌인 ITF(Interleaved 2 of 5)코드의 보급 증가 등에 따라 기업간 물품이동의 기본수단인 유닛로드(파렛트, 컨테이너 등)의 적용을 확대하고, 관련된 기초 물류데이터 입력 작업의 효율화를 도모하여야 한다.

③ **시스템간 제휴** : 기업 내 및 기업간의 데이터베이스 공유화, 네트워크의 제휴 등에 의해 물류정보시스템을 일원적으로 관리하여 물품과 정보의 일치를 추진한다. 이와 같은 기반정비는 개별 기업에만 국한시키지 말고 업계・거래처・구매처를 포함한 유통 채널 전체에 대한 정비가 필요하다.

3. 물류정보시스템의 구성체계

물류정보시스템은 물류활동의 각 기능을 유기적으로 연결하여 물류효율화를 기하는 중간매체 역할을 한다. 이러한 물류정보시스템은 물류계획, 물류 코스트관리, 수주 및 출하처리, 재고관리, 수배송관리, 창고관리 등의 많은 요소로 구성된다.

그러므로 물류정보시스템의 설계와 구축 시 이와 같은 요소들을 충분히 고려하지 않으면 물류활동 일부분의 애로사항이 물류활동의 다른 부문으로 파급효과를 미쳐 결국 전체 물류관리시스템의 효율이 떨어질 수 있다는 사실을 간과해서는 안될 것이다.

표 9-2. 물류정보시스템의 구성체계

구 분	내 용
물류계획	물류모델의 구성, 시뮬레이션, 평가 및 분석
물류코스트관리	물류예산편성, 물류비 실적집계, 평가 및 분석
수주 및 출하처리	OES, 출하처리, 주문관리
재고관리	재고계획, 재고배치
수배송관리	수배송계획, 화물추적, 배차계획, 출하계획
창고관리	작업관리, 입출고 기록, 랙관리

① **물류계획** : 기업이 물류활동을 수행하는데 있어서는 물류거점의 통폐합, 생산거점과 물류거점의 균형 등 고난도의 물류계획을 설계하여야 한다. 이를 해결하기 위해 생산계획 자료는 물론 거점별·품목별 수요예측자료나 재고소요량 예측자료들이 요구된다.

② **물류코스트 관리** : 총물류코스트의 절감을 위해서는 오배송이나 긴급배송방지 및 수배송 효율화 등을 통한 수배송비용의 절감, 재고의 적정배치와 재고수준의 감소 등을 통한 재고비용의 절감, 업무·작업의 기계화를 통한 생력화, 시간단축 등을 통한 통신비용의 절감 등이 이루어져야 하는데, 이를 위한 기초데이터의 파악이 먼저 이루어지지 않으면 안된다.

③ **수주 및 출하처리** : 수주 및 출하처리시스템(OES)의 목적은 수주처리비용을 절감함과 동시에 고객에 대한 적정 서비스수준을 유지하는데 있다. 이러한 목적을 달성할 수 있도록 물류정보시스템이 구축되지 않으면 안된다.

④ **재고관리** : 재고부족에 따른 판매기회 손실을 최소화할 수 있도록 각 물류 거점들에 대한 재고배치방법을 결정하는 것이 중심적 과제이다. 최근 들어 미국의 대형 할인점인 K마트의 경우 매출코스트절감을 위해 재고를 지나치게 많이 줄인 결과 그에 따른 판매기회 손실로 경상이익이 오히려 감소하는 경영실적을 나타낸 것으로 분석되고 있다.
이것은 재고관리 효율화의 목적이 무조건 기존의 재고수준을 감소시키는 것이 아니라 안 팔리는 제품이나 시효가 지난 제품 등 쓸모없는 재고자산을 줄이는데 그 근본적인 목적이 있음을 일깨워주는 좋은 사례이다. 이를 위해서는 물류거점별·품목별 판매실적과 예상 데이터는 물론 재고배치 대안분석의 기초가 되는 수배송능력 및 보관공간 등과 같은 데이터도 체계적으로 수집할 필요가 있다.

⑤ **수배송관리** : 제품의 소형화와 배송물량의 소량화 및 수배송빈도의 증가 등으로 인해 수배송코스트를 절감하기 위한 수배송 효율의 향상과 공동수배송 등이 주요 검토과제가 되고 있다. 그러므로 화물 및 수배송차량의 추적과 최적배송루트의 선택 등을 효율적으로 수행하기 위해서는 각 기업의 배송조건과 출하품 및 차량 특성에 맞도록 물류정보시스템을 구축할 필요가 있다.

[그림 9-3] 물류정보시스템의 구성 체계

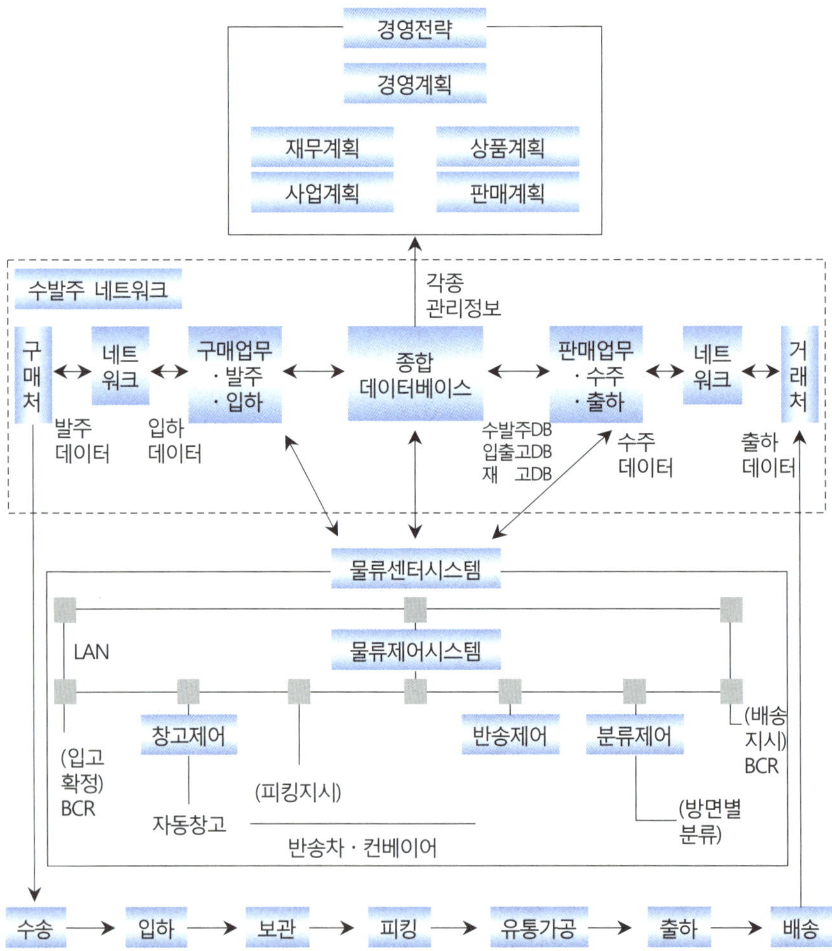

⑥ **창고관리** : 제품의 종류가 많아지고 소포장의 다빈도출하가 증가하고 있으며, 더욱 물류활동 자체의 불규칙성으로 창고관리의 효율화에 상당한 어려움을 겪

고 있다. 이러한 상황에서 창고 작업원, 창고내 공간관리, 하역기계의 효율적 이용을 통해 고객에게 일정수준의 물류서비스를 제공한다는 것이 점차 매우 어려운 일이 되고 있다. 따라서 물류정보시스템에 의해 효율적인 창고관리를 도모하여야 한다.

4. 물류정보시스템의 구축요건

물류관리와 관련하여 효율적인 재화의 흐름에 반드시 수반되는 것이 바로 정보의 흐름이다. 왜냐하면 정보 없이는 각 부문에서 계획적인 물류를 수행할 수 없기 때문이다. 그러므로 효율적인 물류관리를 위해 물류관련 주체간 정보교환은 절대적으로 요구되고 있으며, 이러한 정보교환은 현재 공간적으로 기업내 부서간 뿐만 아니라 기업간 및 국가간에도 활발하게 이루어지고 있다.

물류관리에 있어서 물류정보시스템은 물류서비스의 제고와 물류비 절감을 통하여 기업의 경쟁우위를 확보하기 위해 물류활동과 관련된 제반 정보를 물류활동 각 부문에 신속·정확하게 전달하여 줌으로써 계획성 있는 물류관리가 가능하게 지원하여

[그림 9-4] 물류정보의 흐름 영역

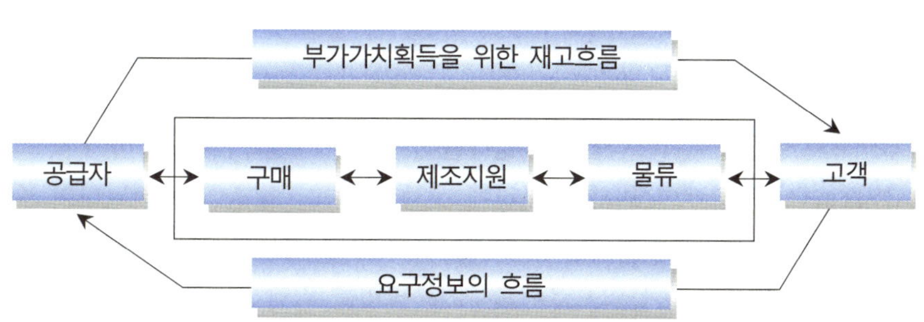

[그림 9-5] 새로운 물류정보시스템의 구축방향

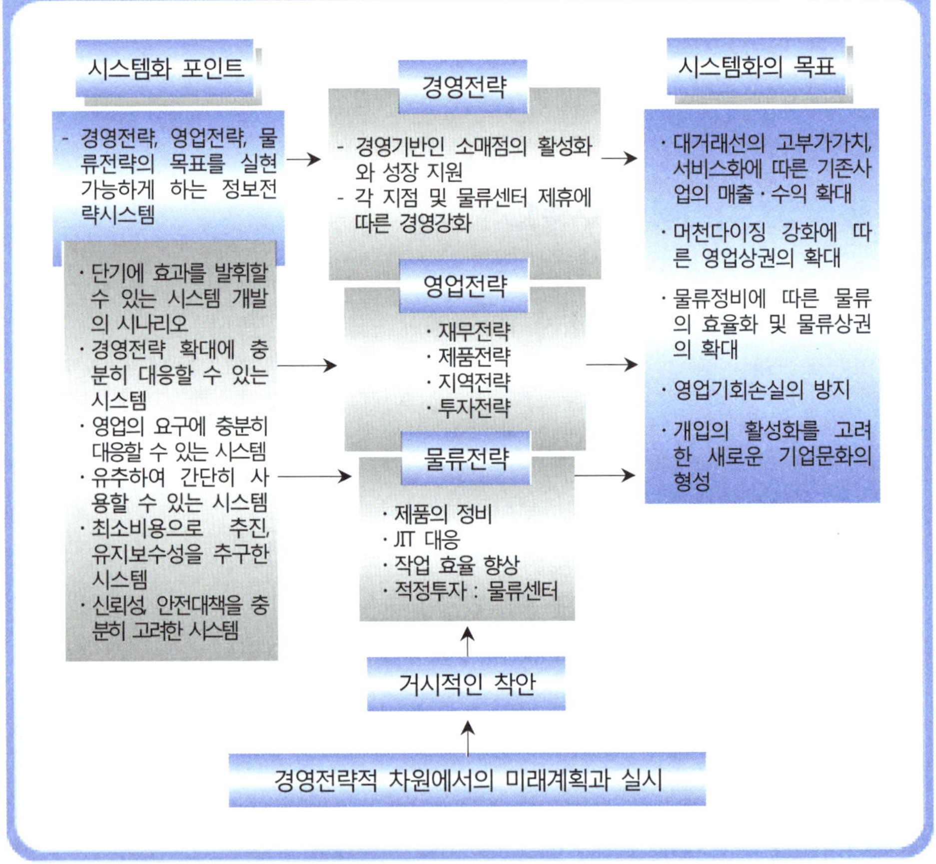

준다. 그러므로 물류정보시스템은 계획물류를 구현하는 것을 가능하게 하여 최소의 재고를 유지하면서도 고객이 원하는 시간에 상품을 신속 · 정확하게 전달하여 줌으로써 고객서비스를 제고하여 주며, 물류활동에 있어서 비능률적인 요인을 배제하여 물류시스템의 운영효율을 높임으로써 전체 물류비를 절감하는 것을 주목적으로 하고 있다.

따라서 오늘날 기업 경쟁우위의 확보를 위해 보다 적극적인 활용이 요구되고 있는 물류정보시스템의 역할은 첫째, 물류활동의 구체적인 실현을 위해 수배송, 보관, 하역, 포장 및 유통가공 등의 모든 활동에 필요한 정보를 정확하고도 신속하게 전달하는 것이며, 둘째 모든 물류활동을 종합한 물류관리의 토탈시스템을 구성하고 전체로서 효율화를 도모하도록 부문간 유기적인 결합을 지원·도모하는 것이다.

그러나 물류정보시스템을 설계하는데 있어서는 이와 같은 일반적인 목표에 부가하여 각 시스템을 구축하는 구체적인 목표를 명확하게 하여 그 시스템이 최대의 효율성을 발휘할 수 있도록 하여야 하며, 물류환경의 변화에 대응하여 각 기업의 경영전략과 부합할 수 있는 물류정보시스템을 구축하여야 한다.

그런데 물류정보시스템의 서비스 내용 및 체계는 매우 다양하면서도 복잡하다. 즉, 일반적인 서비스 내용으로는 화물추적시스템, 의사결정지원시스템, 수주·출하처리시스템, 재고관리시스템, 수배송관리시스템, 물류 일반관리시스템 등을 포함한다. 또한 물류정보시스템의 체계도 조달물류, 생산물류, 사내물류, 판매물류 등으로 구성된다.

즉, 물류정보시스템은 조달물류, 생산물류, 판매물류 등 물류 각 부문 내의 관련 시스템 및 물류지원시스템으로 구성되며, 또한 조달물류·생산물류·판매물류 등 물류 각 부문의 유기적인 정보교환을 가능하게 하여주는 온-라인으로 연결된 통합정보시스템이다.

한편 물류정보시스템은 물류관련 정보를 취급하는 정보시스템이므로 물류관련 정보 그 자체의 특성 때문에 효율적인 물류정보시스템을 구축하는데 많은 제약요인이 따른다. 즉, 본질적으로 물류관련 정보는 그 처리 정보량이 매우 많으면서도 시간대별 변동폭이 매우 크며, 정형업무 및 비정형업무가 반복적으로 발생하고, 업무내용도 다양하여 획일적인 처리가 곤란한 특성을 가지고 있다. 그러므로 이러한 물류관련 정보의 특성을 고려하여 물류정보시스템을 구축할 때에는 [그림 9-6]과 같은 요건을 충족하도록 하여야 한다.

[그림 9-6] 물류정보시스템의 구축 요건

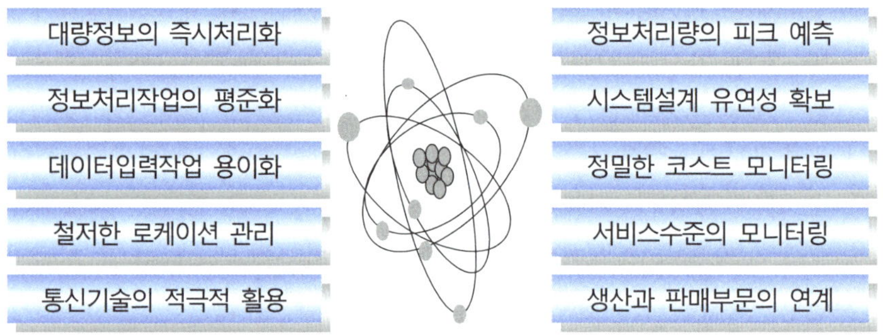

5. 다양한 물류정보자원의 제공

정보자원이란 간단하게는 텍스트 위주의 문헌정보에서부터 제반 지적산물의 축적 및 지역 특수성을 지닌 지역정보에까지 포괄하는 개념이다. 보통 물류정보시스템에서 제공하는 물류정보자원으로는 전자문서교환(EDI) 서비스, 물류 데이터베이스(DB) 제공 서비스, 첨단화물운송 정보서비스(CVO)의 제공 및 기타 부가서비스로서 전자우편(E-Mail), 전자게시판(BBS), 인터넷(Internet) 서비스 등이 있다. 그러므로 물류정보시스템의 활용효과를 극대화하기 위해서는 물류정보시스템이 다양한 물류정보자원을 제공할 수 있어야 한다.

6. 물류정보화 관련 제도의 정비

정보통신서비스는 종전의 단순한 음성전달에 머물지 않고, 다양화·멀티미디어화를 통하여 사회적·조직적 기능을 지원 또는 대체하면서 제도적으로 깊이 관련되어 있다. 그러므로 물류정보화 관련 제도를 정비하는 것은 물류정보시스템의 구축 및 활용을 위해 매우 중요한 요소이다.

현재 우리나라 물류정보화 관련 정책은 국토해양부 등 각 부처별 소관 법률에 의거하여 추진 중에 있다. 그러나 보다 적극적으로 물류정보화의 촉진을 저해하는 법·제도의 정비가 필요하며, 사용자의 물류정보화를 촉진할 수 있는 구체적 지원 방안과 영세물류업체의 정보화를 지원할 수 있는 제도적 장치도 필요하다. 또한 물류정보화 전문인력 육성 및 물류정보화 마인드 확산을 기하여 물류정보화를 더욱 촉진할 수 있도록 하여야 한다.

제4절 물류정보시스템과 의사결정

1. 기업 물류정보시스템의 활용

1) 기업 물류정보시스템의 현황

우리나라에서는 대기업 위주로 기업 자체의 물류정보시스템을 구축하여 기업경쟁력 제고에 노력하고 있다. 그러므로 기업 물류정보시스템을 활용함으로써 물류업무의 통합, 물류 공급체인망(SCM)의 효율적 구축, 제3자물류 활용, 물류아웃소싱 활용 등을 활발하게 전개할 수 있을 것으로 기대된다.

그러나 기업 물류정보시스템이 대기업 위주로 추진되고 있고, 중소기업은 이러한 정보화를 수용할 환경이 조성되어 있지 않은 것이 문제점으로 지적되고 있다. 즉, 소규모의 영세업자로 구성되어 있는 국내 물류업계는 정보화 마인드 및 전문인력 부족, 정보화 설비 도입에 따르는 초기 투자비용 부담 등의 이유로 정보화 수용환경이 매우 열악한 상태이다.

또한 기업간 물류정보시스템의 연계 · 운영체제가 미흡한 것도 문제점이다. 즉, 정보공유를 꺼리는 업계의 기존 관행과 거래처와의 시스템 연계에 따르는 투자비용 부담, 표준화와 호환성 결여 등이 기업간 물류정보시스템의 연계 · 운영을 저해하고 있다.

그러므로 기업 물류정보시스템의 구축 및 활용을 통한 물류경쟁력 제고는 이러한 문제점을 해결하면서 추진하는 것이 중요하다.

2) 기업 물류정보시스템의 동향

(1) 물류정보시스템의 동향

기업 물류정보시스템은 각 기업들의 정보화 추세에 따라 앞으로 비약적인 발전을 이룩할 것이다. 즉, 현재와 같은 기업 내 시스템 단계를 거쳐 기업간 시스템으로 계속해서 발전할 것이며, 나아가 하나의 사회시스템으로 발전할 것이다.

그러므로 기업경영의 국제화, 생산의 FA/FMS화, 연구개발의 종합화, 소비자 지향적인 마케팅, 기업간 정보시스템화와 분산화 · 네트워크화 등 물류부문 이외의 발전에 대응하여 물류정보시스템도 기업간 물류정보시스템으로 성장해야 한다는 사실을 인식해야 한다. 향후 국제적인 차세대시스템은 국제적인 기업간 물류정보시스템이 될 것이며, 국내시스템에 초점을 맞추면 사회적 물류정보시스템으로 발전할 것이다.

한편 기업간 물류정보시스템을 설계하여 실행할 경우 어느 한쪽이 강자의 이론에 좌우되면 안된다. 물류정보시스템화에 따른 장단점을 쌍방이 나누어 가지고 객관적 공평성의 원칙에 입각하지 않으면 안된다. 그러므로 이러한 관점에서 조달측에 공동물류센터를 설치하여 집화 · 배송, 보관, 수주 등의 공동화를 추진할 필요성이 발생하게 된다. 즉, 마케팅에서는 상호경쟁하고, 물류는 공동으로 한다는 개념을 기초로 하여 물류전략과 관련되는 경영자원 전체로서의 효율화를 지향한다면 매우 가치있는 물류정보시스템이 될 것이다.

(2) 물류정보시스템의 설계동향

물류정보시스템 설계의 새로운 흐름은 Synchronic Material Flow의 개념으로 파이프라인 경영개념 가운데 하나이다. 즉, 종래에는 비연속적인 물의 흐름을 대상으로

[그림 9-7] 물류정보시스템의 설계 방향

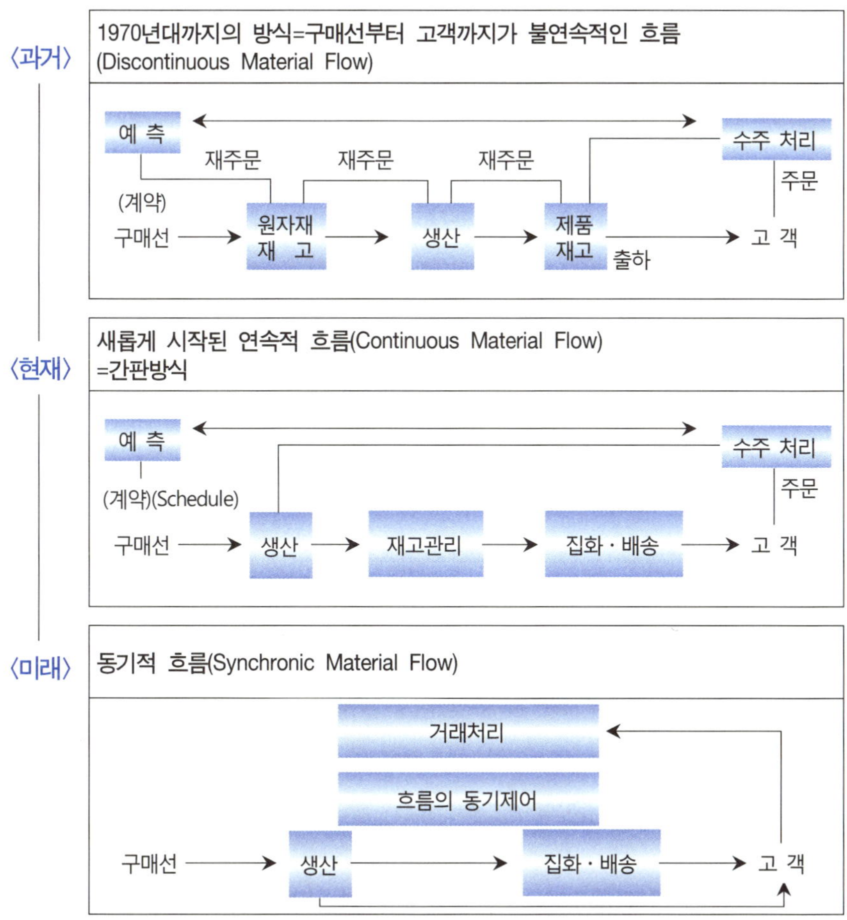

하여 시스템설계를 하였으나, 도요다 간판방식이나 JIT에서 처럼 연속적인 물의 흐름을 축으로 한 시스템 설계로 변화하고 있다. 그러나 물류정보시스템을 물의 흐름을 축으로 보는 경우 동기적인 흐름을 종합적으로 설계하고 창조하는 것이 필요하다.

(3) 시스템 구축기술 동향

MRP, DRP, 간판시스템, JIT, FA · FMS, CIM, IMS(Intelligent Manufacturing System) 등 생산 관련 기술을 물류에 도입하는 것도 필요하지만, 오히려 물류 자체의 사고방법(예를 들어 Synchronic Material Flow)으로 이행하는 것도 바람직하다. 자동창고의 설계, 입지모델, 수배송모델의 최적화 문제나 시뮬레이션으로부터 다목적 최적해, 비선형모델, AI, 퍼지 또는 뉴럴네트워크 등을 적극적으로 이용하는 것과 소프트웨어와 하드웨어의 융합(Firmware화) 또는 기존 기술의 조합에 따른 응용수법의 확립도 고려할 수 있다.

(4) 소프트웨어와 하드웨어 동향

물류정보시스템 구축에 필요한 소프트웨어는 다양하다. 하지만 데이터베이스가 없는 물류관리의 실행은 어렵다. 따라서 CD-ROM이나 이미지 처리, 바코드, 음성인식 및 처리, 3차원 도형의 입출력, 관계형 데이터베이스나 객체지향형 데이터베이스 등의 활용은 금후 점점 더 확대될 것으로 생각된다.

하드웨어에 있어서는 레이저 스캐너, 자동창고, 분류장치, 디지타이저, 휴대형컴퓨터, AI, 퍼지 등 복합형 지능기기의 개발이 필요하며, 광섬유와 ISDN 등을 기초로 한 네트워크 하에서 종합적으로 움직이는 물류정보시스템의 실현이 필요하다.

2. 물류정보처리기술의 활용

컴퓨터의 발전에 따른 응용기술의 발달로 기업의 물류활동 전반에 걸쳐서 정보화를 향한 다양한 변화가 일어나고 있다. 크게는 물류관리시스템의 구성방식에서부터 작게는 요소물류활동의 단위설비에 이르기까지 정보처리기술이 사용되지 않는 곳이 없을 정도로 정보처리기술의 응용범위와 폭은 날이 갈수록 심화되고 있다.

물류관리시스템에서 적용되는 대표적인 정보처리기술로는 데이터베이스기술, 실시간정보기술, 네트워킹 등을 들 수 있다. 데이터베이스기술은 물류관리시스템의 소프트적인 측면을 대상으로 하는 것으로 물류데이터의 통합적인 관리나 교환 및 공유 등을 가능하게 하는 핵심기술이다.

또한 실시간정보처리기술은 현장의 실시간정보를 수집하여 해당 처리시스템으로 전송하거나, 물류관리시스템으로부터의 정보를 수신하여 현장의 물류기기를 제어하는 행위, 또는 작업원들에게 물류정보를 제공하는 기능을 한다. 그리고 네트워킹은 물류기기들의 종합적인 제어나 시스템들 간의 정보공유 및 인터페이스를 위해 물리적인 데이터통신을 담당하는 부문으로 주로 인터넷, LAN(WAN)이나 이동통신을 의미한다.

1) 인터넷

우리나라에서만 3,000만명 이상이 이용하고 있는 인터넷은 다양한 응용프로그램 및 사용자 인터페이스 향상 등을 통하여 사용자들에게 더욱 각광을 받으면서 눈부신 발전을 거듭하고 있다. 이러한 인터넷(Internet)은 Inter와 Network의 합성어로서 전 세계에 산재해 있는 많은 국지적인 Network, 즉 근거리통신망(LAN : Local Area Network)이나 원거리 광역통신망(WAN : Wide Area Network)들을 하나의 가상 네트워크(Virtual Network)로 상호연결시킨 Network의 커다란 집합체라고 할 수 있다.

표 9-3. 인터넷의 발전 역사

년도	내 용
1968	· ARPANET 프로젝트 제안
1969	· 미 국방부가 신규 네트워킹 프로젝트에 대한 연구 시작 · 첫 노드를 UCLA에 설치하고 계속적으로 스탠포드 연구소, UCSB, 유타 대학교 등에 설치
1971	· ARPANET 사용 시작(NCP) · 인터넷을 이용한 전자우편 전송 방법 소개
1972	· ARPA TCP/IP 프로젝트 시작 · 인터넷을 통해 원격 호스트에 접속을 허용하는 텔넷 서비스 소개
1973	· FTP 등장
1977	· 전자우편 규약 공식화
1982	· NCP에서 TCP/IP로 프로토콜이 바뀜 · 서울대와 KIET 인터넷으로 연결
1983	· NCP에서 TCP/IP로 전환 완료 · 미 국방부가 TCP/IP를 표준으로 선언 · ARPANET이 MILNET과 연구용 ARPANET으로 분리 · 네임 서버 기술이 위스콘신 대학에서 개발
1984	· DNS(Domain Name Service) 소개
1985	· TCP/IP 인터넷 프로젝트 종료
1986	· NSF가 NSFNET 지원 · 유즈넷 뉴스의 성능을 증대시키는 NNTP(Network News Transfer Protocol) 등장
1989	· 인터넷에 연결된 호스트 수가 100,000대 돌파
1990	· ARPANET 서비스 중단 · 한국과학기술원을 중심으로 구축한 하나망(HANA/SDN)을 인터넷에 연결
1992	· WWW 서비스 개시
1993	· InterNIC이 디렉토리와 도메인 등록 서비스 관리를 위해 설립
1994	· 우리나라에서 인터넷 상용서비스 개시
1995	· NSFNET VBNS(Very-High Speed Backbone Network Service)로 전환

인터넷은 앞으로 기업경영과 밀접한 관계를 지속하면서 발전할 것으로 보인다. 이것은 인터넷이 기업경영에 많은 성장기회를 제공하기 때문이며, 특히 전사상거래의 발달과 더불어 인터넷은 물류분야의 응용에도 많은 발전이 기대된다.

즉, 인터넷은 단순한 매스미디어가 아니라 오히려 최초의 상호작용이 가능한 기기이다. 이러한 인터넷의 쌍방향성은 사용자가 거대한 정보들을 스스로 선택하여 개인에 따라 독특한 경험을 할 수 있게 해 준다. 인터넷은 '디지털 혁명'의 중심역할을 수행하고 있으며, 계속되는 정보의 유입과 웹사이트의 개설, 사용자 수의 증대로 영향력은 급속히 커지고 있다. 이제 각 기업들은 그들의 제품과 기업의 이미지를 향상시키기 위해 웹사이트를 개설하고 있다. 이는 기업들이 인터넷을 개척되지 않은 새로운 또 하나의 유통 및 물류경로로, 또한 새로운 대중매체로서 인식하고 있다는 것을 의미한다.

한편 오늘날 기업은 인터넷 서비스를 활용하여 새로운 비즈니스를 개발해 나가고 있으며, 각종 사업을 전개하여 수익성을 제고하고 있다. 즉, 오늘날 인터넷 서비스를 활용한 비즈니스 영역은 매우 다양하고 광범위하다. 그러나 이를 서비스 내용별로 구분하여 분류할 때에 크게 인터넷 기반산업(Internet Infrastructure Industry), 인터넷 지원산업(Internet Support Industry), 인터넷 주변산업(Internet Surrounding Industry) 및 인터넷 활용산업(Internet Application Industry) 으로 나눌 수 있다. 이 중에서 인터넷 주변산업의 물류분야에서는 물류정보시스템의 각 분야에서 주로 네트워킹 응용분야에 가장 많은 활용을 하고 있다.

표 9-4. 인터넷 산업의 구성

인터넷 기반 산업	인터넷 지원산업	인터넷 주변산업	인터넷 활용산업
· 정보통신 기기 산업 · 정보통신 서비스 산업 · 기타 기반 산업	· 정보 보안 산업 · 컨텐츠 산업 · 기타 지원 산업	· 벤쳐캐피탈 · 물류, 택배배송 · 인터넷 교육 · 컨설팅 · 기타 주변산업	· 전자상거래 · 인터넷 문화산업 · 인터넷 방송통신

2) LAN

LAN(Local Area Network)이란 한정된 지역 내에서 자체설비로 구성되어 OA나 FA 등을 위해 다양한 정보처리기기들을 통합시키는 역할을 하는 정보통신수단이라고 할 수 있다. 즉, PC나 WS의 보급증대에 따라 기업들의 정보시스템이 분산처리방식을 지향해감과 더불어 자연적으로 서로 다른 정보처리기기나 물류기기들을 하나의 정보통신 채널로 연결하여 이들을 통합적으로 관리하는 방식을 모색하게 되었는데, 이의 일환으로 적극 활용하게 된 것이 LAN이다. 특히 고속데이터전송이나 멀티벤더기기들 간의 상호접속 및 접속비용의 절감 등을 위해 LAN의 활용범위는 점점 더 넓어지고 있다.

LAN의 도입효과를 살펴보면 〈표 9-5〉에서와 같이 데이터 전송속도의 향상과 이기종간의 접속용이성, 확장성, 유지보수의 편리성 및 경제성 등을 들 수 있다.

표 9-5. LAN의 도입효과

효 과	내 용
데이터 전송 속도의 향상	고가의 고속 주변장치를 공용, 고속, 대용량 통신
접속의 용이성	단말 변경, 증설시의 간이화, 저코스트화, 스탠드 얼론 장치의 네트워크화, 호스트 애플리케이션에의 자유로운 액세스 멀티미디어(데이터, 음성, 문서, 화상 글로벌 네트워크와의 결합)
확장성	시스템 성장에 맞는 전송량 교환 기능, 엔드 유저의 신속한 서비스 제공, 시스템을 이행하는데 유연한 대응, 네트워크의 높은 신뢰성
보수의 용이성	네트워크의 일원 관리
경제성	LAN도입 경비, 회선 증설비의 저코스트화, 공사면, 운용면에서 경제성 와이어 세이빙(전성로의 스페이스 절감)

3) 바코드

바코드는 굵거나 가는 바(검은 막대)와 스페이스(흰 막대)의 조합에 의해 영 숫자 또는 특수기호를 광학적으로 판독하기 쉽게 부호화한 것이다. 이것을 이용하여 정보의 표현과 정보의 수집 및 해독을 할 수 있다. 이 바코드는 인쇄의 간편성, 낮은 유지비용, 정확성 등에서 매우 우수한 기술이다.

바코드는 물류의 시작인 발주에서부터 입하, 재고관리, 오더피킹, 검품, 출하, 반품처리 등에 이르기까지 물류활동과 관련된 일체의 업무를 자동화할 수 있으며, 업무의 정확도나 생력화 효과까지 기대할 수가 있다. 예를 들어 우체국에 있어서 결속된 편지의 분류나 서류관리에 바코드를 이용할 수 있으며, 미국의 택배업자인 RPS(Roadway Package System)사에서는 1매의 바코드로 화물의 분류, 추적, 운임처리 등을 할 수 있도록 바코드시스템을 적용하여 상당한 원가절감효과를 올리고 있다.

이와 같이 바코드는 정확하고 실질적인 데이터를 수집하고 활용하여 납기, 공정능력, 재고현황 등 생산과 물류관리의 적합성을 높이고, 부가가치가 있는 물류활동에 대해서 철저한 시간단축과 물품 하나하나의 흐름을 시스템화하여 실시간으로 파악하는 물류분야의 혁신을 위해 물류현장에 바코드시스템을 적용하는 것은 이제 필수적이다.

4) RFID

RFID(Radio Frequency IDentification)는 전자태그(Tag)를 사물에 부착하여 사물의 주위 상황을 인지하고, 이 정보를 기존 정보시스템과 실시간으로 교환하고 처리할 수 있는 기술이다. 즉, 물품에 붙이는 전자태그에 생산, 수배송, 보관, 판매, 소비의 전 과정에 관한 정보를 담고, 자체 안테나를 통하여 리더(Reader)로 하여금 정보를 읽고, 인공위성이나 이동통신망과 연계하여 정보를 활용하는 기술이다.

이 RFID는 바코드나 Smart Card에 비하여 많은 정보를 저장할 수 있으며, 부착이 용이하고, 장거리 정보 송·수신이 가능하다는 등의 기술적인 우수한 특성을 가지고 있다. 또한 이 RFID 시스템은 기본적으로 RFID TAG, 각종 형태의 안테나, 성능별 리더, 리더를 지원하는 Local Host, 각종 케이블링 및 네트워크 연결로 구성된다.

향후 이 RFID 기술은 생산공정관리, 수배송관리, 보관관리, 유통관리 등 다양한 분야에 응용될 수 있을 것이다. 특히 물류관리 분야에서는 컨테이너와 파렛트에 부착하여 각종 정보를 실시간으로 교환함으로써 비용절감과 다양한 서비스 정보의 제공이 가능할 것이며, 보관관리에서 재고상황파악, 분류 및 입출하의 오류발생 방지 등을 통하여 물류 효율화에 크게 기여할 것이다.

5) PDA

PDA(Personal Digital Assistant)는 손에 들고 다닐 수 있는 크기의(Hand Held Size) 일종의 초소형 컴퓨터이다. 들고 다닐 수 있는 것은 노트북 컴퓨터나 전자수첩도 마찬가지이다. 그러나 노트북 컴퓨터는 보통 공책 크기(Notebook Size)에 실제 데스크 탑 컴퓨터와 동일한 기능을 가지고 있고, 문서를 작성하고 보고서를 만들 수 있으며, 인터넷을 하는 실제의 컴퓨터지만, PDA는 주로 일정을 관리하고 간단한 메모를 작성하며, 개인정보를 관리하는 전문용도로 사용된다는 점이 다르다. 또한 전자수첩은 주로 개인정보의 관리용도로 사용되지만, PDA는 거기에 실제적인 일정관리부터 모바일 인터넷 같은 분야까지 사용할 수 있다는 것이 다른 점이다. 결론적으로 말하자면 PDA는 노트북 컴퓨터의 다양한 관리기능과 인터넷 접속기능을, 전자수첩의 작은 크기를 합친 전용 장비라고 볼 수 있다.

이 PDA는 작고 가벼워 휴대에 편리하고, 스타일러스 펜과 터치 LCD를 이용하여 개인 및 기업정보를 관리하기에 적합한 기기이며, 데스크 탑 컴퓨터가 할 수 있는 다양한 영역의 일을 할 수 있다. 또한 PDA의 기본인 일정 및 연락처 등을 관리할 수 있고, E-Mail을 읽거나 지하철 노선도 등을 조회하는 등 생활정보를 관리할 수 있으며, 게임을 하거나 음악을 듣거나 책을 읽는 등의 취미활동을 할 수 있을 뿐만 아니라 이동 중에도 인터넷을 조회할 수 있다. 특히 최근 들어 PDA는 이에 전화나 호출기 시스템들을 결합하여 21세기 모바일 컴퓨팅 환경에 최고의 정보장치로 부상하고 있다.

6) TRS

주파수공용통신이라고 하는 TRS(Trunked Radio System)는 중계국에 할당된 여러 개의 채널을 공동으로 사용하는 무선통신시스템으로서 이동차량이나 선박 등의 운송수단에 장치하여 이동간의 정보를 리얼타임으로 송수신할 수 있는 통신서비스 체제이다.

TRS에서 제공하는 서비스에는 음성통화(Voice Dispatch), 공중망접속통화(PSTN I/C), TRS 데이터통신(TRS Data Communication), 자동 차량위치추적(Automatic Vehicle Location), 신용카드 조회, 첨단 차량군 관리(Advanced Fleet Management) 등이 있다.

그러므로 이 TRS의 여러 기능을 물류관리시스템에 응용할 경우 많은 부문에 유용하게 활용할 수 있다. 즉, 이 TRS와 공중망 접속통화로 물류부문의 운송회사, 차량 및 화주의 통신망을 연결하는 경우 화주는 화물의 소재와 도착시간 여부 등을 즉시 파악할 수 있으며, 운송회사는 차량위치추적에 의해 차량위치파악, 사전배차계획 및 배차계획 수정이 가능하고, 단말기 화면을 통한 작업지시가 가능해져 급격한 수요변화에 신축적인 대응이 가능하다.

7) GPS

GPS(Global Positioning System)는 인공위성과 통신망을 이용한 위치측정시스템으로서 지상 약 2만km 상공에 떠있는 다수의 위성에서 송신되는 신호를 측정기기에 모아서 그 시점의 경도, 위도 및 표고를 구하여 알려주는 시스템이다. 그러므로 이 GPS를 이용하면 지구상의 어느 곳에서도 낮이든 밤이든 관계없이 리얼타임으로 자신의 위치를 파악할 수 있으며, GPS수신기가 장착된 이동차량, 선박, 항공기 등은 자신의 위치 및 각종 정보를 제공받을 수 있다.

[그림 9-8] GPS를 활용한 이동체관리 · 감시시스템

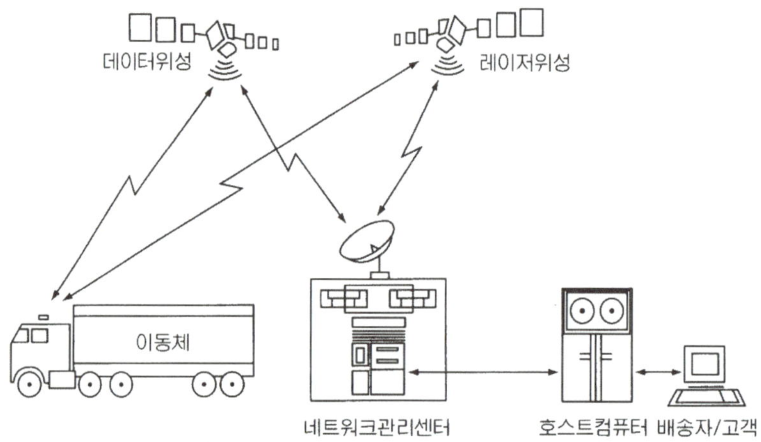

이 GPS를 물류관리시스템의 효율적 관리를 위해 활용하면 차량이 혼잡한 도심지에서 목적지를 최단경로로 쉽게 찾을 수 있으며, 차량추적시스템과 연계하여 운항차량을 완벽하게 관리 · 통제할 수 있다. 예컨대 FedEx는 항공화물운송서비스에서 이 GPS를 활용하여 지상에서의 이동체를 종합관리 · 통제함으로써 운송서비스의 정시성 및 안정 · 정확성을 높이어 고객에서 고도화된 물류서비스를 제공하고 있다.

8) POS

POS(Point of Sales)시스템이란 판매시점관리라고 불리어지고 있는 것으로, 상품을 판매하는 시점에서 발생하는 정보, 즉 상품명, 가격, 판매일자, 판매개수, 상품의 입고 및 재고현황 등 포괄적인 정보를 신속 · 정확하게 수집하여 분석한 다음 발주, 구매, 배송, 재고관리 등에 필요한 정보를 필요한 시점에 즉시 제공하는 유통물류정보시스템이다.

[그림 9-9] POS시스템

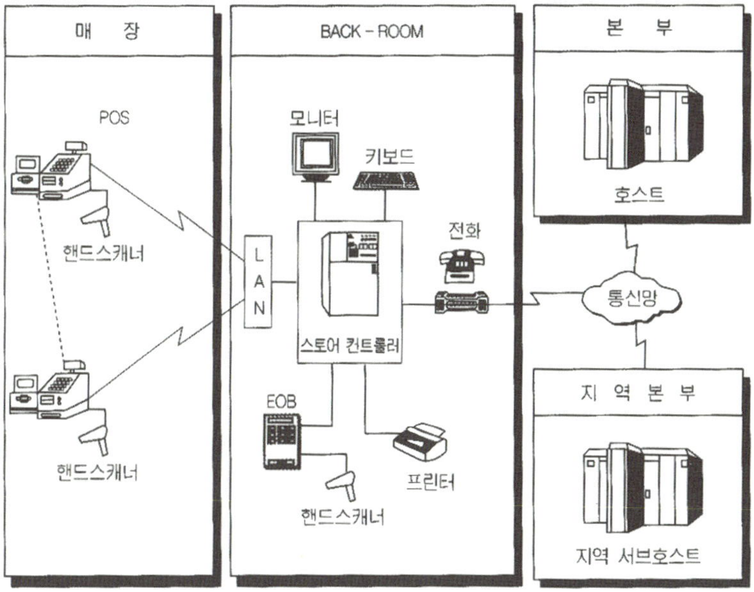

이러한 POS시스템의 특징은 다음과 같다.

① **온라인시스템** : 매장에서 발생하는 데이터를 판매발생과 동시에 Store Control Computer로 전송 처리함으로써 수작업을 배제할 수 있다.
② **리얼타임시스템** : 매장에서 발생하는 모든 거래정보는 물론 영업에 필요한 정보들도 즉시 파악함으로써 영업적 환경요인의 변화에 즉시 대응할 수 있다.
③ **중앙 집중관리시스템** : 각 매장을 POS시스템으로 연결하여 중앙에서 집중관리함으로써 판매관리, 정산관리, 판매가격관리 등을 일괄 관리할 수 있다.
④ **일종의 거래정보시스템** : 매장에서 발생하는 현금매출, 신용카드매출, 특판매

출, 직원매출, 할인매출, 매출취소, 입금 등 모든 거래정보를 즉시 파악할 수 있다.

⑤ **종합정보시스템** : 매장에서 발생하는 정보를 Main Computer의 종합정보시스템에 연결하여 매입, 매출, 회계, 경리정보에까지 창출하여 활용할 수 있다.

9) 사물 인터넷

사물 인터넷(Internet of Things, IoT)은 각종 사물에 센서와 통신 기능을 내장하여 인터넷에 연결하는 기술을 의미한다. 인터넷으로 연결된 사물들이 데이터를 주고받아 스스로 분석하고 학습한 정보를 사용자에게 제공하거나 사용자가 이를 원격 조정할 수 있는 인공지능 기술이다.

이러한 사물 인터넷은 화물운송, 창고관리 등 전 물류 Value Chain 상에서 긍정적인 효과를 낳으며, 물류서비스 제공자 및 고객들에게 상당한 영향을 미칠 것으로 예상된다.

DHL과 시스코의 동향보고서는 지금이 사물 인터넷을 물류분야에 활용하기에 최적기라고 보고 있다. 모바일컴퓨팅, 5G 네트워크, 빅데이터 분석, 사물 인터넷 기반의 솔루션을 원하는 소비자들의 니즈 증가 등이 모두 사물 인터넷의 물류분야 활용을 촉진하고 있기 때문이다. 물류서비스 제공자도 이에 발맞춰 급속도로 사물 인터넷을 받아들이고 있는 시점에서 앞으로 사물 인터넷이 물류분야에 엄청난 변화를 야기할 것으로 예상된다.

10) 인공지능

인공지능(Artificial Intelligence, AI)이란 컴퓨터에서 인간과 같이 사고하고 생각하고 학습하고 판단하는 논리적인 방식을 사용하는 인간지능을 본 딴 고급 컴퓨터프로그램을 말한다.

제4차 산업혁명이 본격적으로 진행됨에 따라 인공지능은 첨단과학기술을 대표하는 존재가 되었다. 즉, 이제는 컴퓨터가 인간과 같이 판단하고 논리적인 방식을 사용한다는 점에서 어떻게 보면 인간보다 훨씬 뛰어난 지식을 가진 사물의 등장이라고 할 수 있다. 물류분야의 엄청난 변화가 예상되는 대목이다.

3. 물류EDI의 활용

효율적인 물류관리시스템의 구축에 있어서 정보화가 매우 중요하다. 그러나 지금까지는 개별기업의 전략적인 면만을 주목하는 경향이 강해 업계 전체로서 대처할 수단으로서는 구체성을 결여하고 있는 것이 현실이다. 그러나 구미를 중심으로 전자데이터교환(EDI : Electronic Data Interchange)이라고 하는 업계간의 테두리를 넘어선 정보교환수단의 등장으로 업무의 효율화가 지속적으로 진행되고 있으며, 우리나라에서도 이미 그러한 경향이 현저하게 나타나고 있다.

즉, 시스템은 하나가 아니면 국내의 기업을 상호 연결하는 것이 불가능하다. 따라서 전화와 같이 국내의 기업들이 보유하고 있는 컴퓨터가 서로 결합된다면 기업간 메일, 수발주, 결제, 커뮤니케이션 등은 자동화될 수 있을 것이다. 그리고 중소기업들도 대기업들과 같이 하나의 시스템으로 모든 제품을 수발주할 수 있을 것이다. 이것을 가능하게 하는 것이 바로 EDI다.

이와 같은 EDI가 종래의 거래수단과 크게 다른 점은 수신된 정보가 그대로 컴퓨터에 기억된다는 점이다. 한번 컴퓨터에 기억되면 필요에 따라서 언제라도 재이용할 수 있기 때문에, 예컨대 수배송 의뢰정보를 EDI로 수신한 경우 단지 배차수배뿐만 아니라 그러한 정보를 토대로 하여 이후의 배달완료보고와 운임청구 및 운임계산에까지 컴퓨터로 자동처리할 수 있게 된다. 그러므로 이렇게 EDI를 단지 정보전달매체로서 이용할 뿐만 아니라 수신된 정보를 어떻게 사용할 것인지에 따라서 다음과 같은 효과가 기대된다.

① **사무의 효율화 및 일손부족에의 대응** : EDI에 수신된 데이터는 자동적으로 컴퓨터에 기억되고 이후의 사무작업에도 활용할 수 있기 때문에 종래의 수작업에 따른 종이문서의 처리와 타사 단말기로의 이중입력 등에 따른 업무부담을 경감시킬 수 있다.

② **인위적인 에러의 소멸** : EDI에 따른 Paperless화로 종이문서들 간의 전기에 따른 에러가 없어진다.

③ **시스템투자의 소멸** : 물류EDI표준을 채택함에 따라 거래선의 단말기들과 개별 데이터 변환용 및 전자교환용 S/W는 필요가 없게 된다.

④ **거래선의 확대 및 공동사업화의 활성화** : 물류EDI표준을 사용하는 기업은 매우 쉽게 EDI거래를 개시할 수 있기 때문에 기업간의 정보화 격차가 줄어들어 기존의 계열기업들만의 네트워크는 없어지고 거래선이 확대되며 공동사업화도 용이하게 된다.

현재 우리나라에서 구축된 물류와 관련된 EDI시스템으로는 관세청의 통관자동화시스템, 한국무역정보통신의 무역자동화망(KT-NET), 한국물류정보통신의 한국물류망(KL-NET) 등이 있다. 정부도 이에 적극적인 추진의지를 보여 현재 국토해양부·관세청 등 부문별로 추진되고 있는 물류 관련 EDI의 효율을 극대화하기 위해 이들을 통합하는 통합물류EDI망의 구축과 활용을 적극 추진하고 있다.

이러한 통합물류EDI망을 활용하는 경우 사업자가 어느 EDI망에 접속하더라도 관계되는 모든 EDI망을 사용할 수 있기 때문에 업체들의 업무효율 향상에 막대한 기여를 할 수 있을 것으로 생각된다.

4. 물류CALS 활용

CALS라는 개념은 1985년 미국방성이 컴퓨터 네트워크를 이용하여 군수물자 조달을 고도화한데서 비롯되었다. 즉, 종이로 되어 있는 기술문서, 기술정보의 디지털화 및 디지털 정보의 재이용 등으로 설계 및 운용작업을 효율화하여 제조 리드타임을 단축시키고 무기조달을 효율화하는 것이 목표였다. 그러나 이러한 CALS의 최초 용어와 개념은 이 CALS가 민간부문의 산업분야에 적극적으로 활용되면서 4단계에 걸친 변화과정을 겪게 된다.

① **CALS(Computer Aided Logistics Support)** : CALS의 구축 동기는 종이 산더미인 매뉴얼과의 싸움에서 시작되었다. 즉, 이 서류뭉치들은 페이지 당 2,000달러에 가까운 관리비용도 문제였지만 긴급한 상황이 발생했을 경우 대응능력을 크게 떨어뜨리는 장애요인으로 작용하였다. 이에 미 국방성은 이를 개선하지 않을 경우 중요한 병력자원을 마비시킬 수 있다는 판단에 따라 기술매뉴얼의 Paperless화를 목표로 1985년 CALS시스템 구축에 들어갔다.

② **CALS(Computer Aided Acquisition and Logistics Support)** : 1988년 미 국방성이 군납품업자들에게 방위산업에서 규정한 CALS규격을 따르도록 의무화하면서 CALS는 국방성과 방위산업체에 급속도로 확산되기 시작하였으며, CALS의 개념도 조달업무(Acquisition)가 추가되어 사용되었다.

③ **CALS(Continuous Acquisition and Life Cycle Support)** : 1991년 이후 CALS의 개념은 민간부문의 산업분야에 널리 보급되기 시작하였으며, 따라서 그 개념도 병참(Logistics)이라는 용어가 빠지고 지속적 조달과 상품 라이프사이클의 지원이라는 기업차원의 개념으로 변천되었다.

④ **CALS(Commerce At Light Speed)** : 지금까지 CALS는 제조과정의 기술적인 데이터에 주로 관련되어 적용되고 있었으며, 이미 기업간에 활발하게 적용되고 있었던 EDI는 수주·발주데이터와 같은 상거래 데이터에 중점을 두고 있었다. 그러나 CALS가 보다 효율적으로 적용되기 위해서는 EDI를 이용하여 결제를 포함한 상거래 영역까지 확장하여 다룰 필요성이 있었다. 따라서 1994년 CALS를 전자상거래 및 결제(EC : Electronic Commerce)까지를 포함하는 개념으로 확대하여 사용하였는데, 이것이 바로 오늘날의 CALS 개념이다.

그러므로 CALS는 산업분야에서 연구개발·구매·제조·재고관리·판매·물류 등의 정보를 통합된 정보시스템에 의해 동시적으로 관리되도록 하여 신속한 정보공유, 과학적이고 효율적인 업무수행 및 비용절감을 유도하는 정보체계라고 정의할 수 있다. 즉, 최근 '정보유통의 고속도로'라고도 불리는 CALS는 개발·설계·구매·생산·판매 및 물류에 이르기까지의 모든 정보를 표준화하고, 기업 내·기업간 및 국제간에 공유하도록 하는 정보체계이다.

[그림 9-10] 전자자료교환 개념의 변천

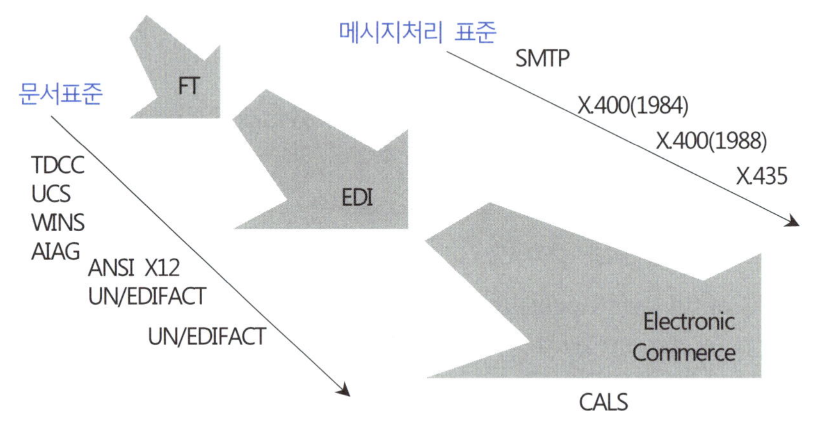

[그림 9-11] CALS의 개념도

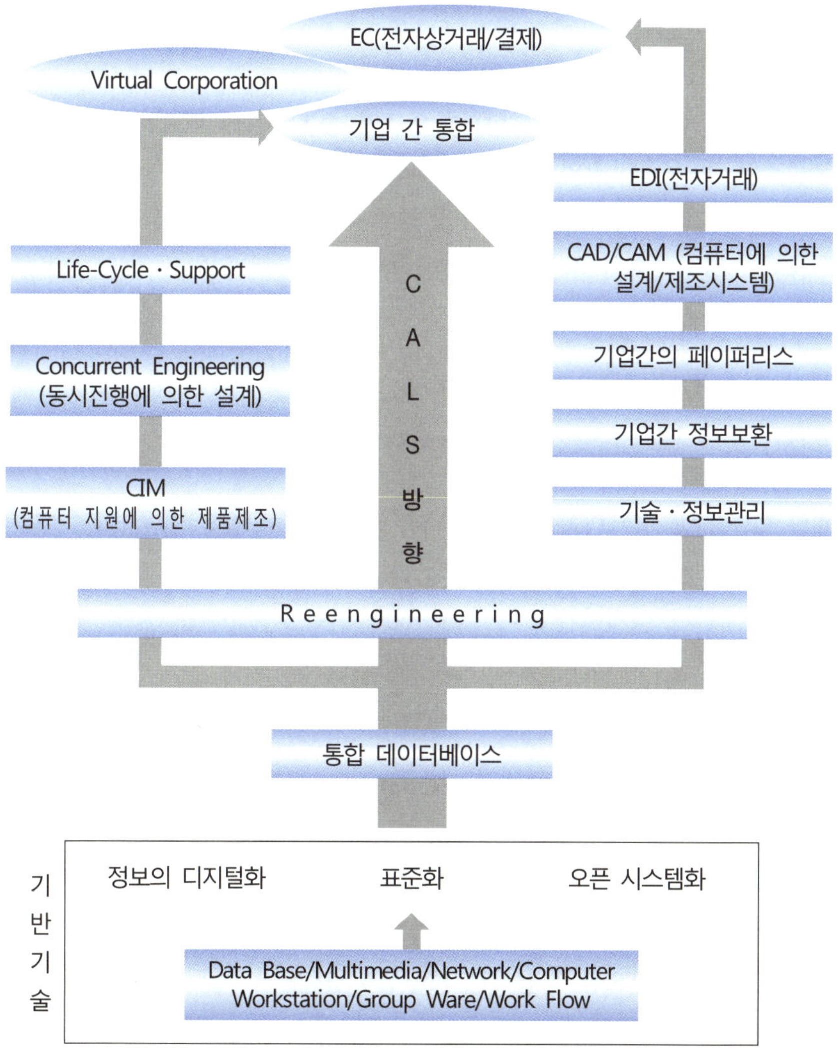

이와 같은 CALS를 산업업무에 적용하면 신속한 정보공유와 더불어 모든 작업을 온라인 상태에서 수행할 수 있기 때문에 기업 내 관련부문 또는 기업간에 획기적인 업무제휴와 업무 효율화가 가능해진다. 즉, 이러한 CALS의 도입효과는,

① 제품과 관련된 신속한 정보서비스의 제공
② 서류 업무절차를 자동화·통합화함으로써 중복작업의 배제로 비용절감 가능
③ 부품조달 및 운용지원의 리드타임 단축으로 효율성 제고
④ 장비설계의 신뢰성·정확도 향상으로 품질향상 기여
⑤ Paperless업무환경의 조성으로 업무 효율화 가능 등이다.

이 중 업무 리드타임 단축과 업무 효율성 제고가 가장 뚜렷한 효과로 기대되고 있는데, 미국 상무부의 조사결과에 의하면, CALS 도입효과는 경영활동 전반에 걸쳐 많은 효과가 나타나고 있음을 입증하고 있다. 즉,

① **개발 및 설계분야** : 디자인과 메커니즘 개발회사의 경우 CALS의 도입으로 중복작업의 배제와 여러 업무의 병행작업이 가능해져 개발시간이 크게 단축되었다.
- 신규개발시 설계시간 50-60% 단축
- 사양변경을 처리하는 시간 30-50% 단축
- 개념설계에 드는 비용 15-40% 절감

② **제조분야** : CALS의 도입으로 제조공정에서 즉시 설계공정의 데이터를 받아 활용하고, 개발공정이 제조공정에서 발생한 오류에 즉시 대응할 수 있어 전체 제품생산에 드는 시간이 크게 단축되고 불량률도 크게 줄었다.
- 품질불량의 개선 80% 향상
- 품질보증에 필요한 작업시간 30-70% 단축
- 재고 30-70% 감소

③ **조달 및 거래분야** : CALS의 도입으로 조달에서는 컴퓨터를 통한 기술검토 및 검색기능의 활용에 따른 심사속도 제고로 전체 조달 리드타임을 크게 단축할 수 있었으며, 인력절감도 기할 수 있었다. 또한 거래정보인 사양서, 설계도면 등을 네트워크를 통해 즉시 받아 볼 수 있어 신속·정확한 정보제공이 가능해지고, Paperless 환경이 조성되었다.

- 데이터 전송 오류 88% 감소
- 검색시간 40% 단축
- 문서작성에 드는 비용 10-50% 절감

④ **운용분야** : CALS의 도입으로 문서나 도면 등의 정보를 모두 일괄처리할 수 있어서, 예컨대 내용을 수정하는 경우 한 부문만 수정하더라도 관련된 부문의 정보가 빠짐없이 일괄적으로 정정되었다. 또한 전자 매뉴얼장치를 고장진단시스템에 접속하면 장애가 있는 부문을 시스템이 자동으로 판단해 화면에 표시해 주어 쉽게 수리절차와 설계도면까지 불러낼 수 있었으며, 작업절차를 동화상으로 화면에 표시할 수도 있었다. 한편 부품교환이 필요한 경우 부품제조업자의 데이터베이스에 직접 조회하면 가장 가까운 제품창고 및 수량 등을 화면으로 알려 주었으며, 이러한 일들은 모두 24시간 가능하였다.

- 도면 및 문서의 내용변경에 드는 시간 30-50% 단축
- 교육훈련계획에 드는 비용과 교육훈련시간 70-80% 감소
- 도면 및 문서작성 비용 10-50% 절감
- 장애가 있는 부문을 발견해 내는 정확성 35% 개선

5. 물류 유비쿼터스 활용

1) 유비쿼터스의 정의

유비쿼터스(Ubiquitous)란 라틴어로 '편재하다(보편적으로 존재하다)'라는 의미이

다. 모든 곳에 존재하는 네트워크라는 것은 지금처럼 책상 위 PC의 네트워크화 뿐만 아니라 휴대전화, TV, 게임기, 휴대용 단말기, 카 네비게이터, 센서 등 PC가 아닌 모든 비 PC 기기가 네트워크화되어 언제, 어디서나, 누구나 대용량의 통신망을 사용할 수 있고, 저요금으로 커뮤니케이션 할 수 있는 것을 말한다.

즉, 고정, 이동, 유선, 무선, 통신, 방송이라는 영역을 넘어 이용장소에 관계없이 상시접속 가능한 모바일의 성격을 가진 브로드밴드 네트워크 기반으로 각종 정보기기나 센서가 IP를 가지고 서로 연결함으로써 문자, 숫자, 동영상, 음성 등으로 안전한 정보의 송수신과 이를 통한 전자상거래가 가능한 플랫폼 등의 활용이 가능한 환경을 지칭한다.

[그림 9-12] 유비쿼터스 공간

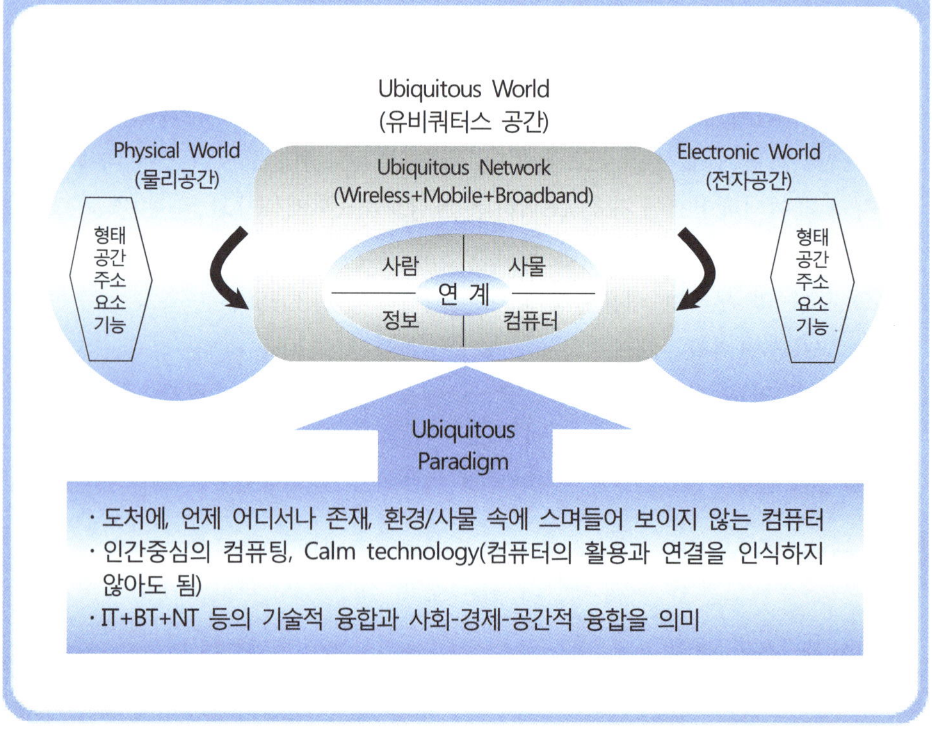

2) 유비쿼터스의 특징

유비쿼터스의 개념을 처음 사용한 미국의 사무용 복사기 제조회사인 제록스(Xerox) PARC(Palo Alto Research Center)의 마크와이저(Mark Wiser)는 유비쿼터스 시대의 특징을 다음과 같이 언급하였다.

첫째, 유비쿼터스 시대에는 컴퓨터 및 관련 기기들이 모두 네트워크에 연결되어 있어야 하고, 둘째, 그 컴퓨팅 기기들이 인간화된 인터페이스로서 눈에 보이지 않는 상태로 존재하여야 하며, 셋째, 가상공간이 아닌 현실세계의 어디서나 컴퓨터의 사용이 가능해야 한다. 또한 넷째, 장소, ID, 시간, 온도, 명암, 날씨 등 사용자 환경에 따라 서비스가 변해야 한다는 것이다.

유비쿼터스 시대에서는 전기나 수도와 마찬가지로 자유롭고 쉽게 사람들이 정보나 컴퓨팅 기기를 사용하는 환경을 추구하는 컴퓨팅의 실용화를 궁극적인 목적으로 한다. 현재의 컴퓨팅은 계산이 중심이며, 기계를 사용하기 위해 사용자가 기계를 배워야 하는 구조이지만, 유비쿼터스 컴퓨팅은 기계가 사용자의 행동을 배워 필요한 솔루션을 제공하는 것으로 장소에 구애받지 않는 컴퓨팅, 자연스러운 컴퓨팅, 자율적 컴퓨팅 등의 개념으로 사용되기도 한다.

3) 유비쿼터스의 활용

유비쿼터스에서 고려해야 하는 주요 요소들은 센서, 프로세서, 커뮤니케이션, 인터페이스, 보안 등이 있다. 센서, 프로세서는 기술적인 요소이며, 커뮤니케이션은 사람간의 관계, 인터페이스는 사람과 사물간의 관계, 보안은 프라이버시를 보호하는 내용이다.

센서 및 프로세서와 같은 기술적인 요소들은 RFID, 위치인식 기술, 무선통신과 같은 기초기술로 구성된다. RFID는 유통, 물류 분야에서 가장 중요하게 사용이 될 것이며, 바코드를 대신하여 물건의 정보를 RF칩에 저장해놓고 무선으로 데이터를 획득하여 관리 및 처리를 한다.

위치인식 기술은 사물이나 사용자의 위치정보를 획득하여 그에 맞는 적절한 서비스를 제공하기 위한 것이며, 유통, 물류에서 뿐만 아니라 교육, 교통, 건강관리시스템에서도 중요하게 사용된다.

또한 무선통신은 무선랜, 블루투스, 적외선통신 등이 있다. 무선랜은 현재 이동통신사에서 서비스를 하고 있으며, 특정 핫존(Hotzone)에 들어가면 무선으로 인터넷을 할 수 있다. 블루투스는 근거리 통신수단으로서 수 미터 이내의 통신을 주요 대상으로 하고 있으며, 휴대폰끼리의 데이터 교환, 무선 헤드셋 등과 같이 근거리에서 발생하는 통신을 말한다. 그리고 적외선통신은 우리가 집에서 많이 사용하는 적외선 리모컨이 그 대표적인 예이다.

향후 유비쿼터스는 유통, 물류분야에서 가장 긴요하게 활용될 것이다. 예컨대 대형 할인마트에서는 재고를 줄이고 신선한 채소들이 제때 들어오도록 하는 게 중요

[그림 9-13] RFID시스템 기본 구조도

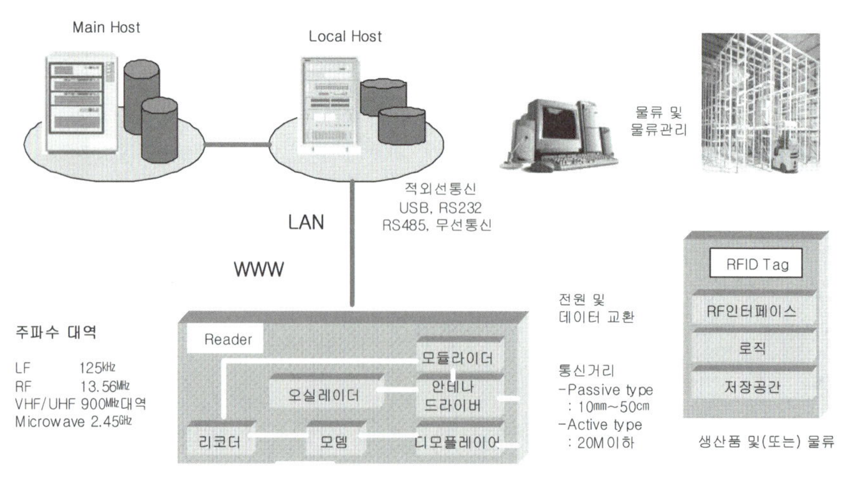

[그림 9-14] Ubiquitous Computing 기술이 적용된 물류 흐름

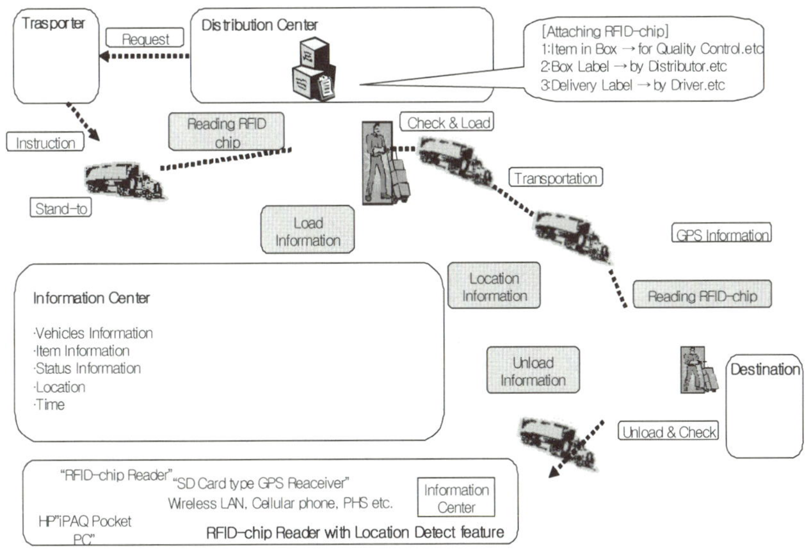

하다. 그런데 유비쿼터스는 실시간으로 매출 및 고객정보를 파악하고 필요할 때 바이어가 산지에서 무선단말기를 통해 상품을 신속하게 매입할 수 있도록 한다. 특히 광우병 파동 이후 식품에 대한 신뢰성 문제가 대두되면서 산지정보와 식품의 가공 및 유통경로가 담긴 RF칩을 부착함으로써 식품에 대한 신뢰성을 확보하려는 노력도 이루어지고 있다.

또한 택배업계에서는 소비자로부터 수령한 물건에 목적지 정보가 담긴 RF칩을 부착함으로써 주요 물류경로에서 목적지별로 물건들이 자동 분류되고, 택배차량에 부착된 GPS, 무선 통신시스템을 이용하여 실시간으로 배달경로를 확인하고 최적의 물류경로를 결정하게 된다.

6. 물류센터의 물류정보시스템

1) 물류센터 물류정보시스템의 일반요건

물류센터는 고부가가치를 지향하는 종합물류정보시스템의 구축이 가장 절실하게 요구되는 곳이며, 물류서비스의 제고 및 물류비 절감 등 물류효율성 향상을 도모하는 기업 물류관리의 기반이 되는 물류활동이 복합적으로 일어나는 장소이다.

그러므로 물류센터에서는 기업 물류관리의 주요한 부문을 가장 효율적으로 수행하여야 하므로, 이 물류센터의 물류정보시스템은 물류관리의 여러 요소들을 복합적으로 고려하여 구축함으로써 전체로서의 물류효율의 극대화를 도모하여야 한다.

물류센터의 물류정보시스템에 요구되는 주요한 일반요건은 다음과 같다.

① **작업공정간에 막힘이 없고, 생산성이 높은 시스템** : 작업자의 시간당 피킹 갯수로 나타낼 수 있는 사람과 시간생산성이 높은 시스템, 작업을 표준화하여 각 공정의 코스트를 파악하고 물류코스트 전체를 절감할 수 있는 시스템이어야 한다.

② **재고정도 향상과 재고 압축** : 실재고와 이론재고의 일치에 따른 재고정도의 향상을 도모하고, 품절과 결품없이 재고회전율을 향상시켜 재고를 최대한 압축하는 보충시스템을 구축하여야 한다.

③ **물류서비스의 원활한 지원** : 피킹의 실수방지를 도모하는 피킹시스템과 검품시스템의 구축, 유통가공활동을 지원하는 시스템을 구축하는 것이 필요하다.

그러므로 물류센터 물류정보시스템의 요건을 실현하기 위해서는 물류센터를 "물류부가가치"를 창출하는 장소라는 인식을 기본으로 FA적 발상에 따른 작업의 공정화를 도모하여 설비와 물류정보시스템을 최대한 활용한 "고부가가치를 창출하는 물류센터 물류정보시스템인 CIL/DA"(Computer Integrated Logistics/Distribution Center Automation)의 구축이 필요하다.

즉, 물류센터에서 이루어지는 물류작업공정은 대략 물품의 하역과 입고작업에서부터 출고・적재 및 출하작업까지의 공정으로 그 범위를 정할 수 있다. 각 작업은 물류센터의 물류정보시스템에 의해 제어되며, 입출고지시서 등에 근거한 수작업과 물류정보시스템에 의해 제어되는 자동창고・분류장치・오더피킹장치・자동반송장치 등의 자동화 작업으로 이루어진다.

그런데 수・발주시스템과 수배송시스템이 상호 연결되어 있지 않은 물류센터 물류정보시스템은 상상할 수 없으므로 연계처리부문에 대한 세심한 배려가 필요하다. 즉, 수・발주시스템과 수배송시스템을 상호 연계하여 물류센터의 물류정보시스템에 의해 제어되도록 구축하여야 한다.

한편 이상과 같은 물류센터 물류정보시스템의 주요한 업무를 효율적으로 실행하는 지원시스템이 되기 위해서는 작업원 일정관리(LSP : Labor Scheduling Program), 최적위치관리, 적재・배송시뮬레이션, 물류코스트관리 등도 철저히 해야 한다.

2) 물류센터 물류정보시스템의 구축요건

물류센터 물류정보시스템을 구축하는 경우 전제로 해야 할 사항들을 정보시스템의 측면에서 살펴보면 다음과 같다.

① **물류센터 전체의 운영을 고려한 설계** : 물류센터 물류정보시스템은 물류작업설비, 현장의 작업공정 등을 전체적인 관점에서 고려하여 기획・구축할 필요가 있다. 즉, 물류센터 내의 작업내용을 조사・분석하여 작업의 표준화 및 공정화를 도모하고 작업의 목표시간을 설정한다. 다음으로 각 공정이 한번에 흐르는 것처럼 하여 물류작업설비나 건물의 설계 등을 하고, 이를 바탕으로 효율적인 물류정보시스템이 구축될 수 있도록 하여야 한다.

② **시스템 내구년수의 설정과 운용이 용이한 시스템** : 물류센터의 건설에는 대규모의 투자자금이 소요되며, 감가상각기간은 5~10여년에 이르고 있다. 그러나 경영환경요인의 급격한 변화에 따라 감가상각기간 이전이라도 그 설비를 사용할 수 없게 될 가능성도 있으므로 가동후의 운용변경을 고려한 물류정보시스템의 설계가 필요하다.

③ **물류센터 내 전용 관리컴퓨터의 필요성** : 본사의 호스트컴퓨터가 물류센터 내의 기능을 대행하고 있는 경우가 많이 있으나, 물류센터 내의 작업을 더욱 정밀하게 관리하여 고부가가치 서비스를 제공하기 위해서는 물류센터 내에 전용 관리컴퓨터를 설치하는 것이 반드시 필요하다.

④ **컴퓨터의 계층별·기능별 활용의 명확화** : 본사의 호스트컴퓨터, 물류센터의 전용 관리컴퓨터 및 물류작업의 제어컴퓨터간에 계층별·기능별 및 데이터베이스의 기능 등의 분담을 명확히 할 필요가 있다. 이것은 재고데이터베이스를 어느 계층까지 실시간으로 갱신할 것인지에 따라 재고할당의 정확도가 서로 다르게 되기 때문이다. 일반적으로는 상위컴퓨터까지 실시간으로 갱신하는 것이 바람직하지만 컴퓨터나 네트워크의 부하가 늘어나기 때문에 이에 대비한 적절한 시스템의 정합성을 사전에 검토하는 것이 중요하다.

[그림 9-15] 물류센터의 화물흐름

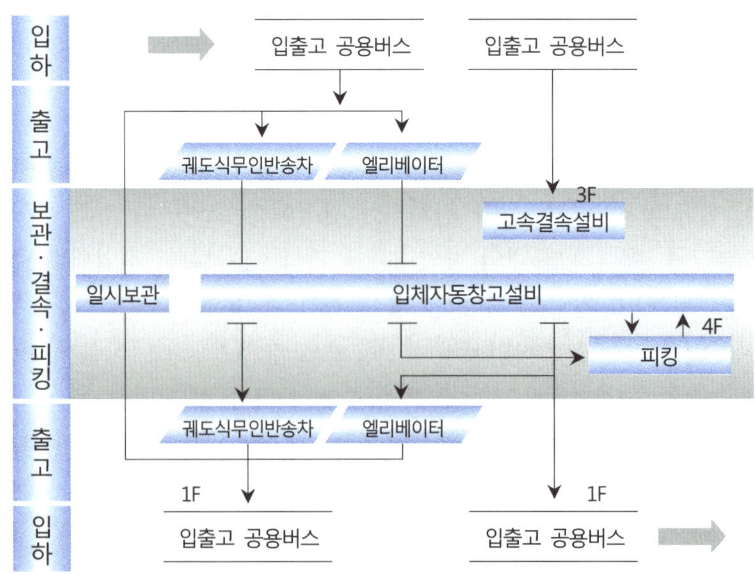

⑤ **제품 · 포장용기 등을 쉽게 인식할 수 있는 매체** : 물품과 정보의 일치를 도모하기 위해서는 제품이나 포장용기 등을 물류정보시스템이 직접 인식할 수 있도록 할 필요가 있다. 또한 데이터 입력의 용이성이나 물류작업설비에 의한 자동화가 가능한지에 대해서도 고려할 필요가 있다.

[그림 9-16] 물류센터의 정보흐름

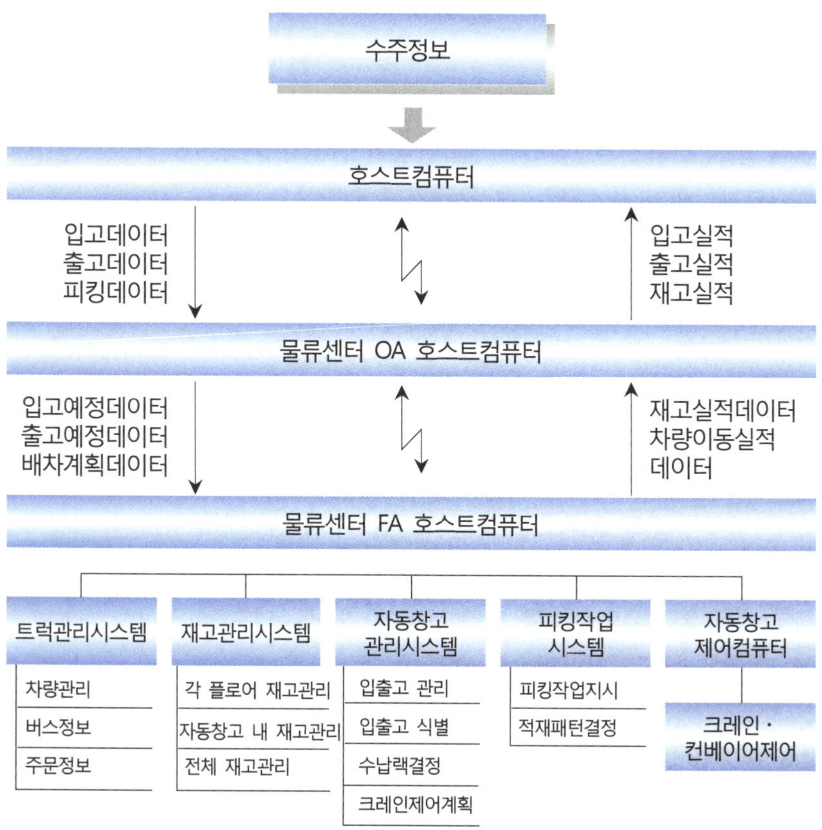

⑥ **현장작업자에게 지시 · 실적입력이 쉬운 단말기** : 물류센터 내의 물류정보시스템은 입출고 · 보충지시 및 실적입력, 검품 등 현장작업자가 직접 단말기에서 조작하는 작업에 의해 주로 이루어지므로, 조작성 · 이동의 용이성 및 실시간성 등이 요구된다. 그러므로 이러한 단말기 작업이 용이하도록 구상되어야 하는데, 최근에는 핸디단말기나 구내 무선단말기 등이 많이 사용되고 있으며, 이것을 포크리프트에 설치하여 사용하는 경우도 있다.

3) 물류센터 물류정보시스템의 구성체계

(1) 수 · 발주시스템

수주시스템의 포인트는 얼마나 신속 · 정확하게 수주정보를 취합하는가에 있다. 즉, 주문처로부터의 EOS수주는 그 구체적인 수단으로, 수주 후에 즉시 재고할당처리나 주문피킹지시 등과 같은 입출고시스템과의 연결처리가 매우 중요하다.

한편 발주시스템은 판매에 필요한 물품을 조기에 발주하여 품절을 방지하고, 발주처의 서비스수준 저하를 방지하기 위한 시스템으로 재고관리시스템과 연계하여 단위제품별 재고관리시스템으로부터 발주대상 물품의 발주지시리스트(발주권고리스트)를 출력하는 것을 기본으로 한다. 이러한 발주시스템의 역할 가운데 하나는 발주수량의 정정확인처리를 어떻게 확실하게 실시할 것인가 하는 점인데, 이 정정확인처리작업은 발주수량의 정확도를 향상시키기 위해서도 매우 중요한 기능이다.

또한 발주처리를 하고난 다음에는 발주된 물품을 재고에 반영하는 방법이 중요하다. 실제로 발주수량은 발주처와 물품 등에 따라 발주일+α(α 는 입하까지의 일수, 휴일을 고려한 것임)로 입고예정일을 고려하여 결정할 필요가 있다.

(2) 입출고시스템

입고시스템은 입하시의 물품재고의 신속한 반영과 네트워크을 이용하여 사전에 입고물품의 정보를 재고에 반영하는 것이 주 포인트이며, 발주물품정보가 축적되어 있는 입고예정파일을 이용하여 물품입하시의 입고처리를 행하고, 입고수량을 확정한다.

또한 입고수량 확정 후 위치별 보관지시를 행하게 되며, 이때 컨베이어로 물품을 이동시키는 경우에는 입고된 물품에 바코드로 된 입고라벨을 붙여서 컨베이어에 부착된 BCR(Bar Code Reader)로 읽어 들이는 방법을 고려할 수도 있다.

한편 플로어 랙(Floor Rack)이나 다계층식 랙을 이용하여 물품의 보관장소와 피킹장소를 구분하는 경우가 많은데, 이 경우 입고시에 보관지시나 보충지시에 따라 입고라벨을 구분할 필요가 있으며, 입고시의 처리에서는 입고된 물품을 얼마나 빨리 재고에 반영할 수 있느냐가 주 포인트가 된다.

그런데 입고되어 창고입구에 있는 물품을 바로 출하시키는 방법도 고려할 수 있다. 이것은 운용상의 문제로 인식되며 정보시스템과 어떻게 연결시킬 것인가를 고려해야 한다. 즉, 입고수량을 재고수량에 가능한 빨리 반영시키는 방법으로서는 입고예정수량을 구매선과 연결시켜 입고시 물품의 스캐닝에 의한 검품방법을 고려할 수 있다.

다음으로 출고시스템은 크게 피킹과 집품 및 검품시스템으로 구분된다. 피킹시스템의 포인트는 두 가지가 있다. 하나는 정규사원 이외의 사람이 단시간에 처리내용을 습득할 수 있도록 하여 처리오류를 줄이는 것인데, 이를 위해서는 그 물품지식이 전혀 없는 사람이 간단하게 피킹을 할 수 있도록 하는 것에 초점을 맞추어 시스템을 구축할 필요가 있으며, 특히 위치표시는 피킹지시에 있어서 필수불가결한 요소이다.

그리고 또 하나는 창고 내 작업에 대한 피킹리스트 출력의 시점인데, 이것은 즉시처리를 하게 함으로써 적재리스트와 직접 대조가 가능하고 검품작업의 생력화를 도모할 수가 있으므로, 피킹리스트의 출력은 그 즉시 처리하는 것이 가장 바람직하다. 그러나 즉시처리를 할 수 없는 경우에는 여러 곳에서 피킹된 물품을 거래처 등을 키로 하여 거래처별로 집약시킬 필요가 있으며, 또한 물류센터로부터 거래처로 직송처리를 할 경우에는 판매전표의 작성도 고려해야 한다.

다음으로는 집품 및 검품시스템인데, 최근의 물류센터에는 보통 벨트컨베이어를 이용하여 배송방면별로 분류하는 장치가 마련되어 있어 이를 이용하여 집품하게 되며, 검품시스템에는 태그를 통해 피킹을 하는 시일피킹(Seal Picking)이나 바코드와 스캐너를 이용하는 스캔검품 등 여러 가지 방법이 있지만, 아직도 수작업으로 하는 경우도 많아서 물류작업 생산성의 향상이라는 관점에서는 자동화·기계화가 절대적으로 필요한 시점이다.

(3) 재고관리시스템

재고관리시스템은 물류센터 물류정보시스템의 핵심으로 수·발주시스템을 비롯하여 물류활동을 제어하는 기본시스템이라고 할 수 있다. 이 재고관리시스템은 단일제품별 재고관리를 통해 위치관리와 연계하여 피킹리스트 상에 피킹대상 물품명을 위치번호로 하여 지시정보를 표시하게 되며, 또한 배송시스템과도 연결되어 배송트럭별로 적재할 포장수량을 지시한다. 이렇게 재고관리를 중심으로 한 타 시스템과의 인터페이스는 출하와 검품작업시 작업부하를 경감시키는 효과가 있으므로 매우 중요하다. 이와 같은 재고관리시스템의 구축시 고려해야 할 사항은 다음과 같다.

· 재고정확도의 향상
· 재고보충의 적정화
· 기회손실의 감소
· 재고금액의 감소

재고정확도를 향상시키는 기본전략은 단일제품별(단품 내지는 일품이라고 함) 재고관리이며, 실재고와 이론재고를 항상 일치하도록 해야 한다. 그리고 단품별 재고관리시스템은 위치관리시스템과 연계되어 물품의 보관관리나 보충관리가 함께 고려되도록 해야 한다.

또한 재고의 정확도를 유지하기 위해서는 재고관리시스템 가동 후 수개월 단위로 일정기간동안 매일 매일의 물품이동정보를 실사하여 정확도 향상을 도모하여야 한다. 그러므로 이를 위해서는 단품위치의 일일관리와 로트 관리를 도입하고 거래처에 대한 서비스와 경쟁사와의 서비스차별화를 고려하는 것도 중요하다.

(4) 배차·배송시스템

배차·배송시스템의 포인트는 물품의 사이즈(길이·폭·높이)와 중량을 미리 등록시켜서 배차의 할당품목과 수량을 정하는 것과 배차계획을 어떻게 현실적으로 즉시 입안하는가 하는 것이다. 이것은 개별 회사만으로는 추진이 곤란하며, 거래처와의 협력이 필요하다.

배차의 경우 종래에는 운송업 경험을 가진 사람이 배송량을 어림짐작하여 배송적재수량이나 배차소요를 결정하곤 하였다. 또한 오늘날과 같이 소량다품종・다빈도 배송에서는 납품시간이 한정되어 있어 결국 시간과의 승부가 가장 중요한 요소가 되었으므로, 이러한 과정에서 배송의 효율화는 제2차적인 문제로 인식되어 왔던 것이 사실이다. 한편 배송루트의 결정에 있어서도 이러한 불합리한 사례가 많았는데, 이러한 이유로 인하여 배차・배송시스템의 필요성이 대두된 것이다.

그러나 상세한 데이터를 취급하면 할수록 시스템의 규모도 커지고 복잡하게 되어 운용이 어렵게 되고, 유지・보수에도 많은 시간이 소모되는 것은 필연적이다. 물론 물품의 모든 사이즈를 등록시킨다면 완벽하게 처리할 수도 있겠지만, 해당 품목이 많은 경우에는 현실적으로 어려움이 있을 뿐만 아니라 실무적용도 상당히 곤란하기 때문에 우선은 간단한 방법으로 먼저 실시하고 나서 점차 실시수준을 향상시켜 나가는 방법이 바람직하다.

다음으로 배송루트에 관한 문제인데, 대개의 기업에서는 배송방면별로 배송관리가 이루어지고 있어, 배송변경이나 신규추가 등의 유지・보수작업에 많은 시간이 소모된다. 따라서 이러한 유지・보수작업의 생산성을 향상시키기 위해서는 물류지원시스템이 필요하다.

(5) 물류지원시스템

물류센터 물류정보시스템에는 발주・입하시스템, 수주・출하시스템, 재고관리시스템, 배차・배송시스템 이외에도 물류센터 물류정보시스템을 여러 각도에서 지원하는 물류지원시스템이 있다.

① **발주점의 결정을 위한 시뮬레이션시스템** : 물품의 금액기준 ABC분석, 재고 ABC분석, 판매 및 미판매실적 등의 실적 데이터와 발주~입하 리드타임, 수요예측 등의 데이터를 이용하여 시뮬레이션으로 발주점과 발주량을 산출한다.

② **창고 내의 위치결정이나 변경을 위한 위치관리시스템** : 3개월간의 피킹실적(빈도 및 수량)을 기본으로 하여 판매전략품목과 연계하여 현행의 위치변경을 한다. 그리고 결과를 물품마스터나 위치마스터에 반영할 수 있도록 하고 완성된 변경리스트를 출력한다.

③ **최적의 배차계획을 실현하기 위한 배차계획지원시스템** : 차량수배, 적재계획, 차량할당 등을 각종 실적 데이터, 수주 데이터 등으로부터 시뮬레이션하여 배차계획표를 출력한다.

④ **배송루트의 유지 · 보수를 용이하게 하여 주는 배차루트지원시스템** : 배차계획지원시스템과 연동하여 배송루트의 변경이나 신규거래처의 추가와 같은 배송루트의 유지 · 보수를 용이하게 하도록 하여 준다.

⑤ **최적의 작업계획을 시뮬레이션하는 LSP(Labor Scheduling Program)** : 창고 내의 생산성을 파악하고 향상시키기 위해 현행의 작업실태를 작업단계별로 수량적으로 파악하여 최적의 작업계획을 입안한다.

⑥ **코스트 요소을 정확히 하여 개별물품의 최종이익을 산출하는 DDP(Direct Product Profit)** : 물류를 여러 각도로 수치로 파악함으로써 코스트요인을 정확히 하여 생산성을 향상시킬 수 있는 포인트를 찾아낸다. 그런데 여기에서 최종적으로는 개별물품 단위로 파악하는 것이 필요하다.

7. 유통물류정보시스템

1) 유통물류정보시스템의 개념

정보화 시대에 있어서 유통업은 상품이 아닌 정보를 판매하는 것이다. 그러므로 유통업의 정보시스템 문제는 더 이상 회피할 수 없는 지상과제로 대두되고 있으며, 유통업에서의 물자의 유통은 그 영역이 매우 광범위하므로, 앞으로 유통업계의 정보활용은 기업차원이 아닌 업계차원, 더 나아가 사회차원에서 고려되어야 한다. 한편

[그림 9-17] 유통물류정보시스템의 흐름도

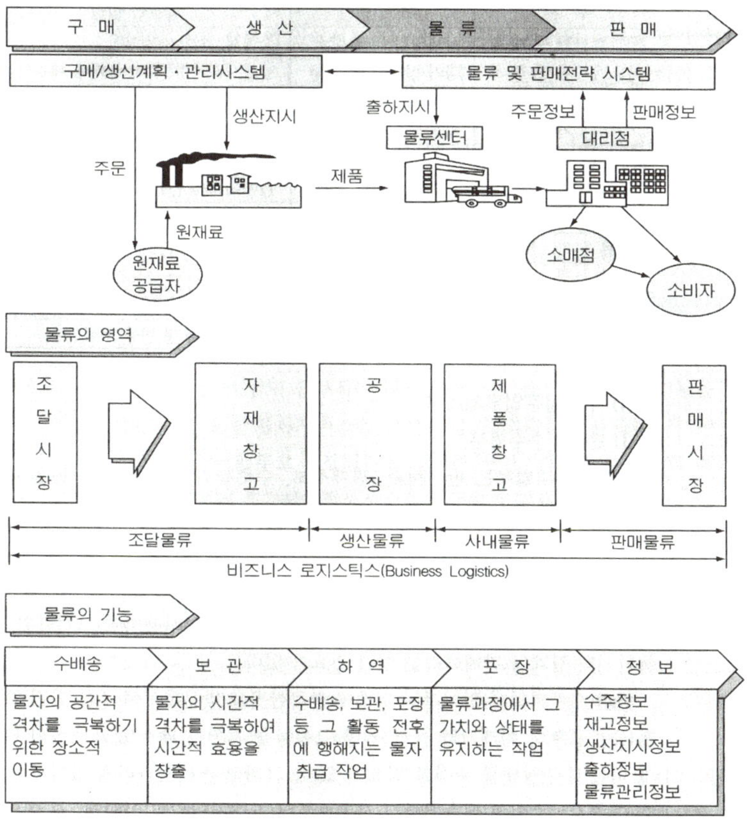

물류의 중요성이 강조되면서 유통과 물류를 연계한 유통물류정보시스템의 활용 또한 강조되고 있음은 자명하다.

2) 유통물류정보시스템의 구성체계

유통물류정보시스템은 크게 ① 수·발주업무시스템, ② 물류센터 물류정보시스템, ③ 수배송시스템 등의 3개의 업무시스템으로 구성되며, 유통업의 경쟁우위 확보를 위한 가장 효과적인 유통물류정보시스템을 구축하기 위해서는 무엇보다 먼저 시스템화에 관한 발상전환이 필수적이다.

표 9-6. 유통물류정보시스템 구축의 발상전환

구 분		종래의 발상	향후의 발상
판 매	판매계획	사내영업소, 출장소	소매점, 소비자 정보
	판매정보	과거 실적	발생시점처리(POS)에 따른 예측처리
	수 주	주문형 수주	네트워크형 수주
	거래처관리	매상액	이익액, 공헌도 분석
구 매	구매계획	구매부문주체	판매부문주체
	발 주	재고정보(실재고)	판매예측을 근거로
	재고관리	보관	재고 제로 지향
물류센터	자동화	개별자동화	정보와 연동시킨 자동화
	정보화	수주대응	수요에 근거한 물류관리
수배송	코스트	개별코스트의 삭감	전체코스트 삭감
	제품추적	포인트의 추적	라인의 흐름 및 이동 추적

(1) 수·발주업무시스템

(가) 판매·수주업무

판매·수주업무는 판매계획, 판매정보, 수주관리, 거래처관리 등을 행하는 것을 말한다. 판매계획은 종래 사내중심의 계획수립이 주이었으나, 향후 판매계획은 소매점, 소비자단위, 제품단품단위별로 세분할 필요가 있다. 또한 판매정보에 있어서는 종래 과거의 판매실적을 집계하여 사내 조직단위의 평가를 행하곤 하였으나, 향후에는 POS 등의 기법을 사용하여 고객단위, 부품단위의 집계와 판매예측을 행할 필요가 있다.

한편 수주관리에 있어서는 거래처 한곳 한곳을 방문하여 수주를 받던 주문형 수주로부터 거래처와 물류 쌍방이 이점을 가지는 네트워크 중심의 EOS에 따른 수주형태를 추진할 필요가 있다. 그리고 거래처관리에 있어서도 종래 매출지상주의의 매출액중심 사고로부터 거래처단위의 이익액, 즉 이익공헌도를 평가하고 수배송에 관한 코스트나 시간을 평가하여 거래처를 선별적으로 관리할 필요가 있다.

(나) 구매 · 재고관리업무

구매계획에 있어서는 구매부문에 전적으로 일임하던 종래의 발상을 바꾸어 향후의 판매계획과 판매예측을 중시한 판매부문 중심의 구매계획을 입안할 필요가 있다. 본 계획의 추진을 위해 종래 판매 제일선부문의 책임자를 물류구매부문의 책임자로 두어 조직적으로 구매부문을 판매중심으로 변혁하는 기업도 있다.

발주할 때의 정보에 있어서도 재고정보로부터 과거의 실적을 평가하여 발주수량을 결정하였으나, 향후에는 판매계획 및 판매예측을 감안하여 적정재고수량에 근거한 발주수량을 결정할 필요가 있다. 또한 제품보관중심의 사고로부터 제품재고는 비용 상승의 최대요인이라는 생각을 가지고 매일 공급되는 물품에 요구되는 신선도 관리를 충실히 하여 프로형 물류를 지향할 필요도 있다. 이러한 방식을 추진하기 위해서는 거래처와 수주로부터 발주까지의 시차, 그리고 제조업자와의 발주로부터 납품까지의 시차를 균등화하는 것이 필수적이다.

(2) 물류센터 유통물류정보시스템

물류센터는 "사람이 근무하는 장소"라는 사고를 가지고 기본기능을 설계하여야 하며, 또한 물류서비스의 질적 향상, 작업수준의 효율화, 기업이미지 제고 등을 염두에 두고 시장전략을 명확히 하여 "자동화 = 정보화"라는 사고로서 물류센터 유통물류정보시스템을 구축할 필요가 있다.

(3) 수배송시스템

유통물류정보시스템에서 중요한 시스템 중의 하나는 수배송시스템이다. 종래 수배송부문의 효율화는 차량 한대당의 비용절감이라는 차원에서 차량 한대에 얼마만큼 물품을 많이 적재하는가가 관건이었다. 그러나 앞으로는 동일업종은 물론 이업종간의 공동수배송, 거래처의 일괄배송 등 차량의 효율적 이용을 고려한 수배송시스템의 구축이 주요 포인트가 된다.

아울러 배송차량을 효율적으로 이용하기 위해서는 차량의 현재 위치를 파악하여 거래처에 대한 납입시간의 연락 및 차량에 대한 철저한 지시를 할 필요가 있으며, 이러한 시스템을 구축하기 위해서는 이동통신기술을 이용한 시스템 구축이 매우 효과적일 것이다.

8. 택배정보시스템

1) 택배정보시스템의 개념

주로 소화물을 대상으로 하여 신속・정확・안전・편리 및 정시배달서비스를 제공하고 있는 택배업은 고객서비스를 제고하기 위해 신속・정확한 화물흐름 및 정보흐름을 통제・관리하는 것이 매우 중요하다. 그러므로 이를 위해서는 택배정보시스템을 활용하는 것이 필수적이다.

[그림 9-18] 택배업의 정보흐름도

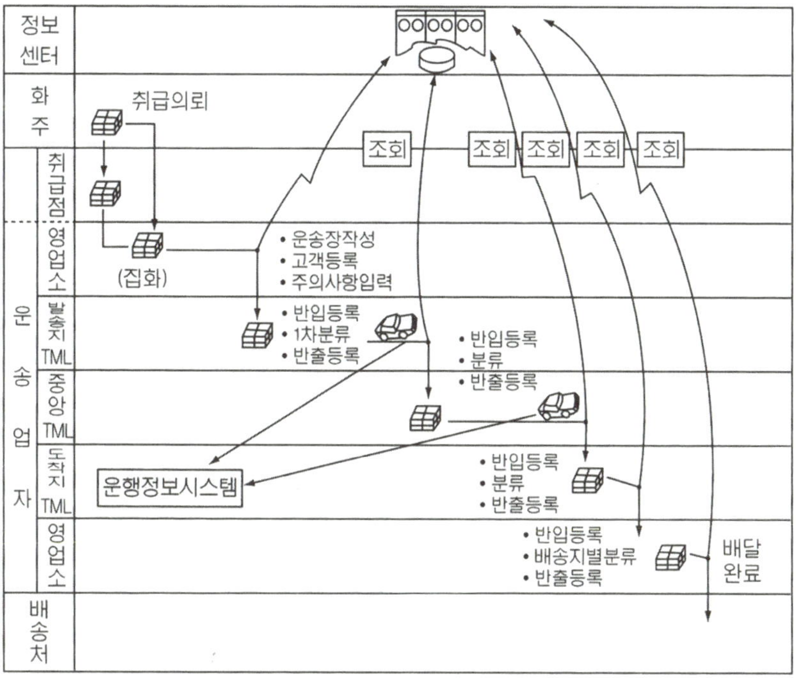

이와 같은 택배업에 있어서의 물류정보시스템은 철저한 문전 수배송서비스(Door to Door)를 제공하는 택배서비스의 성격상 화물의 흐름을 중심으로 볼 때에 [그림 9-19]에서와 같이 예약관리시스템, 집화시스템, 분류시스템, 배송시스템 등으로 구성되며, 이러한 기본적인 시스템 이외에 고객서비스와 관리를 위해 화물추적시스템, 집화지령시스템, 운행정보시스템, 운임정산시스템, 일반관리시스템 등으로 구성되어 있다.

[그림 9-19] 택배정보시스템의 구성 체계

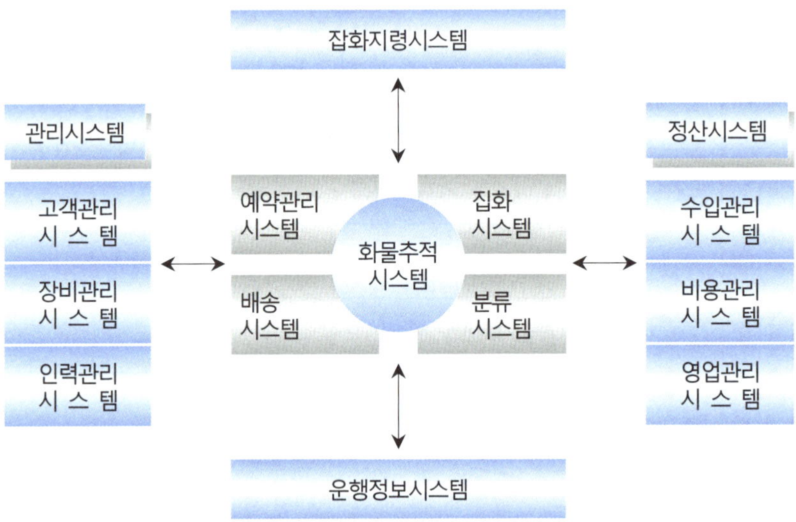

2) 택배 정보처리기술

택배정보시스템의 화물추적관리와 효율적인 집배송을 위해 보편적으로 이용되고 있는 정보처리기술에는 이동체 통신, 휴대용 바코드 리더 및 이동차량의 위치추적과 행선지시를 위한 차량탑재용 무선기기 등이 있다. 이 가운데서 이동체 통신은 차량들 간 및 차량과 사무실간의 무선통신을 위한 것으로, 사용하는 주파수는 거리에 따라 원거리의 경우 장파나 단파를 사용하며, 근거리인 도심지의 경우에는 초단파인 UHF나 VHF가 사용된다.

현재 사용 중인 택배용 이동통신시스템에는 LMR, MCA, AVM 등이 있는데, 이들 각각에 대해서 개략적으로 살펴보면 다음과 같다.

(1) LMR

LMR은 이동중인 차량과 기지국을 안테나를 통하여 중계하는 사설 무선통신시스템으로 Land Mobile Radio의 약칭이다. 즉, LMR은 지령국인 지상기지국과 이동국인 차량간의 이동통신을 위해 이동국에서 중계소까지는 무선으로 송・수신하고, 중계소에서 기지국까지는 유선케이블을 통해 송・수신을 한다.

이 시스템에서는 주로 음성통신에 의해 이루어지며, 모든 정보의 송・수신은 기지국을 통해서 이루어지게 되고, 기지국에서는 사전에 부여된 차량ID를 이용하여 해당 차량을 호출하는 방식으로 통신을 한다.

(2) MCA

MCA는 다수의 이용자가 복수개의 통신채널을 공동으로 사용하는 통신방식으로 Mutiple Channel Access의 약칭이다. 여기서 통신채널이란 정보를 전송하는 통신선로를 의미하는데, 하나의 채널로 하나의 통신만을 할 수 있기 때문에 동시에 복수개의 통신을 하기 위해서는 그 만큼 채널이 더 필요하게 된다.

MCA는 제어국과 기기국 및 이동국간의 통신을 통해서 음성이나 데이터의 송・수신이 이루어진다. 통신의 흐름을 살펴보면 송신국인 기기국이나 발신국인 이동국이 제어용 채널을 통해 제어국에 통신요청을 하면 제어국에서는 비어있는 채널을 컴퓨터로 검색하여 찾아내고, 해당 채널을 발신국과 통신 상대국에게 할당한다. 이렇게 되면 통신이 가능해지며, 이때에 빈 채널이 없으면 채널이 빌 때까지 기다려야 한다.

한편 MCA시스템은 차량의 단말기에 자료를 직접 전송할 수 있어 집화효율을 올릴 수 있을 뿐만 아니라 화주들에 대한 서비스도 향상시킬 수 있으며, 기지국에서는 집화와 배달의 진행상황 정보와 차량의 위치파악 등을 실시간으로 할 수 있어, 택배시스템의 효율적인 관리에 매우 유용하게 사용된다.

(3) AVM

AVM이란 이동체통신과 정보처리의 두 가지 기술을 결합시킨 시스템으로, MCA

시스템에 비해 초기투자가 많이 소요되는 단점이 있으나 정보처리효율은 MCA에 비해 우수하다. 이 AVM은 이동중계차와 각 지역의 신호송신국, 무선기지국 및 배차지령실 등으로 이루어져 있어, 차량이 어디에 있더라도 그 위치를 찾아내어 고효율의 통신을 가능토록 하고 있다.

택배정보시스템과 관련하여 AVM이 차량의 위치를 검출하는 방법은 먼저 차량의 소재와 작업상태를 단말기의 키 조작을 통해 본부에 전송하는 반자동방식이 적합하며, 물동량이 증대되면 차량의 단말기를 통해 지시된 집화나 배달의 지시 및 완료정보를 본부와 대화형으로 처리할 수 있도록 시스템을 구성할 수도 있다.

3) 택배정보시스템의 도입효과

택배정보시스템의 도입에 따른 택배업의 생산성 향상효과를 보면, 일본의 대표적인 택배전문업체인 야마토운수의 경우 MCA시스템의 도입을 통해 수주건수에서부터 택배처리건수에 이르기까지 상당한 효과를 거두고 있는 것으로 나타나고 있다.

즉, 야마토운수의 MCA시스템 도입에 따른 효과를 보면, 수주건수에 있어서는 도입 전에 하루평균 3,269건의 수주를 올리던 것이 도입 후에는 4,951건으로 거의 60% 이상 증가하였으며, 택배주문건당 처리시간도 도입 전에 건당 45초에서 도입 후에는 건당 10초로 업무효율의 비약적인 향상을 가져왔다. 아울러 택배주문이 몰리는 피크시간대의 처리건수도 도입 전에는 시간당 약 55건을 처리하던 것을 시스템도입을 통해 3.5배가 넘는 시간당 200건의 처리실적을 기록함으로써 상당한 생산성 향상을 기하였다.

이는 MCA시스템의 도입효과를 잘 나타내고 있는 것으로, 이 생산성 향상을 통해 일본의 야마토운수는 다른 경쟁업체들에 비해 우수한 고객서비스를 제공할 수 있게 된 것은 물론이고, 경영합리화에도 상당히 기여한 것은 재론의 여지가 없다.

표 9-7. 야마토운수 MCA시스템의 도입효과

<table>
<tr><th>구 분</th><th>단 위</th><th colspan="2">시스템 도입 전</th><th colspan="2">시스템 도입 후</th></tr>
<tr><td>수주건수</td><td>건/일</td><td colspan="2">3,269</td><td colspan="2">4,951</td></tr>
<tr><td>처리시간</td><td>초/건</td><td colspan="2">45</td><td colspan="2">10</td></tr>
<tr><td>자료전송시간(무선연락)</td><td>초/건</td><td colspan="2">20</td><td colspan="2">2</td></tr>
<tr><td>피크시 처리건수</td><td>건/시</td><td colspan="2">55</td><td colspan="2">200</td></tr>
<tr><td rowspan="3">집배요원에게 연락할
때까지의 시간</td><td rowspan="3">%</td><td>30분 이내</td><td>32</td><td>10분 이내</td><td>97</td></tr>
<tr><td>1시간 이내</td><td>18</td><td rowspan="2">10분 이상</td><td rowspan="2">3</td></tr>
<tr><td>1시간 이상</td><td>50</td></tr>
</table>

제3편
국제물류

제 10 장 국제물류의 이해

제1절 국제물류의 의의

1. 국제물류의 정의

오늘날 대부분의 기업들은 글로벌 환경 속에서 국제경영활동을 활발하게 전개하고 있다. 따라서 기업들은 변화하는 글로벌 환경 속에서 새로운 도전과 기회를 포착하면서 다양한 세계화 전략을 구사하고 있다. 즉, 성공적인 기업들은 과거의 조직구조와 생산, 판매 및 물류전략에서 벗어나 더욱 국제화된 조직구조를 갖추고, 좀 더 국제화된 생산, 판매 및 물류전략을 전개하고 있으며, 여기에 필연적으로 수반되는 가장 중요한 전략이 바로 국제물류분야이다.

최근 글로벌 기업들은 국제물류활동에서 많은 변화를 나타내고 있으며, 보다 세계화된 국제물류전략을 구사하고 있다. 즉, 국내생산으로 부가가치를 누릴 수 없는 상품은 해외에서 수입하고, 국내에서는 고부가가치 상품이나 전략상품 위주로 생산하기 때문에 이를 뒷받침하기 위한 국제물류전략의 중요성은 더욱 더 커질 수밖에 없다.

이러한 국제물류는 생산과 소비가 2개국 이상에 걸쳐 이루어지는 경우에 그 생산과 소비의 시간적 · 공간적 차이를 극복하기 위한 재화와 용역에 대한 물리적인 이동을 포함하는 국제경제활동이라고 정의할 수 있다. 따라서 국제물류에서는 원자재 조달활동, 생산활동, 판매활동 등이 국경을 초월한 확대된 영역에서 이루어지며, 수출입의 편리성 문제, 통관문제, 수배송문제 등을 고려하여 조달 · 생산 · 판매거점을 구축하기 때문에 복잡하고 광범위한 환경적인 제약이 따른다. 또한 조달 · 생산 · 판매거점간의 원거리성 때문에 수배송활동이 무엇보다도 중요하게 고려되고 있다.

2. 국제물류의 중요성

글로벌 기업경영으로 인한 국제물류의 중요성은 계속 증대되고 있다. 이는 기업경영의 글로벌화로 인해 국제적으로 고도화 · 다양화된 고객서비스 욕구를 충족시키기 위해 고품질의 국제물류서비스를 제공해야 하기 때문이며, 기업의 국제경쟁력과도 직결되고 있기 때문이다. 따라서 기업들은 SCM(공급사슬관리), 제3자물류서비스 활용 등 다양한 물류전략기법을 통하여 국제물류시스템의 고도화를 추구하고 있다.

이러한 국제물류는 세계무역 및 글로벌화의 발전과 더불어 다음과 같은 기능과 역할을 수행해 오고 있기 때문에 그 중요성 매우 증대되고 있다.

① 글로벌 시장 발전 도모
② 무역의 촉진 및 증대
③ 해외고객에 대한 서비스 제고
④ 물류비 절감을 통한 가격안정화
⑤ 기업의 국제경쟁력 강화
⑥ 기업생산의 국제적 수평 분업화 촉진
⑦ 국제물류의 효율화를 통한 상품재고의 최소화를 기하여 운영자금회전율 향상 도모

따라서 국제물류의 역할이 증대될수록 그 중요성 또한 증대되고 있다. 오늘날 기업들이 글로벌화를 추구하면서 국제물류의 역할과 기능을 무시하고는 한걸음도 나아갈 수 없게 되어 있다. 이는 국제적 수평분업화를 통한 생산체제가 보편화되고 있고, 판매전략의 국제화가 계속되는 한 더욱 중요하게 될 것이다.

제2절 국제물류의 특성과 형태

1. 국제물류의 특성

국제물류의 특성은 크게 두 가지로 요약할 수 있다. 첫째, 원자재조달, 생산, 판매활동 등이 일반적으로 하나의 국가 내에서 이루어지는 것이 아니라 국경을 초월하여 2개국 이상에 걸쳐 이루어진다. 둘째, 물류기능의 주요활동 중 수배송이 절대적인 비중을 차지하고 있으며, 나머지 하역, 포장, 보관, 유통가공 및 정보 등의 활동이 보조적으로 수반되는 형태로 이루어진다. 따라서 국제물류는 통관문제 등 복잡한 절차를 수반하며, 수배송 수단의 선택 및 운영방식이 전반적인 국제물류의 효율성에 절대적인 영향을 미치게 된다.

국제물류는 국내물류의 영역을 국제적으로 확장한 것이지만, 물품의 이동이 국경을 초월하여 이루어지기 때문에 국내물류와는 달리 복잡한 여러 가지 문제를 수반한다. 즉, 수출입절차 문제, 통관절차 문제 등 제도적인 문제로부터 시작하여, 운송수단 및 운송경로의 선택이 보다 다양하고 복합적으로 이루어지며, 운송경로가 원거리이고, 동시에 대량화물을 운송해야 하는 환경적인 제약도 있다.

국제물류의 특성은 다음과 같다.

① 수출입을 위한 국제물류 관련 서류의 복잡성과 다양성
② 복합운송주선인 등 중개자의 존재
③ 제도적, 환경적 제약 존재
④ 국경이동의 복잡성을 포함하여 전체적인 절차의 복잡성과 긴 리드타임
⑤ 항만 또는 공항을 통한 복합일관운송의 보편화
⑥ 컨테이너 복합일관운송의 발달

⑦ 물류EDI, 인터넷 등을 활용한 물류정보시스템의 이용 증대
⑧ 각국 특성에 따라 다양한 물류전개의 필요성 증대
⑨ 물류기능의 국제화와 국제물류전문기업의 발전

2. 국제물류의 형태

국제물류를 효율화하기 위해서는 수배송을 비롯한 하역, 포장, 보관, 유통가공, 정보 등 다양한 물류기능을 적절히 통합하여 각 기능의 상호 작용이 효율적으로 이루어질 수 있는 최적 국제물류 형태를 구축하여야 한다.

국제물류의 형태는 기업의 해외진출 형태 및 무역형태에 따라 다음과 같이 구분할 수 있다.

① 제조업자로부터 수출국의 수출업자와 수입국의 수입업자를 거쳐 판매자를 통하여 유통되는 전통적인 간접무역형태
② 수출업자가 수입국에 자신의 지점 또는 기타 조직을 갖추고 유통단계를 합리화한 형태
③ 수입업자가 수출국에 진출하여 유통단계를 합리화한 형태
④ 제조업자가 수입국의 수입업자와 직거래하는 직접무역형태
⑤ 제조업자가 수입국에 자신의 조직을 갖추고, 부품을 수출하여 현지에서 조립 등의 유통가공을 거친 후 판매자에게 유통시키는 형태
⑥ 제조업자가 수입국에 공장을 설치하고 수입국에서 생산부터 유통 · 판매까지 일괄하여 수행하는 형태

최근에는 현지에서 조립가공을 거치거나 현지 공장에서 생산하여 판매하는 형태가 전략적으로 전개되고 있어, 국제물류도 해외공장으로의 부품수출, 현지 생산 제품의 역수입 및 제3국으로 수출하기 위한 물류형태 등이 새로운 흐름으로 전개되고 있다.

제3절 국제물류의 환경변화

1. 무역환경의 변화와 국제물류

세계무역기구(WTO) 체제의 정착으로 인해 무역, 투자 등 각 분야에서 관세 및 비관세 장벽의 축소 또는 폐지, 공정경쟁 및 세계 교역의 자유화에 대한 실질적인 움직임이 강하게 나타나 국제경쟁력이 기업의 생존과 성장을 좌우하는 요인으로 작용하고 있는 등 국제기업환경에 큰 변화가 일어나고 있다.

또한 세계경제의 글로벌화가 급속히 추진되고 있음에도 불구하고 지리적으로 인접하고 경제적으로 상호의존성이 높은 국가들 간에 공동의 이익을 증진하기 위해 경제블럭을 형성하는 지역주의가 심화되고 있다.

즉, WTO체제의 정착, 지역 블록화 진전 속에서 아시아지역의 급속한 산업화에 따라 무역도 미국, EU, 아시아를 축으로 한 3대 경제권을 중심으로 이루어지고 있으며, 지역 간 무역뿐만 아니라 지역 내 무역의 중요성도 증가하고 있다.

이러한 무역환경의 변화는 글로벌 기업이 전 세계 시장을 대상으로 경영활동을 전개하면서 전 세계 조달 · 생산 · 판매활동을 지원하는 효율적인 국제물류시스템의 구축을 가속화시켰다. 원자재 및 부품을 조달하는 측면에서 국제물류는 전 세계에 걸쳐 품질이 우수하고 저렴한 원자재 및 부품을 조달할 수 있게 하여 준다. 또한 생산관리 측면에서 국제물류는 전 세계에 걸쳐 수평적 분업생산을 가능하도록 하여 주어 생산원가의 절감 및 효율적 생산활동을 가능하도록 해 주며, 그리고 판매측면에서 국제물류는 세계적인 소비수준의 향상, 소비자의 성향에 즉시 대응, 고객서비스 수준의 향상 등을 통해 판매경쟁력을 한층 강화시켜 준다.

2. 국제물류의 패턴 변화

오늘날 국제물류 패턴은 급변하는 기업환경 변화와 더불어 많은 변화를 보이고 있다. 우선 글로벌 기업경영활동으로 인해 국제물류의 중요성이 한층 증대하고 있다. 또한 컴퓨터, 정보통신기술의 발달에 따라 SCM, JIT-II, ECR, QR 등과 같은 통합적인 운영·관리체제를 구축함으로써 국제물류의 고도화를 추구하고 있다.

그리고 국제운송서비스의 환경도 크게 변화하고 있다. 즉, 컨테이너선박과 항공기가 대형화되면서 대량운송을 위한 항만과 공항이 물류거점화 되고 있으며, 운송물류업체간 전략적인 제휴와 인수·합병이 가속화되고 있고, 또한 전문적인 국제물류서비스를 제공하는 업체의 역할이 크게 증대하고 있다.

한편 국제물류서비스의 체계에도 많은 변화를 보이고 있다. 수출물류체계에서는 비교적 지리적·문화적으로 가까운 국가들을 대상으로 자국에서 생산하여 해당 국가로 수출하는 형태를 취하며, 지리적·문화적으로 거리가 먼 국가는 현지생산 및 현지물류체계를 갖추는 추세가 뚜렷하다. 또한 각 지역별로 생산 및 물류거점을 확보하고 그 거점을 중심으로 국제물류서비스를 제공하는 체제로 나가고 있다.

그리고 글로벌 SCM 체제를 구축하여 원자재·부품의 조달, 조립·생산 및 판매 등 경영활동을 전 세계를 무대로 전개하는 형태가 많아, 이를 뒷받침하기 위한 국제물류체계도 한층 글로벌 SCM 체제로 나가고 있다. 따라서 글로벌 기업들이 국제물류전략을 수립하는데 신뢰성 있는 전문물류업체로부터 자문을 받을 뿐만 아니라 제3자물류업체와 파트너십 관계를 구축하고 국제물류서비스를 제공하게 된다. 또한 체계적이며 경쟁력 있는 공급사슬관계를 유지하기 위해 파트너십 간의 정보공유는 물론 서로의 핵심역량 강화를 위한 협력체계를 공고히 하게 된다. 특히 소비자의 욕구를 충족하고 고품질의 국제물류서비스 수준을 유지하기 위해 통합적이고 체계적인 국제물류활동을 전개하고, 이를 위한 다양한 수배송, 재고관리, 주문처리 및 판매 전략을 전개하게 된다.

3. 녹색물류의 중요성 증대

녹색물류(Green Logistics)는 운송과정에서 이산화탄소의 배출량을 억제하고, 물류과정에서 포장재를 줄이는 등 환경오염 부하가 적은 물류시스템을 이용하여 물류 전 과정을 수행하는 것을 말한다. 즉, 원자재의 탐색으로부터 최종소비자에게 이르기까지 물류 전 과정에 걸쳐 환경유해 요소를 원천적으로 제거하거나 최소화하는 것을 말하며, 이를 위해 자원절약, 물자의 재활용, 친환경 대체제의 사용, 폐기물 최소화, 폐기물 재활용, 이산화탄소 배출량 억제 등을 적극적으로 추진하는 것을 말한다.

지구상의 모든 인간과 동식물들은 환경을 벗어나 살 수 없다. 이렇게 인간생활과 밀접한 환경이 점차 경제사회가 발전하면서 훼손되고 있다. 기업의 경영활동이 글로벌화 되면서 환경문제도 글로벌화되어 가고 있다. 즉, 환경문제가 하나의 국가 내의 문제가 아닌 것이다. 이러한 현상은 국제물류분야에서도 예외가 될 수 없다. 따라서 국제기구를 통하여 기후변화협약(교토의정서), 바젤협약, 국제해사기구의 해상오염 방지, 에너지 사용제품의 친환경설계지침 등 다양한 친환경 제도 및 협약이 이미 체결되어 추진되고 있으며, 앞으로도 더욱 강화될 것이 명백하다. 이와 더불어 우리나라에서도 저탄소녹색성장기본법의 제정, 녹색성장 5개년 계획(2009~2013) 중 물류관련 사항 등을 추진하고 있다. 따라서 국제물류분야에서도 녹색물류는 앞으로 한층 강화될 것이며, 현재도 각국 항만을 입항하는 경우에 녹색물류 관련 제약사항이 실시되고 있는 항만이 속출하고 있다.

4. 물류보안

미국을 중심으로 시작된 물류보안제도는 국제물류 현장에서 하나의 글로벌 제도로 정착되고 있다. 즉, 2006년 9월의 미국 항만보안법 제정, 2007년 8월의 수출컨테이너 화물의 100% 사전검색 의무화 등은 물류보안제도가 한층 강화되고 있음을 보여주는 사례이다.

물류보안은 Supply Chain Security의 번역이지만 혹자는 물류안전, 화물안전 또는 물류공급망 안전 등으로 표현하고 있다. 이러한 물류보안은 제품의 생산에서부터 시작하여 물류과정을 거쳐 최종소비지까지 다다를 때까지 전 구간의 물류안전성을 보장하는 것을 말한다. 따라서 물류보안은 전통적으로 물류에 대한 위협을 예방 · 억지 및 대응하는 것으로 인식되어 왔다.

제품이 생산되어 최종소비지에 이르기까지의 물류과정에서 테러 등 안전상의 문제점이 발생하여 인명 및 재산상의 피해가 발생한다면 단순히 보상차원을 넘어 국제교역이 차단되는 등 궁극적으로 물류 왜곡현상이 발생할 수 있다. 또한 컨테이너화물을 항만에서 100% 전수조사를 하는 등 보안강화를 하는 경우 컨테이너화물의 지체현상이 발생하여 선주 및 화주 모두에게 피해를 입힐 수 있다. 따라서 물류보안이 필요하며, 궁극적으로 물류보안의 적절한 시행은 국제물류 경쟁력 및 국가경쟁력을 제고할 수 있을 것이다.

제 11 장 국제물류와 무역조건

제1절 수출거래절차

1. 무역계약체결을 위한 준비

수출을 하기 위해서는 제일 먼저 수출업자가 수출하고자 하는 물품을 어느 나라, 어느 수입업자에게 수출하여야 안전하게 수출을 하여 가장 많은 수익을 얻을 수 있는가 하는 점을 파악하는 것이다. 이 무역계약의 체결을 위한 준비과정은 다음과 같다.

1) 대상국가의 선정

무역환경 등을 고려하여 수출하고자 하는 대상국가를 선정하여야 한다. 이 경우 해당국가 지역의 정치·경제·사회 환경 등이 고려되어야 한다.

2) 수출마케팅 조사

대상국가에 수출을 하게 되면 과연 어느 정도의 판매가 가능하며, 또한 어느 정도의 수익이 가능한지를 파악하여야 한다. 이 수출마케팅 조사는 새로운 시장개발, 기존의 시장 확대, 또는 장기적인 수출체계의 확립을 위해 이루어진다. 이 해외시장조사의 내용은 무역환경조사, 마케팅조사, 시장성조사, 잠재고객 발굴 등이 주를 이루며, 그 방법은 직접조사와 간접조사로 나눌 수 있다.

직접조사는 정확성은 우수하나 많은 비용과 시간을 필요로 한다는 점에서 비효율적이라고 할 수 있다. 이 방법은 해외 현지조직을 이용하거나 해외출장 등을 통해 직접 해외시장조사를 한다.

한편 간접조사는 시간과 비용은 절약되나 정확성이 좀 떨어진다는 단점이 있다. 이 방법은 해외시장조사를 대행하여 주는 기관이나, 또는 각종 홍보책자를 통하여 해외시장조사를 한다. 그런데 최근에는 인터넷마케팅 방법이 발달하여 해외기업 및 시장조사를 사이버 공간에서 간접적으로 행할 수 있다.

- **일반적인 간접조사방법**
  - KOTRA(Korea Trade - Investment Promotion Agency)의 활용
  - The Korea Chamber of Commerce and Industry의 활용
  - KTA(Korea International Trade Association)의 활용
  - 거래은행 또는 동업자의 활용
  - 각종 Directory의 활용
  - 국내외 주재 영사관의 활용
  - 인터넷마케팅의 활용

3) 거래처의 선정

해외시장조사 결과 무역거래를 원하는 업체를 발굴한 경우 거래처를 선정하여 적극적으로 무역거래를 추진하여야 한다. 이 거래처를 선정하는 경우에는 그 나라의 무역환경, 즉 정치, 경제, 문화, 법제도 등을 철저히 분석하여 소위 Country Risk에 대비하여야 하며, 무엇보다도 중요한 것은 해외마케팅을 통해 시장성이 있고, 이윤획득이 보장되는 무역거래가 가능한가를 분석하는 것이다.

거래처를 선정한 다음에는 자사의 소개, 자사에 대한 일반사항의 통지, 선정된 거래처에 대한 소개의뢰 및 기타 안내장을 보낸다.

이 거래처를 선정하는 방법에는 해외출장, 해외광고, 해외박람회 및 전시회 활용,

KOTRA(Korea Trade-Investment Promotion Agency), The Korea Chamber of Commerce & Industry, KTA(Korea International Traders Association), 각종 Directory, 국내외 주재 영사관, 동업자 및 거래은행, 또는 인터넷 활용 등이 있다.

4) 거래제의

거래처가 선정되면 구체적으로 거래제의를 하게 된다. 이 거래제의는 보통 미지의 거래선에게 자기회사를 소개하고 취급상품과 영업정보를 안내하여 거래관계를 권유하는 권유장(Circular Letter)을 이용하며, 이 거래제의를 할 때에는 자사의 Sample, Catalogue, Price List 및 홍보물 등을 함께 제공하게 된다.

5) 신용조회

해외시장조사를 통하여 거래처를 선정한 후에는 그 거래처에 대한 신용조회를 철저하게 하여야 한다. 무역거래는 국제거래이므로 신용위험을 포함한 많은 위험을 내포하고 있다.

즉, 물품을 선적하여 주고 대금을 회수하지 못하거나, 운송중의 위험, 환율변동에 따른 위험, 물가변동에 따른 위험, 수입국의 정치적 위험 등 매우 다양하다. 그러므로 이러한 무역거래에 따르는 위험을 최소화하기 위해서는 거래처에 대한 신용조회를 철저히 하여야 한다.

신용조회를 하는 방법은 해외시장조사의 방법과 마찬가지로 직접조사와 간접조사 방법이 있다. 직접조사는 자사의 해외조직이나 판매원의 해외출장을 통하여 조사하는 방법으로 비용과 시간이 많이 소요되는 단점이 있으며, 또한 거래처에서 처음 소개받은 경우에 신용조회에 잘 응해주지 않을 경우도 있다. 그러나 이 방법은 정확성이 있다는 장점을 가지고 있다.

한편 간접조사 방법은 무역 당사자 상대방이 제공한 객관적인 제3의 조회처를 통하여 신용조회를 하는 방법이며, 시간과 비용이 저렴하면서도 객관적이고 정확한 조회를 할 수 있어 일반적으로 많이 활용되고 있다.

일반적으로 많이 활용되고 있는 제3의 조회처는 다음과 같다.

- 상대방이 제공한 신용조회처
  - 거래은행 신용조회처(Banker Reference)
  - 동업자 신용조회처(Trader Reference)
- 상업흥신소(Mercantile Agency)
- 인터넷 신용조회
- 기타 신용보증기금

이 경우 조회내용은 보통 거래처의 자본상태, 경영능력, 상도덕성, 거래조건과 시장성 및 담보능력 등을 조회하는 것으로서 주요한 내용은 다음과 같다.

- **자본상태**(Capital) : 수권자본(Authorized Capital), 차입자본(Loan Capital), 자기자본(Owned Capital), 신용상태(Credit Standing), 재무상태(Financial Status), 지급능력(Solvency) 등
- **경영능력**(Capacity) : 연간 매출액(Annual Proceeds), 생산능력(Production Ability), 거래관계(Business Connection)
- **상도덕성**(Character) : 거래형태(Mode of Doing Business), 평판(Reputation)
- 거래조건 및 시장성(Conditions)
- **담보능력**(Collateral) 등

한편 신용조회서에 기재할 내용은 일반적으로 다음과 같다.

- 조회상사의 상호와 주소 및 연락처
- 신용조회의뢰의 이유
- 구체적인 조회 내용
- 조회내용의 비밀유지와 조회비용 부담 약속

· 조회결과 연락처
· 감사의 표시와 협조 요청 등

2. 무역계약의 성립

무역계약은 청약(Offer)과 승낙(Acceptance), 교차청약(Cross Offer) 및 의사실현에 의한 당사자간의 합의에 의해 성립한다. 여기서 합의라 함은 서로 대립하는 의사표시인 청약과 승낙의 의사의 합치를 의미한다. 무역계약의 성립과정은 다음과 같다.

1) Selling Offer(매도 청약)

수출업자는 수입업자의 요청에 따라 서신, 팩스, 인터넷 e-mail 등을 통해 수입업자 앞으로 Selling Offer를 하게 된다. 이 매도청약은 단번에 승낙되어 무역계약이 성립하는 경우도 있지만, 보통 가격할인, 선적기일 수정 등을 한 Original Offer에 대한 Counter Offer를 받게 되며, 이 과정이 반복되다가 최종적으로는 Firm Offer의 단계에 이르게 된다.

2) Acceptance(승낙)

수출업자와 수입업자간에 의견이 합치된 상태의 청약자의 Firm Offer에 대하여 피청약자가 Acceptance(승낙)하면 무역계약은 성립하게 된다.

3) 일반거래조건협정서(Memorandum, Agreement on General Terms and Conditions)의 체결

무역계약을 체결하기 위해 조회하여 합의해야 할 수많은 무역거래조건을 계약시 마다 매번 조회하여 합의한다는 것은 매우 번거롭고, 많은 시간과 비용을 낭비할 수 있다.

따라서 지속적인 무역거래를 하는 경우 등에서는 품목, 수량, 단가, 선적일 등 매번 계약시 마다 필수적으로 조회하여 합의하여야 하는 조건들은 제외하고, 국제상관습상 일반적으로 적용되는 일반조건에 대하여는 사전에 무역계약 당사자간에 합의하여 놓으면, 무역계약을 신속하고 효율적으로 체결할 수 있다.

이와 같이 무역계약 당사자간에 사전에 합의하여 협정서를 체결하고, 그 이후의 무역계약에서는 이 협정서에서 합의한 조건들을 그대로 원용하여 적용하게 되는데, 이 협정서를 일반거래조건협정서(Memorandum, Agreement on General Terms and Conditions of Business)라고 한다. 이러한 일반거래조건협정서의 표준양식은 없으며, 2부를 작성하여 양 당사자가 서명한 후 1부씩 보관하여 활용하게 된다.

4) 매매계약서의 작성

무역계약의 거래조건이 완전하고도 정확하게 이행되기 위해서는 계약내용을 기록하는 것이 중요하며, 그 확인의 문서가 매매계약서이다. 특히 무역계약은 구두에 의한 양당사자의 합의에 의해서도 유효하게 성립하므로, 그 성립 후에 즉시 매매계약서를 작성하는 것은 계약조건의 완전한 이행을 위해 매우 중요하다.

또한 무역계약은 그 국제성・격지성 등의 성질상 그 내용이 특수하고, 또한 복잡하여 오해나 분쟁이 생기기 쉽다. 따라서 계약내용에 대하여 오해를 피하고, 또한 장래의 클레임 등의 분쟁이 발생한 경우에 그 계약내용을 입증하는 증거를 확보하기 위해 계약조건이 기록되고 양 당사자가 서명하여 확인한 매매계약서를 작성하는 것이 필요하다.

5) Order(주문) 접수 및 확인

무역계약이 청약과 승낙에 의해 성립하면 매매계약서를 체결하게 되고, 이어 수입업자는 수출업자에게 계약과 일치하는 조건의 주문서(Order-Sheet)를 발송하는 것이 일반적이다. 이 경우 주문서와 함께 물품생산과 관련한 작업지시서(Working Instruction)를 함께 보내기도 한다.

그리고 수출업자는 주문서를 받으면 그 조건을 받아들여 그 조건과 일치하는 물품을 판매하겠다는 의사표시를 하게 되는데, 이를 주문확인(Acknowledgement)이라고 하며, 또한 수출업자는 주문서와 작업지시서에 따라 물품을 생산 또는 구매하여 선적하게 된다.

3. 무역계약의 이행

무역계약의 이행을 위한 과정은 다음과 같다.

1) 신용장의 접수

무역매매계약이 성립하면 계약서의 결제방식에 따라 L/C베이스인 경우 수입업자의 요청에 의해 신용장이 개설되어 수출업자에게 통지·내도된다.

2) 수출승인(E/L : Export Licence)

무역자유화가 가속화되어 대부분의 물품이 수출승인을 받지 않고 수출할 수 있지만 수출입공고 또는 통합공고 등에서 수출승인이 제한을 받고 있는 경우 추천기관의 추천을 받아 수출승인을 신청해 받아야 한다.

3) 수출물품의 조달

수출업자는 계약조건과 일치하는 신용장을 접수한 후 계약과 일치하는 물품을 제조 또는 공급업자로부터 구매하여 수입업자에게 제공하게 된다.

4) 수출신고와 수출물품의 검사

수출물품을 조달하면 수출신고를 하여 무역계약의 품질조건과 일치하는지 등의 수출물품의 검사를 받아야 한다.

5) 운송계약

수출업자는 신용장 등에 정해진 선적기일 내에 수출물품을 선적하기 위해 육·해·공 운송회사와 운송계약을 체결해야 한다.

6) 무역보험 및 수출보험

무역물품의 운송을 이행하기 위해서는 필연적으로 운송위험에 노출되게 마련이므로 해상보험 등 무역보험에 부보하여야 한다. 그리고 해당사항이 있는 경우 수출보험에도 부보하여 혜택을 받도록 해야 한다.

7) 수출통관/신고필증(E/P : Export Permit)

수출물품은 국경을 통과하여 외국으로 이동하기 때문에 필연적으로 수출통관절차를 거쳐야 하며, 수출통관이 완료되면 신고필증(E/P : Export Permit)을 수령한 후 선적절차에 들어가게 된다.

8) 선적

수출통관을 마친 화물은 본선에 적재하게 된다. 해상운송의 경우 일반적인 선적절차는 다음과 같다. 즉, Shipping Request(S/R) → Booking → Shipping Order(S/O) → 일등항해사 → 本船受取證(M/R : Mate's Receipt) → Bill of Lading(B/L)의 발급 순이다.

4. 무역계약의 종료

무역계약은 선적 후 대금결제와 클레임 처리 등을 수반하는 다음과 같은 무역계약의 종료과정을 거치게 된다.

1) 대금결제

무역대금결제는 대부분 화환결제방식에 의해 이루어지며, 신용장방식인 경우 선적 후 선적서류의 제시에 대해 지급, 인수, 연지급 또는 매입에 의해 대금결제가 이루어진다.

2) 무역클레임

수입업자가 물품을 수령한 후 그 물품이 계약상의 조건과 불일치하는 등 하자가 있는 경우 클레임을 제기하게 되며, 이 경우 상사중재 등을 통해 해결된다.

3) 관세환급

관세환급이란 세관에서 일단 징수한 관세 등을 특정한 요건에 해당하는 경우에 그 전부 또는 일부를 되돌려주는 것을 말한다. 관세환급은 수출업자가 수출환어음을 매입 완료한 후 운송수단에 적재확인필 면장원본을 입수하여 관세환급을 받게 된다.

제2절 수입거래절차

1. 무역계약체결을 위한 준비

수입을 하기 위해서는 제일 먼저 수입업자가 수입하고자 하는 물품을 어느 나라, 어느 수출업자에게서 수입하여야 안전하게 수입하여 가장 좋은 품질의 제품을 가장 저렴하게, 그리고 적기에 수입할 수 있는가 하는 점을 파악하는 것이다. 이 무역계약의 체결을 위한 준비과정은 다음과 같다.

1) 대상국가의 선정

무역환경 등을 고려하여 수입하고자 하는 대상국가를 선정하여야 한다. 이 경우 해당국가 지역의 정치 · 경제 · 사회환경 등이 고려되어야 한다.

2) 수입마케팅 조사

대상국가에서 수입을 하게 되면 과연 어느 정도의 국내판매가 가능하며, 또한 어느 정도의 수익이 가능한지를 파악하여야 한다.

3) 거래처의 선정

수입마케팅조사 결과 무역거래를 원하는 업체를 발굴한 경우 거래처를 선정하여 적극적으로 무역거래를 추진하여야 한다. 이 거래처를 선정하는 경우에는 그 나라의 무역환경, 즉 정치, 경제, 문화, 법제도 등을 철저히 분석하여 소위 Country Risk에 대비하여야 하며, 무엇보다도 중요한 것은 수입마케팅조사를 통해 시장성이 있고, 이윤획득이 보장되는 무역거래가 가능한가를 분석하는 것이다.

4) 거래제의

거래처가 선정되면 구체적으로 거래제의를 하게 된다. 이 거래제의는 보통 미지의 거래선에게 자기회사를 소개하고 취급상품과 영업정보를 안내하여 거래관계를 권유하는 권유장(Circular Letter)을 이용한다.

5) 신용조회

해외시장조사를 통하여 거래처를 선정한 후에는 그 거래처에 대한 신용조회를 철저하게 하여야 한다. 무역거래는 국제거래이므로 많은 위험을 내포하고 있기 때문이다.

2. 무역계약의 성립

무역계약은 청약(Offer)과 승낙(Acceptance), 교차청약(Cross Offer) 및 의사실현에 의한 당사자간의 합의에 의해 성립한다. 여기서 합의라 함은 서로 대립하는 의사표시인 청약과 승낙의 의사의 합치를 의미한다. 무역계약의 성립과정은 다음과 같다.

1) Buying Offer(매수청약)

수입업자는 서신, 팩스, 인터넷 e-mail 등을 통해 수출업자 앞으로 Buying Offer를 하게 된다. 이 매수청약은 단번에 승낙되어 무역계약이 성립하는 경우도 있지만, 보통 가격할인, 선적기일 수정 등을 한 Original Offer에 대한 Counter Offer를 받게 되며, 이 과정이 반복되다가 최종적으로는 Firm Offer의 단계에 이르게 된다.

2) Acceptance(승낙)

수입업자와 수출업자간에 의견이 합치된 상태의 청약자의 Firm Offer에 대하여 피청약자가 Acceptance(승낙)하면 무역계약은 성립하게 된다.

3) 일반거래조건협정서(Memorandum, Agreement on General Terms and conditions)의 체결

수입업자와 수출업자는 상호 합의에 의해 일반거래조건협정서를 체결한다.

4) 매매계약서의 작성

수입업자와 수출업자는 향후 발생할 수 있는 분쟁에 대비하여 정식의 매매계약서(Contract Note)를 작성한다.

5) Order(주문)

무역계약이 청약과 승낙에 의해 성립하면 매매계약서를 체결하게 되고, 이어 수입업자는 수출업자에게 계약과 일치하는 조건의 주문서(Order-Sheet)를 발송하는 것이 일반적이다. 이 경우 주문서와 함께 물품생산과 관련한 작업지시서(Working Instruction)를 함께 보내기도 한다.

3. 무역계약의 이행

무역계약의 이행을 위한 과정은 다음과 같다.

1) 수입승인(I/L : Import Licence)

물품을 수입하려면 물품이 수출입공고 또는 통합공고 등에서 수입이 허용되어 있어야 한다. 만일 수입제한승인품목인 경우에는 해당 기관, 협회 등에서 수입승인을 받아야 한다.

2) 신용장의 개설

무역매매계약이 성립하면 계약서의 결제방식에 따라 L/C베이스인 경우 수입업자는 개설은행에 신용장개설을 의뢰하여 수출업자에게 신용장이 개설·통지되도록 조치하여야 한다.

3) 대금결제와 선적서류의 인수

수출업자가 발행한 선적서류와 환어음이 도착하면 수입업자는 개설은행에 결제조건에 따라 대금결제, 즉 지급 또는 인수를 통해 선적서류를 인도받는다. 그런데 이 경우 선적서류가 물품보다 늦게 도착하게 되면 수입업자는 수입화물선취보증장(L/G : Letter of Guarantee) 또는 수입화물貸與引渡(T/R : Trust Receipt) 등을 활용하여 선화증권 없이 물품을 먼저 인도받을 수 있다.

4. 무역계약의 종료

무역계약은 선적서류 중 선화증권을 제시하고 인수한 물품을 수입통관을 거쳐 국내로 반출하고, 클레임 처리 등을 수반하는 다음과 같은 무역계약의 종료과정을 거치게 된다.

1) 수입통관/신고필증(I/P : Import Permit)

수입물품은 국경을 통과하여 외국으로부터 이동하여 왔기 때문에 필연적으로 수입통관절차를 거쳐야 하며, 수입통관이 완료되면 관세를 납부하고 신고필증(I/P : Import Permit)을 발급받은 후 보세구역으로부터 물품을 반출한다.

2) 무역클레임

수입업자가 물품을 수령한 후 그 물품이 계약상의 조건과 불일치하는 등 하자가 있는 경우 클레임을 제기하게 되며, 이 경우 상사중재 등을 통해 해결된다.

3) 사후관리

사후관리란 일정한 조건과 의무를 부여하여 관세를 감면받았거나, 분할납부를 승인받은 물품에 대하여 당해 조건대로 사용하는지, 타인에게 무단으로 양도하는지 등을 세관에서 일정기간 확인하거나 관리하는 제도를 말한다. 사후관리 대상물품에 대하여 수입업자가 규정을 위반한 경우에는 관세법에 의거하여 벌금이나 과태료를 부여받게 된다.

제3절 무역계약의 기본조건

1. 품질조건(Quality Terms)

무역거래 물품의 품질을 결정하는 방법에는 크게 견품매매와 설명매매가 있으며, 설명매매는 다시 표준품매매, 규격매매, 상표매매 및 명세서매매로 분류할 수 있다.

1) 견품매매(Sale by Sample)

무역거래 품질결정방법 중 가장 일반적으로 사용되는 방법으로서, 거래당사자가 제시한 견품과 동일한 품질의 물품을 인도하도록 약정하는 것이며, 이 견품에는 다음과 같은 3가지 유형이 있다.

- Seller's Sample : 매도인이 제시한 견품
- Buyer's Sample : 매수인이 제시한 견품
- Counter's Sample : 상대방이 제시한 견품에 대한 수정 견품

2) 설명매매

설명매매는 견품을 제시하는 것이 아니라 상표, 설계도면, 설명서 등을 통해 그 설명내용과 일치하는 품질의 물품을 인도하도록 약정하는 형태를 말하며, 이에는 다음과 같은 것들이 있다.

① **표준품매매**(Sale by Standard) : 객관적인 표준을 기초로 하여 그 표준과 동일한 품질의 물품을 인도하도록 약정하는 형태이며, 이에는 FAQ, GMQ, USQ 등의 품질결정방법이 있다.

- FAQ(Fair Average Quality) : 곡물류, 수산물, 과실류, 광산물 등의 품질결정에 사용되는 방법으로서 생산된 물품 중 선적지에서 중등의 품질을 갖춘 물품을 인도하도록 약정하는 방법이다.
- GMQ(Good Merchantable Quality) : 원목, 냉동수산물, 판자 등의 품질결정에 사용되는 방법으로서 목적지에서 시장판매에 적합한 품질을 갖춘 물품을 인도하도록 약정하는 방법이다.
- USQ(Usual Standard Quality) : 원면 등의 품질결정에 사용되는 방법으로서 선적지에서 보통 품질을 갖춘 물품을 인도하도록 약정하는 방법이다.

② **규격매매**(Sale by Grade or Type) : "KS표시" 규격물품과 같이 국제적으로 규격이 통일된 물품의 품질을 결정하는 방법이다.

③ **상표매매**(Sale by Trade Mark or Brand) : "Coke"와 같이 국제적으로 그 품질이 인정된 상표로 품질을 결정하는 방법이다.

④ **명세서매매**(Sale by Specification or Description) : 선박, 항공기 등의 무역거래에 사용되는 방법이며, 그 물품의 설계도면, 청사진 등으로 물품의 품질을 결정하는 방법이다.

한편 물품의 품질을 결정하는 시기와 관련하여서는 선적품질조건(Shipped Quality Terms)과 양륙품질조건(Landed Quality Terms)이 있다. 일반적으로 적용되고 있는 선적품질조건은 선적시의 물품의 품질이 계약과 일치할 것을 요건으로 하는 것이며, 양륙품질조건은 양륙시의 물품의 품질이 계약과 일치할 것을 요건으로 하는 것이다.

그리고 곡물거래에 있어서는 다음과 같은 특수한 방법으로 품질결정시기를 결정하고 있다.

- Tale Quale(TQ) : 곡물거래에 사용되는 선적품질조건이다.
- Rye Terms(RT) : 곡물거래에 사용되는 양륙품질조건이다.
- Sea-Damaged Terms(SD) : 곡물거래에 사용되는 것으로, 원칙적으로는 선적품질조건이지만, 운송 중 해수에 의한 물품의 손해는 매도인이 부담하기로 하는 조건이다.

2. 수량조건(Quantity Terms)

수량조건에서는 수량의 단위, 수량의 표시방법 및 수량의 결정시기 등을 결정하는 것이 중요하다.

1) 수량의 단위

① **중량(Weight)**

- Weight Ton(w/t), Pound(lb), Kilogram(kg), Gram(g), Ounce(oz), Pint(pt)
- Long Ton(=2,240 lbs),Metric Ton(=2,204 lbs), Short Ton(=2,000 lbs)

② **용적(Volume)**

- Measurement Ton(m/t), Cubic Meter(cbm), Cubic Feet(cft), Gallon(gal), Barrel(bar)

③ **넓이(Width)**

- Acre, Super Foot(sf=1'x1')

④ **길이(Length)**

- Yard(yd),Inch(in),Foot(ft),Kilometer(km),Meter(m)

⑤ **개수(Piece)**

- Set, Piece(pc), Dozen(doz), Gross(12x12), Great Gross(12x12x12), Small Gross (10 doz)

⑥ **포장단위**

- Box, Drum, Bag, Sack, Bale, Case(c/s), TEU(Twenty Feet Equivalent Unit), FEU(Forty Feet Equivalent Unit)

2) 수량의 표시방법

물품의 수량을 표시하는 방법에는 컨테이너 물품과 같은 포장단위 물품과 Bulk Cargo와 같은 개체물품에 따라 여러 가지가 있다.

① **총중량조건(Gross Weight Terms)과 순중량조건(Net Weight Terms)**

총중량조건은 포장무게를 포함한 물품의 총중량을 의미하며, 순중량조건은 포장무게를 제외한 물품의 순중량을 의미한다.

② **최소인수가능수량**(Minimum Quantity Acceptable)과 **최대인수가능수량**(Maximum Quantity Acceptable)

극히 적은 수량의 주문을 거절하기 위해 사용되는 최소인수가능수량은 주문수량을 받아들일 수 있는 최소수량을 의미하며, 재고가 없어 적은 수량만의 주문을 인수하기 위해 사용되는 최대인수가능수량은 주문수량을 받아들일 수 있는 최대수량을 의미한다.

③ **과부족용인조건**(More or Less Clause)

Bulk Cargo에서와 같이 운송 중 수량의 변화가 예상되는 물품에 한하여 약정된 수량에서 약간의 과부족을 인정하는 조건이다. 예컨대 "5% more or less at seller's option"으로 약정한 경우 운송 중 5%의 과부족이 인정된다.

④ **概算수량조건**(Approximate Quantity Terms)

Bulk Cargo의 수량조건에 있어서는 Approximate, About, Circa, Around, Some과 같은 용어가 수량에 사용되면 운송 중 10%의 과부족이 인정된다. 예컨대 "approximate 1,000 pcs"으로 표시되어 있는 경우 운송 중 10%의 과부족이 인정된다.

3) 수량의 결정시기

수량의 결정시기를 정하는 방법에는 선적수량조건(Shipped Quantity Terms)과 양륙수량조건(Landed Quantity Terms)이 있다. 선적수량조건은 선적시의 수량이 계약수량과 일치하여야 되는 조건이며, 양륙수량조건은 양륙시의 수량이 계약수량과 일치하여야 되는 조건이다.

3. 가격조건(Price Terms)

무역거래에 있어서 매수인이 지급하여야 하는 물품의 가격은 일반적으로 매도인이 부담하는 제조원가, 물류비, 각종 수수료 및 희망이익으로 구성된다. 그런데 실제적으로 물품의 가격은 매도인과 매수인이 어디까지 비용을 부담하여야 하는가에 따라 결정되므로, 매도인과 매수인의 비용부담의 분기점을 정하는 것이 가격조건에서 매우 중요한 의미를 가진다.

무역거래는 계약당사자간의 합의로부터 출발하는 것이므로, 무역거래에서 발생하는 수많은 권리와 의무관계를 매번 계약시 마다 일일이 합의한다는 것은 매우 번거롭고 부정확할 수 있다. 따라서 무역계약 당사자들은 오래 전부터 정형화된 거래조건을 사용함으로써 이러한 불편을 극복해 왔다.

이러한 매도인과 매수인의 비용부담의 분기점 및 권리 · 의무관계를 정하고 있는 정형거래조건(Trade Terms)에는 국제상업회의소(ICC)가 1936년에 제정하여 무역환경의 변화에 따라 수차례 개정하여 2011년 1월 1일부터 효력이 발생되어 사용하고 있는 Incoterms, 2010(International Commercial Terms, 2010 : International Rules for the Interpretation of Trade Terms, 2010)이 가장 대표적인 것이다.

거의 10년 주기로 매번 개정을 이루는 Incoterms가 Incoterms, 2010으로 동시대의 무역관행을 반영하기 위해 개정된 배경원인은 다음과 같다. 즉, 복합운송조건의 이용률이 저조하였으며, D그룹 조건들의 이용률 저조, 해상매매계약에서 위험 및 비용의 분기점으로 Ship's rail을 기준으로 한 점에 대한 비판이 계속 나왔었으며, 화물터미널에서의 화물취급 비용 부담자에 대한 논란과 전자무역거래의 활성화와 발전에 대한 대응의 필요성 증가, 9 · 11테러 등으로 인한 수출입화물의 안전에 대한 관심이 높아진 이유 등이다.

이 정형거래조건은 무역계약의 보완적인 기능을 하고 있고, 당사자간에 분쟁발생시 법률관계의 해석기준으로 사용되어, 정형거래조건에 대한 상이한 해석으로 인한 오해와 마찰, 기타 위험요인들을 제거 또는 경감하여 줌으로써 무역계약 당사자들에게 시간과 비용의 절감 및 많은 편리성을 제공하고 있다.

단일 또는 복수의 운송방식용 조건	EXW Ex Works(지정장소 공장인도) FCA Free Carrier(지정장소 운송인인도) CPT Carriage Paid to(지정목적지 운송비지급인도) CIP Carriage and Insurance Paid to(지정목적지 운송비 · 보험료지급인도) DAT Delivered at Terminal(목적항 또는 목적장소에서의 지정터미널 인도) DAP Delivered at Place(지정목적장소 인도) DDP Delivered Duty Paid(지정목적지 관세지급인도)
해상 및 내수로운송용 조건	FAS Free Alongside Ship(지정선적항 선측인도) FOB Free on Board(지정선적항 본선인도) CFR Cost and Freight(지정목적항 운임포함인도) CIF Cost, Insurance and Freight(지정목적항 운임 · 보험료포함인도)

Incoterms, 2010에는 모두 11개의 정형거래조건이 규정되어 있으며, 다음과 같이 2개의 군으로 구성되어 있다.

(1) Ex Works(EXW) …… (named place of delivery) : 지정장소 공장인도조건

EXW 조건은 매도인이 물품의 수출통관을 하지 않고, 또한 물품을 운송수단에 적재하지도 않은 상태로 자신의 공장, 창고, 작업장, 영업장 및 기타 지정된 장소에서 매수인의 임의처분 상태로 물품을 인도하는 것을 의미한다. 따라서 이 조건은 매도인의 의무가 최소인 것을 의미하며, 매수인은 매도인의 공장 등으로부터 물품을 인도받은 때부터 모든 비용을 부담하여야 한다.

EXW 조건은 운송수단에 관계없이, 그리고 하나 이상의 운송수단이 사용되는 경우에도 사용될 수 있으며, 국제거래 보다는 국내거래에서 사용하는데 보다 적합하고, 국제거래에서는 FCA조건을 사용하는 것이 보다 적절하다. 또한 거래당사자들은 인도장소를 명확하게 지정하는 것이 중요한데, 이것은 매도인과 매수인의 비용과 위험부담의 경계를 정하는데 매우 중요하기 때문이다.

(2) Free Carrier(FCA) …… (named place of delivery) : 지정장소 운송인인도조건

FCA 조건은 매도인이 물품을 수출통관하여 지정장소에서 매수인에 의해 지정된 운송인에게 물품을 인도하는 것을 의미한다. 따라서 매수인은 지정장소에서 물품을 인도 받은 때부터 모든 비용을 부담하여야 한다.

FCA 조건은 운송수단에 관계없이, 그리고 하나 이상의 운송수단이 사용되는 경우에도 사용될 수 있으며, 거래당사자들은 인도장소를 명확하게 지정하는 것이 중요한데, 이것은 매도인과 매수인의 비용과 위험부담의 경계를 정하는데 매우 중요하기 때문이다.

(3) Carriage Paid to(CPT) …… (named place of destination) : 지정목적지 운송비 지급 인도조건

CPT 조건은 매도인이 물품을 수출통관하여 물품을 합의된 장소(만약 그러한 장소가 당사자들 사이에 합의가 되었다면)에서 매도인에 의해 지명된 운송인 또는 다른 사람에게 인도하고, 또한 매도인이 물품을 지정목적장소까지 이동시키는 데 필요한 운송계약을 체결하고 그 운임을 지급하여야 한다는 것을 의미한다.

CPT, CIP, CFR 또는 CIF 조건을 이용할 때 매도인은 물품이 목적장소에 도착될 때가 아니라 물품을 운송인에게 넘겨줄 때에 자신의 인도의무를 이행한다. 또한 물품이 인도되는 장소와 지정목적장소를 가능한 한 정확하게 매매계약에서 확정하는 것이 중요하다. 왜냐하면 물품의 인도를 위해 합의된 장소에서 위험이 매수인에게 이전되고, 합의된 지정목적장소까지 매도인은 운송계약을 체결하여야 하기 때문이다. 이에 더하여 합의된 목적지까지의 운송을 위해 여러 운송인이 개입되고 또 당사자들이 특정의 인도지점에 관하여 합의를 하지 못한 경우, 위험은 매도인이 일방적으로 선택권을 행사하여 매수인이 아무런 통제권을 가지지 못하는 지점에서 물품이 첫 운송인에게 인도되었을 때 이전한다. 그리고 당사자들이 위험을 나중의 어느 단계에서(예컨대, 항구 또는 공항) 이전시키기를 원한다면 이 점을 그들의 매매계약에 명시할 필요가 있다.

(4) Carriage and Insurance Paid to(CIP) …… (named place of destination) : 지정 목적지 운송비 · 보험료지급 인도조건

CIP 조건은 매도인이 물품을 수출통관하여 지정장소에서 매도인 스스로 지정한 운송인에게 물품을 인도하여야 하며, 그리고 매도인은 지정목적지까지 운송계약을 체결하고 운임을 지급하여야 하고, 또한 지정목적지까지 보험계약을 체결하고 보험료를 납부하여야 하는 것을 의미한다. 따라서 매수인은 지정목적지까지의 운송비 및 보험료를 제외하고, 지정장소에서 물품을 인도 받은 때부터의 모든 비용을 부담하여야 한다.

CIP 조건은 운송 중 매도인이 부담하는 물품에 대한 위험을 담보하기 위해 매도인이 보험계약을 체결하여야 하는데, 매도인은 최소담보약관으로 부보하면 충분하며, 만약 매수인이 보다 큰 담보를 원한다면 이 점에 관하여 매도인과 명시적으로 합의하거나 또는 스스로 추가로 보험계약을 체결하여야 한다.

CIP 조건은 운송수단에 관계없이, 그리고 하나 이상의 운송수단이 사용되는 경우에도 사용될 수 있으며, 거래당사자들은 인도장소를 명확하게 지정하는 것이 중요한데, 이것은 매도인과 매수인의 비용과 위험부담의 경계를 정하는데 매우 중요하기 때문이다.

(5) Delivered at Terminal(DAT) …… (named terminal at port or place of destination) : 목적항 또는 목적장소에서의 지정터미널 인도조건

DAT 조건은 물품이 지정목적항 또는 지정목적장소의 지정터미널에서 도착되는 운송수단에서 일단 양화된 상태로, 매도인이 물품의 수입통관도 하지 않고, 매수인의 임의처분상태로 매도인이 물품을 인도한다는 것을 의미한다. 이 조건에서 터미널은 부두, 창고, CY 또는 도로, 철도 또는 공항의 화물터미널과 같은 모든 장소를 포함하며, 매도인은 지정목적항 또는 지정목적장소에서의 지정터미널에 물품을 갖다 놓고 양화시킬 때까지의 물품에 대한 모든 위험을 부담한다.

DAT 조건에서 거래 당사자들은 터미널과 합의된 목적항 또는 목적장소 내에서의 특정지점을 가능한 한 명확하게 명시하도록 권고하고 있다. 왜냐하면 합의된 목적지

점까지의 위험은 매도인이 부담이기 때문이다.

또한 DAT 조건에서 매도인은 합의된 목적지점까지 정확하게 일치하는 운송계약을 체결하여야 하며, 만약 당사자들이 매도인에게 터미널에서 다른 장소로의 물품의 운송 및 취급에 따른 위험과 비용을 부담시킬 의도라면, DAP 조건이나 DDP 조건을 이용하는 보다 적합하다.

(6) Delivered at Place(DAP) …… (named place of destination) : 지정목적장소 인도조건

DAP 조건은 물품이 지정목적장소에서 도착되는 운송수단 상에서 양화준비가 된 상태로 매수인의 임의처분상태로 매도인이 물품을 인도한다는 것을 의미한다. 따라서 매도인은 이때까지의 물품에 대한 모든 비용 및 위험을 부담하여야 한다.

DAP 조건에서 거래당사자들은 합의된 목적장소의 목적지점을 가능한 한 정확하게 명시하여야 한다. 왜냐하면 합의된 목적지점까지의 위험은 매도인이 부담이기 때문이다. 아울러 매도인은 합의된 목적지점까지 정확하게 일치하는 운송계약을 체결하여야 하며, 만약 매도인이, 예컨대 자신이 체결한 운송계약에 의해 지정목적장소에서 양화와 관련된 비용을 초래한다면 당사자들 사이에 달리 합의된 바가 없는 한, 매도인은 이러한 비용을 매수인으로부터 회수할 권리가 없다.

(7) Delivered Duty Paid(DDP) …… (named place of destination) : 지정목적지 관세지급 인도조건

DDP 조건은 매도인이 물품의 수입통관은 하지만, 지정목적지에 도착하는 운송수단 상에서 양화준비가 된 상태로 매수인의 임의처분 상태로 물품을 인도하는 것을 의미한다. 그러므로 이 조건에서 매도인은 물품을 지정목적장소에서 인도하는데 따르는 모든 위험과 비용을 부담하여야 하며, 매도인이 물품의 수출은 물론 수입통관의무를 부담하여야 하고, 또한 수출과 수입에 따른 모든 관세를 지급하여야 하며, 모든 통관절차를 이행할 의무를 매도인이 부담하여야 한다. 그러므로 이 조건은 매도인이 지정목적지까지의 일체의 비용을 부담하므로 매수인의 비용부담이 최소인 조건이다.

그런데 만약 매도인이 직·간접적으로 수입통관을 할 수 없다면 계약당사자들이 DDP 조건을 이용하지 말고 DAP 조건을 이용하여야 한다.

(8) Free Alongside Ship(FAS) …… (named port of shipment) : 지정선적항 선측인도조건

FAS 조건은 매도인이 물품을 수출통관하여 지정선적항의 본선의 선측에서 물품을 매수인에게 인도하는 것을 의미한다. 따라서 매수인은 지정선적항의 선측에서 물품을 인도받은 때부터 모든 비용을 부담하여야 한다.

FAS 조건에서 선측이란 지정선적항의 부두상이나 바지선을 의미하며, 매도인은 물품을 지정선적항에서 매수인에 의해 지명된 선측에 둘 때 물품을 인도한다.

FAS 조건에서 거래당사자들은 지정선적항에서의 적재지점을 가능한 한 명확하게 명시하도록 권고하고 있다. 왜냐하면 그 지점까지의 비용과 위험은 매도인이 부담하여야 하며, 또한 그 비용 및 관련 취급비용은 항구의 관행에 따라 변경될 수 있기 때문이다.

그런데 화물이 컨테이너에 적입되는 경우 매도인은 물품을 선박의 선측이 아닌 컨테이너 터미널에서 운송인에게 교부하기 때문에, 이러한 상황이라면 FAS 조건은 적합하지 않으며, FCA 조건을 이용하여야 한다.

(9) Free on Board(FOB) …… (named port of shipment) : 지정선적항 본선인도조건

FOB 조건은 매도인이 지정선적항에서 매수인에 의해 지명된 선박 상에서 물품을 인도하거나 또는 이미 그렇게 인도된 물품을 조달하는 것을 의미하며, 물품에 대한 멸실 또는 손상의 위험은 물품이 본선 상에 적재될 때 이전하게 되고, 매수인은 그 때부터 모든 비용을 부담하여야 한다.

그런데 물품이 전형적으로 터미널에서 인도되어 컨테이너에 적입되는 방식과 같이, 물품이 본선 상에 적재되기 전에 물품이 운송인에게 교부되는 경우에는 FOB 조건은 적합하지 않으며, 이러한 경우에는 FCA 조건을 이용하여야 한다.

(10) Cost and Freight(CFR) …… (named port of destination) : 지정목적항 운임포함 인도조건

CFR 조건은 매도인이 물품을 수출통관하여 매도인이 본선 상에 물품을 인도하거나 또는 이미 그렇게 인도된 물품을 조달하는 것을 의미하며, 물품에 대한 멸실 또는 손상의 위험은 물품이 본선 상에 적재될 때 이전하게 되고, 매도인은 물품을 지정목적항까지 이동시키는데 필요한 운송계약을 체결하고, 또한 그 비용과 운임을 지급하여야 한다.

CPT, CIP, CFR 또는 CIF 조건을 이용할 때, 매도인은 물품이 목적장소에 도착할 때가 아니라 물품을 명시된 방법으로 운송인에게 교부할 때 자신의 물품인도의무를 이행한다. 또한 CFR 조건은 상이한 장소에서 위험과 비용이 이전하기 때문에 두 곳의 임계점(Critical Point)을 가지며, 아울러 매도인은 합의된 목적지점까지 정확하게 일치하는 운송계약을 체결하여야 하는데, 만약 매도인이 자신이 체결한 운송계약에 의해 지정목적항에서의 합의된 특정지점에서 양화와 관련된 비용을 초래한다면, 매도인은 당사자들 사이에 달리 합의된 바가 없는 한, 이러한 비용을 매수인으로부터 회수할 권리가 없다.

그런데 물품이 전형적으로 터미널에서 인도되어 컨테이너에 적입되는 방식과 같이, 물품이 본선 상에 적재되기 전에 물품이 운송인에게 교부되는 경우에는 CFR 조건이 적합하지 않으며, 이러한 경우에는 CPT 조건을 이용하여야 한다.

(11) Cost, Insurance and Freight(CIF) …… (named port of destination) : 지정목적항 운임·보험료포함 인도조건

CIF 조건은 매도인이 물품을 수출통관하여 운송 중 매수인이 부담하는 물품에 대한 위험을 담보하기 위해 매도인이 보험계약을 체결하여야 하는 것을 제외하고는 CFR 조건과 동일하다. 이 조건에서 매도인이 보험계약을 체결하는 경우 최소담보약관으로 부보하면 충분하며, 만약 매수인이 보다 큰 담보를 원한다면 이 점에 관하여 매도인과 명시적으로 합의하거나, 또는 스스로 추가로 보험계약을 체결하여야 한다.

4. 선적조건(Shipment Terms)

무역계약에서 매도인의 중요한 의무 중의 하나가 약정한 물품을 선적하여 매수인에게 인도하는 것이다. 따라서 선적행위는 물품의 인도를 위한 것이므로 선적조건을 인도조건이라고도 한다. 그런데 여기에서 선적은 해상운송에서의 본선적재(Loading on Board)만을 의미하는 것이 아니고, 항공기 또는 화차에의 적재(Loading), 우송물의 발송(Despatch) 및 복합운송을 위한 화물의 접수(Taking in Charge) 등을 포함하는 광의의 개념이다.

선적조건에서 중요한 내용은 선적시기, 분할선적, 환적, 지연선적 및 선적일의 입증 등이다.

1) 선적시기

선적시기는 구체적으로 월, 일 등을 제시하여 약정하는 것이 일반적이다.

- **單月조건** : 4월중 선적(during April), 7월중 선적(during July) 등으로 약정
- **連月조건** : 4/5월중 선적(during April/May) 등으로 약정
- **특정 일/월 이전 혹은 이내 조건** : 5월 10일까지 선적(by May 10), 5월까지 선적(by May), 계약 후 2개월 이내 선적(within two months after contract) 등으로 약정

2) 분할선적(Partial Shipment)

선적하여야 할 물량이 많은 경우, 또는 매수인의 요청에 의해 분할선적이 요구되는 경우가 있다. 이 경우에는 분할횟수, 각 분할선적 수량 및 각 분할선적분의 시기 등을 사전에 합의하여 놓아야 한다. 이러한 분할선적은 신용장에서 금지하고 있지 않은 한 일반적으로 허용되고 있다.

3) 환적(Transhipment)

선적된 운송수단으로부터 다른 운송수단으로 이적하는 것을 환적이라고 한다. 이러한 환적은 복합운송시대에 있어서는 필연적으로 발생하는 경우가 많아 일반적으로 허용되고 있다.

4) 지연선적(Delayed Shipment)

약정된 선적일 내에 선적하지 못하는 경우를 지연선적이라고 한다. 이러한 지연선적은 매도인의 귀책사유로 인한 경우에는 원칙적으로 계약위반이 되지만, 불가항력에 의해 지연 선적이 발생한 경우에는 면책된다.

5) 선적일의 입증

선적일의 입증이 곤란한 경우가 발생할 수 있는데, 이러한 경우 선화증권(B/L) 발행일이 선적일로 인정된다.

5. 보험조건(Insurance Terms)

매도인이 매수인에게 물품을 선적하여 인도하기 위해서는 필연적으로 운송행위를 이행하게 된다. 그런데 이 운송 중에는 다양한 위험에 물품이 노출되어 손상을 입을 수 있으므로 보험에 부보하여 이를 커버하여야 한다.

이러한 보험에는 해상운송 위험을 커버하기 위한 해상적하보험(Marine Cargo Insurance), 항공운송이나 육상운송 위험을 커버하기 위한 항공운송보험, 육상운송보험 및 복합운송 위험을 커버하기 위한 일관운송보험 등이 있다.

보험조건의 중요한 내용은 보험자, 피보험자, 보험계약자, 보험기간 및 보험금액 등을 결정하는 것이며, 이 보험조건은 정형거래조건에 따라 상이하다. 한편 해상적하보험에 적용되는 부보조건에는 런던보험자협회(The Institute of London Underwriters)가 제정한 구협회적하약관(Old Institute Cargo Clause)과 신협회적하약관(New Institute Cargo Clause)이 있다.

1) 구협회적하약관(Old Institute Cargo Clause)

(1) (Against) All Risk

AAR 또는 AR(전위험담보) 약관으로 면책비율을 적용하지 않고 소손해도 보상해주는 전위험담보조건으로서 그 담보범위가 가장 크다.

(2) With Average

WA(분손담보) 약관으로 전손, 공동해손 및 단독해손까지 보험자가 담보해 주는 조건이다.

(3) Free from Particular Average

FPA(분손부담보) 약관으로 특정 화주만이 단독으로 입은 단독해손에 대하여는 보험자가 보상하지 않는 조건이다. 이 조건은 구협회적하약관 중에서는 가장 담보범위가 작으며, 무역보험에서 가장 일반적으로 적용되는 조건이다.

(4) Total Loss Only

TLO(전손담보) 약관으로 전손인 경우에 한하여 보험자가 보상하는 특별약관이다.

(5) Strikes, Riots and Civil Commotion Clause

SR&CC(파업, 폭동 및 내란) 약관으로 파업, 폭동 및 내란위험을 담보하기 위한 특별약관이다.

(6) Theft, Pilferage and Non-Delivery Clause

TPND(도난, 拔貨, 未着) 약관으로 분실 및 도난위험을 담보하기 위한 특별약관이다.

(7) Franchise

소손해면책약관으로 소손해에 대하여는 보험자가 보상하지 않는 특별약관이다.

2) 신협회적하약관(New Institute Cargo Clause)

(1) Institute Cargo Clause (A)

ICC(A)는 면책약관을 제외한 모든 위험을 보험자가 담보하기로 하는 조건이다.

(2) Institute Cargo Clause (B)

ICC(B)는 ICC(A) 보다는 담보범위가 좁으며, 구약관의 WA(분손담보)조건과 담보범위가 유사한 조건이다.

(3) Institute Cargo Clause (C)

ICC(C)는 ICC(B) 보다 더욱 그 담보범위가 좁으며, 구약관의 FPA(분손부담보) 조건과 담보범위가 유사한 조건이다.

6. 결제조건(Payment Terms)

결제조건의 내용으로는 대금결제방식, 대금지급시기 및 결제통화를 결정하는 것이 중요하다.

1) 대금결제방식

(1) 신용장(L/C : Letter of Credit)

개설은행의 지급보증이 있는 신용장에 의한 무역결제방식이다.

(2) 추심결제방식(Payment by Collection)

신용장의 개설없이 수출업자가 발행한 환어음과 선적서류만으로 대금결제가 이루어지는 방식이다. 이 방식에는 D/P 및 D/A 방식이 있다.

- D/P(Documents against Payment) : 환어음의 지급인인 수입업자가 환어음 지급을 하여야 선적서류를 인도해 주는 방식이다.
- D/A(Documents against Acceptance) : 환어음의 지급인인 수입업자가 환어음 인수만 하면 선적서류를 인도해 주는 방식이다.

(3) 송금방식

수입업자가 물품수령전 또는 수령후에 수입대금을 수출업자에게 직접 송금하여 결제하는 방식이다.

2) 대금지급시기

(1) 선지급(Payment in Advance)

수출업자는 선적전 대금을 결제받는다.

- Cash with Order(CWO) : 수출업자는 주문 수령시 거래대금을 결제받는다.
- X% Advance Money : 수출업자는 계약대금 중 일정비율을 선급받는다.
- Red Clause L/C : 선지급신용장으로 수출업자는 선적전 대금을 결제받는다.

(2) 현금지급(Cash Payment)

매도인이 물품을 인도할 때에 대금이 지급되며, 이에는 COD(Cash on Delivery) 매매가 대표적인 것이다.

(3) 후지급

추심결제방식 및 신용장 결제방식 중 기한부환어음에 의한 경우가 후지급에 해당한다.

3) 결제통화(Currency)

결제통화는 가격조건의 표시통화로 하는 것이지만, 환위험 등을 고려하여 국제적으로 공신력이 높은 통화를 선택하는 것이 중요하다.

제 12 장 국제운송물류

제1절 국제운송물류의 의의

무역계약이 체결되면 그 다음 단계는 약정된 물품을 매도인으로부터 매수인에게 이전시켜 주기 위한 수출이행 행위가 있어야 하는데, 이를 무역계약의 이행이라고 한다. 무역계약의 이행은 필연적으로 국제운송물류에 의해 이루어지게 되는데, 우리나라를 기준으로 하는 경우에는 해상운송, 항공운송 및 국제복합운송이 있다.

즉, 수출이행을 위해 매도인으로부터 매수인에게 약정물품을 인도하기 위한 행위는 국제운송물류에 의해 실현되며, 이 국제운송 물류서비스는 국제운송계약에 의해 제공된다. 결국 매도인의 물품인도의무는 국제운송계약을 통하여 이루어질 수 있으므로 무역거래에서 국제운송물류의 의의는 매우 크다.

무역거래를 성공적으로 수행하기 위해서는 다른 요소도 중요하지만 특히 적절한 운송수단의 선택을 통해 물품의 적기인도와 이를 통한 신뢰성의 제고도 매우 중요하다. 특히 최근에는 물품인도의 신속성과 적기성이 무역거래에서 특히 강조되고 있으므로 경쟁사와 동일한 물품의 가격 및 품질수준을 가지고 있더라도 경쟁사보다 더욱 신속하고, 최적의 운송경로 및 저렴한 운송비를 가지고 운송물류서비스를 제공할 수 있다면 이는 곧 기업경쟁력 제고로 이어져 무역거래에서 성공할 수 있는 지름길일 것이다.

제2절 해상운송

1. 해상운송의 의의

해상운송은 수출입화물을 원양항로에 따라 운송하는 외항해운과 국내 소비재를 연안운송경로를 따라 운송하는 내항해운으로 크게 나눌 수 있다. 이 중 국제운송의 99% 이상을 차지하고 있는 것이 외항해운이므로, 국제운송에서 외항해운이 차지하는 비중은 거의 절대적이라고 하겠다.

이와 같은 해상운송의 급속한 발전은 제1차 세계대전 후 디젤기관의 발명, 조선기술의 발전 및 운항기술의 발전 등에 기인하며, 현재는 정기선 분야에서 컨테이너선 운항이 발전하면서 물류 효율화의 기본이 되는 국제복합운송시대를 맞이하고 있고, 부정기선 분야에서도 탱커와 벌크운송 등에 있어서 용선운송제도의 발달 등 해상운송의 급격한 발전이 거듭되고 있다. 오늘날 해운시장의 구조를 살펴보면 다음과 같다.

① 컴퓨터 조선설계, 전기용접기술, 디젤엔진 등 조선기술이 급격하게 발전하고 있다.

② 선박의 대형화・고속화가 급격하게 진행되고 있다. 즉, 오일탱커 및 컨테이너선 중심으로 대형화(18,000TEU급 이상) 및 고속화(25노트 전후)되고 있다.

③ 부정기선도 정기선에서와 같이 전용선화가 급격히 발전하고 있다.

④ 컨테이너화가 급격히 진전되면서 특정항로의 선사들이 공동으로 스페이스 차터(Space Charter) 컨소시엄 및 컨글로머레이트(Conglomerate)의 형태로 운항을 그룹화하고 있으며, 그동안 정기선 시장에서 활발하게 전개되어 오던 해운동맹(Shipping Conference)이 정기선 시장의 경쟁을 위해 각국이 규제함으로써 2008년 해운동맹이 폐지되고 현재는 선사 간 전략적 제휴

(Alliance)가 활발하게 전개되고 있다.

⑤ 이 밖에도 자국선 우선주의가 팽배해 있으며, 편의치적제도가 활성화되어 있어 파나마, 온두라스, 리베리아 등의 조세도피지로 선박을 이적하는 행위가 계속되고 있다.

표 12-1. 1999~2015년 세계 선사 순위 및 점유율(Alphaliner 1999~2015)

Rnk	Operator	TEU	Share
1	APM-Maersk	2,961,030	15.5%
2	Mediterranean Shg Co	2,547,913	13.4%
3	CMA CGM Group	1,691,707	8.9%
4	Hapag-Lloyd	965,063	5.1%
5	Evergreen Line	951,777	5.0%
6	COSCO Container L.	813,312	4.3%
7	CSCL	703,591	3.7%
8	Hanjin Shipping	620,199	3.3%
9	MOL	593,618	3.1%
10	APL	545,270	2.9%
11	Hamburg Süd Group	540,923	2.8%
12	OOCL	525,578	2.8%
13	NYK Line	483,743	2.5%
14	Yang Ming Marine Transport Corp.	443,616	2.3%
15	UASC	414,975	2.2%
16	K, Line	390,612	2.0%
17	Hyundai M.M.	382,812	2.0%
18	PIL(Pacific Int. Line)	361,739	1.9%
19	Zim	326,004	1.7%
20	Wan Hai Lines	203,521	1.1%

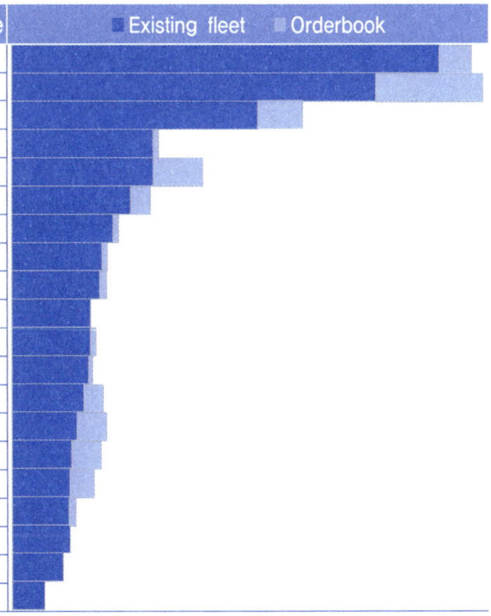

한편 우리나라 선사들의 해상운송 실적으로 볼 때에 우리나라는 해운 선진국으로 발전하여 왔다. 현재는 부도처리되어 없지만 한진해운이 과거 15년 동안 우리나라를 대표하는 세계 8위권 선사로서 세계 해운시장을 누비고 다녔으며, 현대상선 또한 세계 13위권 선사로서 세계 해운시장에서 활약하고 있다. 이는 무역규모의 계속적인 증대에 따라 늘어나는 수출입화물을 적기에 운송하고, 주요 원자재와 완제품의 안정적인 운송을 위해 필요한 선박의 확보와 해운합리화 정책

을 추진해 온 결과인 것으로 보인다. 따라서 컨테이너 운송실적도 꾸준히 증가하고 있으며, 특히 부산항은 2017년도에 2천만TEU 이상을 처리하여 세계 6위항만으로 자리를 굳히고 있다.

2. 정기선과 부정기선

해운시장의 운송형태는 크게 정기선과 부정기선으로 구분할 수 있다. 정기선(Liner)이란 정기항로에 취항하고 있는 선박을 지칭하며, 특정항로를 화물량에 관계없이 규칙적으로 반복·운항하는 운송형태이다. 정기선은 정기적이고, 또한 고속으로 운항하기 때문에 부정기선화물과는 달리 주로 제품화된 공산품과 포장화물을 운송한다.

한편 부정기선(Tramper)은 화물이 있을 때나 화주의 요구가 있을 때 화주와 계약을 체결하고 운항하는 운송형태이다. 부정기선은 통상 화물의 성질 또는 형태에 따라 특수한 시설과 구조를 갖춘 선박이나 특수 전용선이 이용되므로, 예컨대 원유, 철광석, 석탄, 곡물, 시멘트 등 저가의 대량화물을 운송하는데 이용된다.

이러한 정기선시장과 부정기선시장은 특징은 다음과 같다.

표 12-2. 정기선시장과 부정기선시장의 특징

	정기선	부정기선
수요 특성	운송서비스의 규칙성, 신속성, 정확성이 요구되는 화물	운송서비스의 저운임이 강하게 요구되고, 규칙성과 신속성에 대한 요구가 낮은 화물
수요 대상 화물	취득가격에서 운임 비중이 낮은 화물-제품, 고가상품 등	취득가격에서 운임 비중이 높은 화물-원료, 광물, 식량 등
개별 수요 단위	소규모-개품운송에 적합	대규모-대량운송에 적합
수요발생 장소·시간	일정, 안정, 계속적	불규칙, 불안정, 불연속적
선박	정기선(Liner)	부정기선(Tramper)-전용선

또한 정기선과 부정기선의 특징은 다음과 같다.

표 12-3. 정기선과 부정기선의 특징

	정기선	부정기선
수요 대상 화물	· 단위당 가격 고가 · 운임 비중 낮음 · 다양한 화물을 운송	· 단위당 가격 저가 · 운임 비중 높음 · 주로 벌크화물을 운송
서비스 요구 수준	운임 보다는 신속성이나 규칙성이 중요	신속성이나 규칙성 보다는 운임이 상대적으로 저렴
수요 측면	지리적, 시간적으로 규칙적, 안정적이고 수요 전체가 연속적임	지리적, 시간적으로 불규칙적, 불안정적이고, 수요 전체도 단속적임
공급 측면	특정항로에서 반복적, 규칙적으로 운항됨-일정항로로 고정	수요발생에 따라 수시로 항로가 변경됨-범세계적인 영역
자본투자 측면	막대한 투자비용 요구-고속선박	비교적 투자자본이 적음
운임	항해일정 및 안정적인 운임 공시	선복의 수급관계에 따라 운임이 결정

3. 해운동맹과 얼라인언스

해운동맹이란 특정항로에 취항하고 있는 복수의 정기선사가 상호 독립성을 유지하면서 대내적으로는 부당한 과당경쟁을 피하고 경영의 안정을 기하며, 대외적으로는 독점력을 강화하여 특정항로에서 경제적 지위를 향상시킬 목적으로 운임, 적취량, 기타 운송조건에 관해 협정을 체결하는 국제적인 선사 카르텔을 말한다. 이 해운동맹에서 선사 상호간의 관계는 계약관계에 불과하며, 의무의 이행과 행동통일은 특정항로에 대해 제한적으로 이루어진다.

하지만 2008년 EU에서 해운동맹에 대한 독점금지 면제조항이 철폐되면서 해운동맹은 사실상 해체되었으며, 최근에 선사들은 해운동맹 보다는 서로 다른 선사들이 모여 만든 전략적 제휴그룹인 얼라이언스를 통해 해운시장에서 경쟁하고 있다.

[그림 12-1] 해운 얼라이언스 현황(2017)

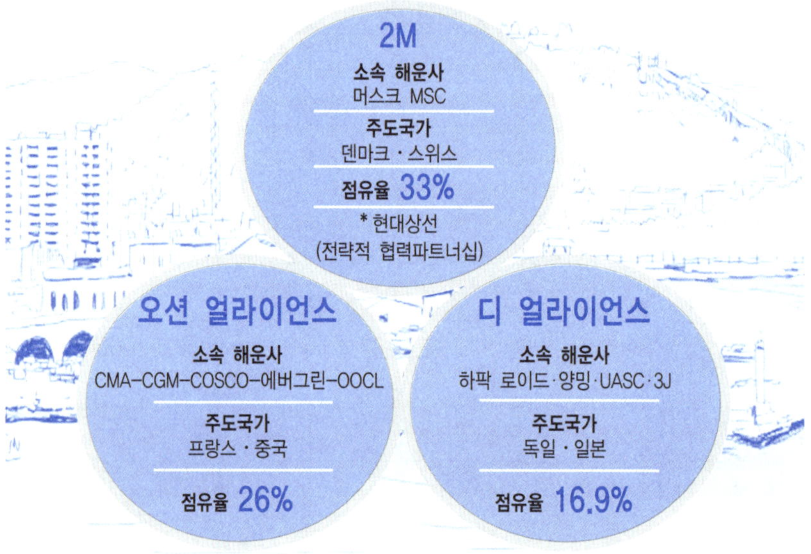

2017년 초 해운동맹은 지각변동이 발생하여 전 글로벌 해운사들이 적자생존을 위해 3개의 얼라이언스 체제로 개편이 이루어졌다. 그 3개 체제는 2M, 오션얼라이언스, 디 얼라이언스 이다. 그 중 가장 많은 점유율을 보이는 곳은 세계 1~2위 선사인 머스크사와 MSC사가 참여하고 있는 2M이다. 전 세계 해운시장의 33%를 점유하고 있으며 우리나라의 현대상선이 전략적 파트너십 관계로 참여하고 있다.

4. 용선운송

용선(Charter)이란 선주나 운송업자가 선박을 이용하는 자(용선자)를 위하여 선박의 일부 또는 전부를 빌려주어 이용할 수 있게 하는 것을 말한다. 이러한 용선운송에는 항해용선(Voyage Charter), 정기용선(Time Charter), 나용선(Bareboat Charter) 등이 있다.

항해용선, 정기용선 및 나용선의 주요한 특징은 다음과 같다.

표 12-4. 항해용선, 정기용선 및 나용선의 주요 특징

항해용선	정기용선	나용선
부정기선사가 선복의 전부 또는 일부를 사용하여 특정항구간까지 운송해 주기로 화주(용선자)와 약정하는 화물운송계약	선원과 화물을 적재 운송할 수 있는 설비를 갖추고 장기간 운항할 수 있는 선박을 용선자가 일정기간 용선하는 계약	용선자가 선박 이외에 선정, 선원, 장비 및 소모품에 대해 모든 책임을 지고 일정기간 용선하는 계약
선주가 선장을 임명하고 지휘 감독	선주가 선장을 임명하고 지휘 감독	용선자가 선장을 임명하고 지휘 감독
용선자는 선복을 이용하고, 선주는 운송행위를 함	용선자는 점유사용권을 갖고 운송행위를 하며, 선주는 소유권을 갖음	용선자가 선박을 일정기간 사용하여 운송행위를 함
운임은 화물의 수량 또는 선복에 따라 결정	용선료는 원칙적으로 기간에 따라 정함	용선료는 기간을 기초로 하여 결정
용선자는 재용선에 대하여 감항담보의 책임이 없음	용선자는 재용선에 대하여 감항담보의 책임이 없음	용선자는 화주 또는 재용선에 대하여 감항담보의 책임 부담
선주부담비용 : 선원급료, 식료, 음료수, 윤활유, 유지비, 수선비, 보험료, 상각비, 연료, 항비, 하역비, 제수수료, 예선료, 도선료	선주부담비용 : 선원급료, 식료, 음료수, 윤활유, 유지비, 수선비, 보험료, 상각비	선주부담비용 : 보험료, 상각비
용선자부담비용: 용선료(운임)	용선자부담비용: 연료, 항비, 하역비, 제수수료, 예선료, 도선료 및 용선료	용선자부담비용: 항해용선의 선주부담비용 중 상각비 이외의 비용 및 용선료

5. 컨테이너운송

화물포장의 단위화를 추구하여 운송·보관·하역 등의 모든 과정을 가장 효율적으로 일관운송할 수 있도록 하여 주는 운송도구가 바로 컨테이너이다. 즉, 컨테이너는 각종 운송수단간에 호환성을 갖춘 일종의 포장용기로서, 국제운송에서 경제성·신속성·안전성을 최대한 충족시켜 주는 운송도구이다.

이러한 컨테이너운송이 발달하게 된 계기는 ① Unit Load System을 위해 화물포장의 단위화가 필요하였고, ② 하역시간의 단축을 통한 선박운항의 회전율 제고 필요성이 대두되었으며, ③ 터미널 작업의 효율화를 통해 항만경비 절감이 요구되었고, 또한 ④ 고도 산업시대에서 대량생산과 대량소비를 연결시키는 전반적인 물류효율화를 기하는 것이 절대적으로 요구되었기 때문이다.

[그림 12-2] 컨테이너터미널의 하역 장면

컨테이너운송을 위해서는 항만에서 컨테이너를 취급하는 터미널이 필요하다. 이 컨테이너터미널은 최근 전용부두화되고 있으며, 해상과 육상의 접점인 항만에 위치하여 컨테이너의 적양작업, 트럭이나 철도로부터 컨테이너의 인수도, 컨테이너의 장치, 공컨테이너의 집화 및 보관, 컨테이너의 수리 및 청소 등 컨테이너운송과 관련된 제반기능을 담당한다.

제3절 항공화물운송

1. 항공화물운송의 의의

항공화물운송은 항공기를 이용하여 항공화물운송장(Air Waybill)에 의해 국가간 화물운송을 하는 것으로 1970년대 이후 대형화물전용기가 등장하면서 급격하게 발전하고 있다. 이 항공화물운송은 고속성, 정시성, 안전성 등에서 다른 운송수단에 비해 우수하기 때문에 반도체, 가전제품 등을 중심으로 시급한 화물, 정시성이 요구되는 화물 등을 주로 운송하고 있다.

표 12-5. 항공화물운송의 장점

물류관리	비용	서비스
- 긴급, 소형화물운송에 유리 - 제품수명주기가 빠른 물품에 적합 - 운송기간의 단축에 따른 재고관리의 유연성 확보 - 통관의 편리성에 기인한 상품회전률의 제고 - 짧은 운송기간으로 화물손상률이 감소	- 포장의 경량화로 포장비의 절감 - 재고의 감소로 투입자본 및 재고관리비의 절감 - 신속운송으로 자본 회전률을 제고 - 신속통관으로 보관비를 절감	- 고객서비스 향상에 따른 매출증대 - 급격한 수요변동에 효율적으로 대처 - 변질성 제품의 시장확대가 가능 - 판매기간이 짧은 상품의 시장확보 - 운송 중 화물추적(Tracking)이 용이

항공화물운송은 화물을 신속·정확·안전성이라는 장점과 전천후성·비계절성·편도성이라는 특성을 가지고 있으며, 〈표 12-5〉와 같은 많은 장점을 가지고 있어 최근 급격히 그 이용이 증대하고 있다.

따라서 우리나라 항공화물운송실적도 중량기준으로 할 때에는 0.3% 정도에 불과하지만 금액기준으로 할 때에는 25% 정도를 차지하고 있다. 이는 대한항공이 단일 항공사로서 화물부문 세계1위를 계속 차지하고 있고, 우리나라 주요 수출품인 휴대폰, 반도체, TV, 에어컨, 냉장고 등이 시급을 요하는 경우가 많아 항공으로 운송되고 있기 때문이다.

2. 항공화물운송의 유형

항공화물운송업을 영업형태에 따라 항공화물운송대리점업(Air Cargo Agent), 항공운송주선업자(Air Freight Forwarder, Consolidator) 및 상업서류송달업(Courier)으로 분류할 수 있다.

항공화물운송대리점업은 현행 법규에는 규정하고 있지 않지만 항공운송사업자 또는 항공운송총대리점업자를 위해 유상으로 항공기에 의한 화물의 운송계약체결을 대리하는 자를 말한다. 항공화물운송대리점업자는 송화인과 운송계약 주체인 항공사를 대리하여 판매를 하면서 항공화물운송장(Air Waybill)을 발행하고 화물판매 수수료를 취득하며, 수출입화물에 대해 화물자동차에 의한 육상운송, 수출입면허, 창고반출입 업무를 대행하는 등 항공화물의 흐름을 원활히 하는 보완기능을 수행하고 있다. 그러나 항공화물운송대리점업자는 항공운송주선업자와는 달리 자기의 명의로 운송하는 사업이 아니므로 독자적인 항공화물운송장을 발행하지 못한다.

항공운송주선업자는 스스로 송화인과 계약주체로서 운송계약을 체결하고, 독자적인 항공화물운송장(House AWB), 운송약관, 요율을 가지고 있다. 이와 같은 항공운송주선업자는 항공사와 유사한 형태이지만 현실적으로 항공기를 갖고 있지 않으므로 집화한 화물을 운송하기 위해서는 항공사가 발행하는 항공화물운송장(Master AWB)

에 의해 자신을 송화인으로 하여 항공사의 운송약관에 의한 운송계약을 체결해야 한다.

또한 최근 항공화물운송시장의 가장 큰 특징으로는 우리나라에서 상업서류송달업으로 알려진 국제항공택배서비스 시장의 괄목할만한 성장과 역할을 들 수 있다. 항공법에서 규정하고 있는 상업서류송달업은 외국의 상업서류송달업체와 계약을 체결하여 상업서류 등을 신속하게 발송 또는 배달하는 업체로, 우편법의 적용을 받지 않는 상업서류와 서적, 잡지, 견본품, 신문 등 정기간행물을 자체 Tariff와 운송약관에 의해 Door to Door서비스로 신속하게 운송하는 업을 의미한다. 미국 국내시장에서 상업서류송달사업은 년25% 이상의 성장을 기록하여 현재는 수입측면에서 60%나 점유하고 있을 정도이며, 고객의 욕구를 충족시킨 부가가치 높은 항공화물서비스 상품으로서 항공화물운송시장을 개척해 나아가고 있다.

즉, 국제시장에서의 익스프레스 사업은 현재 15% 정도의 시장점유를 하고 있지만, 2020년까지는 년 20%의 고도성장을 기록하여 30% 이상의 시장점유를 할 것으로 예측된다. 현재 이 시장에서 두각을 나타내고 있는 DHL, FedEx, UPS, TNT 등은 국제항공화물시장에서 현재 15%의 취급물량으로 20%의 항공화물 운임수입을 올리고 있으나, 이 상업서류송달업체들이 자체 운송시스템을 확충하고, 항공사 및 포워딩업체들과 제휴하여 영업력을 강화해 나아갈 경우 상당한 시장점유 및 운임수입을 높일 수 있을 것으로 예상된다.

3. 항공화물운송의 탑재방식

항공화물도 초기에는 인력에 의한 벌크화물 형태의 탑재방식이 적용되었으나, 항공물류의 효율화를 위해 현재에는 탑재의 자동화・기계화가 추진되어 항공화물을 컨테이너와 파렛트를 이용하여 탑재하는 단위탑재방식(ULD : Unit Load Device)으로 발전하였다.

벌크탑재방식은 화물전용기 내부 또는 여객기 객실의 밑바닥 화물실에 개별화물을 인력에 의해 직접 적재하는 방식이다. 그리고 단위탑재방식에는 컨테이너 탑재방식과 파렛트 탑재방식이 있다. 컨테이너 탑재방식은 별도의 보조장치 없이 항공기 내의 화물실에 적재와 고정이 가능하도록 알루미늄으로 제작된 컨테이너를 이용하여 화물을 적재하는 방식이다.

또한 파렛트 탑재방식은 1인치 이하의 알루미늄 합금으로 만들어진 평판형태의 파렛트를 이용하여 화물을 적재하는 방식으로, 보통 파렛트 위에 화물을 적재하고 망(Net)과 띠(Strap)로 고정하여 탑재한다.

제4절 국제복합운송

1. 국제복합운송의 의의

국제복합운송(International Multimodal/Combined Transport)이란 물품을 국제복합운송인에 의한 단일 운송계약에 의거하여, 최소한 2개 이상의 이종운송수단(Mode)에 의해 국제간에 걸쳐 송화인의 문전에서 수화인의 문전까지(Door to Door) 일관해서 운송하는 것을 말한다.

이 국제복합운송은 국제간의 물품운송에 있어 컨테이너화의 발달과 운송기술 및 장비의 혁신에 따라 종래의 Terminal to Terminal 운송개념이 CY to CY 개념으로 발전된 데 이어, 더 나아가 Door to Door라는 진보된 운송형태로 발달하게 된 것이다. 그리고 국제복합운송인은 실제 운송수단을 가지고 있는 복합운송인과 실제 운송수단을 보유하고 있지 않지만 계약에 의해 복합운송을 수행하는 운송주선인을 포괄하는 개념이다.

국제복합운송은 다음과 같은 장점을 가지고 있다.

① **운송기관의 접점에서 코스트 절감 기능** : 환적작업, 검사, 사무수속 등 운송기관의 접점에서 발생하는 작업코스트를 절감할 수 있음과 동시에 작업흐름의 원활화 및 하역생산성 향상이 가능하다.

② **서류의 단순화** : 컨테이너화에 의해 운송수속절차의 간소화로 화물과 서류의 체크 및 서류의 단순화가 가능하다.

③ **운송책임의 일원화** : 복합운송업자에 의한 일괄 운송업무 수행으로 운송책임의 일원화가 가능케 됨과 동시에 그에 따른 클레임처리의 일원화도 가능하다.

④ **화물추적의 용이** : 단일의 운송인에 의해 취급되므로 화물추적시스템화가 용이하다.

2. 국제복합운송의 기본 요건

1) 운송책임의 단일성(Through Liability)

복합운송인은 자기의 명의와 계산으로 송화인을 상대로 복합운송계약을 체결한 계약당사자일 뿐만 아니라 전체 운송을 계획하여 여러 운송구간을 적절히 연결하고 통괄하여 운송이 원활하게 이루어지도록 조정하고 감독할 지위에 있으므로, 전 구간에 걸쳐 화주에 대해 단일책임을 진다.

2) 복합운송증권(Combined Transport B/L)

복합운송이 되기 위해서는 복합운송인이 화주에 대하여 전 운송구간에 걸친 유가증권으로서의 복합운송증권이 발행되어야 한다.

3) 일관운임(Through Rate)의 설정

복합운송인은 그 서비스의 대가로서 각 운송구간마다 분할된 것이 아닌 전 구간에 대한 단일화된 운임을 설정하여 화주에게 제시하여야 한다.

3. 국제복합운송의 주요 경로

국제복합운송의 주요 경로는 다음과 같다.

① **SLB**(Siberian Land Bridge) : 시베리아 횡단철도(TRS : Trans Siberian Railroad)를 이용하여 극동지역에서 유럽대륙, 스칸디나비아반도 및 중동권을 연결하는 복합운송경로이다. 보통 우리나라에서 극동항구인 보스토치니항으로 운송한 다음 SLB를 이용하여 유럽대륙 등과 연계운송하는 체제이다.

② **ALB**(American Land Bridge) : 극동지역에서 북미 서해안까지 해상운송하고 미국 서해안에서 동해안까지 철도운송 한 다음 다시 동해안에서 유럽까지 해상운송하는 복합운송체제이다.

③ **CLB**(Canadian Land Bridge) : 극동지역에서 뱅쿠버 또는 시애틀까지 해상운송하고 카나다 철도를 이용하여 몬트리올까지 운송한 다음 해상운송을 이용하여 유럽까지 운송하는 복합운송체제이다.

④ **MLB**(Mini Land Bridge) : 극동지역에서 북미 서해안까지 해상운송하고 트럭이나 철도를 이용하여 북미대륙을 횡단, 미국 동해안 및 걸프지역항만까지 운송하는 복합운송체제이다.

⑤ **MLB**(Micro Land Bridge)(IPI : Interior Point Intermodal) : 미국 서해안으로부터 미국 내 주요 내륙지점의 철도터미널 또는 선박회사의 CY나 CFS까지 운송하여 인도하는 복합운송체제이다.

⑥ **TCR**(Trans China Rail) : 우리나라에서 중국의 연운항까지 해상운송하고, 연운항에서 TCR과 TSR을 이용하여 유럽까지 운송하는 복합운송체제이다.

한글색인

ㅈ

영문색인

S

T

U

V

W

Y

【저자약력】

송계의

· 대전고, 성균관대 경제학 박사
· 한진교통물류연구원 물류실장 역임
· 건교부, 중기청, 서울특별시, 부산광역시 물류정책 자문위원 역임
· 물류관리사 자격시험 출제 및 감수 · 선정위원(현)
· 종합물류기업 인증심사단 심사위원(현)
· 대한상사 중재원 중재인(현)
· 동서대학교 국제물류학전공 교수(현)

[주요저서]

· 인터넷물류론(삼영사, 2002)
· 물류혁신론(도서출판 두남, 2007)
· 최신 경영학원론(도서출판 두남, 2007)
· 무역결제론(삼영사, 2010)
· 최신 무역영어(공저, 탑북스, 2011)
· 무역실무론(탑북스, 2011)
· 국제물류론(삼영사, 2013)

[주요논문]

· 부산항 신항과 부산진해경제자유구역의 연계 발전 방안
· Incoterms, 2010의 복합운송물류조건의 이용실태 분석과 활성화
· 우리나라 제3자물류 기업의 성공요인에 관한 연구
· 글로벌 항만컨테이너터미널 경쟁력 제고 방안
· 해양경제특구의 성공 요인 등 다수

물류관리론[제2판]

2012년 9월 30일 1판 1쇄 발
2019년 2월 1일 2판 1쇄 인
2019년 2월 10일 2판 1쇄 발

저 자 송
발행인 김 광 식
조 판 아 람 기 획

07285
발행처 서울특별시 영등포구 선유로3길 10, 617호
도서출판 **탑 북 스**
등 록 2009.12.21 제 2016-000101 호
전 화 02)365-2223 팩스 02)365-2224

ⓒ 2019, 송계의

정가 24,000 원
ISBN 979-11-87343-70-7-93320

불법복사는 지적재산을 훔치는 범죄행위입니다.
이 책의 무단전재 또는 복제행위는 著作權法 제136조에 의거, 5년 이하의 징역 또는 5,000만원 이하의 벌금에 처하게 됩니다.